Abu Ijad

Heimat oder Tod

Der Freiheitskampf
der Palästinenser

Mit einem Vorwort und unter Mitarbeit
von Eric Rouleau

Econ Verlag
Düsseldorf · Wien

Aus dem Französischen übersetzt von Elke Paquier
Titel der bei Fayolle éditeur, Paris, erschienenen Originalausgabe
von Abu Ijad und Eric Rouleau: *Un Palestinien sans Patrie*
Copyright © 1979 der französischen Ausgabe by La S.A.R.L. A.B.C.
(Afrique Biblio Club), Paris

1. Auflage 1979
Copyright © 1979 der deutschen Ausgabe by Econ Verlag, Düsseldorf und Wien
Alle Rechte der Verbreitung in deutscher Sprache, auch durch Film, Funk,
Fernsehen, fotomechanische Wiedergabe, Tonträger jeder Art, auszugsweisen
Nachdruck oder Einspeicherung und Rückgewinnung in Datenverarbeitungsanlagen
aller Art sind vorbehalten
Gesetzt aus der Times der Linotype GmbH
Satz: UNI-SET GmbH, Düsseldorf
Papier: Papierfabrik Schleipen GmbH, Bad Dürkheim
Druck und Bindearbeiten: Richterdruck, Würzburg
Printed in Germany
ISBN 3 430 11005 X

INHALT

Vorwort von Eric Rouleau —————————— 7

I   Die Saat des Hasses —————————————— 19
II Die Saat geht auf ——————————————— 32
III Der Aufbruch ————————————————— 53
IV Der Durchbruch ———————————————— 80
V   Der Rückschlag ———————————————— 111
VI Der Krieg der Schatten ————————————— 143
VII Oktoberleuchten ———————————————— 176
VIII Die Herausforderung des »Friedens« ———————— 193
IX Der libanesische Kreuzweg ———————————— 277
X   Die »Friedensinitiative« Sadats:
    Von der Illusion zum Verrat ———————————— 284

Epilog – Bilanz einer Epoche ——————————— 306

Register ————————————————————— 316

VORWORT

Als der Verlag Fayolle mir vorschlug, das vorliegende Buch zu schreiben, habe ich – offen gesagt – gezögert, eine Aufgabe zu übernehmen, bei der offensichtlich so viele Klippen zu umschiffen waren. Auf den ersten Blick ist es sicher verlockend, einen »historischen Chef« der palästinensischen Befreiungsbewegung zu interviewen, zumal er der erste ist, der je bereit war, sich einem derartigen Unternehmen zu stellen. Die Aufgabe war um so reizvoller, als Abu Ijad in der Widerstandsbewegung einen besonderen Platz einnimmt. Er ist Mitbegründer der Fatah, einflußreiches Mitglied ihres Zentralkomitees und Chef des Nachrichtendienstes der PLO. In dieser Eigenschaft zentralisiert und koordiniert er die von den verschiedenen Gruppierungen der »Fedajin-Zentrale« gesammelten Informationen. Der ägyptische und der amerikanische Geheimdienst haben ihn zudem beschuldigt, als Chef der Organisation »Schwarzer September« Terroranschläge geplant zu haben, die zu den mörderischsten der letzten Jahre gehören – insbesondere die Aktion in München während der Olympischen Spiele, die im September 1972 Schlagzeilen in der Presse machte.

Doch gerade weil er eine derartige Schlüsselposition einnimmt, gab es allen Grund, an dem Erfolg dieses Unternehmens zu zweifeln. Würde er nicht den notwendigerweise indiskreten oder unangenehmen Fragen ausweichen? Würde er überhaupt in der Lage sein, sich über die Beschränkungen hinwegzusetzen, die ihm seine verantwortliche Position naturgemäß auferlegte? Würde er bereit sein, den Schleier zu lüften, der noch zwanzig Jahre nach ihrer Gründung die Fatah umgab? Würde er bereit sein, ihren Ursprung, ihre Ideologie, ihre Organisation, ihre – geheimen oder nicht geheimen – Aktivitäten und ihre wahren Ziele der Öffentlichkeit bekanntzugeben? Die

Wette stand schlecht: Wer seine Aufgabe als die eines Historikers betrachtete, lief Gefahr, ein Pamphlet zu verfassen – bestenfalls eine Heiligenlegende.

Doch die Zusage Abu Ijads, seine Erläuterungen hinsichtlich der von ihm verfolgten Absichten verringerten meine Befürchtungen beträchtlich. Er betonte, daß er weder eine Autobiographie noch seine Memoiren verfassen wolle; über sich selbst und seine persönlichen Erfahrungen werde er nur dann sprechen, wenn dies geeignet sei, dem Leser über die Psychologie, die Ambitionen und den Kampf des palästinensischen Volkes, über Ideologie und Organisation der Widerstandsbewegung zusätzliche Informationen zu liefern. Er werde alle Fragen aus dem Bereich der Politik offen beantworten, selbst auf die Gefahr hin, sich »Antipathien und Feindschaften« zuzuziehen. Er werde sich jedoch das Recht vorbehalten, auf solche Fragen keine Antwort zu geben, die die Sicherheit der Befreiungsbewegung oder ihrer führenden Köpfe gefährden könnten. Da seiner Meinung nach jede Art von Propaganda »steril« sei, so führte er aus, halte er es für seine Pflicht, im Rahmen des Möglichen die Wahrheit zu sagen, so unangenehm und unerfreulich sie für die Palästinenser selbst auch sein möge. Bei der Analyse von Theorie und Praxis der Fedajin werde er rücksichtslos Kritik und Selbstkritik üben – dies im Interesse der Widerstandsbewegung selbst. Da seiner Ansicht nach dieses Buch nicht ihm gehöre, bat er darum, daß der Ertrag aus seinen Autorenrechten in vollem Umfang an die »Stiftung der Märtyrer« überwiesen werde; diese Einrichtung unterstützt die Familien der im Kampf gefallenen Fedajin.

Da ich Abu Ijad schon seit etwa zehn Jahren kannte und ihn wiederholt öffentlich wie privat hatte reden hören, hatte ich einigen Grund anzunehmen, daß das Buch, so wie er es sich vorstellte, durchaus von Interesse sein könnte. Abu Ijad ist bekannt für seine offene Sprache, und zweifellos hat er sich ebenso viele Freunde wie Feinde geschaffen, indem er oft laut sagte, was viele von seinen Landsleuten oder seinesgleichen dachten und für sich behielten. In diesem Zusammenhang erinnerte ich mich an drei Begegnungen mit ihm. Bei unserer ersten Begegnung im Januar 1969 in der Residenz des algerischen Botschafters Lakhdar Brahimi in Kairo äußerte sich Abu Ijad in einer Weise, die seine Zuhörer völlig verblüffte. Vor einem Kreis ausländischer Persönlichkeiten, unter denen sich auch mehrere Vertreter arabischer Staaten befanden, vertrat er die Ansicht, daß die palästinensische Widerstandsbewegung eine sehr viel größere Bedrohung für alle arabischen Regierungen bedeute als für Israel. Und um seinen Gedankengang näher zu erläutern, bediente er sich eines Gleichnisses: Ein Mann schüttelt kräftig an einem Orangenbaum, um eine herrliche und sehr appetitlich aussehende Orange, die ihm besonders ins Auge gefallen ist, herunterzuholen; aber während die begehrte Frucht fest hängenbleibt, fallen alle anderen Orangen herunter, eine nach der anderen, dreizehn an der Zahl. Diese verfaulten Orangen, so erklärte Abu Ijad, verkörpern die dreizehn Mitgliedstaaten der arabischen Liga; die Frucht, die noch nicht reif genug ist, um geerntet zu werden, symbolisiert den zionistischen Staat.

Einige Monate später schien alles darauf hinzudeuten, daß Abu Ijads Voraussage sich in Jordanien zu erfüllen begann. Die Kraftprobe zwischen König Hussein und der PLO schien sich zugunsten letzterer zu entscheiden. Bis an die Zähne bewaffnet, unter Mithilfe weiter Teile der Bevölkerung hatten die Fedajin Amman und die Schaltstellen des Staates buchstäblich unter Kontrolle. Die provokativen oder triumphierenden Erklärungen der Palästinenserführer schienen zu bestätigen, daß die haschemitische Herrschaft in den letzten Zügen lag. Nur Abu Ijad verfiel nicht der allgemeinen Euphorie. Als er mich am 3. September 1970 – zwei Wochen vor Beginn der jordanischen Offensive – im Informationsbüro der Fatah empfing, äußerte er sich in einer Weise, die mich verblüffte. Die Fedajin, so sagte er, gingen einer Katastrophe entgegen; denn man dürfe dem Anschein nicht glauben: Die palästinensische Befreiungsbewegung, deren Bedeutung von der Presse »wie ein Gummitier aufgeblasen worden war«, sei nicht in der Lage, dem brutalen Vorgehen König Husseins noch länger Widerstand entgegenzusetzen; dieser sei, um seinen Thron zu retten, sogar bereit, »seine eigene Hauptstadt durch Granaten in Schutt und Asche zu legen«. Im übrigen, so fuhr er fort, genieße der König die Unterstützung Israels und der Vereinigten Staaten, während die Befreiungsbewegung sich nur auf ihre eigenen Kräfte verlassen könne. Er sei überzeugt, daß die irakischen Einheiten (die damals in Jordanien stationiert waren) den Palästinensern nicht zu Hilfe eilen würden, trotz der ausdrücklichen Zusagen, die Jasir Arafat und er selbst von den führenden Politikern aus Bagdad erhalten hatten. Die tragischen Ereignisse, die dann folgten und die Abu Ijad in diesem Buch ausführlich beschreibt, sollten ihm recht geben.

Abu Ijad war der erste führende Fatah-Mann, der – dies war im Oktober 1968 – das »strategische Ziel« der Widerstandsbewegung formulierte: die Umwandlung Palästinas in einen »demokratischen Staat«, in dem Juden, Christen und Moslems als gleichberechtigte Bürger zusammenleben sollten. Mit anderen Worten hieß das: Auflösung des zionistischen Staates. Und er war auch der erste, der – im Februar 1974 – die Gründung eines arabischen »Mini-Palästina« an der Seite des jüdischen Staates öffentlich befürwortete. »Wir müssen unserem Volk gegenüber aufrichtig sein«, sagte er schon im November 1972 zu mir. »Wenn wir ihm nicht die ganze Wahrheit sagen, bedeutet dies Verachtung.« Bei einer anderen Unterredung, die am 31. Oktober 1973, wenige Tage nach dem Jom-Kippur-Krieg, in Kairo stattfand, wurde er noch deutlicher. Damals erklärte er, Realist sein heiße, dem Kräfteverhältnis Rechnung zu tragen: »Man muß bereit sein, Kompromisse einzugehen, wenn man nicht – wie Hadsch Amin El-Husseini – sein Leben im Exil beenden will.« Obwohl er es für unwahrscheinlich hielt, daß Israel bereit sein würde, mit der PLO zu verhandeln, rechnete er mit einer Beteiligung der Fedajin an der Genfer Konferenz. Voraussetzung war allerdings, daß der Beschluß Nr. 242 des Sicherheitsrates abgeändert und die Palästinenser offiziell einen anderen Status erhalten würden; das hieße, sie würden nicht mehr ausschließlich als »Flüchtlinge« behandelt, sondern auch – und vor allem – als »Volk« mit »nationalen Rechten«.

Abu Ijad ist zweifellos einer der bekanntesten politischen Köpfe der Widerstandsbewegung und gleichzeitig einer ihrer besten Redner. Sein bloßes Erscheinen auf einer Rednertribüne genügt bereits, um die Begeisterung der Massen zu entfesseln. Und dabei hat er äußerlich nichts von einem Kämpfer oder einem Revolutionär an sich. Er ist mittelgroß, untersetzt, ja sogar ausgesprochen korpulent und bevorzugt statt des martialischen Kampfanzugs, mit dem andere Fedajin sich gern schmücken, den prosaischen Straßenanzug, der zudem meistens noch schlecht geschnitten ist. Sein Äußeres entspricht eher den Vorstellungen von einem Philosophielehrer; diesen Beruf übte er übrigens aus, bevor er sich in den Dienst des Widerstands stellte. Sein Gesicht ist rund und voll, seine unter buschigen schwarzen Augenbrauen liegenden Augen sprühen vor Intelligenz, und die wenigen, an den Schläfen ergrauten Haare können nur schlecht darüber hinwegtäuschen, daß er nahezu eine Glatze hat.

Abu Ijad ist eine facettenreiche und komplexe Persönlichkeit.

Wenn sein Leben anders verlaufen wäre, wäre er zweifellos Schriftsteller geworden. Hatte er nicht schon in jungen Jahren zwei erfolgreiche Theaterstücke verfaßt? Ausgestattet mit einem ungewöhnlichen Gedächtnis, hat er als Erzähler kaum seinesgleichen. Im Verlauf der langen Abende, an denen er vor einem Tonbandgerät meine Fragen beantwortete, aber auch während der zwanglosen Gespräche, bei denen wir vom Hundertsten ins Tausendste kamen, hatte ich Gelegenheit, in seinen mit Anekdoten, treffenden Bildern und humorvollen Bemerkungen ausgeschmückten Erzählungen seine außergewöhnliche Beobachtungsgabe und seine Sensibilität schätzenzulernen.

Nach außen erscheint er eher gleichgültig und distanziert, doch man spürt deutlich die angestauten Emotionen. Wie er mir erzählte, hat er nur einmal in seinem Leben geweint, und zwar im Alter von siebzehn Jahren, als sein Vater ihn in einem Wutanfall schlug. Aber seine Stimme beginnt zu zittern, wenn er von der dramatischen Flucht seiner Familie aus Palästina spricht – einen Tag vor der Proklamation des Staates Israel – oder von den Demütigungen und Schikanen, denen er als heimatvertriebener Palästinenser ausgesetzt war. Er ist äußerst empfindlich und duldet nicht den geringsten Einwurf, wenn es um das geht, was für ihn die Würde der eigenen Person und die Würde seines Volkes ausmacht.

Da er das Leben eines »umherirrenden Revolutionärs« führt, der ständig in Gefahr schwebt, lebt Abu Ijad seit 1967 getrennt von seiner Familie, die in einem Vorort von Kairo wohnt. Da er praktisch keine Ferien kennt, sieht er seine Frau und seine sechs Kinder nur selten; er hat drei Mädchen und drei Jungen, die zwischen sieben und siebzehn Jahre alt sind. In den 18 Monaten, die der libanesische Bürgerkrieg gedauert hat, war er durch seine Stellung derart in Anspruch genommen, daß er nicht *einmal* nach Kairo fliegen konnte, obgleich die Flugzeit von Beirut nur eine Stunde beträgt. Doch immer, wenn er erzählt, daß er mit einem seiner Kinder telefoniert hat, treten ihm Tränen in die Augen. Dies gilt insbesondere für Jihane; sie ist fünfzehn, seit ihrer Geburt gelähmt und möchte gerne Medizin studieren. Doch bei aller Zärtlichkeit, die er für seine Familie empfindet, bei aller Wärme, die er seinen Freunden entgegenbringt, bei aller Nachsicht, die er gegenüber seinen Gegnern übt, ist Abu Ijad nicht bereit, bei einem Verräter an der palästinensischen Sache oder einem israelischen Agenten auf die Todesstrafe zu verzichten; allerdings kommt dies nur selten vor.

Seine Einstellung zur Gewalt ist in der Praxis ambivalent. Obwohl er ein glühender Verfechter des bewaffneten Kampfes ist, hat er niemals aktiv an irgendeiner militärischen Aktion teilgenommen. Er war zwar bei der Schlacht von Karame im März 1968 dabei; doch er hat nicht einen einzigen Schuß auf die israelischen Angreifer abgefeuert. Er ist sogar am hellichten Tag eingeschlafen – aus Gründen, die er sich selbst nicht erklären kann –, während nur wenige hundert Meter entfernt von dem Felsen, hinter dem er Schutz gesucht hatte, erbittert gekämpft wurde.

Zweifellos unterscheidet er sich hierin kaum von den meisten anderen Führern der palästinensischen Befreiungsbewegung, die zwar Guerillaaktionen planen und leiten, sich aber selbst nicht in das Schlachtengetümmel stürzen. In dieser Hinsicht erinnert Abu Ijad auch an Menachem Begin. Auch dem ehemaligen Chef der Irgun Zvei Leoumi wird vorgeworfen, an spektakulären und blutigen Terroraktionen beteiligt gewesen zu sein, und auch er steht im Ruf, seinem Naturell nach gegen Gewalt zu sein. Wie Abu Ijad ist auch ihm der Anblick von Blut zuwider.

Während der Vorbereitungen für dieses Buch besprachen wir in langen und oft sehr lebhaften Diskussionen das Problem des Terrorismus. Der Leser wird die These, die Abu Ijad verficht, zumindest für einigermaßen merkwürdig halten: Er unterscheidet zwischen Aktionen, die er als »revolutionäre Gewalt« beschreibt und gutheißt, und Aktionen, die er in den Bereich des Terrorismus verbannt und verurteilt. Zu letzteren zählt er insbesondere die Flugzeugentführungen, bei denen das Leben von unschuldigen Zivilisten in Gefahr gebracht wurde. Andere Aktionen hingegen – und dies wird sicherlich einige Kritik auslösen – werden von ihm für legitim gehalten: so das Attentat von München, das von Khartum (gegen die amerikanischen und arabischen Diplomaten) und der Überfall auf der Autobahn Haifa–Tel Aviv im März 1978. Aber gibt es denn zwei Sorten von Geiseln, die »unschuldigen« und die »schuldigen«? Abu Ijad bejaht dies; und zur Begründung führt er an, daß die Israelis jedesmal die folgenschwere Entscheidung gefällt hätten, die Geiseln eher umkommen zu lassen, als den politischen Forderungen ihrer Entführer nachzugeben. Doch muß die Erpressung der Entführer nicht zwangsläufig auch zum Tod der Geiseln führen, wenn den Forderungen nicht entsprochen wird? Abu Ijad versichert, daß die Fedajin niemals die Absicht gehabt hätten, ihre Geiseln zu töten. Doch dies ist eine Behauptung, die noch bewiesen werden muß.

Die Argumente, die der Palästinenserführer auf den Seiten dieses Buches entwickelt, werden bei zahlreichen Lesern in Westeuropa Skepsis hervorrufen. Man wird jedoch feststellen, daß sie sich kaum von denen anderer Guerillabewegungen der Dritten Welt unterscheiden – denkt man nun an die Mau-Mau-Bewegung in Kenia, die Tupamaros in Uruguay, die Fellagha in Algerien oder die Patriotische Front in Rhodesien. Ist der Terrorismus, so grausam er auch sein mag, nicht im Endeffekt die letzte Waffe der Schwachen? Dies scheint Abu Ijad in gewisser Weise zu bestätigen, wenn er berichtet, daß der »Schwarze September« 1971 aus der Verzweiflung heraus entstanden ist, die sich nach der arabischen Niederlage und schließlich aus dem Massaker der Fedajin in Jordanien des palästinensischen Volkes bemächtigt hatte. Daher ist bezeichnend, daß sich nach dem »Sieg« der Araber im Oktober-Krieg 1973 und den Erfolgen der PLO auf internationaler Ebene diese Organisation auflöste.

Sehr energisch bestreitet Abu Ijad, Chef des »Schwarzen September« gewesen zu sein. Man möchte ihm glauben, besonders wenn man bedenkt, daß sich hinter diesem Namen in Wirklichkeit keine durchstrukturierte und streng hierarchisch aufgebaute Organisation verbarg, sondern nur ein Haufen von Kommandotrupps, die organisatorisch nichts miteinander zu tun hatten. Einige erfahrene Kader der Fatah standen an der Spitze dieser Trupps; aus Sicherheitsgründen handelten sie autonom und waren vollkommen gegeneinander abgeschirmt. Es ist zu vermuten, daß Jussef El-Najjar alias Abu Jussef, damals verantwortlich für den Sicherheitsapparat der Fatah, der Kopf dieses Unternehmens gewesen ist. Er war einer der drei Palästinenserführer, die im April 1973 in Beirut von einem israelischen Kommando getötet wurden.

Die Vorbereitung und Ausführung der wichtigsten Aktionen des »Schwarzen September« werden jedoch von Abu Ijad bis in alle Einzelheiten beschrieben – in besonderer Ausführlichkeit das Attentat von München und zwei etwas merkwürdige Verschwörungen, die darauf abzielten, König Hussein bzw. das jordanische Regime zu stürzen. Er übernimmt zwar nicht die Verantwortung für diese Aktionen, heißt sie aber gut. Ist es denkbar, daß er als Chef des Nachrichtendienstes der PLO erst nachträglich Kenntnis von diesen Aktionen erhalten hat, wie er behauptet? Es ist möglich. Aber die bis dahin unbekannten Zusammenhänge, die er enthüllt, sein minuziöser Bericht könnten uns eher auf den Gedanken bringen, daß er an einigen dieser Aktionen nicht ganz unbeteiligt war.

Abu Ijad weiß, daß sein Leben in Gefahr ist. Er weiß es, weil er schon mehrfach einem Mordanschlag entgangen ist; über ein Attentat wird in diesem Buch ausführlich berichtet. Die Bedrohung geht nicht nur von Israel aus. Zahlreiche ausländische – vor allem arabische – Stellen hätten, so glaubt Abu Ijad, ein Interesse daran, ihn zu beseitigen. Da er gezwungen ist, sich sehr strengen Sicherheitsmaßnahmen zu unterwerfen – dies insbesondere seit dem Abbruch der Beziehungen zwischen der PLO und Ägypten im Gefolge der Reise Präsident Sadats nach Jerusalem –, führt er das Leben eines Mannes, der ständig gejagt wird, selbst in Beirut, obwohl diese Stadt die Festung der Widerstandsbewegung ist.

Er hat keinen festen Wohnsitz, sondern verfügt über mehrere Büros, in denen er sich aber nie nach einem festen Zeitplan aufhält. Vier mit Maschinenpistolen bewaffnete Leibwächter lösen sich Tag und Nacht ab, um ihn zu schützen. Er betritt nie ein öffentliches Gebäude und ißt nie in einem Restaurant. Obwohl er hierfür eine besondere Vorliebe hat, geht er nie ins Theater oder ins Kino. Und nur dank einer privaten Vorführung hat er einen westdeutschen Film über das Attentat von München sehen können.

Unsere Zusammenkünfte bedeuten für ihn ein ernsthaftes Sicherheitsproblem, dem mit einem extrem hohen Aufwand an Vorsichtsmaßnahmen begegnet wurde. Wir trafen uns heimlich, immer nachts, abwechselnd in der Wohnung verschiedener Freunde, die im allgemeinen keine Palästinenser waren, aber mit der Widerstandsbewegung sympathisierten. Der Wagen, der Abu Ijad zum jeweiligen Treffpunkt brachte – zumeist ein Peugeot 504 mit zugezogenen Vorhängen –, fuhr sofort weiter, sobald er das Gebäude betreten hatte, um nicht die Aufmerksamkeit der Nachbarn auf sich zu ziehen. Seine Leibwächter verteilten sich unauffällig in der Umgebung. Nur wenige Leute wußten stets, wo er sich aufhielt. Die Zentrale des Fernsprechnetzes, über das die Fatah verfügte und das unabhängig von dem des libanesischen Staates funktionierte, hielt ihn über die für ihn bestimmten Anrufe auf dem laufenden. Außerdem konnten einige wenige Privilegierte ihn im äußersten Notfall direkt über Funk erreichen.

Diese Sicherheitsmaßnahmen schienen Abu Ijad lästig zu sein, denn er hielt sie für unwirksam. Sie wurden ihm jedoch nach dem israelischen Überfall in Beirut im April 1973, der drei PLO-Führer das Leben kostete, von der Fatah-Spitze vorgeschrieben. Wie er mir sagte, sei er weder ein Mystiker noch ein Fatalist; sein Skeptizismus beruhe auf der folgenden Überlegung: Wer bereit ist, mit seinem Leben zu bezahlen, dem gelingt es auch, *jeden* zu ermorden.

Seine durch sein Naturell bedingte Abneigung gegen Gewalt wurde merkwürdigerweise begleitet von einem Widerwillen gegen Spionage. Wenn er von dem ihm unterstellten Nachrichtendienst spricht, zieht er es vor, von »Überwachungsfunktionen« oder »Sicherheitsfunktionen« zu sprechen. Das ist zweifellos eine Frage der Auslegung, aber dennoch bezeichnend für die Mentalität eines Heimatlosen und Kämpfers, der seit seiner Kindheit unter der repressiven Gewalt verschiedener Staaten gelitten hat.

Abu Ijad fühlt sich sichtlich am wohlsten in der Rolle des politischen Führers, wie die Berichte über seine Unterredungen und Verhandlungen mit verschiedenen Staatschefs bezeugen. Da er den Ruf genießt, ein geschickter Unterhändler zu sein, wurde er schon oft mit heiklen Missionen beauftragt. Während des libanesischen Bürgerkriegs fungierte er als Wortführer von rund zwanzig libanesischen und palästinensischen Gruppierungen, die alle unterschiedliche politische Richtungen vertraten und von ihm erst auf eine gemeinsame Position eingeschworen werden mußten, bevor er mit den libanesischen Verbänden der rechtsgerichteten Christen verhandelte. Er ist ausgeglichen, geduldig, gutmütig und manchmal ausgelassen; ich habe erlebt, wie er – nicht ohne Geschick – am Telefon über ein Abkommen verhandelte, das die maronitischen Milizen dazu bewegen sollte, sich aus dem Südlibanon zurückzuziehen. »Wir wissen im voraus, daß diese Verhandlungen zu keinem Ergebnis führen werden«, verriet er mir. »Aber zumindest ermöglichen sie es uns, die Absichten unserer Gegner zu ergründen, vor allem aber die Absichten ihrer Beschützer, der Israelis.«

Abu Ijad steht im Ruf, innerhalb der Fatah Wortführer der harten Linie zu sein. Die Divergenzen mit einigen seiner Kameraden hinsichtlich der Lösung des israelisch-arabischen Konflikts sind jedoch nur rein taktischer Natur. Er befürwortet zwar ein gemeinsames Vorgehen mit den Gruppen der Ablehnungsfront zu einem Zeitpunkt, da die Widerstandsbewegung in ihrer Gesamtheit bedroht ist; doch gleichzeitig verdammt er unwiderruflich die Thesen der Falken, die den Kompromiß eines Mini-Staates in Zis-Jordanien und dem Gazastreifen ablehnen. Er gehörte nicht zu den Befürwortern des Geheimtreffens, das 1976/77 in Paris einen Vertreter der PLO, Issam Sartaoui, mit mehreren israelischen Persönlichkeiten, unter ihnen General Peled, Arie Eliav und Uri Avnery, an einen Tisch brachte. Dennoch betont er in dem vorliegenden Buch, daß er weder Verhandlungen mit dem jüdischen Staat noch eine »beiderseitige Anerkennung« der beiden Völker grundsätzlich ablehnt.

Seine augenscheinlich widersprüchliche Haltung erklärt er folgendermaßen: »Das Zustandekommen einer Regelung ist erst dann möglich, wenn sich das Kräfteverhältnis beträchtlich zu unseren Gunsten verändert hat.« Im Gegensatz zu einigen anderen führenden Köpfen vertritt Abu Ijad die Ansicht, daß man erst dann, wenn man stark ist, Zugeständnisse machen kann, ohne Wesentliches aufzugeben. Sonst würde der Kompromiß nur einer Kapitulation gleichkommen.

Dies erklärt zweifellos, warum er den Besuch Präsident Sadats in Jerusalem so vehement verurteilte. Abgesehen von den rein emotionalen Gründen, die dabei eine Rolle spielen und die er auch ohne weiteres zugibt, warf er dem ägyptischen Staatschef weniger die Geste als vor allem seinen Selbstbetrug vor, der darin besteht zu glauben, er hätte gewonnenes Spiel, wo er sich doch in Wirklichkeit Israel gegenüber in der Position des Schwächeren befand. Nachdem er sich die Reden von Sadat und Begin am 20. November 1977 vor der Knesseth angehört hatte, las er noch einmal Begins Buch »Der Aufstand«. Kurz darauf äußerte er sich mir gegenüber verbittert: »Begin flößt mir Respekt ein, denn er versteht es wenigstens, ein – wenn auch nur widerrechtlich besetztes – Vaterland zu verteidigen; Sadat hingegen ist bereit, die unveräußerlichen Rechte des palästinensischen Volkes zu einem billigen Preis zu verschleudern.« Er konnte sich damals nicht vorstellen, daß der ägyptische Präsident sogar so weit gehen würde, einen Separatfrieden abzuschließen. »Kein arabischer Staat würde es wagen, ohne uns eine Regelung zu treffen, noch weniger aber gegen uns.« Das war seine Einschätzung noch wenige Tage vor dem »Gipfel« von Camp David.

Dennoch brachte er im Verlauf unserer Gespräche immer wieder den häufigen Verrat der arabischen Regierungen zur Sprache, den er folgendermaßen apostrophierte: »Alle in Palästina entstandenen Revolutionen sind in arabischen Hauptstädten gescheitert.«

Im Nachwort zu diesem Buch übt Abu Ijad Selbstkritik und enthüllt schonungslos die »Irrtümer, Schwächen und Fehler« der Widerstandsbewegung in den vergangenen zwanzig Jahren. Diese Kritik hat zweifellos Lücken; doch im Vergleich zu den apologetischen Tiraden, die wir aus dem Munde anderer Führer zu hören gewohnt sind, zeugt seine Kritik von einigem Mut.

Der »Pessimismus der Realisten« wie der »Optimismus der Revolutionäre« kommen bei Abu Ijad gleichermaßen zu Wort; er schließt jedoch eine Lähmung, ja selbst die mögliche Zerschlagung der palästinensischen Befreiungsbewegung nicht aus. Dennoch ist er überzeugt, daß sein Volk längerfristig doch sein Recht auf eine Heimat und auf einen unabhängigen und souveränen Staat geltend machen wird. »Heimat oder Tod« ist zwar ein Buch, das viele Enthüllungen bietet; ein objektives Werk aber ist es nicht, konnte es auch nicht werden. Doch der Text ist ein gewichtiges Dokument, einzig in seiner Art; es wird ohne Zweifel einen bedeutenden Beitrag leisten für das Verständnis der palästinensischen Problematik.

Eric Rouleau

I
DIE SAAT DES HASSES

Der 13. Mai 1948 wird unauslöschlich in meiner Erinnerung bleiben. An jenem Tag, weniger als 24 Stunden vor der Proklamation des Staates Israel, floh meine Familie aus Jaffa, um in Gaza Zuflucht zu suchen. Wir waren umzingelt. Die zionistischen Kampfverbände kontrollierten alle nach Süden führenden Straßen, und uns blieb als Rettung nur noch der Seeweg. Unter einem Granatenhagel der israelischen Artillerie, die in den benachbarten Siedlungen, vor allem in Tel Aviv, in Stellung gegangen war, gingen wir an Bord eines Schiffes – meine Eltern, meine vier Geschwister und ich sowie weitere Mitglieder meiner Familie.

Hunderttausende von Palästinensern machten sich unter oft tragischen Umständen auf den Weg ins Exil. Für mich, der ich noch nicht einmal fünfzehn war, kam die Flucht einer Apokalypse gleich. Tief erschütterte mich der Anblick der Männer, Frauen, Greise und Kinder, die sich, gebeugt unter der Last ihrer Koffer und Bündel, mühsam zu den Kais von Jaffa drängten. Ihre Klageschreie und ihr Schluchzen wurden von ohrenbetäubenden Explosionen begleitet.

Kaum hatte das Schiff die Anker gelichtet, als wir das Schreien einer Frau hörten. Sie hatte gerade festgestellt, daß eines ihrer vier Kinder nicht mit an Bord des Schiffes war, und verlangte, daß wir zum Hafen zurückkehrten, um das Kind zu suchen. Da wir aber unausgesetzt unter dem Beschuß der jüdischen Kanonen standen, war an eine Umkehr kaum zu denken, ohne das Leben von etwa zwei- bis dreihundert Personen zu gefährden, die auf unserem Schiff zusammengedrängt waren, unter ihnen zahlreiche Kinder.

Das Flehen dieser unglücklichen Frau blieb ohne Antwort. Unter Tränen brach sie zusammen. Einige von uns versuchten, sie zu beruhigen, indem wir ihr versicherten, ihr Kind würde sicherlich gefunden und später nach Gaza gebracht werden. Vergeblich. Ihre Verzweiflung wurde immer größer, und selbst ihr Mann konnte sie nicht beruhigen. Plötzlich verlor sie die Nerven: Sie sprang über die Reling und stürzte sich ins Meer. Ihr Mann, der sie nicht hatte zurückhalten können, sprang ihr nach. Beide konnten nicht schwimmen. Die aufgewühlten Fluten verschlangen sie vor unseren Augen. Wir waren vor Schreck wie gelähmt.

Warum verließen wir Heim und Habe, um in ein ungewisses Exil zu ziehen? Aus Respekt vor der väterlichen Autorität stellte ich mir damals diese Frage nicht, dies um so weniger, als ich ebenso wie meine Eltern davon überzeugt war, daß wir nur so dem Tod entrinnen konnten. Das Massaker von Deir Jassin, das etwa einen Monat zurücklag, hatte unter meinen Landsleuten Angst und Schrecken verbreitet. Am 9. April 1948 hatte die Miliz Menachem Begins, bekannt unter dem Namen »Irgun Zvei Leoumi«, das friedliche Dorf im Westen Jerusalems gestürmt und den größten Teil der Einwohner umgebracht. Mehr als 250 wehrlose Männer, Frauen und Kinder wurden niedergeschossen, erdrosselt oder lebendig begraben, unzählige Leichen mit blanker Waffe verstümmelt und etwa dreißig schwangeren Frauen die Bäuche aufgeschlitzt.

Wir hatten keine Veranlassung, an der Glaubwürdigkeit der Berichte zu zweifeln, die später von einem Vertreter des Internationalen Roten Kreuzes, Jacques de Reynier, nach Abschluß einer von ihm an Ort und Stelle geleiteten Untersuchung bestätigt wurden. Die grauenvollen Einzelheiten, von denen er berichtete, erinnerten an die Greueltaten der Nationalsozialisten im besetzten Europa.

Wie Deir Jassin, so war auch Jaffa den zionistischen Milizen, die das ganze Hinterland kontrollierten, völlig ausgeliefert. Die Haganah, die »offizielle« Armee der Jewish Agency, die eng mit den »aufständischen« Gruppen wie der von Begin zusammenarbeitete, hatte Anfang April 1948 gegen die arabischen Siedlungsgebiete auf dem Territorium des zukünftigen israelischen Staates eine regelrechte Offensive eingeleitet. Vor jedem Angriff wurde der Bevölkerung verkündet, sie werde das gleiche Schicksal wie Deir Jassin erleiden, falls sie das Gebiet nicht räume.

Die Nachricht von dem Völkermord breitete sich in Jaffa und den anderen Teilen des Landes wie ein Lauffeuer aus. Die zionistischen Zeitungen und Rundfunksender gaben zudem noch eine übertriebene Darstellung der Ereignisse mit dem Ziel, die Araber zu terrorisieren, doch geschah dies auch auf seiten der palästinensischen Agitatoren, die glaubten, dadurch die Bevölkerung mobilisieren zu können. So schilderten sie z. B. in aller Ausführlichkeit die von den zionistischen Angreifern in Deir Jassin begangenen Notzuchtverbrechen, um gleich darauf ihre Landsleute anzufeuern, ihren kostbarsten Besitz zu verteidigen, nämlich die Ehre ihrer Frauen und Töchter. Doch in einer zutiefst in der Tradition verwurzelten Gesellschaft wie der unseren führte diese Strategie nur selten zum Widerstand, sondern bewirkte zumeist das Gegenteil. Sehr oft habe ich meine Umgebung sagen hören, daß »die Ehre wichtiger ist als das Land« und daß unser aller Streben vorrangig darauf gerichtet sein müßte, unsere Frauen vor dem Angriff der zionistischen Soldateska in Sicherheit zu bringen.

Der größte Teil der Bevölkerung von Jaffa, etwa hunderttausend Menschen, beschloß, sich vorübergehend in Sicherheit zu bringen – ein Entschluß, der um so begründeter war, als die Juden durch bessere Bewaffnung und bessere Organisation den Palästinensern militärisch überlegen waren. Als Großbritannien Ende 1947 ankündigte, daß es sein Mandat über Palästina niederlegen und seine Truppen bis zum 15. Mai 1948 abziehen werde, geriet die Bevölkerung in Angst und Schrecken, denn dann konnten wir selbst mit dem prekären Schutz der britischen Truppen nicht mehr rechnen. Ganz Jaffa wurde von Panik ergriffen, als nach dem Massaker von Deir Jassin die zionistischen Kampfverbände begannen, die Stadt, vor allem den Hafen und die Geschäftsviertel, mit schwerem Artilleriefeuer zu belegen. Man fürchtete, daß die Zerstörung des wirtschaftlichen Lebens die Eroberung der Stadt und ohne Zweifel neue und furchtbare Greueltaten nach sich ziehen würde.

Wenn man mir damals als Kind gesagt hätte, die Juden würden uns eines Tages aus unserer Heimat vertreiben, hätte ich nur mit ungläubigem Staunen, ja sogar mit Empörung reagiert. Meine Familie hat zu den Juden immer die besten Beziehungen unterhalten und unter ihnen zahlreiche Freunde gehabt. Mein Großvater, Scheich Abdallah, der Geistlicher in Gaza war, hat seine Kinder im Geiste der Toleranz erzogen. Einer seiner Söhne heiratete eine Israelitin, und als Kind hörte ich oft, wie meine älteren Geschwister sich darüber unterhielten, daß der eine oder andere Verwandte eine enge Beziehung zu einer Jüdin unterhielt.

Mein Vater sprach gut hebräisch, was er durch tägliche Praxis gelernt hatte. Im Jahre 1920 hatte er Gaza verlassen, wo etwa zehn Generationen seiner Familie gelebt hatten, um sich in dem Stadtteil »El Hammam El Mahruk« am Strand von Jaffa niederzulassen. Als Angestellter des Katasteramts war er ständig im ganzen Land unterwegs und hatte dadurch Gelegenheit, sich mit der jüdischen Bevölkerung vertraut zu machen. Als er 1940 seinen Posten im öffentlichen Dienst aufgab, eröffnete er ein bescheidenes Kolonialwarengeschäft in Karmel, einem arabisch-jüdisch gemischten Stadtviertel in der Nähe von Tel Aviv. Seine Lieferanten wie auch seine Kunden bestanden zum größten Teil aus Juden, die ihn schätzten und zu denen er ausgezeichnete Beziehungen unterhielt. Bei jüdischen und moslemischen Festen besuchten meine Eltern und ihre jüdischen Nachbarn oder Freunde sich gegenseitig, ganz so, wie es die Tradition in diesem Teil der Welt vorschrieb.

Mittags, wenn wir aus der Schule kamen, gingen mein drei Jahre älterer Bruder Abdallah und ich in das Geschäft meines Vaters, damit dieser sich einige Stunden Ruhe gönnen konnte. Beim Bedienen der Kundschaft lernte ich, mich der hebräischen Sprache zu bedienen. Obwohl ich eine nur für Araber reservierte Schule besuchte, und zwar die von Mirwanija, hatte ich unter den Schülern der jüdischen Schulen viele Freunde, mit denen ich mich mal auf hebräisch, mal auf arabisch unterhielt. Meine Kameraden sprachen aber meine Sprache besser als ich ihre, da sie zum größten Teil in Palästina geboren waren oder aus Familien kamen, die aus arabischen Ländern, meistens aus dem Jemen, stammten. Wir hatten die Interessen, die alle Kinder unseres Alters haben, und ich erinnere mich noch genau an unsere Spiele am Strand von Tel Aviv, an unsere langen Spaziergänge, auf denen wir über alles sprachen, außer über das Problem, das uns bald zu Widersachern machen sollte.

Der jüdisch-arabische Konflikt ist mir zum ersten Mal kurz vor Ende des Zweiten Weltkriegs bewußt geworden, als ich eines Tages Verwandte in Sumeil besuchte, einem arabischen Viertel in der Gegend von Tel Aviv. An einer Wegbiegung sah ich von weitem auf einem Hügel junge Leute, die sich in der Handhabung von Waffen übten. Als ich mich von dem ersten Schrecken erholt hatte, beobachtete ich völlig verblüfft diese Jungen und Mädchen im Alter von etwa sechzehn bis fünfundzwanzig Jahren, die nach Befehlen in hebräischer Sprache in perfekter Disziplin exerzierten. Der Anblick war wirklich dazu angetan, einen elfjährigen Jungen wie mich zu beeindrucken und gleichzeitig zu beunruhigen. Warum bereiteten sich diese jungen Juden auf den Krieg vor? Gegen wen wollten sie kämpfen? Welcher Organisation gehörten sie an? Der »Haganah«, erklärte mir ein Lehrer meiner Schule. Das war das erste Mal, daß ich den Namen der »offiziellen« Armee der Jewish Agency hörte, und ich begriff, daß wir vor einer Konfrontation standen.

Zu diesem Zeitpunkt war gerade eine paramilitärische palästinensische Organisation, die Najjade, gegründet worden, um ein Gegengewicht zur Haganah zu schaffen. Einer ihrer Begründer, der Direktor meiner Schule, Raschad El-Dabbagh, ermutigte mich, den »Jungen Löwen« beizutreten, einer Abteilung innerhalb dieser Organisation, die von Mohamed El-Hawari geführt wurde. So begann für mich und mehrere meiner Kameraden das Leben als Milizsoldat. Einige unserer Lehrer bemühten sich, uns politischen Unterricht zu erteilen. Sie erzählten uns von der Geschichte Palästinas, von der Balfour-Deklaration, der zionistischen Kolonisierung, über den Volksaufstand von 1936–1939 und erklärten uns, daß es unsere Pflicht sei, den Kampf für die Unabhängigkeit Palästinas fortzusetzen, die wir mit demselben Recht wie die anderen arabischen Staaten für uns fordern konnten.

Ich begann mich für die Probleme zu interessieren, die in der Öffentlichkeit heftig diskutiert wurden: das Recht auf unbegrenzte Einwanderung, das die Zionisten für sich in Anspruch nahmen, ihr massiver Aufkauf von arabischem Land und die Waffenlieferungen, die sie unter aktiver oder passiver Beihilfe seitens der britischen Behörden aus dem Ausland erhielten.

Die Niederlage der Achsenmächte, die sofort das Wiederaufflammen des Palästina-Konflikts nach sich zog, bedeutete das Ende der Freundschaft mit unseren jüdischen Kameraden. Wir sahen uns auch weiterhin, manchmal im geheimen und gegen den Rat der Älteren, aber unsere leidenschaftlichen Diskussionen nahmen eine polemische Wende und mündeten oft sogar in Gewalttätigkeit.

Sehr gut erinnere ich mich an ein besonders unangenehmes Erlebnis, das sich im Oktober 1945 ereignete. Ein lebhafter Meinungswechsel mit einigen unserer jüdischen Kameraden – wir waren auf beiden Seiten jeweils etwa zwanzig Jungen – artete in eine regelrechte Schlacht aus, in der wir uns mit Steinen bewarfen. Am nächsten Tag hatte ich den Zwischenfall bereits vergessen und beschloß, meine Verwandten in Sumeil zu besuchen. Mein Vater hatte mir ein

Fahrrad geschenkt, glücklich und stolz machte ich mich auf den zehn Kilometer langen Weg. Ich fuhr gerade durch Tel Aviv, als vier oder fünf Jungen, etwas älter als ich, mich zu verfolgen begannen. Sie waren außer sich und schrien aus Leibeskräften: »Aravit! Aravit!« (auf hebräisch: »Araber«). Sie holten mich ein, warfen mich zu Boden und begannen auf mich einzuschlagen, ins Gesicht, in den Magen und auf den Rücken. Da ich meine Angreifer nie vorher gesehen hatte, wußte ich auch nicht, welchem Umstand ich diesen brutalen Überfall zu verdanken hatte. Ich war überrascht und verängstigt; unfähig, mich zu verteidigen, konnte ich nicht einmal um Hilfe rufen. Als ich aber sah, wie sich zwei von ihnen auf mein Fahrrad stürzten, um es zu zertrümmern, fing ich plötzlich an zu schreien. Passanten eilten herbei, um mich vor den Angreifern zu schützen, die sich aus dem Staube machten. Einer meiner Retter, ein älterer Mann, half mir, mich aufzurichten. Er brachte mich zu einer nahe gelegenen Apotheke, wo meine Wunden verbunden wurden.

Mein Fahrrad war nicht mehr zu gebrauchen. Traurig ließ ich es am Straßenrand zurück, nahm den Autobus nach Jaffa und humpelte von dort nach Hause. Ich hatte starke Schmerzen, und völlig erschöpft ging ich sofort ins Bett. Einige Stunden später, mitten in der Nacht, wurden wir von harten Schlägen an der Haustür geweckt. »Polizei!« antwortete eine laute Stimme auf die ängstlich gestellte Frage meines Vaters.

Unsere Wohnung, die nur aus drei Zimmern bestand und in der wir zu sieben Personen lebten, war zu klein, um die zehn arabischen Polizisten und die Handvoll Offiziere, zum größten Teil Engländer, aufzunehmen, die sich im Türrahmen drängten. Einer von ihnen trat vor und reichte meinem Vater einen auf meinen Namen ausgestellten Haftbefehl. Ich wurde ersucht, ihm zum Verhör ins Hauptquartier der Sicherheitsbehörden zu folgen.

Meine Familie hatte bisher nie etwas mit der Polizei zu tun gehabt. Mein Vater, ein peinlich korrekter, rechtschaffener Mann, hatte es stets als eine Ehrensache betrachtet, niemals das Gesetz zu übertreten. Allein die Tatsache, daß zu später Stunde die Ordnungsmacht in unsere Wohnung eindrang, reichte aus, ihn in Bestürzung zu versetzen. Was würden die Nachbarn sagen? Welches Verbrechen hatte ich begangen, das einen derartigen Aufwand rechtfertigen konnte?

Ich sehe ihn noch heute vor mir, wie er leichenblaß dem Offizier Fragen stellt, dieser ihm aber trocken antwortet, er wisse von nichts.

Wir alle hatten den Gesprächspartner meines Vaters erkannt. El-Habbab gehörte zwar dem Geheimdienst an, war aber in Jaffa sehr gut bekannt. Er war Palästinenser, ein treuer Bediensteter der Kolonialmacht und von seinen englischen Vorgesetzten beauftragt, die »subversiven Kräfte« zu bekämpfen. Er war gleichermaßen gefürchtet und verachtet, denn er setzte seinen ganzen Eifer daran, seine Landsleute zu überwachen und mit Zynismus und Grausamkeit gegen jede Form der Unregelmäßigkeit vorzugehen, die die bestehende Ordnung erschüttern könnte.

Mein Vater verwies auf mein Alter. »Sie können doch nicht ein Kind von zwölf Jahren mitten in der Nacht abführen!« rief er. »Ich verspreche Ihnen, meinen Sohn gleich morgen früh in Ihr Büro zu bringen. Ich weiß, daß er unschuldig ist. Ich flehe Sie an, haben Sie Geduld.« El-Habbab blieb unerbittlich. Er würde nicht ohne mich abziehen. Aber er erlaubte schließlich meinem Vater, mich zu begleiten.

Das Verhör begann sofort nach unserer Ankunft im Hauptquartier der Sicherheitspolizei. Nachdem El-Habbab hinter seinem Schreibtisch Platz genommen hatte, fragte er mich sofort, wie ich zu den Abschürfungen auf meinem Gesicht gekommen sei. Ich berichtete von meinem Mißgeschick in Tel Aviv, doch als ich geendet hatte, schimpfte er mich einen Lügner und rief einen Polizisten in Zivil herein. Dieser beschuldigte mich, einen jungen Juden mit einem Messer am Fuß verletzt zu haben, und zwar während einer Rauferei, die sich am selben Tag in Jaffa ereignet habe. Ich machte ihn darauf aufmerksam, daß ich das nicht gewesen sein könne; da ich zu dieser Zeit in Tel Aviv angegriffen worden sei. Daraufhin ließ El-Habbab zwei jüdische Jungen hereinrufen, die ich zu meinen besten Freunden zählte. Sie bestätigten mit aller Entschiedenheit die Version des Polizisten und fügten hinzu, ich sei der Chef der Bande, die eine Gruppe jüdischer Schüler angegriffen hatte. Ich war wie betäubt, betroffen und völlig außer mir angesichts ihrer falschen Anschuldigungen. Hatten sie mit eigenen Augen gesehen, daß ich an der Rauferei teilgenommen hatte? Übereinstimmend bejahten sie dies. Da ich nicht in der Lage war, das Gegenteil zu beweisen, halfen mir auch alle Unschuldsbeteuerungen nichts.

Als die Gegenüberstellung beendet war, wurde mein Vater, der darauf bestand, mich mit nach Hause zu nehmen, mit Gewalt aus dem Büro gezerrt. Gedemütigt, hilflos und mit Tränen in den Augen biß ich die Zähne zusammen. Brutal wurde mein Vater von ein paar fanatischen Beamten hinausgedrängt, während er unentwegt meine Unschuld beteuerte und an El-Habbabs Gerechtigkeitssinn appellierte. Ich wurde in eine Zelle für jugendliche Kriminelle gesperrt und konnte für den Rest der Nacht kein Auge schließen. Am nächsten Morgen versuchte El-Habbab, mir ein Geständnis zu entreißen, indem er mir mit einem Lineal auf die Finger schlug. Mein Schweigen, das er als Arroganz auslegte, brachte mir nur noch stärkere Schläge ein. »Du willst nicht gestehen? Na gut! Wir bringen dich vor Gericht!« Mit einer Eskorte wurde ich in eine tiefergelegene Etage geführt, in der gewöhnlich eine Kammer des Jugendgerichts tagte. Der Vorsitzende, ein Engländer, der nur mäßig Arabisch sprach, stellte mir einige Fragen. Noch einmal erzählte ich mein Mißgeschick, das auf ihn offenbar jedoch nicht den geringsten Eindruck machte. Die Sitzung dauerte nur wenige Minuten. Ich wurde in El-Habbabs Büroräume zurückgebracht, wo ich auf dessen Befehl etwa zehn Stunden lang aufrecht stehen mußte. Erst spät am Abend wurde mir dann in Gegenwart meines Vaters der Urteilsspruch mitgeteilt. Ich wurde für schuldig befunden und unter Polizeiaufsicht gestellt; diese Zeit galt als Bewährungsfrist, und mir wurde unter anderem die Auflage erteilt, mich einmal in der Woche bei El-Habbab zu melden, um ihm über mein Tun und Handeln Rechenschaft abzulegen.

Zum ersten Mal in meinem Leben empfand ich Frustration und Haß, Haß auf die Engländer, die mein Volk unterdrückten, Haß auf diejenigen meiner Landsleute, die sich in den Dienst der Engländer gestellt hatten, und Haß auf den Zionismus, der einen Abgrund zwischen Palästinensern und Juden aufgerissen hatte. Die Verzweiflung, die mich wegen der mir widerfahrenen Ungerechtigkeit packte, wurde jedoch teilweise durch die Zuneigung gemildert, die mir meine Umgebung entgegenbrachte. Ich wurde nicht als Opfer, sondern als Held betrachtet. Hatte ich nicht den Unterdrückern und ihren Repressalien Widerstand geboten? Der Direktor der Schule, Raschad El-Dabbagh, gab mir eine Woche frei, damit ich mich von meinen Verletzungen und dem seelischen Schock erholen konnte. Bei meiner Rückkehr in die Klasse wurde ich von meinen Kameraden gefeiert, und unter den »Jungen Löwen« der Najjade war ich fortan unbestritten der Chef.

Meine Eltern, so schien mir, umgaben mich von nun an mit noch mehr Liebe und Zärtlichkeit. Mein Vater sprach wenig über das, was wir gemeinsam durchgestanden hatten, aber ich wußte, daß ich mit ihm als Komplizen rechnen konnte, denn ich kannte seinen tiefverwurzelten Patriotismus. Er hatte ebenso wie meine Mutter meinen Beitritt zur Najjade gebilligt, obwohl er selbst keiner militärischen oder politischen Organisation angehörte. Dennoch war sein Verhalten mir gegenüber in den Monaten nach meiner Verhaftung recht merkwürdig. Mein Bruder Abdallah und ich hatten bemerkt, daß er einen unserer Wandschränke immer fest verschloß, nur er besaß einen Schlüssel dazu. Von Zeit zu Zeit zog er sich in das Zimmer zurück, in dem sich der besagte Schrank befand. Wenn er wieder herauskam, sagte er nie ein Wort. Neugierig beschlossen wir eines Tages, ihn durch das Schlüsselloch zu beobachten. Man stelle sich unsere Überraschung vor, als wir sahen, wie er eine wunderschöne Maschinenpistole aus dem Schrank nahm! Sorgfältig reinigte mein sanfter und friedliebender Vater die MP, wobei er sie liebevoll streichelte! Abdallah und ich machten vor Freude einen Luftsprung. Für einen Ladenbesitzer mit so bescheidenen Einkünften wie mein Vater war eine solche Waffe unerschwinglich. Blieb nur eine Erklärung: Er mußte als Untergrundkämpfer einer geheimen Organisation angehören!

Doch die Wirklichkeit entsprach nicht ganz unseren Phantastereien. Erst ein Jahr später, Anfang 1947, als wir es endlich wagten, ihm unsere Indiskretion einzugestehen, verriet mein Vater uns, daß er die Maschinenpistole aus eigenen Mitteln gekauft hatte. Es sei nicht ausgeschlossen, erklärte er uns, daß die Engländer ihre Truppen aus Palästina abzögen. Und dann müßten wir bereit sein, uns gegen die Juden zu verteidigen, die sich bis an die Zähne bewaffnet hätten. Die meisten Bewohner der arabischen Viertel von Jaffa, die in der Nähe der jüdischen Siedlungen lagen, hatten es genauso gemacht. Da sie auf niemanden zu ihrer Verteidigung zählen konnten, sahen sie mit Besorgnis dem Tag entgegen, an dem sie den zionistischen Milizen ausgeliefert sein würden.

Den palästinensischen Organisationen fehlte es völlig an Waffen. Die Najjade, der ich angehörte, bildete ihre Mitglieder an Holzgewehren aus! Daher hatte ich nie Gelegenheit gehabt, eine echte Waffe in die Hand zu nehmen oder auch nur zu betrachten – mit Ausnahme der Waffe, die ich in den Händen meines Vaters gesehen hatte. Unsere Ausbildung bestand im wesentlichen aus militärischem Drill und theoretischem Unterricht in der Taktik des Guerilla, erteilt von ehemaligen Soldaten der britischen Armee, die im Zweiten Weltkrieg gekämpft hatten.

Die palästinensische Bewegung war als Organisation im Grunde nicht mehr existent. Durch die blutige Unterdrückung der großen Volkserhebung von 1936–1939 hatten sich ihre Reihen gelichtet, und die überlebenden Führer waren in alle Winde zerstreut worden; der größte Teil war von den Engländern inhaftiert oder gezwungen worden, ins Exil zu gehen. Damals hatte ich natürlich von Amin El-Husseini gehört, dem Mufti von Jerusalem und Führer der palästinensischen Bewegung. Aber ich wußte wenig über ihn, nur daß er einen regelrechten Widerwillen gegen die Najjade hatte und bestrebt war, seine Unabhängigkeit den »historischen Führern« gegenüber zu bewahren. Ich erinnere mich an den Tag, als Jamal El-Husseini, der Cousin des Mufti, aus dem Exil zurückkehrte und ihm zu Ehren auf dem Platz der Uhr in Jaffa eine große Massenkundgebung veranstaltet wurde. Ich gehörte mit zu den Tausenden von Menschen, die an der Kundgebung teilgenommen und ihren Willen bekundet hatten, für ein arabisches und unabhängiges Palästina zu kämpfen.

Jamal El-Husseini gehörte zur geheimen Führungsspitze einer der damaligen Palästinenserorganisationen, der Futuwa. Kurz nach seinem Auftritt in Jaffa begannen die Bemühungen um eine Fusion von Futuwa und Najjade. Zu diesem Zweck schickte die Arabische Liga einen ägyptischen Offizier namens Mahmud Labib nach Palästina, dessen enge Beziehungen zu den »Moslem-Brüdern« jedem bekannt waren. Seine Mission war zwar äußerst delikat, wurde aber von Erfolg gekrönt, das heißt zumindest dem Anschein nach, denn die beiden Gruppen schlossen sich formell als sogenannte »Organisation der Jugend« zusammen. Diese Gruppe war jedoch weit davon entfernt, der Bewegung neue Impulse zu geben, im Gegenteil: Sie stiftete unter den Mitgliedern der beiden zusammengeschlossenen Organisationen nur Verwirrung, was wiederum zu einer völligen Lähmung führte. Aus Protest gegen ein Unternehmen, das er schon aus Prinzip mißbilligte, stellte der Führer der Najjade, Mohamed El-Hawari, jegliche Aktivität ein. Als er schließlich sogar von der Passivität zur Kollaboration überwechselte – mit Beginn der Besetzung Jaffas durch die zionistischen Kampfverbände stellte er sich in den Dienst Israels –, trug der unvergleichliche Volkstribun, einst

Führer und Vorbild, ein fanatischer Nationalist, nicht unwesentlich dazu bei, daß viele seiner Bewunderer und Anhänger das Vertrauen in die eigene Sache verloren. Zur selben Zeit hörte die »Organisation der Jugend« auf zu existieren.

Ich bin überzeugt, daß die Engländer an diesem Ende nicht ganz unschuldig waren. Insbesondere durch Intrigen ihrer Agenten bei der Arabischen Liga versuchten sie ständig, die palästinensische Bewegung zu schwächen, entweder indem sie eine Spaltung heraufbeschworen oder indem sie – wie im Falle der Najjade und der Futuwa – die Bewegung neutralisierten und arbeitsunfähig machten.

Einstimmig verlangten die Palästinenser das Ende des britischen Mandats und die Anerkennung ihres Landes als souveräner Staat. Fortan setzte die Kolonialmacht alles daran, ihre Präsenz zu rechtfertigen und zu verlängern. Zu diesem Zweck mußte sie die Zwietracht in Palästina weiter schüren, mußte sie die Konflikte zwischen Juden und Arabern vertiefen und, falls erforderlich, sogar bewaffnete Auseinandersetzungen provozieren. Im Frühjahr 1946 setzte die Londoner Regierung die Verfügungen des »Weißen Buches« von 1939 außer Kraft, indem sie 100000 jüdischen Immigranten die Einreise nach Palästina erlaubte und den Ankauf arabischer Ländereien durch die Zionisten genehmigte. Bei dieser Gelegenheit verkündete sie, daß Großbritannien sein Mandat über Palästina so lange ausüben würde, wie die Umstände die Unabhängigkeit des Landes nicht zuließen.

Anfang 1947 sah ich mit eigenen Augen, wie die Engländer sich bemühten, ihre Präsenz als unentbehrlich darzustellen und zu beweisen, daß ihr Rückzug unweigerlich zu einem Blutbad in Palästina führen würde. Bei verschiedenen Gelegenheiten konnten meine Kameraden und ich beobachten, wie ein Panzer von Jaffa aus die jüdischen Stadtviertel von Tel Aviv beschoß. In dem Glauben, die Araber hätten das Feuer eröffnet, schossen die Juden zurück. Diese Operation unternahmen die Engländer auch in entgegengesetzter Richtung, indem sie von Tel Aviv aus auf Jaffa schossen. So kam es immer häufiger zu kleineren Zusammenstößen zwischen beiden Teilen der Bevölkerung, die sich schließlich zu regelrechten Kämpfen ausweiteten, bis im November desselben Jahres die Generalversammlung der UNO feststellte, daß eine Koexistenz unmöglich geworden war, und die Teilung Palästinas in zwei Staaten beschloß. Die Kolonialmacht hatte sich ganz offen auf die Seite der Juden geschlagen, um zur potentiellen Machtposition der zahlenmäßig überlegenen Araber ein Gegengewicht zu bilden. Während sie die Araber unerbittlich unterdrückte, behandelte sie die jüdischen Terroristen mit schier unglaublicher Nachsicht, obwohl diese sich furchtbarer Verbrechen an Engländern schuldig gemacht hatten. Die Polizeibehörden schlossen sogar die Augen vor dem massiven Zustrom von Waffen, die die Haganah und andere jüdische Organisationen aus dem Ausland erhielten, während sie ohne Zögern jeden Araber verhafteten, den sie im Besitz einer Waffe antrafen. Selbst das Tragen eines Dolches war verboten und wurde mit sechs Monaten Gefängnis bestraft. So veränderte sich das Kräfteverhältnis, das in den ersten beiden Jahren nach Kriegsende zu unseren Gunsten entschieden schien, zugunsten der Juden.

In diesem Zusammenhang muß darauf hingewiesen werden, daß den Juden aus dem Ausland finanzielle und moralische Unterstützung zuteil wurde, mit der wir nicht rechnen konnten. Die arabischen Staaten versicherten uns zwar ihrer – im wesentlichen platonischen – Sympathie und versprachen viel, doch in Wirklichkeit war ihre Hilfe fast nur symbolisch. Den Palästinensern fehlte eine der Jewish Agency vergleichbare Organisation, welche die zum Kauf und Transport von Waffen erforderlichen Gelder und Einrichtungen zentral verwaltete. Es mangelte auch an einer politischen und militärischen Führung, die den Widerstand hätte organisieren können.

So waren die Palästinenser allein ihrem Schicksal überlassen, mit der ständigen Furcht vor neuen Massakern, ähnlich dem von Deir Jassin. Deshalb entschlossen sich Hunderttausende, ihre Heimat zu verlassen. Sie wurden in diesem Entschluß noch bestärkt durch einige »Nationale Komitees«, die vor allem in Jaffa von militanten Nationalisten gegründet worden waren und ihnen versicherten, daß ihr Exil nur von kurzer Dauer sein werde, nur einige Wochen oder Monate; diese Zeit würden die verbündeten arabischen Armeen benötigen, um die zionistischen Streitkräfte zu besiegen. Die Entscheidung der arabischen Länder, mit Waffengewalt die Gründung Israels zu verhindern, hatte bei den Palästinensern große Hoffnungen geweckt.

Rückblickend glaube ich, daß meine Landsleute falsch gehandelt haben, als sie ihr Vertrauen in die arabischen Regierungen setzten, vor allem aber, als sie den jüdischen Kolonisten das Feld überließen. Sie hätten um jeden Preis aushalten müssen. Die Zionisten hätten sie nicht bis auf den letzten Mann ausrotten können. Im übrigen war für viele unter uns das Exil schlimmer als der Tod.

Nicht ahnend, was sie erwartete, entschlossen meine Eltern sich ebenfalls, ins Exil zu gehen. Wir suchten unsere Zuflucht in Gaza, der Geburtsstadt meines Vaters. Wir ließen Hab und Gut zurück und nahmen nur das Notwendigste an persönlichen Dingen mit. Noch heute sehe ich meinen Vater vor mir, wie er die Schlüssel unserer Wohnung in der Hand hält und beruhigend zu uns sagt, wir würden bald wieder zurück sein. Ich habe mein Geburtshaus nie wiedergesehen. Dreißig Jahre sind seitdem vergangen, und ich weiß nicht, ob es noch steht. Um ehrlich zu sein: Ich möchte es auch lieber nicht wissen.

II
DIE SAAT GEHT AUF

Die Jahre, die wir in Gaza verbrachten, gehören zu den traurigsten meiner Jugend. Es waren Jahre der Ungewißheit, Jahre der Verzweiflung und des Elends. Und dabei gehörten wir noch nicht einmal zu denen, die es am schlechtesten angetroffen hatten. Während der größte Teil der Flüchtlinge wahllos in irgendwelchen Lagern zusammengepfercht wurde, wo sie in Zelten oder Wellblechhütten leben mußten, hatten wir das Glück, in der Stadt Verwandte zu haben, auf die wir zählen konnten. Ein Onkel beherbergte uns. Da er in bescheidenen Verhältnissen lebte – er stellte Baugerüste her – und selbst eine große Familie hatte, konnte er uns nur ein sehr kleines Zimmer zur Verfügung stellen, in das er sieben Matratzen für uns legte. Wir hatten gerade genug Platz, um uns auszustrecken. Monat um Monat verlängerte mein Vater den Aufenthalt bei meinem Onkel, in der unbändigen Hoffnung, doch bald nach Jaffa zurückkehren zu können. Er besaß keine finanziellen Mittel, um sich anderswo niederzulassen. So lebten wir zwei Jahre lang in einem erstickenden Durcheinander, bis zu dem Tag, an dem mein Onkel meinem Vater zu verstehen gab, daß er zu seinem großen Bedauern seine Gastfreundschaft beenden müsse. Er hatte nämlich bemerkt, daß mein älterer Bruder Abdallah sich zu sehr für seine junge Cousine interessierte, als daß man noch weiterhin mit Anstand hätte zusammenleben können.

Seit unserer Ankunft in Gaza sahen wir uns noch einem anderen Problem gegenüber. Da es nur eine begrenzte Anzahl von Schulen gab, der Zustrom der Flüchtlinge aber immer größer wurde, war keine Schule in der Lage, uns aufzunehmen. Es kostete meinen Vater Monate demütigen Bittens, bis er seine fünf Kinder eingeschult hatte. Mittlerweile hatten die ägyptischen Behörden zudem einen

Ausweg gefunden, um alle Kinder im schulfähigen Alter leichter unterzubringen: Die Lehrer gaben Schichtunterricht, eine Klasse vormittags, eine andere Klasse nachmittags. Abdallah und ich waren für die Vormittagsstunden eingeschrieben, und der Unterricht begann um 7 Uhr. Da wir kein Geld für die öffentlichen Verkehrsmittel hatten, gingen wir zu Fuß zur Schule, die drei bis vier Kilometer von unserer Wohnung entfernt war. Schon vor dem Morgengrauen standen wir auf und machten uns um 5.30 Uhr auf den Weg. Mit uns gingen noch andere Kinder unseres Alters, die in einem Flüchtlingslager in der Nähe unseres Hauses wohnten.

Eines Nachts – es war im Winter 1948/49 – wurden Abdallah und ich durch das Flüstern meiner Eltern geweckt. Mein Vater klagte darüber, daß alle seine Versuche, eine Arbeit zu finden, gescheitert seien. Das Ausmaß der Arbeitslosigkeit in Gaza war dermaßen groß, daß er jegliche Hoffnung, seinen Lebensunterhalt zu verdienen, verloren hatte. Seine aus Jaffa mitgebrachten Ersparnisse waren fast erschöpft. Wie sollte er seine fünf Kinder ernähren? Meine Mutter versuchte ihn zu beruhigen, doch es wollte ihr nicht so recht gelingen. Er befand sich ganz einfach in einer Sackgasse.

Als Abdallah und ich am nächsten Morgen zur Schule gingen, trafen wir den Entschluß, uns Arbeit zu suchen, um so unseren Teil zu den Unterhaltskosten beizusteuern. Da der Unterricht mittags zu Ende war, konnten wir nachmittags arbeiten. Wir kannten den Stolz unseres Vaters, der nie erlaubt hätte, daß eines seiner minderjährigen Kinder eine bezahlte Tätigkeit ausübt. So beschlossen wir, unseren Eltern die Wahrheit über unsere außerschulische Beschäftigung zu verschweigen. Vorsichtig und unter dem Siegel der Verschwiegenheit fragten wir zuerst bei unseren Cousins an. Einer von ihnen war Tischler, er stellte meinen Bruder als Gehilfen ein; der andere, der Korbsessel herstellte, beschäftigte mich als Lehrling. Ich war außer mir vor Freude! Mein monatlicher Lohn belief sich auf zwei ägyptische Pfund, zu der Zeit eine beachtliche Summe, wenn man bedenkt, daß z. B. die Miete für eine kleine Wohnung vier bis fünf Pfund betrug. Natürlich entdeckte meine Mutter sehr bald, was wir unternommen hatten. Wir gaben ihr unseren Lohn, und ohne Wissen meines Vaters verwendete sie das Geld für die Ausgaben im Haushalt.

Noch im selben Jahr fiel mein Bruder bei den Prüfungen durch und verließ die Schule, um Mechaniker zu werden – diesen Beruf hatte er schon immer ausüben wollen. Unserem Vater erzählten wir nichts davon, denn für ihn wäre das ein furchtbarer Schlag gewesen. Er stammte aus einer sehr gebildeten Familie, heute würde man sagen, aus einer Familie von Intellektuellen. Sein Vater, Scheich Abdallah, ein in Gaza sehr angesehener Geistlicher, hatte an der El-Azhar-Universität in Kairo studiert. Meinem Vater blieb das Studium verwehrt, da vor dem Ersten Weltkrieg die osmanischen Behörden den Arabern und besonders den Palästinensern im Hinblick auf die Erziehung ihrer Kinder große Hindernisse in den Weg legten. Mein Vater hat sich nie damit abgefunden, daß er kaum schreiben und lesen konnte; deshalb lag es ihm mehr als anderen am Herzen, daß seine Kinder eine abgeschlossene Schulausbildung erhielten. Ganz allgemein legen die Palästinenser, insbesondere die der Diaspora, großen Wert auf die Ausbildung ihrer Kinder und sind dafür meistens zu den größten Opfern bereit: Für sie ist dies eine Möglichkeit, in einer ihnen feindlich gesinnten Umgebung das Überleben sicherzustellen. Es ist kein Zufall, daß das Bildungsniveau der Palästinenser im Vergleich zu den anderen arabischen Völkern am höchsten ist.

Über mich konnte mein Vater sich nicht beklagen. Er sah mich bis spät in die Nacht hinein arbeiten, und am Ende des ersten Schuljahres brachte ich ein gutes Zeugnis mit nach Hause. Er konnte jedoch nicht ahnen, wieviel Mühe mich meine Versetzung gekostet hatte, denn die Arbeit nachmittags bei meinem Cousin, dem Sesselfabrikanten, war mühsam und erschöpfte mich sehr. Außerdem stellte ich fest, daß mein Lohn bei weitem nicht ausreichte, da die finanziellen Mittel meiner Eltern immer spärlicher wurden.

Da ich mich meinem Vater nicht anvertrauen konnte, bat ich eines Tages einen Cousin, den ich besonders schätzte, um Rat. Ihm gehörte ein großes Café, das »El Kamal«, und er mochte mich besonders gern. Nachdem er sich meinen Bericht über unsere Geldsorgen angehört hatte, machte er mir das Angebot, für zehn Pfund im Monat bei ihm zu arbeiten. Das bedeutete, ich würde fünfmal soviel verdienen wie bisher! Meine Aufgabe würde darin bestehen, hinter einem Tresen zu sitzen und mit Hilfe von Bons, die mir die Kellner aushändigten, die Ausgabe der bestellten Getränke zu überwachen. Er erlaubte mir sogar, meine Schulbücher mitzubringen, damit ich in ruhigen Stunden lernen konnte.

Das Angebot war sehr verlockend, aber durfte ich es annehmen? Für jeden in unserer Familie war es ebenso anstößig und schockierend, in einem Café zu arbeiten, wie in einem Bordell zu bedienen. Und wenn ich nun diese Stelle annähme, würde ich meinen Eltern meine Nichtswürdigkeit lange verheimlichen können? »El Kamal« lag im Zentrum der Stadt und war gut besucht. Der eine oder andere Freund meines Vaters würde mich sicher erkennen. Ich beschloß, das Risiko einzugehen. Denn schließlich war das Risiko in gewissem Sinne begrenzt, da mein Vater, wie ich wußte, noch nie ein Café betreten hatte.

Die ersten Wochen an meiner neuen Arbeitsstelle waren sehr aufreibend. Jeden Nachmittag, sechs bis sieben Stunden lang, belauerte ich die Kunden im »El Kamal«. Tauchte ein bekanntes Gesicht auf, versuchte ich, mich unbemerkt in die Ecke zu drücken. Meine Mutter, die eine sehr feine Beobachtungsgabe besaß, merkte jedoch sehr bald, daß sich etwas Ungewöhnliches in meinem Leben ereignet hatte. Sie unterzog mich einem regelrechten Verhör, und ich gestand ihr schließlich die ganze Wahrheit. Zuerst war sie wie vor den Kopf geschlagen. Sie brach in Tränen aus und beschwor mich, meine Stellung sofort aufzugeben. Sie könnte sehr gut ohne meinen Lohn auskommen, sagte sie, wenn sie ihren Schmuck verkaufen würde. Das Geld, das ich verdiente, so argumentierte sie, könnte niemals den Schock aufwiegen, den mein Vater erleiden würde, falls er jemals durch einen unglücklichen Zufall von der Schande, die ich über ihn gebracht hätte, erführe. Ich blieb standhaft und erklärte ihr, daß ich mir in einigen Monaten, nach meinem Abitur, eine andere Stelle suchen würde. Sie war zwar nicht überzeugt von meinem Argument, gab aber schließlich nach und versprach, meinem Vater nichts davon zu erzählen. Und wenn dieser sich über den relativen Wohlstand wunderte, in dem wir dank des von mir verdienten Geldes lebten, erklärte meine Mutter ihm, daß sie eines ihrer Schmuckstücke verkauft hätte. Kurz danach verließen wir das Haus meines Onkels, um in eine gemietete Wohnung zu ziehen. Endlich hatten wir unser eigenes Zuhause!

Eines Tages, im Februar 1950 – sechs Monate waren seit meiner Einstellung im »El Kamal« vergangen –, ereignete sich das Unglaubliche. Mein Vater betrat das Café. Er ging, ohne mich zu bemerken, am Tresen entlang und steuerte auf einen großen Tisch am anderen Ende des Raumes zu. Er blieb eine Stunde, die mir wie eine Ewigkeit vorkam und eine der qualvollsten Stunden meines Lebens war. Vor Schreck war ich wie gelähmt und wagte nicht, mich zu bewegen, aus

Angst, ich könnte seine Aufmerksamkeit auf mich ziehen. Schließlich erhob er sich, und während er die Treppe zum Ausgang hinunterstieg, hörte er, wie ein Kellner mich bei meinem Vornamen rief. Er blieb abrupt stehen, drehte sich um, stieg einige Stufen hinauf und sah mich an. Unsere Blicke kreuzten sich für einen kurzen Augenblick, dann verließ er, ohne sich etwas anmerken zu lassen, das Café.

Ich lief zu meinem Cousin, dem Besitzer des Cafés, um ihm mein Mißgeschick zu erzählen, und bat ihn, sich bei meinem Vater für mich einzusetzen. Er lehnte dies rundweg ab und erklärte mir, daß in den Augen meines Vaters seine Schuld noch größer sei als die meine. So mußte ich ganz allein dem Unwetter entgegentreten, das sich über mir zusammenbraute.

Meine Mutter erwartete mich auf der Türschwelle, sie zitterte am ganzen Körper und wollte mich warnen. »Dein Vater tobt vor Wut! Möge der Herr dir beistehen!« Meine Geschwister hatten sich ängstlich in eine Ecke des Wohnzimmers verkrochen. Mein Vater kniete und betete und ignorierte mich völlig. Als er seine Gebete beendet hatte, fragte er mich in eisigem Ton: »Kannst du überhaupt die Schändlichkeit deines Handelns ermessen?« Ich erklärte ihm, daß ich die Arbeit im Café »El Kamal« nur angenommen hätte, um die Familie zu unterstützen. Ich gestand ihm außerdem, daß ich zwei Jahre zuvor Zeuge seines Gesprächs mit meiner Mutter über ihre Geldsorgen gewesen sei und ihre Sorgen mich sehr betroffen hätten. Er unterbrach mich: »Lieber wäre ich verhungert, als erleben zu müssen, daß du in einem Café arbeitest.« Ich weiß nicht mehr genau, was ich ihm darauf geantwortet habe; doch plötzlich verlor er die Beherrschung und schlug auf mich ein.

Ich hatte ein Gefühl, als würde mir der Boden unter den Füßen weggerissen, als würde alles um mich herum zusammenstürzen. Mein Vater, der noch nie mit mir geschimpft hatte, hatte mich geschlagen. Und das ungerechterweise, denn ich war der festen Überzeugung, nach bestem Gewissen und für das Wohl der ganzen Familie gehandelt zu haben. Ich fühlte mich in meinem Ehrgefühl verletzt und zutiefst gedemütigt. Zum ersten Mal in meinem Leben weinte ich, und während die Tränen über mein Gesicht strömten, stieg ich die Treppe zum Dach des Hauses hinauf und stürzte mich hinab.

Bei näherer Überlegung glaube ich nicht, daß ich wirklich Selbstmord begehen wollte, denn dann hätte ich einen sichereren Weg gewählt, mich umzubringen. Der Sprung, den ich unternahm, war nicht besonders gefährlich. Da unser Haus nur aus Hochparterre bestand, betrug die Entfernung vom Dach zum Erdboden nur zwei bis drei Meter; außerdem war der sandige Boden, auf den ich mich fallen ließ, sehr weich. Hinzu kommt, daß ich vorsichtig genug war, auf die Füße zu fallen, womit ich mir allerdings ein chronisches Rückenleiden eingehandelt habe, das auf eine Verrenkung der Wirbelsäule zurückzuführen ist. Dieser Schritt war weniger eine Verzweiflungstat als vielmehr ein Wutausbruch, um gegen die mir zuteil gewordene ungerechte Behandlung zu protestieren.

Mein Sturz verlief dennoch nicht ganz ohne Folgen. Durch den Aufprall verlor ich das Bewußtsein. Als ich wieder zu mir kam, sah ich, wie meine Mutter und meine Geschwister aufgeregt um mich herumliefen und mich bemitleideten, während sie auf die Ambulanz warteten, die mich in das englische Krankenhaus bringen sollte, eines der besten Krankenhäuser in Gaza. Sofort fiel mir die Abwesenheit meines Vaters auf. Auch während der zehn Tage, in denen ich im Krankenhaus meine Prellungen auskurierte, besuchte er mich nicht ein einziges Mal. Dabei hatte er ein gutes Herz, und ich wußte, wie sehr er mich liebte. Deshalb erschien mir sein Verhalten von unerklärlicher Härte. Erst später habe ich mir seine Reaktion erklären können. Er war ein sehr gefühlsbetonter Mensch, zeigte diese Gefühle aber kaum; er war sensibel und eigenwillig zugleich, und es hatte ihn zutiefst getroffen, daß mir die Traditionen unseres Standes so wenig bedeuteten, das, was für ihn Ehre und Ansehen der Familie ausmachten – Wertvorstellungen, an die er buchstäblich gekettet war. Vor allem aber interpretierte er mein Verhalten als anmaßende Herausforderung der väterlichen Autorität, die für ihn ebenfalls unantastbar war.

Nach meiner Rückkehr aus dem Krankenhaus hielt mein Vater einen Familienrat ab. Zunächst sprach er von seinem Kummer, dann bat er mich, meine Stellung im Café »El Kamal« aufzugeben. Meine Mutter zog ein Bündel Geldscheine aus ihrer Handtasche, es waren mehr als hundert Pfund; noch nie zuvor hatte ich so viel Geld auf einmal gesehen. Sie hatte ihren Schmuck verkauft, und der Erlös, so erklärte sie mir, würde ausreichen, um bis zum Ende des Schuljahres, wenn ich mein Abitur ablegen würde, alle anfallenden Kosten zu decken. Somit würden wir keine Not leiden, und – so fügte sie hinzu – für mich bestünde keine Notwendigkeit mehr, einer lukrativen Arbeit nachzugehen. Meine Onkel und Cousins, die zu diesem Treffen eingeladen waren, versicherten mir, daß ich mit ihrer Unterstützung rechnen könne, falls ich studieren wolle. Diese herzliche Solidarität rührte mich zutiefst, und ich verkündete ihnen, daß ich meinen Posten im »El Kamal« auf der Stelle aufgeben wolle.

Das Jahr 1951 bedeutete eine Wende in meinem Leben. Drei Jahre nach unserer Flucht verließ ich Gaza, um mich an der Kairoer Universität einzuschreiben. Wie versprochen, lieferten meine Verwandten einen Beitrag zur finanziellen Unterstützung; jeder gab, so gut er konnte. Außer dem Segen meiner Eltern erhielt ich die Summe von fünfzig Pfund, die für die ersten Monate ausreichen mußte. Mein Vater hatte mich einem seiner Cousins empfohlen, dem Scheich Jussef, der an der islamischen El-Azhar-Universität das Fach Theologie belegt hatte. Obwohl er blind war, holte er mich am Bahnhof von Kairo ab und schlug mir vor, mich in dem Schlafsaal der Universität unterzubringen. Es handelte sich um einen großen Saal, in dem die aufgereihten Betten durch kleine Tische voneinander getrennt waren. Da einer von Scheich Jussefs Kommilitonen abwesend war, konnte ich einige Tage sein Bett benutzen, bis ich eine Bleibe gefunden hatte. Gern nahm ich das Angebot meines Cousins an, obwohl der schmutzige und übelriechende Schlafsaal mich abstieß.

Als ich an jenem Abend ins Bett ging, hängte ich mein Hemd und meine Hose an einen Haken; die fünfzig Pfund, die mir meine Familie übergeben hatte, steckte ich einfach in die Hosentasche. Als ich am nächsten Morgen aufwachte, waren meine Kleidungsstücke verschwunden. Von Panik ergriffen, schüttelte ich Scheich Jussef wach. Vielleicht konnte er mir eine Erklärung geben. Er wußte aber auch nicht mehr als ich, und wir kamen schnell zu dem Schluß, daß meine Habe gestohlen war. Mein Cousin tadelte mich wegen meiner Unvorsichtigkeit und wies darauf hin, daß er seine Sachen unter seiner Matratze aufbewahrte. Die ehrwürdige Einrichtung von El-Azhar war ganz offensichtlich doch kein Hort der Ehrbarkeit, wie man eigentlich annehmen sollte.

Völlig niedergeschlagen verließ ich fast zwei Wochen lang kaum das Bett. Ich besaß nicht einen Pfennig. Wovon sollte ich mich ernähren, kleiden und die Miete zahlen? Außer den gestohlenen Kleidungsstücken besaß ich nur eine »Dischdasche«, ein traditionelles Kleidungsstück, das ich sonst nur im Hause trug. Meine Zukunft erschien mir sehr düster. Von einer Fortsetzung meines Studiums konnte keine Rede sein. Die Schulgeldfreiheit war auf den ägyptischen Universitäten noch nicht eingeführt, und zu meinem Unglück waren die Zuschüsse, die die Arabische Liga den palästinensischen Studenten gewährte, aus Gründen der Ersparnis gestrichen worden. Mein Vater hatte mir geraten, mich an einen engen Verwandten zu wenden, El-Kachef, einen reichen Händler aus Sumeil, einem Vorort von Tel Aviv, der einige Monate vor uns emigriert war. Er wohnte mit seiner Familie in einem Wohnviertel von Kairo. Mein Stolz hielt mich jedoch davon ab, ihn aufzusuchen in einem Moment, da ich so in Not war. Einige Jahre später, nachdem ich Lehrer geworden war, heiratete ich seine Tochter.

Scheich Jussef schlug mir vor, mich an der El-Azhar-Universität einzuschreiben; sie gewährte bedürftigen Studenten Zuschüsse, die ihr von Wohltätigkeitsverbänden zur Verfügung gestellt wurden. Er selbst konnte unentgeltlich in der Universität wohnen und erhielt eine monatliche Unterstützung von vier Pfund. Höflich wies ich sein Angebot zurück, ohne ihm zu sagen, welchen Abscheu ich vor konfessionell gebundenem Unterricht hatte. Aber ich ließ mich von ihm überreden, mich um ein Stipendium in Dar-El-Ulum zu bewerben, einer Art Pädagogischer Hochschule, die zwar nicht meinem Ideal des konfessionell nicht gebundenen Unterrichts entsprach, da sie eng an El-Azhar angegliedert war, auf der man aber auch andere Fächer als nur Theologie belegen konnte. Mich interessierten ganz besonders arabische Sprache und Literatur, Philosophie und Psychologie. Das begehrte Stipendium belief sich auf vier Pfund im Monat; dies war zwar eine bescheidene Summe, sie würde mir aber ein Studium ermöglichen, wenn auch unter großen Einschränkungen.

Doch nicht jeder wurde in Dar-El-Ulum zugelassen. Zunächst mußte ich eine sehr schwierige Prüfung in arabischer Literatur ablegen, einem Gebiet, das mir völlig fremd war. Trotzdem entschloß ich mich, mein Glück zu versuchen, und erschien mit fünfhundert Kandidaten vor dem Prüfungsausschuß. Der Vorsitzende dieses Gremiums, ein Scheich der El-Azhar-Universität, begann mir Fragen zu stellen zum Werk zweier berühmter Dichter, von denen ich nicht einmal die Namen kannte, was ich übrigens offen zugab. Dann beschloß ich, alles auf eine Karte zu setzen, und erklärte dem verdutzten Prüfer: »Es steht Ihnen frei, mich durchfallen zu lassen, aber erlauben Sie mir vorher, Ihnen zu sagen, was ich von der El-Azhar-Universität halte, die Sie hier vertreten.« Nachdem ich ihm von dem Diebstahl meines Geldes und meiner Kleidungsstücke berichtet hatte, endete ich mit den folgenden Worten: »Ich habe nichts mehr zu verlieren, nur noch die ›Dischdasche‹, die ich trage.«

Mein Redeschwall hatte den Scheich sprachlos gemacht. Nach einer mir endlos lang erscheinenden Stille ergriff einer seiner beiden Kollegen das Wort. Er hieß Hassan Gad – seinen Namen werde ich nie vergessen, da ich ihm zu großem Dank verpflichtet bin. In wohlwollendem Ton meinte er zu mir: »Ich bin überzeugt, daß Sie sehr viel mehr über die palästinensische Poesie wissen.« Sofort ergriff ich diesen Rettungsanker und rezitierte und analysierte Gedichte von Muein Bessisso, der später als einer der besten Dichter des Widerstandes Anerkennung fand. Ich hatte gewonnen. Die Erleichterung auf den vergnügten Gesichtern meiner drei Prüfer zeigte mir, daß ich in Dar-El-Ulum zugelassen war.

Wenige Tage später verließ ich erleichterten Herzens Scheich Jussef und den düsteren Schlafsaal von El-Azhar. Ich tauschte die »Dischdasche« gegen ein Hemd und eine Hose ein. Die monatliche Unterstützung von vier Pfund erlaubte mir nicht, ein Zimmer zu mieten, aber palästinensische Kommilitonen boten mir an, ohne Bezahlung bei ihnen zu wohnen. Solidarität ist für die Palästinenser im Exil kein leeres Wort. Da ich keine Unterstützung von meinen Eltern erhielt, lebte ich so zwei Jahre lang bei Freunden, von denen einige später der Fatah beitraten. Eines Tages, im Jahre 1953, erhielt ich von meinem Vater eine Postanweisung. Die Summe war fürstlich. Er hatte eine Anstellung in Saudi-Arabien gefunden und mir sein erstes Monatsgehalt geschickt. Sein Arbeitgeber, Hamed Abu Setta, war zu dieser Zeit ein großer Bauunternehmer; heute hat er einen Sitz im Exekutivkomitee der Palästinensischen Befreiungsorganisation (PLO).

Das Jahr 1951 bedeutete für mich nicht nur die Trennung von meiner Familie und den Beginn meines Studentenlebens; es bedeutete vor allem den Beginn meiner politischen Aktivität, die sich innerhalb der vergangenen 25 Jahre immer weiter entwickelt hat. Zwar war schon mein Beitritt zu den »Jungen Löwen« der Najjade in Jaffa eine Form des politischen Engagements, doch meine Jugend und die Umstände hatten mich daran gehindert, aktiv und über einen längeren Zeitraum an den Kämpfen teilzunehmen. In Gaza hatte ich mich trotz der materiellen Sorgen und der familiären Probleme auch weiterhin sehr lebhaft für die Entwicklung des palästinensischen Problems interessiert. Aber nach dem arabischen Debakel und der darauffolgenden Hoffnungslosigkeit hatte sich die nationale Bewegung praktisch aufgelöst. Nur einige, die eine längst vergangene Zeit repräsentierten, versuchten, wenn auch vergeblich, sie wieder zum Leben zu erwecken; zumeist geschah dies unter der Schirmherrschaft der Arabischen Liga, einer verknöcherten Organisation, die von reaktionären und dem Imperialismus verbundenen arabischen Staaten manipuliert wurde und nur wenig geneigt war, die palästinensische Sache zu unterstützen. Ich war erfüllt von Verachtung und Wut, ebenso von dem Willen, mich gegen die bestehende Ordnung zu erheben.

Die Gelegenheit bot sich sehr bald. Die Entscheidung der Arabischen Liga vom Herbst 1951, die Zuschüsse für bedürftige palästinensische Studenten zu streichen, rief einen Sturm der Entrüstung hervor. Ich mischte sofort kräftig mit und beteiligte mich an der Demonstration am Sitz der Liga, den wir anschließend okkupierten. Wir stürmten und verwüsteten das Büro von Ahmed Schukeiri, der damals das Amt des stellvertretenden Generalsekretärs der Liga innehatte und mit den palästinensischen Angelegenheiten befaßt war. Unser Vorgehen war von Erfolg gekrönt: Den Studenten wurde ab sofort wieder eine Unterstützung gewährt. Die Anführer, zu denen auch ich zählte, wurden jedoch von der Polizei verhaftet und in das Gefängnis von Abdine gebracht, das sich in der Nähe des Palastes von König Faruk befand. Man erwog damals ernsthaft, mich nach Gaza abzuschieben, aber da kam mir die Krise zustatten, in der die Monarchie sich befand: Die Behörden sahen von ihrem Plan ab, und ich wurde nach 49 Tagen wieder auf freien Fuß gesetzt.

Zur selben Zeit lernte ich einen Studenten der Technischen Hochschule kennen, der zweiundzwanzig war, also vier Jahre älter als ich, und dessen Energie, Enthusiasmus und Unternehmungsgeist mich faszinierten. Es handelte sich um Jasir Arafat, denselben Mann, der fünfzehn Jahre später in der Weltöffentlichkeit unter seinem Decknamen Abu Ammar bekannt wurde. Jasir war damals verantwortlich für die militärische Ausbildung der Studenten der Technischen Hochschule, die an dem antibritischen Guerillakrieg in der Suezkanalzone teilnehmen wollten. Außerdem arbeitete er wie ich aktiv in der Vereinigung der Palästinensischen Studenten mit, die sich aus Anhängern aller politischen Richtungen zusammensetzte: »Moslem-Brüder«, Kommunisten, Mitglieder der Baas-Partei, arabische Nationalisten (eine von Georges Habasch mitbegründete Partei)

u. a. Da es keine streng nationale Partei gab, die sich für die Befreiung Palästinas einsetzte, begeisterten sich die Palästinenser für die panarabischen Parteien rechter und linker Couleur, auf die sie ihre ganze Hoffnung gesetzt hatten. Bewußt oder unbewußt bedeuteten die verschiedenen Ideologien, mit denen sie sich identifizierten, für sie nur ein Mittel, das letztlich zum gemeinsamen Ziel führen mußte. Wie auch Jasir Arafat war ich keiner politischen Partei beigetreten, obwohl ich starke Sympathien für die »Moslem-Brüder« hegte, die ich in Gaza in Aktion erlebt hatte. Unter ihnen gab es Redner, die sich – im Gegensatz zu den traditionellen Ulemas – einer leidenschaftlichen, kämpferischen Sprache bedienten, die auch dem gewöhnlichen Sterblichen verständlich war. Sie riefen ihre Anhänger zum Kampf auf und stärkten deren Moral zu einem Zeitpunkt, zu dem sie es am meisten benötigten. Ihnen flogen um so mehr die Sympathien zu, als ihre Anhänger von den ägyptischen Behörden verfolgt und verhaftet wurden. Sie waren sogar bereit, für ihr Ideal zu sterben. Viele von ihnen wurden in den Jahren 1950–1952 in dem Guerillakrieg gegen die britische Besatzungsmacht in der Suezkanalzone getötet. Dennoch trat ich nicht in ihre Reihen. Ich war zwar der Enkel eines Scheichs, und mein Vater war ein gläubiger und praktizierender Moslem, aber die in meiner Umgebung festverwurzelte Toleranz distanzierte mich von der Ideologie der »Moslem-Brüder«. Meinem Wesen nach neigte ich im übrigen eher dazu, einer Bewegung beizutreten, die einen nicht konfessionell gebundenen Nationalismus vertrat. Ihre Zusammensetzung und ihre Substanz aber mußten noch näher bestimmt werden.

Jasir Arafat und ich besaßen hierzu noch keine festumrissenen Vorstellungen, aber wir wußten zumindest, was der palästinensischen Sache abträglich war. Wir waren beide der Meinung, daß unsere Landsleute von den arabischen Regierungen, die größtenteils bestechlich oder dem Imperialismus verpflichtet waren, nichts zu erwarten hatten und daß sie einen Fehler begingen, wenn sie auf die politischen Parteien setzten. Die Palästinenser, davon waren wir ebenfalls überzeugt, sollten sich im wesentlichen nur auf sich selbst verlassen. Daher beschlossen wir im Jahre 1952, diese grundlegende Idee in die Wirklichkeit umzusetzen, und kandidierten für die Wahl zum Vorstand der Vereinigung der palästinensischen Studenten. Da dies unter den Palästinensern die einzige Organisation mit demokratischen Wahlen war, konnte sie mit Recht von sich behaupten, einen gewissen Teil der palästinensischen Öffentlichkeit zu vertreten.

Unser Unternehmen war nicht frei von Risiko. Der größte Teil der Studenten war Mitglied oder Sympathisant einer politischen Partei; wir aber gehörten keiner dieser Parteien an, ja, wir lehnten sie sogar rundweg ab. Das bedeutete unsererseits eine Herausforderung an alle von diesen Parteien vorgeschlagenen Kandidaten, die, wenn auch in unterschiedlichem Maße, über Prestige und Geldmittel verfügten.

Wir hatten aber auch einige Trümpfe in der Hand. Jasir Arafat und mir war es gelungen, gute Verbindungen zu den Studenten herzustellen, dies ohne Ansehen ihrer Zugehörigkeit zu einer politischen Partei. Bei ihren Kämpfen standen wir stets in der ersten Reihe, zu jedem Opfer bereit. Wir stellten uns nicht als Gegner der Parteien vor, sondern als Vertreter der »Studentischen Vereinigung«, diese Bezeichnung gaben wir unserer Kandidatenliste, auf der neun Namen standen für die neun zu besetzenden Sitze im Exekutivkomitee. Sechs von ihnen (darunter Arafat und ich) gehörten unserer Gruppe an, drei Sitze hatten wir anderen Richtungen zugedacht: einem »Moslem-Bruder«, einem Vertreter der Baas-Partei und einem Kommunisten. Dadurch bewiesen wir unseren demokratischen und unitaristischen Geist.

Unsere Rechnung ging auf. Unsere Liste wurde mit erdrückender Mehrheit gewählt. Damit hatten wir bewiesen, daß die Studenten ein gemeinsames Vorgehen über ihre politischen Überzeugungen hinaus erstrebten. Jasir Arafat, der zum Präsidenten der Vereinigung der Palästinensischen Studenten gewählt wurde, behielt diesen Posten bis zum Ende seiner Studienzeit im Jahre 1956; danach übernahm ich sein Amt, nachdem ich vier Jahre lang sein Stellvertreter gewesen war.

Zwei Monate nach meiner Wahl, im November 1952, brach der Konflikt mit der Arabischen Liga von neuem aus, da diese erneut beschlossen hatte, die Unterstützungen für die palästinensischen Studenten zu streichen. Wie im voraufgegangenen Herbst traten wir in Streik; gleichzeitig wurde das Büro der Liga besetzt. Aber dieses Mal gaben die Verantwortlichen nicht nach, sondern holten die Polizei zu Hilfe, die mit Gewalt das Gebäude räumte. Mit vielen anderen gelang es mir zu entkommen. Neunzehn Studenten wurden verhaftet. Kurz darauf teilte die Sicherheitspolizei der Vereinigung der Palästinensischen Studenten mit, daß sie unsere Kameraden nur dann auf freien Fuß setzen würde, wenn ich mich freiwillig stellte. Dies tat ich auf Anraten von Jasir Arafat, in dessen Wohnung im Vorort Heliopolis ich mich geflüchtet hatte. Die Sicherheitspolizei versuchte, mich, den sie für einen Hitzkopf hielt, zu demütigen, indem sie mich im Gefängnis von Abdine zu den Prostituierten sperrte. Fünfunddreißig Tage später wurde ich auf persönliche Intervention Ahmed Schukeiris freigelassen. Er versuchte, mich »zurückzugewinnen«, indem er eine Unterredung mit Salah Salem arrangierte; dieser war Mitglied des Revolutionsrates, der vier Monate zuvor die Macht ergriffen hatte. Weder die Unterredung mit Salah Salem noch der Versuch der nasseristischen Behörden, meinen Willen zu brechen, konnten mich davon abhalten, den Kampf fortzusetzen.

Ihre Gehässigkeit mir gegenüber offenbarte sich oft in böswilligen Schikanen. Als Mitglied einer von Jasir Arafat geleiteten Delegation, die im Juli 1954 nach Warschau reisen sollte, um an einem Festival des Internationalen Studentenverbandes teilzunehmen, wurde ich einige Stunden vor dem Abflug verhaftet. Man hielt mich für »zu gefährlich«, um mir die Genehmigung zum Verlassen des Landes zu erteilen. Zahlreiche palästinensische Studenten demonstrierten lautstark gegen diese Art der Willkür und forderten die neuerliche Erteilung des Visums. Erst siebenunddreißig Tage später, nach der Rückkehr der Delegation, wurde ich wieder auf freien Fuß gesetzt.

Damals hatte ich nur wenig Sympathie für Gamal Abdel Nasser und teilte das Mißtrauen, das die »Moslem-Brüder« und die Kommunisten ihm zu Beginn seines Regimes entgegenbrachten. Ich warf ihm vor allem vor, nichts für die palästinensische Sache zu tun. Der israelische Luftangriff auf Gaza am 28. Februar 1955, der viele Menschen das Leben kostete, rief unter den Palästinensern großen Zorn hervor; sie waren empört über die Passivität der ägyptischen Armee und ihre Unfähigkeit, die Bevölkerung zu verteidigen oder mit gleicher Stärke zurückzuschlagen. Massen von Demonstranten zogen durch die Straßen und riefen nach Waffen. Die palästinensischen Studenten in Kairo organisierten Streiks und Demonstrationen und forderten öffentlich den Sturz der Regierung. Wir traten in einen Hungerstreik und besetzten das Büro der Vereinigung der Palästinensischen Studenten. Wir stellten den Behörden drei Forderungen: Abschaffung des Visumzwangs für die Palästinenser bei der Ein- und Ausreise nach bzw. von Gaza, Wiederherstellung der seit dem Beginn der Demonstrationen unterbrochenen Bahnverbindungen zwischen Kairo und Gaza sowie Einführung der obligatorischen Wehrübungen, damit die Palästinenser sich gegen die israelischen Angriffe verteidigen könnten. Außerdem verlangten wir, daß Nasser persönlich bei uns erscheinen sollte, um mit uns über unsere Forderungen zu diskutieren.

Nach zwei Tagen Streik ließ Nasser uns wissen, daß er bereit sei, eine von uns ernannte Delegation zu empfangen. Wir wiesen diesen Vorschlag zurück und verlangten, daß an dem Treffen alle Streikenden – etwa 200 – beteiligt sein sollten. Sonst würde das Treffen überhaupt nicht zustande kommen. Nasser gab nach und lud uns in sein Büro im Ministerratsgebäude. Am Eingang empfing uns ein eindrucksvolles Aufgebot von Sicherheitsbeamten, die uns vor Einlaß sorgfältig durchsuchten.

Nasser versicherte uns zunächst, daß er alle unsere Forderungen für berechtigt halte und ihnen voll und ganz entsprechen werde. Tatsächlich gab er noch am selben Tag den Befehl, alle Beschränkungen, die den Palästinensern im Reiseverkehr zwischen Kairo und Gaza auferlegt waren, aufzuheben und Camps zur militärischen Ausbildung von Fedajin zu errichten. (Was den letzten Punkt betrifft, so blieb es hier, wie sich im Laufe der Jahre herausstellte, nur bei reinen Versprechungen.) Was konnten wir aber damals noch mehr verlangen? Die Atmosphäre entspannte sich zusehends, und die Unterredung verlief von da ab in einem herzlichen Ton. Als wir uns von Nasser verabschiedeten, äußerte er den Wunsch, den Meinungsaustausch mit Vieren von uns fortzusetzen.

Abdel Hamid El-Tajeh (Baas-Anhänger), Ezzat Auda (Kommunist), Fuad Ahmad (arabischer Nationalist) und ich wurden für diesen zweiten Dialog benannt. Auf der Seite Nassers nahmen an dem Gespräch teil: Lutfi Waked, einer seiner engsten Mitarbeiter, Kamal Eddine Hussein, mehrfacher Minister, und der zukünftige Ministerpräsident Ali Sabri. Nasser wollte mehr über die Vereinigung der Palästinensischen Studenten wissen, über unsere Ansichten und Absichten. »Gehören Sie einer politischen Partei an?« war seine erste und sehr indiskrete Frage; sie konnte sogar gefährlich sein in einem Land, in dem alle Gruppierungen gesetzlich verboten und durch eine Einheitspartei ersetzt worden waren. Er erkannte seinen Fehler, als wir, ohne mit der Wimper zu zucken, antworteten, daß wir nur palästinensische Studenten seien. Daraufhin entspann sich eine leidenschaftliche Diskussion, und wir erlagen sehr schnell der Ausstrahlungskraft dieses Mannes, der zudem ein großer Patriot zu sein schien. Im Verlauf der Unterredung verriet er uns seine Absicht, das ihm von den Westmächten aufgezwungene Waffenembargo zu umgehen. Er würde sich eben an andere Staaten wenden, wenn nötig, sogar »an den Teufel höchstpersönlich«, um die Verteidigung Ägyptens gegen die israelischen Übergriffe sicherzustellen. Einige Monate später schloß er unter dem Jubel des ganzen Volkes einen Vertrag über Waffenlieferungen mit der Tschechoslowakei ab, die der Sowjetunion als Strohmann diente. Als wir uns an jenem Tag von Nasser verabschiedeten, sicherten wir ihm unsere volle Unterstützung zu, wenn auch einige von uns ihre Vorbehalte ihm gegenüber nicht ganz aufgeben mochten.

Die eigentliche Wende trat im Juli 1956 ein, als Nasser die Verstaatlichung der Suezkanalgesellschaft verkündete. Bei den Palästinensern, für die der »Reis« von nun an der große Held im Kampf gegen den Imperialismus war, rief dies einen wahren Freudentaumel hervor. Wie alle Araber – vom Atlantik bis zum Indischen Ozean – waren auch wir zutiefst beeindruckt von der Kühnheit, mit der Nasser England und Frankreich herausforderte. Dank der Kontrolle, die diese beiden Mächte über den Kanal ausübten, hatten sie Ägypten in schamloser Weise ausgebeutet und die Souveränität des Landes verletzt. Nun aber hatte Nasser seinem Volk einen unveräußerlichen Besitz zurückgegeben – zugleich aber auch allen Arabern, ja sogar allen Völkern der Dritten Welt ihre Würde und ihr Selbstvertrauen. Von nun an schien alles möglich, sogar die Befreiung Palästinas.

Als drei Monate nach der Verstaatlichung des Kanals Israel, England und Frankreich Ägypten überfielen, griffen wir begeistert zu den Waffen. Wir bildeten mehrere Kommandos, um Seite an Seite mit den ägyptischen Freiwilligen der Invasion Einhalt zu gebieten. Jasir Arafat, damals Reserveoffizier, wurde nach Port Said geschickt, wo er als Ingenieur am Abräumen der Minen teilnahm. Ich trat der Volkswiderstandsbewegung bei und wollte kämpfen, aber die Behörden erlaubten mir nicht den Einsatz an der Suezfront. Ich mußte mich mit Verteidigungsaufgaben begnügen, die unter anderem darin bestanden, an den nach Kairo führenden Brücken Wache zu stehen.

Im Gazastreifen hatte sich inzwischen eine Aktionsfront gebildet und damit begonnen, den Widerstand gegen die israelische Besatzung zu organisieren. »Moslem-Brüder«, Kommunisten, arabische Nationalisten, Baasisten und Nasseristen hatten beschlossen, sich auf der Basis eines gemeinsamen Aktionsprogramms neu zu formieren. Zunächst jedoch war es sehr schwierig, zu einer Übereinstimmung mit den Kommunisten zu gelangen, da diese in das Abkommen eine Klausel einfügen wollten, die eine Zusammenarbeit mit den progressiven Kräften in Israel – allen voran den Kommunisten –, die ebenfalls die Besetzung Ägyptens verurteilten, vorsah. Doch die Zeit war noch nicht reif für eine derartige Verbrüderung. Der Israeli, gleich welcher politischen Überzeugung, wurde als Feind betrachtet. Schließlich verwässerten die Kommunisten des Gazastreifens ihren Textentwurf so sehr, daß eine Einigung zustande kam.

Wir halfen dieser Widerstandsfront, soweit unsere bescheidenen Mittel es erlaubten. So schleusten wir in die besetzte Stadt Geld, Waffen – und viele Flugblätter. Während dieser Zeit, die mehr Frustration als Befriedigung in uns hervorrief, begannen meine Kameraden und ich ein Projekt ins Auge zu fassen, das uns zunächst noch wie ein Traum erschien. Die algerischen Nationalisten hatten eine Organisation gegründet, die schon über zwei Jahre lang die französische Armee bekämpfte, und ihr heldenhafter Widerstand, über den wir genauestens informiert waren, faszinierte uns und erfüllte uns mit Bewunderung. Während der langen Nachtwachen stellten wir uns die Frage, ob nicht auch wir fähig wären, eine umfassende Bewegung ins Leben zu rufen, eine Art Widerstandsfront, in der Palästinenser aller politischen Richtungen in Form individueller Mitgliedschaft vertreten wären – dies mit dem Ziel, einen bewaffneten Kampf in Palästina auszulösen.

Schon in den Jahren 1954-1955 hatten einige Kommandos Angriffe gegen Israel durchgeführt, aber fast alle waren von den Geheimdiensten der Israel benachbarten Länder gesteuert worden. Der ägyptische Geheimdienst, der diese Kommandos vor allem zu Spionagezwecken zusammengestellt hatte, operierte im Gazastreifen und in Jordanien unter der Führung von Mustafa Hafez, der später durch ein Sprengstoffpaket des israelischen Geheimdienstes getötet wurde. In Syrien war es nicht anders. Diese Unternehmungen hatten kaum etwas mit uns zu tun, denn sie waren diktiert von der jeweiligen Staatsräson und nicht von dem Interesse an der palästinensischen Sache, sie konnten nur zufallsbedingt sein. Da wir allen arabischen Regierungen, ob konservativ oder progressiv, mißtrauten, waren wir der Ansicht, daß ein wirklicher bewaffneter Kampf nur von Palästinensern vorbereitet, organisiert und durchgeführt werden müßte, die allein ihrem eigenen Volk verpflichtet sind. Unser Mißtrauen gründete sich auf Erfahrungen: So war beispielsweise Abu Jihad (Khalil El-Wazir), Mitbegründer der Fatah und heute Mitglied des Zentralkomitees, als er im Jahre 1954 von Gaza aus einen Kommandoangriff auf Israel organisiert hatte, unverzüglich vom ägyptischen Sicherheitsdienst verhaftet worden.

Über die Grundlagen der Bewegung, von der wir träumten, waren wir uns einig. Sie weiter zu entwickeln und zu kodifizieren, dazu war es noch zu früh; so beschlossen wir, in der Zwischenzeit unsere Ideen zu propagieren und gleichzeitig die Kader anzuwerben, die sie später in die Praxis umsetzen sollten. Damals, im Jahre 1956, zur Zeit der Suezkrise, waren unsere Ideen von der Gründung einer großen Volksbewegung und einer echten nationalen Befreiungsarmee noch ziemlich verschwommen; erst in den darauffolgenden zwei Jahren reiften sie zu festumrissenen Zielvorstellungen heran.

In den ersten Monaten des Jahres 1957 wurden wir in alle Winde zerstreut. Jasir Arafat und Abu Jihad gingen nach Kuweit; Faruk Kaddumi (Abu Lotf), heute Chef der politischen Abteilung der PLO und Mitglied des Zentralkomitees der Fatah, schloß sich ihnen später an. Jussef El-Najjar, Kamal Adwan und Abu Mazen ließen sich in Katar nieder. Was mich betraf, so entschloß ich mich, mein Tätigkeitsfeld nach Gaza zu verlegen. Ich hatte in Dar-El-Ulum mein Staatsexamen in Philosophie und Psychologie abgelegt und gerade mein Pädagogikstudium an der Universität Ein-Chams abgeschlossen. So konnte ich mich leicht um einen Posten als Lehrer bewerben.

Die Sicherheitsbehörden ahnten natürlich, daß ich mich nicht ohne Hintergedanken um eine Anstellung in Gaza bewarb, wo viele Staatsbedienstete gerade darum bemüht waren, sich nach Kairo oder in eine andere größere ägyptische Stadt versetzen zu lassen, um ihren Lebensstandard zu verbessern. Zu meiner großen Überraschung wurde ich als Lehrer an eine Mädchenschule beordert – eine außergewöhnliche Maßnahme, die allgemein als Bestrafung galt, denn in einer der Tradition verpflichteten islamischen Gesellschaft ist es für einen Mann äußerst unangenehm, in einem weiblichen Milieu zu arbeiten.

Ich wies den Direktor der Schulbehörde darauf hin, daß meine Ernennung nicht den gültigen Bestimmungen entsprach, nach denen nur verheiratete Männer in Mädchenschulen unterrichten konnten. Er antwortete mir mit einem Lächeln, daß es keine Regel ohne Ausnahme gäbe. Ich begriff, daß man mich isolieren wollte, um mich daran zu hindern, politische Aktivität zu entfalten. Und dies wäre in einem Milieu, in dem man mich im wahrsten Sinne des Wortes als Ausgestoßenen behandeln würde, von vornherein ausgeschlossen. Die Schule »Al Zahra« (»die Blume«) war im Prinzip kein unangenehmer Ort. Aber ich hatte die Klassen mit Wiederholern zu betreuen, und dies waren häufig verwöhnte Mädchen aus begüterten Familien, kapriziös und undiszipliniert. Dennoch ließ ich mich nicht entmutigen und beschloß, meine Position zu nutzen, um offen politisch zu agitieren. Was hatte ich denn zu verlieren? Obwohl ich nur Arabisch und Psychologie zu unterrichten hatte, ermunterte ich meine Schülerinnen, sich in Gruppen zusammenzuschließen, die sich um staatsbürgerliche Schulung bemühten und die ich »Patriotische Komitees« nannte. Sie hatten die Aufgabe, während des Unterrichts Debatten zu provozieren und anzuheizen. Sechs Monate später, mitten im Schuljahr, teilte die Direktorin mir mit, daß ich an eine Jungenschule versetzt worden sei.

Ich war außer mir vor Freude, obwohl die Schule »Khaled Ben Walid« weder angenehm noch bequem war. Sie lag mitten in der Wüste, außerhalb der Stadt, und wurde von den Kindern der palästinensischen Flüchtlinge besucht, die in den nahegelegenen Lagern lebten. Die Räume waren winzig, völlig überfüllt (die Klassen umfaßten sechzig bis siebzig Schüler) und baufällig. Im Winter zitterten wir vor Kälte, wenn der Regen durch das brüchige Dach drang.

Dafür aber schien mir die Gelegenheit für eine Entfaltung politischer Aktivität günstiger denn je. Obwohl meine Schüler aus sehr einfachen Familien stammten, in erbarmungswürdigen Verhältnissen lebten und mit ihren Eltern im Exil litten, schienen sie überdurchschnittliche Intelligenz und Sensibilität zu besitzen. Noch heute erinnere ich mich an ein Erlebnis, das mich damals sehr beeindruckt hat. Ich hatte ein Komitee zur Unterstützung der algerischen Revolution gegründet und veranstaltete eine Geldsammlung. Ich bat jeden, im Rahmen seiner Möglichkeiten einen Beitrag zu liefern. Trotz ihres Elends folgten alle schon am nächsten Tag meinem Aufruf. Einer nach dem anderen erschien und spendete etwas: Einige gaben einen Piaster, andere zwei oder drei Piaster. Das waren lächerlich kleine Summen – sie entsprachen dem Betrag von wenigen Pfennigen; aber für die Kinder bedeuteten sie große Opfer. Als letzter erschien ein ganz kleiner Junge und legte sichtlich verlegen sein

Hemd vor mich hin – das einzige, das er besaß. »Es könnte einem algerischen Kind passen«, sagte er nur.

Damals, das war 1958, schrieb ich über den Exodus von 1948 ein Theaterstück mit dem Titel »Glorreiche Tage«. Der Text basierte im wesentlichen auf meinen eigenen Erinnerungen: Es handelte von der Flucht meiner Familie und natürlich auch von dem tragischen Ende jenes Ehepaares, das sich ins Meer stürzte, um sein in Jaffa zurückgebliebenes Kind zu retten. Das Stück hatte großen Erfolg. Mehrere Monate hindurch wurde es in allen Flüchtlingslagern in Gaza gespielt; später wurde es in mehreren arabischen Ländern des Persischen Golfs inszeniert. Daraufhin schrieb ich ein zweites Theaterstück, dessen Aufführung allerdings weitaus riskanter war. Es beinhaltete eine Kritik am Verhalten aller arabischen Regierungen, einschließlich der Nassers, gegenüber der Palästinafrage. Ich bediente mich verschiedener Tricks, um die Zensur zu überlisten. Als Protagonisten wählte ich Abbas El-Mehdaoui, den Fouquier-Tinville des in Bagdad neuerrichteten irakischen Regimes, Vorsitzender eines »Volksgerichtshofs«, das damit beauftragt war, die politischen Gegner an den Galgen zu bringen. Die Angeklagten in meinem Theaterstück waren die Regierungschefs der arabischen Staaten, deren »Verbrechen« von Mehdaoui in der für ihn so bezeichnenden bildhaften Sprache aufgezählt und beschrieben wurden. Das in satirischem Stil geschriebene Stück gab Mehdaoui der Lächerlichkeit preis, legte ihm aber gleichzeitig Wahrheiten in den Mund, für die die Palästinenser sehr empfänglich sein würden.

Man konnte mich nicht einer subversiven Handlung bezichtigen, da es sich bei den Reden meines Protagonisten um authentische Zitate handelte, die ich den Tiraden des echten Mehdaoui entnommen hatte.

Ich traf noch weitere Vorsichtsmaßnahmen: Dem Subpräfekten von Deir El-Balah, dem das Gebiet, in dem meine Schule lag, unterstand, bot ich an, die Inszenierung meines Stückes zu übernehmen. Als Theaterliebhaber nahm er das Angebot mit Freuden an. Ich lud noch den Militärgouverneur von Gaza zur Premiere ein. Er war begeistert von dem Stück, dessen Doppeldeutigkeit er nicht begriffen hatte, und schickte mir drei Tage später einen offiziellen Brief, in dem er mich zur Qualität meines Stückes beglückwünschte.

Noch am selben Tag erhielt ich eine dringende Vorladung zu Oberst Kamal Hussein, dem Chef der Sicherheitsbehörden. Auch er hatte das Stück gesehen, und da er nicht dumm und gut über meine Ansichten unterrichtet war, hatte er die militante Aussage des Theaterstückes sehr wohl begriffen. Offensichtlich war er fest entschlossen, mich für meine Frechheit teuer bezahlen zu lassen. Ich versicherte ihn meiner guten Absichten, und als Beweis hierfür bezog ich mich auf die Schirmherrschaft des Subpräfekten, die Lobreden des Militärgouverneurs und das Imprimatur der Zensoren. »Sind das alles Dummköpfe«? rief ich mit vorgetäuschtem Unwillen aus. Oberst Kamal Hussein biß die Zähne zusammen und antwortete mir in eisigem Ton: »Salah, Sie sind mit allen Wassern gewaschen, aber ich werde Sie noch kriegen, darauf können Sie sich verlassen...«

Von allem anderen aber hatte er nicht die geringste Ahnung; meine literarischen Ergüsse waren nämlich nur die Spitze des Eisbergs. Der wichtigste Teil meiner Aktivität außerhalb des Unterrichts bestand darin, Untergrundkämpfer anzuwerben und in Gruppen zu organisieren. Dazu benutzte ich dieselben Methoden wie meine in den Golfländern versprengten Kameraden. Wir wählten den Kandidaten nach sittlichen und politischen Gesichtspunkten aus, die wir für unerläßlich hielten: Er mußte vor allem frei von jeglicher Bindung an eine andere politische Gruppe sein und ein einwandfreies Verhalten in seinem Privatleben vorweisen können. Für seine Aufrichtigkeit und Ehrbarkeit verlangten wir, daß er dem Alkohol entsagte. Während der Probezeit erhielt der Kandidat eine politische Ausbildung, hierfür bekam er Bücher und Flugschriften.

Um größte Sicherheit zu gewährleisten, entschieden wir uns für das »vertikale« Organisationsprinzip. Jeder von uns stellte die Verbindung mit nur einer weiteren Person her, diese ihrerseits warb eine andere und so weiter. Die so entstandene »Kette« erschien uns weniger verwundbar als eine Zelle, die mehrere Mitglieder zusammenfaßte. Unsere Versammlungen fanden im allgemeinen in Cafés statt; ich bevorzugte »El Kamal«, wo ich in meiner Jugend gearbeitet hatte. Wir spielten Tricktrack oder Domino, wobei wir uns mit leiser Stimme unterhielten.

Bei bestimmten Anlässen verfaßten und druckten wir Flugblätter, die diese oder jene repressiven Maßnahmen der ägyptischen Behörden anprangerten. Im allgemeinen aber vermieden wir es, allzusehr auf unsere Existenz hinzuweisen. Die Phase der Heranbildung von Kadern erforderte Zurückhaltung und äußerste Vorsicht. So unterzeichneten wir jedes Flugblatt mit unterschiedlichen Namen, etwa:

»Die Jungen der Reform« oder »Die Jungen Revanchisten«, obwohl meine in den Golfländern lebenden Kameraden und ich schon seit Anfang 1958 übereingekommen waren, der zu gründenden Bewegung den Namen »Fatah« (die Eroberung) zu geben. Wir leiteten seinen Ursprung aus »Harakat Tahrir Falestine« (Bewegung zur Befreiung Palästinas) her – die Anfangsbuchstaben HTFA ergeben, rückwärts gelesen, FATH. Wir hatten jedoch beschlossen, diesen Namen erst dann zu benutzen, wenn unsere Bewegung eine Organisationsstruktur, Statuten und eine zentralisierte Führung besaß. Dies war erst im Oktober 1959 der Fall.

Anfang 1959 schlug mir Jasir Arafat vor, eine besser bezahlte Stellung in einem ölproduzierenden arabischen Land für mich zu suchen. Mein Lehrergehalt in Gaza reichte kaum zum Leben aus, und unsere Befreiungsbewegung benötigte dringend Geld. Außerdem konnten wir uns in den Golfländern sehr viel freier entfalten, da die Sicherheitsbehörden dort schlechter organisiert und die Führer uns geneigter waren als in den Israel benachbarten Ländern.

Daher bewarb ich mich um eine vakante Stelle bei der Schulbehörde von Katar. Ich erhielt eine Zusage, aber kurze Zeit später teilte man mir mit, daß die Stelle nicht frei sei. Von Abu Mazen, der in dieser Behörde eine leitende Position bekleidete, erfuhr ich, daß der ägyptische Sicherheitsdienst die Behörden in Katar gewarnt und behauptet hatte, ich sei ein »gefährlicher Kommunist«.

Kurz danach kam der Leiter der Schulbehörde von Kuweit, Abdul Aziz Hussein, an der Spitze einer Delegation nach Gaza, um Lehrer anzuwerben. Im Anschluß an eine Unterredung wurde ich sofort von ihm engagiert – ohne Ansehen eines Polizeiberichts, den er über mich erhalten hatte, ähnlich dem, der damals nach Katar geschickt worden war.

Ich hatte mich gerade verheiratet und entschloß mich daher, mit meiner jungen Frau Gaza zu verlassen. Am Tag unserer Abreise erschien ein Polizeioffizier in meiner Wohnung und legte mir ohne jede Erklärung Handschellen an. Trotz meines Protests wich er bis zum Kairoer Flughafen nicht von meiner Seite und nahm mir die Handschellen erst am Flugzeug ab, das mich nach Kuweit bringen sollte.

Mein alter Feind, Oberst Kamal Hussein, Chef der Sicherheitsbehörde in Gaza, dem es nicht gelungen war, mich zu verhaften oder am Verlassen des Landes zu hindern, wollte offenbar, daß ich ihn in guter Erinnerung behielt.

III
DER AUFBRUCH

Am 10. Oktober 1959 traf in einem unauffälligen Haus in Kuweit eine kleine Gruppe zusammen, um die Organisation der Fatah ins Leben zu rufen. An den darauffolgenden Tagen wurden noch weitere Personen hinzugezogen; doch waren es insgesamt nicht mehr als 20. Alle Treffen fanden unter strengster Geheimhaltung statt. Es war das erste Mal, daß sich Vertreter von Untergrundbewegungen aus verschiedenen arabischen und anderen Ländern mit der Absicht trafen, ihre Aktivitäten zu koordinieren. Dieser Kongreß »im kleinen« bedeutete die formelle Gründung der Bewegung, die in weniger als zehn Jahren zur mächtigsten nationalen Befreiungsfront werden sollte, die Palästina je gekannt hat. Vertreten wurden auf diesem Kongreß jedoch weniger als fünfhundert Personen.

Im Verlauf der Versammlungen wurden mehrere Vorlagen erarbeitet und durch Abstimmung gebilligt. Sie betrafen die Organisationsstruktur der Bewegung und ihre Statuten, Strategie und Taktik, die Aktionsmöglichkeiten und die Finanzierung der Revolution, deren Bannerträger wir sein sollten. Die Aufgaben der verschiedenen Organe der Fatah sowie die Form von Anwerbung und Ausbildung der Kader wurden genau fixiert. Das eigentliche politische Programm, das die großen Ziele der Bewegung umreißt, war bereits Anfang 1958 beschlossen worden. Damals hatte ein eigens zu diesem Zweck gebildetes Komitee eine Vorlage erarbeitet, die dann bei persönlichen Gesprächen oder durch Briefwechsel diskutiert, überarbeitet und schließlich gebilligt worden war.

Dieses Programm war das Ergebnis unzähliger Gespräche und Diskussionen, die wir in den fünfziger Jahren in Kairo und Gaza geführt hatten; es basierte aber auch auf den Erfahrungen, die unsere Vorgänger in der nationalen Bewegung gesammelt hatten.

Obwohl wir uns damals nicht systematisch mit der Vergangenheit beschäftigt hatten, sie außerhalb unseres gemeinsamen Themenbereichs ließen, hatte jeder von uns durch private Lektüre Lehren aus der Vergangenheit gezogen. Wir waren alle zu ähnlichen Schlußfolgerungen gekommen, selbst wenn einzelne Analysen und die Einordnung der Ereignisse, die die Geschichte Palästinas mit geprägt hatten, nicht übereinstimmten. Diese Einschätzung wurde im Verlauf der Jahre präzisiert.

Ich bin der Ansicht, daß es nicht gerecht ist, die Handlungen unserer Vorgänger in Bausch und Bogen zu verurteilen. Zunächst bildeten sie keinen einheitlichen Block. Es gab unter ihnen Vertreter des Großbürgertums sowie Männer aus dem einfachen Volk, Patrioten und Verräter; es gab solche, die die Dinge richtig erfaßten, andere, die sich irrten. Mußten wir bei der Analyse nicht auch die damaligen Verhältnisse berücksichtigen, die vorherrschende Mentalität, die großen Schwierigkeiten, denen sie die Stirn bieten mußten, ohne über die nötige Erfahrung zu verfügen? Viele von ihnen nahmen große Opfer auf sich, und nicht wenige bezahlten ihren Mißerfolg mit dem Leben – ein Mißerfolg, der nicht allein einer ungünstigen internationalen Lage und der Übermacht und List des Feindes zuzuschreiben war. Viele schwerwiegende Fehler sind begangen worden, und wir machten es uns daher auch zur Aufgabe, diese herauszuarbeiten und genau zu analysieren, um sie in Zukunft zu vermeiden.

Ohne Zweifel fehlte unseren Vorgängern eine gut strukturierte Organisation. Bis zum Auftreten der Fatah wurde die nationale Bewegung im wesentlichen von Persönlichkeiten geführt, die bedeutenden Familien, wie etwa den Husseini und den Nachachibi, entstammten, die zudem heftig aneinandergerieten, sobald die Meinungen über die nächsten Schritte auseinandergingen. Wenn es überhaupt eine Organisation gab, so war diese nur oberflächlich und nicht fest im Volk verwurzelt; wurde ihr der Führer – die Seele und die Stütze des Unternehmens – genommen, so fiel sie völlig auseinander. Das Volk folgte seinen Führern, manchmal aber war es ihnen voraus. Durch die spontane Gründung örtlicher Komitees waren bereits verschiedene Mittel des politischen Kampfes erprobt worden: Streiks und Demonstrationen, sogar der Guerillakrieg. Die Aufstände der Jahre 1919, 1922, 1928, 1933, 1936 und 1938 zeugten von dem Kampfeswillen der Bevölkerung, gleichzeitig aber auch von der Unwirksamkeit ihres Kampfes, der nicht von einem zentral operierenden, in sich festgefügten und dauerhaften Apparat ausgelöst, geführt und unterstützt wurde.

Daher wurde von den Begründern der Fatah dem Aufbau einer tief im Volk verwurzelten Organisation große Bedeutung beigemessen; sie würde Bestand haben, was auch immer mit ihren Führern geschähe. Ein anderer Fehler unserer Vorgänger war der, daß sie die Dringlichkeit unterschätzten, mit der die jüdische Bevölkerung, oder wenigstens ein Teil davon, in die nationale Befreiungsbewegung hätte integriert werden müssen. Vor dem Zweiten Weltkrieg hatten die Führer und das Volk die klare Vorstellung, gegen die britische Besatzungsmacht zu kämpfen; seit damals hatten sie ständig den Rückzug der britischen Truppen und die Proklamation der Unabhängigkeit und Souveränität des palästinensischen Staates gefordert. Zu Recht beschuldigten sie die Londoner Regierung, den Konflikt durch die Balfour-Deklaration im Jahre 1917, die den Juden eine nationale Heimat in Palästina versprach, provoziert zu haben und diesen Konflikt noch zu schüren, um die Fortdauer ihrer Kolonialmacht zu rechtfertigen und sicherzustellen. Es war offensichtlich, daß diese Politik nur zum Nachteil der Bevölkerung gereichte, der arabischen wie der jüdischen.

Ohne Zweifel kommt das Verdienst, auch die letzten Spuren von Konfessionalismus unter den Arabern ausgelöscht zu haben, Haddsch Amin El-Husseini zu, dem Mufti von Jerusalem und bedeutendsten Widerstandsführer zwischen den beiden Weltkriegen. Es gelang ihm, Christen und Moslems im Kampf gegen den gemeinsamen Feind, den Imperialismus, zu vereinen. Warum hat er nicht versucht, die palästinensischen Juden davon zu überzeugen, daß es in ihrem ureigensten Interesse läge, ihre zionistischen Illusionen aufzugeben und sich mit den Arabern zu verständigen? Warum haben die palästinensischen Gewerkschaften nicht eine gemeinsame Front mit den jüdischen Arbeitern gebildet? Sicher war es für die Opfer der zionistischen Kolonisierung – und besonders für die, die ihre Ländereien und ihren Arbeitsplatz an die neuen Immigranten verloren – nicht einfach, zu unterscheiden zwischen den Juden, die versuchten, friedlich mit den Palästinensern zusammenzuleben, und ihren zionistischen Führern. Dennoch hätten es sich die palästinensischen Führer zur Aufgabe machen müssen, die Unklarheiten und Mißverständnisse, die eine jüdisch-arabische Verständigung behinderten, aus dem Weg zu räumen.

Von Anfang an hatten daher die Begründer der Fatah die Absicht erkennen lassen, einen demokratischen Staat zu errichten, der sich über ganz Palästina erstrecken und in dem Juden, Christen und Moslems als gleichwertige Bürger zusammenleben sollten. Politische Umstände hinderten uns jedoch daran, diesen Vorschlag, den wir den israelischen Juden unterbreiten wollten, vor 1968 publik zu machen.

Unsere Vorgänger begingen außerdem den Fehler, die palästinensische Bewegung dem Willen der arabischen Regierungen zu unterstellen, deren egoistische Motive sie mit den uneigennützigen Motiven der arabischen *Völker* verwechselten. Die meisten Regierungen dieser Gebiete standen unter dem Einfluß Englands und waren wohl kaum ernstzunehmende Verbündete einer Befreiungsbewegung, die gegen den britischen Imperialismus gerichtet war. Scheich Ezzedin El-Kassam, ein echter Freiheitskämpfer, der das einfache Volk organisiert hatte, bevor er im Jahre 1952 in den Untergrund ging, starb drei Jahre danach den Heldentod, weil er von keinem der »Brüderländer« Unterstützung erhielt. Er starb 1955, nach einer Schlacht, die schon von Anbeginn verloren war. Es waren zwar die Engländer, die ihn töteten; doch verantwortlich für seinen Tod sind hauptsächlich die arabischen Komplizen der britischen Behörden.

Auch während der Volkserhebung des Jahres 1936 kam keine arabische Regierung dem palästinensischen Volk zu Hilfe. Die Generalstreiks – einer dauerte fast sechs Monate an –, die Demonstrationen und die regelrechten Schlachten, die bis zum Vorabend des Zweiten Weltkriegs einander folgten, endeten alle mit einem Blutbad. Nicht nur, daß die arabischen Staaten nichts unternahmen, um das Gemetzel zu beenden, daß sie einem Volk, das hilflos den englischen Kanonen und Panzern ausgeliefert war, jede materielle Hilfe verwehrten; in einem Aufruf an das palästinensische Volk forderten sie sogar noch die Palästinenser auf, den Kampf – ich zitiere – »gegen unseren großen Verbündeten England« einzustellen. Gleichzeitig versuchten sie, der Revolution eine andere Richtung zu geben, indem sie die Juden als den eigentlichen Feind darstellten, den es auszurotten galt.

Selbst in den Nachkriegsjahren weigerten sich die arabischen Staaten, den Palästinensern Mittel für ihre Verteidigung zur Verfügung zu stellen, obwohl die Zionisten – unter aktiver oder passiver Mitwirkung der Engländer – umfangreiche Waffenlieferungen erhielten; obwohl das Pendel im Kräfteverhältnis der Parteien in gefährlichem Maße zugunsten der Israelis auszuschlagen schien und sie in den ersten Monaten des Jahres 1948 ihre territoriale Expansion fortsetzten. Der Form halber schickten sie einige hundert Gewehre für die Zigtausende, die für den Kampf hätten mobilisiert werden können. Als Rechtfertigung gaben sie an, sie selbst hätten die Verpflichtung übernommen, Palästina zu befreien. Der Ausgang ihres kläglichen Unternehmens ist hinlänglich bekannt. Ihre Armeen, die am 15. Mai 1948 in Palästina einfielen, waren nicht einmal in der Lage, die Durchsetzung der Teilung zu garantieren, die von der Generalversammlung der Vereinten Nationen im November 1947 beschlossen worden war. Und das aus gutem Grund: König Abdallah von Jordanien, der mit Zisjordanien liebäugelte, annektierte ganz einfach dieses Gebiet, während König Faruk den Gazastreifen unter ägyptische Verwaltung stellte. Die palästinensische Regierung, die im September 1948 in Gaza unter Ahmed Hilmi Pacha gebildet worden war, war ein totgeborenes Kind, da keine Regierung das Risiko auf sich nehmen wollte, sie zu unterstützen. Indem die arabischen Staaten zuließen, daß Israel sich weit über die Grenzen des ihm von der UNO zugewiesenen Gebietes hinaus festsetzte, trugen sie mit dazu bei, daß die Gründung des Staates Israel Realität wurde.

Man könnte noch viele andere Beispiele geben für die Redewendung »alle in Palästina entstandenen Revolutionen scheitern in den arabischen Hauptstädten«. Die Erfahrung hat gezeigt, daß alle Regime, waren sie nun reaktionär oder progressiv, im Endeffekt ihre eigenen Interessen über die des palästinensischen Volkes stellten. Daher hatten die Gründer der Fatah den Schwur abgelegt, sich jedem Versuch zu widersetzen, die palästinensische Befreiungsbewegung der Kontrolle einer arabischen Regierung zu unterstellen, und darüber zu wachen, daß diese Bewegung nicht von einem »Bruderland« vereinnahmt würde. Nur so glaubten wir, den Fortbestand unseres Unternehmens garantieren zu können – und damit auch seinen Erfolg. Des weiteren erklärten wir unseren Anhängern – was wir im übrigen auch später stets betont haben –, daß wir nicht nur keine Separatisten wären, sondern daß wir danach trachteten, die Vorkämpfer der arabischen Einheit zu werden; dies um so mehr, als wir überzeugt waren, daß die Palästinenser ihr Heimatland nicht allein befreien könnten, solange das Kräfteverhältnis in diesem Gebiet und in der ganzen Welt sich nicht ändern würde. Wir hatten uns das Ziel gesetzt, die Katalysatoren einer revolutionären Sammelbewegung in der arabischen Welt zu werden, die Lanzenspitze einer breiten Front; nur sie allein wäre fähig, die Palästinenser wieder in ihre alten Rechte einzusetzen. Das war und ist bis heute unsere Strategie. Um dieses Ziel zu erreichen, konnte es durchaus erforderlich sein, aus taktischen Erwägungen Bündnisse oder Verträge abzuschließen mit Regierungen arabischer oder nichtarabischer Staaten, deren Interessen mit den unseren übereinstimmten.

Dieses Prinzip wurde von Haddsch Amin El-Husseini falsch angewandt, als er sich während des Zweiten Weltkrieges mit Hitler-Deutschland verbündete; dies war ein Fehler, den wir alle mit größtem Nachdruck verurteilen. Seine Handlungsweise muß aber dennoch im richtigen Kontext gesehen werden. Die zionistische Propaganda stellte ihn aus verständlichen Gründen als Sympathisanten des Nationalsozialismus dar. Alle aber, die ihn kannten, darunter auch ich, könnten das Gegenteil bezeugen. Haddsch Amin war Nationalist, zwar ein konservativer, aber ein aufrichtiger Nationalist. Zu seiner Entlastung muß gesagt werden, daß er trotz seiner Mentalität und der schwerwiegenden Meinungsverschiedenheiten, die uns voneinander trennten, niemals öffentlich die Fatah und ihre Führer angegriffen hat. Ich traf ihn zum letzten Mal im Jahre 1974, drei Monate vor seinem Tod. Als ich ihm vorhielt, daß er sein Schicksal niemals mit Deutschland hätte verbinden dürfen, erklärte er mir seine Beweggründe. Aus Entrüstung über die Rolle und das Vorgehen der Engländer in Palästina, verfolgt von den Besatzungsbehörden, hatte er sich ganz einfach dem Lager des Gegners angeschlossen.

Wie viele andere arabische Nationalisten, vor allem in Ägypten und im Irak, hatte auch er angenommen, daß die Achsenmächte den Krieg gewinnen und Palästina die Unabhängigkeit geben würden, dies aus Dankbarkeit gegenüber denen, die sie während des Krieges unterstützt hatten. Ich bemerkte dazu, daß derartige Illusionen doch auf einer sehr naiven Kalkulation beruhten, wenn man bedenkt, daß nach Hitlers »Rassenlehre« die Araber im Hinblick auf ihre »Qualität« an vierzehnter Stelle, d. h. noch hinter den Juden, rangierten. Hätte Deutschland den Krieg gewonnen, hätte dies für die palästinensischen Araber eine noch grausamere Besetzung bedeutet als die, die sie unter dem britischen Mandat erlebt hatten.

Trotzdem war Haddsch Amin kein Nationalsozialist, ebensowenig wie die palästinensischen Führer, die England während des Krieges unterstützt hatten, Agenten des Imperialismus waren. Letztere hatten ganz einfach auf den Sieg der Alliierten gesetzt und gehofft, so die Unabhängigkeit ihres Vaterlandes zu erreichen – das wichtigste und heiligste Ziel aller Befreiungskämpfe des palästinensischen Volkes seit dem Ersten Weltkrieg.

Diejenigen, die versucht haben, die These zu verbreiten, nach der die palästinensischen Nationalisten sich in den Dienst von Hitler-Deutschland gestellt hätten, geben vor, nicht gewußt zu haben, daß Tausende unserer Landsleute in den Reihen der englischen Armee gekämpft haben. Unsere besten militärischen Ausbilder, die wesentlich zur Ausbildung der Fedajin beigetragen haben, waren in der englischen Armee ausgebildet worden. Die Ironie des Schicksals wollte es, daß der erste Oberbefehlshaber der im Jahre 1965 zusammengestellten palästinensischen Befreiungsarmee General Wagih El-Madani wurde, der mit General Mosche Dajan zur selben Zeit dieselbe britische Militärakademie in Palästina absolviert hatte.

Es sind nicht nur die Erfahrungen und die Fehler unserer Vorgänger, die unsere ersten Schritte lenkten. Mit größtem Interesse verfolgten wir den fünf Jahre vor der Gründung der Fatah in Algerien begonnenen Guerillakampf. Wir waren äußerst beeindruckt von dem Vorgehen der algerischen Nationalisten: Sie hatten es geschafft, eine starke Front aufzubauen, den Kampf gegen eine mächtige Armee zu führen, die der ihren tausendfach überlegen war, und schließlich von arabischen Ländern, die zum Teil sogar miteinander verfeindet waren, vielfache Hilfeleistung zu erhalten – und trotz allem hatten sie es verhindern können, zu irgendeinem dieser Staaten in Abhängigkeit zu geraten. Auf gewisse Weise symbolisierten sie für uns den Erfolg, den wir erträumten. Da wir damals keine direkten Beziehungen zur FLN unterhielten, schöpften wir unsere Kenntnisse über die algerische Befreiungsbewegung aus den damals erscheinenden Publikationen. Meine politische Bildung ließ viel zu wünschen übrig. Als Philosophiestudent hatte ich mich zwangsläufig ein wenig mit Hegel, Marx und Lenin vertraut gemacht; am liebsten aber las ich Autoren wie Michel Aflak (Begründer der Baas-Partei), Sajed Kotb (Ideologe der »Moslem-Brüder«) sowie Abenteuer- und Kriminalromane. Erst nach meiner Rückkehr nach Gaza 1957 begann ich, mich eingehend für alle Arten von Revolution zu interessieren. Ich verschlang die Werke Lenins. Sein Mut und sein grundlegender Optimismus selbst in einer Zeit, da er als politischer Flüchtling im Exil lebte, beeindruckten mich zutiefst. Aus der Machtübernahme der Bolschewiken und ihren Schwierigkeiten konnten auch wir etwas lernen. Dennoch fühlte ich mich mehr zu Mao Tse-tung hingezogen, dessen ethisches Konzept meiner Meinung nach dem Islam näher war als der strenge Materialismus Lenins. Vor allem der »Lange Marsch« beschäftigte meine Phantasie, und ich begann zu träumen. Ich stellte mir vor, wie das palästinensische Volk bewaffnet in sein Vaterland zurückkehrt, um die Eindringlinge zu vertreiben.

Frantz Fanon, einer meiner bevorzugten Autoren, schrieb in seinem Buch *Die Verdammten dieser Erde* – ein Buch, das ich immer wieder gelesen habe –, daß nur ein Volk, das die feindlichen Kanonen und Panzer nicht fürchtet, die Revolution zu Ende führen kann. Damit meinte er, daß die algerischen Nationalisten nie etwas unternommen hätten, wenn sie dem Kräfteverhältnis Rechnung getragen hätten, wie es vorherrschte, als sie rebellierten. Man konnte damals klar erkennen, wie sehr er recht hatte. Überall in der Dritten Welt griffen die Völker zu den Waffen, um sich ihre Freiheit und Unabhängigkeit zu erkämpfen, obwohl sie nicht die geringste materielle Basis hatten.

Die Gründer der Fatah kannten sehr wohl die militärische Übermacht Israels, seine Möglichkeiten und die Macht seiner Verbündeten; dennoch setzten sie sich den bewaffneten Kampf als vorrangiges Ziel. Zum einen hofften wir, trotz alledem den zionistischen Staat besiegen zu können; zum anderen hielten wir dies für den einzigen Weg, um die Weltöffentlichkeit auf die Sache der Palästinenser aufmerksam zu machen; zum dritten wollten wir in dieser Bewegung, die wir zu gründen versuchten, die Masse unseres Volkes zusammenführen. Hierbei waren zwei Faktoren zu berücksichtigen: die Geisteshaltung der Palästinenser und ihre Zersplitterung in den verschiedenen arabischen Parteien. Mit diesen konnten wir uns auf ideologischer Ebene nicht messen. Wir hatten mit nichts Besserem aufzuwarten als die »Moslem-Brüder«, die Kommunisten, die arabischen Nationalisten oder Baasisten in ihrem Bereich. Doch offen gesagt: Wir hielten diese Gruppierungen für schädlich, da sie die Befreiung Palästinas nicht als vorrangiges Ziel ansahen und eine Spaltung der Palästinenser bewirkten. Nur der bewaffnete Kampf konnte die ideologischen Differenzen überwinden helfen und so zum Katalysator der Einheit werden. Wir hatten festgestellt, daß viele unserer

Landsleute, überfüttert mit den großartigen Reden und Versprechungen der arabischen Parteien und Politiker, langsam dieses sterilen Geschwätzes überdrüssig wurden und sich fragten, ob die panislamische und panarabische Bewegung òder der Kommunismus nicht darauf abzielten, sie von dem Ziel, das ihnen am Herzen lag, nämlich der Befreiung des Vaterlandes, abzulenken oder gar völlig abzubringen.

Auf dem Umweg über eine 1959 in Beirut anonym unter dem Namen »Falestinuna« (»Unser Palästina«) herausgegebene Zeitschrift legten wir unsere Doktrin der breiten Öffentlichkeit dar. Die Zeitschrift erschien unregelmäßig, je nach unseren finanziellen Möglichkeiten. Sie brachte aktuelle Informationen, Hintergrundberichte und mit Pseudonym gezeichnete Artikel, in denen wir in einfachen, verständlichen Worten unser nachfolgend resümiertes Grundsatzprogramm entwickelten: Die revolutionäre Gewalt ist der einzige Weg, der zur Befreiung des Vaterlandes führt. Sie muß, zumindest in einer ersten Phase, von den palästinensischen Massen selbst ausgeübt und unabhängig von Parteien und Staaten gelenkt werden. Die aktive Unterstützung von seiten der arabischen Welt ist zwar für den Erfolg unseres Unternehmens unerläßlich, das palästinensische Volk aber wird sich die Entscheidungsgewalt und die Rolle der Avantgarde im Kampf vorbehalten.

Die Fatah stand in fundamentalem Widerspruch zu den damals gültigen Thesen der arabischen Nationalisten. Sie verkündete, daß »die arabische Einheit nur durch die Befreiung Palästinas erreicht wird«, nicht umgekehrt. Dieses Programm war sehr gewagt zu einer Zeit, da der Nasserismus seinen Höhepunkt erreichte und es so aussah, als könne die Gründung der Vereinigten Arabischen Republik, die Ägypten und Syrien zusammenschloß, zum Ausgangspunkt einer Sturmflut werden, die den Staat Israel überrollen würde.

Unsere wichtigste Aufgabe im Herbst 1959 bestand jedoch nicht darin, einen möglichst großen Anteil der öffentlichen Meinung für uns zu gewinnen, sondern eine Organisation auf die Beine zu stellen, die es uns erlaubte, den bewaffneten Kampf aufzunehmen und zu einer Massenbewegung zu werden. Diese Organisation sollte unterteilt werden in einen militärischen und einen politischen Apparat, die beide pyramidal strukturiert wären: Die Basiszellen, die Sektions- und Regionalkomitees und der Revolutionsrat unterstanden der Kontrolle eines Zentralkomitees, das wiederum einem Nationalkongreß verantwortlich wäre – einer Art Parlament, in dem alle palästinensischen Bevölkerungsschichten vertreten wären: Kaufleute, Beamte, Handwerker, Freiberufliche und Intellektuelle. Unter ihnen sollten unsere Anhänger als Unabhängige aktiv werden.

In den Jahren von 1959 bis 1964 – eine Phase, in der wir im wesentlichen mit der Heranbildung von Kadern befaßt waren – gründeten wir Hunderte von Zellen rund um den israelischen Staat, in Zisjordanien und im Gazastreifen, in den Flüchtlingslagern Syriens und des Libanon, aber auch in den Palästinenser-Zentren in anderen arabischen Ländern, in Afrika, Europa und sogar in Nord- und Südamerika. Es gelang unseren Leuten, in die Spitzen von Gewerkschaften, berufsständischen Vereinigungen und in die Stadträte gewählt zu werden, ohne daß das Geheimnis ihrer Zugehörigkeit zur Fatah gelüftet wurde. Diejenigen von uns, die über besondere fachspezifische Kenntnisse verfügten, wurden in den Regierungen verschiedener arabischer Staaten mit wichtigen Aufgaben betraut.

Absolute Verschwiegenheit war oberstes Gebot bei allen unseren Aktivitäten. Jede Zelle bestand aus höchstens drei Mitgliedern, die sich untereinander nur mit dem Decknamen kannten, der aus Sicherheitsgründen von Zeit zu Zeit gewechselt wurde. Man traf sich vorzugsweise in öffentlichen Gebäuden und in aller Öffentlichkeit, so etwa bei gesellschaftlichen Veranstaltungen, die eigens zu diesem Zweck organisiert wurden. Telefonische und briefliche Kontakte waren untersagt, Botschaften wurden nur mündlich übermittelt, selbst wenn zu diesem Zweck Emissäre in andere Länder geschickt werden mußten, in denen unsere Organisation meist große Bewegungsfreiheit besaß.

Getreu unserem Prinzip der Unabhängigkeit baten wir während dieser Zeit keine arabische Regierung um finanzielle Unterstützung, obwohl wir dringend materieller Hilfe bedurften. Wir mußten nicht nur Funktion und Ausbau der Organisation sicherstellen, sondern darüber hinaus verschiedene Fonds unterhalten, von denen einer zum Kauf von Waffen bestimmt war. Von nun an verlangten wir große Opfer von unseren Mitgliedern, die einen großen Teil ihres Verdienstes – manchmal mehr als die Hälfte – in die Kasse der Fatah zahlten. Diese wurde übrigens großzügig von reichen Palästinensern der Diaspora unterstützt, die entweder Mitglieder oder Sympathisanten unserer Befreiungsbewegung waren. Im Laufe der Jahre verfügten wir über ein weitverzweigtes Netz von Spendengebern, die teilweise unseren Unterstützungskomitees angehörten.

Die Fatah erlebte ihren ersten großen Aufschwung im Jahre 1961. Zwei Ereignisse trugen dazu bei, die Reihen der Befreiungsbewegung zu vergrößern: Es gelang uns, den größten Teil der 35 bis 40 palästinensischen Gruppierungen zu einigen, die sich spontan in Kuweit gebildet hatten. Viele von ihnen fristeten zwar nur ein kümmerliches Dasein und bestanden oft nur aus einer Handvoll Schwärmer; doch ihr Beitritt zur Fatah bedeutete eine Kanalisierung positiver Ansätze und guten Willens und verschaffte uns in manchen Fällen dynamische und fachkundige Elemente. Noch wichtiger aber war die Fusion, die wir mit einer Organisation aushandelten, die in Katar und Saudi-Arabien von drei Männern geleitet wurde, die später eine äußerst wichtige Rolle für uns spielen sollten: Jussef El-Najjar, Kamal Adwan (beide wurden im April 1973 in Beirut von einem israelischen Kommando getötet) und Abu Mazen, gegenwärtig Mitglied des Zentralkomitees der Fatah. Da ihre Ideen den unseren sehr nahe waren, vollzog sich die Einigung ohne Schwierigkeiten.

Das Auseinanderbrechen der Vereinigten Arabischen Republik im September 1961 bedeutete für uns praktisch den Beginn unserer Umwandlung in eine Massenbewegung. Aus Enttäuschung über das Scheitern der syrisch-ägyptischen Vereinigung, die drei Jahre zuvor unter der Schirmherrschaft Nassers proklamiert worden war und große Hoffnungen geweckt hatte, wechselten zahlreiche anderweitig organisierte Palästinenser zur Fatah über.

Der Leser wird nur dann die Ungeduld begreifen können, mit der die Palästinenser ihr Heimatland zurückerobern wollten, wenn er das Ausmaß ihrer Not kennt. Das Exil an sich bedeutet bereits ein so schweres Schicksal, wie es nur die ermessen können, die es selbst erlebt haben. Noch schwerer aber ist das Unglück, wenn der Verlust der Heimat gleichzeitig die Trennung von denen bedeutet, die man liebt. Es gibt nur wenig palästinensische Familien, die nicht auseinandergerissen worden sind. Sie wurden in verschiedene Länder verstreut, sei es in arabische oder nichtarabische Länder, ja sogar in von der Heimat so entfernte Erdteile wie Nord- oder Südamerika.

Das Schicksal meiner Familie bildet in dieser Hinsicht keine Ausnahme. Mein älterer Bruder Abdallah arbeitete zunächst als Mechaniker in Saudi-Arabien und ging dann als Techniker für den Bau von Klimaanlagen nach Kuweit. Mein jünger Bruder Ahmed unterichtet heute englische Literatur in Katar, doch zuvor hat er in Pakistan, Ägypten und England gelebt. Meine Schwestern Salwa und Insaf leben zwar beide in Saudi-Arabien, die erste unterrichtet in Dschedda, die zweite wohnt in Riad, wo sie mit einem Beamten des Verteidigungsministeriums verheiratet ist. In fünfunzwanzig Jahren haben wir uns ein einziges Mal treffen können, und zwar im Jahre 1977, als sich mein Bruder Abdallah in Kuweit einer schwierigen Operation unterziehen mußte. Nur einer fehlte bei diesem denkwürdigen Familientreffen: mein Vater, der im voraufgegangen Jahr in Kairo gestorben war.

Als sie 1948 Palästina verließen, glaubten die Palästinenser, sie würden in den arabischen Ländern als Brüder empfangen werden. Wie groß war ihre Bestürzung, als sie feststellen mußten, daß sie bestenfalls als Fremde, in den meisten Ländern jedoch als unerwünschte Ausländer behandelt wurden! Im Libanon, einem gastfreundlichen Land, wurden sie zwar fürsorglich aufgenommen; doch die Flüchtlingslager, die dort für sie errichtet wurden, verwandelten sich bald in Gettos: Man konnte sie nur mit einem Erlaubnisschein betreten oder verlassen. In Jordanien wurde der Zutritt zu den Lagern zwar nicht bewacht, doch die Flüchtlinge waren einer ständigen Polizeikontrolle unterworfen; jegliche politische Tätigkeit, selbst jegliche Beanstandung wurde mit ermüdenden Verhören, mit willkürlicher Verhaftung und sogar Folter bestraft. In Syrien waren die Lebensbedingungen nicht so hart; aber dafür verlangten die Behörden von ihren Gästen bedingungslose und perfekte Anpassung an das bestehende Regime, sei es rechter oder linker, »separatistischer« oder panarabischer Tendenz. Das Problem der Arbeitsplätze war in der ganzen arabischen Welt dasselbe: Die Einheimischen hatten bei der Besetzung freier Stellen den Vorrang, die Palästinenser mußten sich mit untergeordneten und schlechtbezahlten Posten begnügen. In jedem Fall mußten sie sich zuerst von den Sicherheitsbehörden einen »Persilschein« holen, und diese hatten die Macht, jeden Palästinenser, der als »unloyal« eingestuft und »subversiver« Tätigkeit verdächtigt wurde, zur Arbeitslosigkeit zu verurteilen.

Kuweit bildete eine der seltenen Ausnahmen von dieser Regel. Das Volk wie auch die Regierung dieses winzigen Staates haben den Palästinensern immer Sympathie entgegengebracht; es muß aber auch gesagt werden, daß die Palästinenser durch ihre große Anzahl und ihr Können wesentlich zur Entwicklung und zum Wohlstand dieses Landes beigetragen haben, noch bevor das große Geld aus der Ölförderung das Emirat überschwemmte. Aus dem palästinensischen Bevölkerungssektor, der heute etwa 20% der Gesamtbevölkerung ausmacht, kommen neben einer großen Zahl von Facharbeitern viele Lehrer, Ingenieure, Ärzte, hohe Beamte usw. Es ist kein Zufall, daß die Fatah in Kuweit gegründet wurde. Mehrere von uns hatten dort wichtige Positionen inne: Jasir Arafat arbeitete in gehobener Stellung als Ingenieur beim Ministerium für öffentliche Arbeiten, Faruk Kaddumi (Abu Lotf) war Abteilungsleiter im Gesundheitsministerium, Khaled El-Hassan und Abdel Mohsen El-Kattan waren in leitender Position im Regierungsapparat tätig, Khalil Ibrahim El-Wazir (Abu Jihad) und ich unterrichteten an Sekundarschulen.

Im Vergleich zu den Palästinensern, die in den anderen arabischen Ländern lebten, waren wir in gewisser Hinsicht privilegiert. Obwohl wir entgegen allen Vorschriften eine große Aktivität entwickelten, wurden wir weder überwacht noch unter Druck gesetzt. Die Kurse, die ich in arabischer Sprache, Philosophie und Psychologie erteilte, ermöglichten es mir, meinen Schülern in aller Ruhe die Ideen der Fatah auseinanderzusetzen, und viele der Besten, die für unsere Sache geworben wurden, kamen aus ihren Reihen.

Was die Einschränkung unserer Bewegungsfreiheit betraf, so teilten wir das Schicksal aller anderen Palästinenser. Obwohl wir einen Paß besaßen, der jeweils von einem anderen arabischen Staat ausgestellt war, mußten wir uns für die Einreise wie für die Ausreise ein Visum besorgen, das nur ungern und oft erst nach langen, mühsamen Verhandlungen ausgestellt wurde. Wir waren zwar ägyptische, syrische, jordanische oder libanesische Staatsbürger, doch die Behörden unserer Wahlheimat behandelten uns weiterhin wie Fremde – und noch dazu wie verdächtige Subjekte. So konnte beispielsweise ein mit einem ägyptischen Reisepaß versehener Palästinenser nicht ohne besondere Erlaubnis aus Ägypten aus- und wieder einreisen. Da ich bei der Fatah in der politischen Abteilung tätig war, mußte ich häufig in verschiedene arabische Länder fahren. Zu den Schereien mit den Visa kamen noch Schwierigkeiten mit der Verwaltung hinzu, denn ich mußte im Laufe des Schuljahres öfter Urlaub beantragen, der mir laut Anstellungsvertrag nicht zustand. Daher vermied ich es, Reisen zu unternehmen, die nicht unbedingt erforderlich waren. Im März 1963 ereignete sich ein Fall von höherer Gewalt; ich erhielt die Nachricht, daß der ältere Bruder meiner Frau, der als Ingenieur in Kairo arbeitete, bei einem Unfall ums Leben gekommen war. Doch die Erklärung, mit der ich meinen Urlaubsantrag begründete, weckte beim Unterstaatssekretär im Erziehungsministerium, Mahmud El-Ghoneim, einige Skepsis, denn er vermutete schon länger, daß ich mich undurchsichtigen Aktivitäten widmete. Er war ein Mann von großem Scharfsinn und besaß einen beißenden Humor. Spöttisch meinte er zu mir: »Um Ihre Reisen in den vergangenen Jahren zu rechtfertigen, haben Sie Ihren Vater schon mindestens dreimal unter die Erde gebracht, Ihre Mutter viermal, nicht zu vergessen Ihre Geschwister. Glauben Sie wirklich, daß Sie mich heute von dem tragischen Ableben Ihres Schwagers überzeugen können?«

Ich weiß nicht, ob es mir gelungen ist, ihn von meiner Aufrichtigkeit zu überzeugen, aber Mahmud El-Ghoneim, der später einer meiner besten Freunde wurde (er bekleidet noch immer dieselbe Stellung), gab mir schließlich doch die Reiseerlaubnis. Begleitet von meiner Frau und meiner damals dreijährigen Tochter Imane flog ich nach Beirut, von wo wir erst am nächsten Tag die Maschine nach Kairo nehmen konnten. Doch die libanesischen Behörden weigerten sich, uns ein Transitvisum für vierundzwanzig Stunden auszustellen, und so mußten wir auf dem Beiruter Flughafen in einem winzigen Zimmer übernachten, in dem wir uns nicht einmal ausstrecken konnten. Ich intervenierte zugunsten meiner Frau und meiner Tochter und schlug vor, daß ich auf dem Flughafen bleiben würde, während sie die Nacht in einem Hotel in der Stadt verbringen könnten. Aber vergebens. Der Sicherheitsbeamte ließ sich nicht erweichen.

Unterdessen hatte man einen Hund in den Raum gesteckt, in dem wir festgehalten wurden. Auch er durfte libanesischen Boden nicht betreten, da er kein gültiges Impfzeugnis besaß. Ich begann bereits, mich mit dem Gedanken zu trösten, daß ein Hund doch offenbar nicht schlechter behandelt wurde als ein Palästinenser, als kurz darauf unser Leidensgenosse abgeholt wurde: Er hatte durch Intervention »von oben« eine Sondergenehmigung erhalten.

Dieser Zwischenfall, der das Los der Palästinenser symbolisiert, blieb unauslöschlich in meiner Erinnerung haften. Zehn Jahre später – ich versuchte, das traurige Schicksal des palästinensischen Volkes und den Sinn unseres Kampfes zu erklären – erzählte ich diese Geschichte einem Libanesen, der heute einen hohen Posten in der Falange-Partei bekleidet. Er maß mich mit eisigem Blick und antwortete voller Verachtung: »Eure sogenannte Befreiungsbewegung hat noch kein einziges ihrer Ziele erreicht. Ihr werdet immer ungebetene

Gäste bleiben und euch in den arabischen Ländern nie frei bewegen können. Das einzige greifbare Resultat eurer Gegenwart im Libanon ist, daß ihr durch eure Lohnforderungen zur Erhöhung der Gehälter beigetragen habt, die wir unserem Dienstpersonal zahlen.«
Ich biß die Zähne zusammen und gab keine Antwort. Ich mußte die Nerven behalten, denn zu dem Zeitpunkt versuchte ich, ein Abkommen auszuhandeln, das den Libanesen einen unseligen Bürgerkrieg ersparen und die Palästinenser vor weiterem Unglück bewahren sollte – noch dazu in einem Land, das für sie die letzte »Zuflucht« in der arabischen Welt bedeutete. Doch die Frau meines Gesprächspartners, die unserer Unterredung beiwohnte, konnte ihre Empörung angesichts eines so grausamen Zynismus nicht verbergen: »Wenn ich an Abu Ijads Stelle wäre«, fuhr sie ihren Mann an, »würde ich dich sofort niederknallen.«
Mein Gesprächspartner hatte in einem Punkt nicht unrecht. Trotz unserer Kämpfe und unserer Siege, trotz unserer unzähligen Märtyrer und der Männer, die auf den arabischen Schlachtfeldern gefallen sind, werden wir immer noch wie Aussätzige behandelt.
In diesem Zusammenhang möchte ich einen Fall anführen, der sich vor nicht allzu langer Zeit ereignet hat und der bezeichnend ist: Es handelt sich um einen gewissen Naji El-Astal; er besaß einen ordnungsgemäßen ägyptischen Reisepaß, und dennoch wurde ihm eines Tages im Jahre 1976 am Kairoer Flughafen die Einreise verweigert. Die Behörden verfrachteten ihn in ein Flugzeug nach Damaskus, von wo aus er sofort nach Kuweit geschickt wurde. Dort setzte man ihn in eine Maschine nach Amman, aber die jordanischen Behörden weigerten sich ebenfalls, ihn aufzunehmen. Auf diese Weise reiste er mehrere Wochen lang durch verschiedene arabische Länder, bis er endlich durch die Vermittlung zahlreicher Personen Asyl fand. Meiner Kenntnis nach hatte Astal nie gegen das Gesetz verstoßen. Aber schon jeder x-beliebige Polizeibericht, der sich nur auf Hörensagen gründet, reicht aus, um einen Palästinenser in Verdacht zu bringen.
Ein Volk ohne eigenen Staat ist ein Volk ohne Zuflucht, ohne Schutz. Ist es da verwunderlich, wenn wir unsere Identität, ja sogar unsere Existenzberechtigung in Symbolen wie einem Paß oder einer Fahne zu finden hoffen?
Anfang der sechziger Jahre wurde die Unzufriedenheit unter den Palästinensern angesichts der Gleichgültigkeit, die ihnen die arabischen Regierungen bekundeten, immer stärker. Die Notwendigkeit

einer rein palästinensischen Kampforganisation wurde immer dringlicher, u. a. als Folge des Feldzugs, den wir in der Zeitschrift »Falestinuna« führten. Mehrere Regierungen hielten es für erforderlich, diese »Leere« auszufüllen, und zwar durch die Gründung einer Bewegung, die den immer größer werdenden Zorn auffangen sollte, welcher sich eines Tages gegen sie wenden könnte. Aber erst mußte ein Mann gefunden werden, der fähig war, die Palästinenser unter seiner Führung zu organisieren und ihnen ihr Selbstvertrauen zurückzugeben. Sicher, da war Haddsch Amin El-Husseini, der nach wie vor in weiten Teilen der Bevölkerung großes Ansehen genoß. Aber Nasser hatte für den ehemaligen Mufti von Jerusalem nicht viel übrig. Er hatte ihm zwar in Ägypten politisches Asyl gewährt, ihm aber jede politische Aktivität untersagt. Der Raïs war der Ansicht, daß der alte Palästinenserführer eine Zeit symbolisierte, die der Vergangenheit angehörte, und daß er sich sowieso durch seine Zusammenarbeit mit dem nationalsozialistischen Deutschland in Mißkredit gebracht hatte. Er bevorzugte Ahmed Schukeiri, Rechtsanwalt von Beruf – ein Mann, der reden konnte und der zudem als Vertreter Saudi-Arabiens bei den Vereinten Nationen auf internationaler Ebene Erfahrungen gesammelt hatte.

So wurde Ahmed Schukeiri im September 1963 beauftragt, nach Mitteln und Wegen zu suchen, ein »palästinensisches Dasein« zu garantieren. Zu diesem Zweck sollte er die arabischen Regierungen konsultieren, um einen palästinensischen Kongreß zur Gründung einer repräsentativen Organisation einzuberufen.

Die Fatah-Führung durchschaute sofort die dahinterstehende Absicht und erkannte die Gefahr, die eine von den arabischen Regierungen ins Leben gerufene und kontrollierte Organisation für die palästinensische Befreiungsbewegung bedeuten konnte. Jasir Arafat und ich hatten Schukeiri Anfang der fünfziger Jahre, als wir im Vorstand der Vereinigung der palästinensischen Studenten saßen, gut gekannt. Wir beschlossen daher, Kontakt mit ihm aufzunehmen, um ihn zu einer Zusammenarbeit mit uns zu überreden. Bei einem ersten Treffen in Kairo erklärte ich ihm, warum wir der Meinung waren, daß eine von »oben« verordnete Organisation wenig effizient sein mußte, wenn sie nicht die aktive Unterstützung der »Basis« besaß. Ich schlug ihm vor, seine in aller Öffentlichkeit ausgetragenen Aktivitäten und unsere Arbeit im Untergrund durch geheime Absprache miteinander zu koordinieren. Ich setzte ihm auseinander, daß die

»Organisation zur Befreiung Palästinas« (PLO), mit deren Gründung ihn die erste arabische Gipfelkonferenz im Januar 1964 beauftragte, so etwas wie die Jewish Agency sein sollte, ein legaler Deckmantel für den bewaffneten Kampf unserer Anhänger. Die Verbindung würde über einige unserer Kader laufen, die er zu Mitgliedern des Exekutivkomitees der PLO ernennen könnte.

Ahmed Schukeiri, der noch nichts von der Fatah wußte, hörte mir mit großem Interesse zu – und, wie mir schien, mit Sympathie. Er bat sich Bedenkzeit aus. Während seiner Rundreise durch die arabischen Hauptstädte haben noch mehrere unserer Leute, die mit derselben Mission beauftragt waren, ihn in dieser Richtung zu beeinflussen versucht. Trotzdem war seine Antwort negativ. Er ließ mich wissen, daß seine Funktionen, seine Beziehungen zu den arabischen Regierungen und seine Pflicht, der Sache der Arabischen Liga – die damals darin bestand, Israel an einem Umleiten des Jordan zu hindern – keinen Schaden zuzufügen, es ihm unmöglich mache, ein derartiges Bündnis mit uns einzugehen. Mehrere Jahre später, nachdem er von der Führungsspitze der PLO entfernt worden war, versuchte er, sich zu rechtfertigen, indem er die Verantwortung für seine Absage auf Nasser und andere Führer abwälzte. Doch seine verspäteten Erklärungen konnten nicht überzeugen. Wir hatten ihm ein geheimes Bündnis vorgeschlagen, warum hatte er es da für nötig befunden, die Zustimmung der Führer der arabischen Staaten einzuholen? Weit davon entfernt, uns zu helfen, wie er versprochen hatte, bekämpfte Schukeiri uns schließlich mit aller Kraft.

Der erste palästinensische Nationalkongreß wurde für den 28. Mai 1964 einberufen. Uns stellte sich die Frage, ob wir ihn boykottieren sollten oder nicht. Die Schirmherrschaft, unter der er stand, seine Zusammensetzung und seine Zielrichtung waren Faktoren, die für einen Boykott sprachen. Andere Gründe wiederum sprachen für eine Teilnahme: die Notwendigkeit, uns auf der politischen Bühne nicht zu isolieren und – was noch weit wichtiger war – eine reiche und mächtige Organisation zu unterwandern, um aus ihr Nutzen zu ziehen. Sie konnte in der Tat eine sehr nützliche Fassade für unsere geheimen Aktivitäten sein. Daher nahmen einige unserer Kameraden (unter ihnen Abu Jihad, Mohamed El-Najjar und Kamal Adwan) am Kongreß teil und nutzten die Gelegenheit, die wichtigsten Thesen der Fatah zu verteidigen, wobei sie vor allem den bewaffneten Kampf befürworteten.

Wir versuchten, den Weg für den Guerillakrieg zu ebnen, den wir im Rahmen unserer bescheidenen Mittel fieberhaft vorbereiteten. Da wir von den arabischen Regierungen keinerlei finanzielle Unterstützung erhielten, kauften wir in kleinen Mengen leichte Waffen, die aber oft von schlechter Qualität waren. Das größte Problem aber, dem wir uns gegenübersahen, war die Ausbildung unserer zukünftigen Fedajin – mehr als tausend, die in Zellen organisiert waren. Zur Not konnten wir auf ehemalige Soldaten zählen, die in verschiedenen arabischen Armeen oder bei den britischen Streitkräften während des Zweiten Weltkriegs gedient hatten. Aber zunächst brauchten wir sichere Plätze für die Ausbildung.

Die einzige arabische Regierung, die uns 1964 wohlgesinnt war, war die Ben Bellas, der uns die Eröffnung einer Vertretung in Algier gestattet hatte. Ben Bella, der eng mit Nasser verbunden war, verweigerte uns jedoch jegliche materielle Hilfe. Erst nach der Machtübernahme durch Boumedienne 1965 erhielten wir von Algerien eine erste Waffenlieferung, dank der Hilfe General Hafez El-Assads, derzeitig Präsident von Syrien, mit dem wir schon seit 1964 gute Beziehungen unterhielten. Assad, damals Oberbefehlshaber der Luftwaffe, übernahm die auf dem Luftwege transportierten Waffen und überstellte sie uns, ohne Wissen seiner Regierung und der Baas-Partei, der er angehörte. Die syrische Regierung war gegen uns; allerdings hatten wir zwei Männer in Schlüsselpositionen auf unserer Seite: Assad und General Ahmed El-Sueidani, damals Chef des Militärischen Nachrichtendienstes, der später zum Generalstabschef ernannt wurde. Daher konnten wir seit Anfang 1964 über zwei Ausbildungslager in Syrien verfügen. Anderswo mußten unsere Fedajin ihre Schießübungen in verlassenen Gebieten durchführen, manchmal unter Beduinen. Oder aber sie ließen sich für die »Armee zur Befreiung Palästinas« (PLA) anwerben, die Ahmed Schukeiri unter der Schirmherrschaft der PLO aufzubauen begann.

Die PLA war ein Schwindel. Sie war nicht dazu bestimmt, Israel zu bekämpfen – was alle arabischen Regierungen um jeden Preis verhindern wollten –, sondern sollte allein die Palästinenser davor bewahren, einen unabhängigen bewaffneten Kampf zu führen. Die Kalkulation war nicht abwegig; wenn wir ihnen einen Strich durch die Rechnung machen wollten, mußten wir, ohne zu zögern, zur Tat schreiten. Um die Lage zu diskutieren, versammelte sich die Spitze der Fatah Anfang Herbst 1964 in Kuweit. Es hatten sich zwei voneinander abweichende Lager gebildet. Zwischen ihren Wortführern kam es zu heftigen Auseinandersetzungen. Die einen, die man als »Gemäßigte« bezeichnete, protestierten gegen eine ihrer Meinung nach gefährlich voreilige Initiative. Sie vertraten die Ansicht, daß es zu früh sei, den Guerillakrieg zu beginnen, da wir dafür nur wenig oder schlecht ausgerüstet seien und nur über eine noch relativ begrenzte Anhängerschaft verfügten. Sie kamen zu dem Schluß, daß es vernünftiger sei abzuwarten, bis die Fatah eine Massenbewegung geworden sei und über ausreichende Kräfte verfügte, bevor sie sich in ein Unternehmen einließ, das möglicherweise die gesamte arabische Welt gegen uns mobilisiert hätte.

Andere wiederum – darunter Arafat, Abu Jihad, Jussef El-Najjar, Abu Mazen, Faruk Kaddumi und ich – vertraten einen völlig entgegengesetzten Standpunkt. Unserer Ansicht nach war jetzt der Augenblick für den bewaffneten Kampf gekommen. Die Masse des palästinensischen Volkes war noch nicht von den Propagandareden Schukeiris infiziert und sicher durch unseren Tatendrang und unsere Entschlossenheit leicht zu beeindrucken. Nur durch die Praxis des bewaffneten Kampfes, so argumentierten wir, könnte die Fatah zu einer Massenbewegung werden. Diese sehr gewagte These brachte uns den Beinamen »Abenteurer« ein.

Da die Diskussion zu keinem Ergebnis führte, wurde für Oktober 1964 ein zweites Treffen in Damaskus angesetzt, an dem diesmal auch die führenden Kader der Fatah aus den an Israel angrenzenden Gebieten, vor allem aus Zisjordanien und dem Gazastreifen, teilnehmen sollten; denn von hier aus sollten die Fedajin ihre ersten Kommandounternehmen starten. Es kam zur gleichen Spaltung wie in Kuweit; doch dieses Mal kamen wir nach langen Diskussionen zu einem Konsens, in dem das Projekt der »Abenteurer« gebilligt wurde. Die erste militärische Operation gegen Israel sollte bereits einige Tage später stattfinden, am 31. Dezember 1964.

An diesem Tag sollten in Zisjordanien, im Gazastreifen und im Libanon zusammengestellte Kommandos heimlich die Grenze nach Israel überqueren und an verschiedenen Orten militärische und wirtschaftliche Objekte angreifen, insbesondere die mit der Umleitung des Jordan zusammenhängenden Einrichtungen. Der Trupp aus dem Gazastreifen wurde jedoch eine Woche vor dem für das Unternehmen festgesetzten Zeitpunkt bis auf den letzten Mann von den ägyptischen Sicherheitsbehörden verhaftet. Zwei von Nasser bezahlten

Agenten war es gelungen, sich in den Kommandotrupp einzuschleusen. In Zisjordanien und im Libanon wurde das Geheimnis besser gehütet; von hier aus konnten unsere Fedajin ihre Mission, insgesamt zehn Überfälle, mit Erfolg zu Ende führen.

Sie fügten dem Feind keinen großen Schaden zu, was übrigens auch nicht unser wichtigstes Ziel war. Unsere Absicht war vor allem, durch eine spektakuläre Aktion zu beeindrucken: einmal die Israelis, denen wir unsere Existenz in Erinnerung rufen wollten, dann die Palästinenser selbst, deren Bereitschaft zum autonomen Widerstand wir stärken wollten, dann natürlich die arabischen Regierungen, die wir herausforderten, und schließlich die Weltöffentlichkeit, die vom Schicksal unseres Volkes nichts wußte oder vorgab, nichts davon zu wissen.

Das Unternehmen vom 31. Dezember 1964 wurde mehr als zwei Monate lang sorgfältig vorbereitet. So hatten wir den Fedajin strikte Anweisungen erteilt, unter keinen Umständen das Leben der israelischen Zivilbevölkerung zu gefährden. Dies war jedenfalls unser anfängliches Bestreben. Unglücklicherweise jedoch zwang uns das Verhalten der israelischen Behörden, in der Folgezeit von diesem selbst gesetzten Prinzip abzuweichen. Die israelischen Vergeltungsangriffe verursachen im allgemeinen zahlreiche Opfer unter den palästinensischen Zivilisten – besonders, wenn die israelische Luftwaffe blindlings die Flüchtlingslager bombardiert –, und es ist nur natürlich, daß wir mit derselben Härte zurückschlagen, um den Feind davon abzubringen, das Morden Unschuldiger fortzusetzen. Die ihrem Wesen nach rassistische Doktrin der Zionisten ist zur Genüge bekannt: Sie rechtfertigt die Ausrottung von Dutzenden, ja sogar von Hunderten von Palästinensern, manchmal sogar die totale Zerstörung ganzer Ortschaften, als Vergeltungsschlag für den Tod eines Israeli. Ganz offensichtlich hatte unsere Aktion vom 31. Dezember die Behörden in Tel Aviv völlig unvorbereitet getroffen. Ich befand mich zu der Zeit auf Beobachtungsposten in Beirut und hörte unablässig den israelischen Rundfunk ab, der völlig konfuse Berichte ausstrahlte. Für die Überfälle der Fedajin wurden Organisationen verantwortlich gemacht, deren Namen uns unbekannt waren. Erst als wir am 1. Januar unser erstes militärisches Kommuniqué, das mit »Al Assifa« (»Der Sturm«) unterzeichnet war, herausgaben, begriffen die Verantwortlichen in Israel Charakter und Ausmaß unseres Unternehmens. Da wir nicht voraussehen konnten, ob unser Vorhaben erfolgreich sein würde und wir die Fatah nicht kompromittieren wollten, hatten wir aus Gründen der Vorsicht den Namen Al Assifa gewählt. Erst viel später haben wir zu erkennen gegeben, daß Al Assifa der militärische Zweig unserer Befreiungsbewegung war.

Auf seiten der arabischen Nachrichtenorgane herrschte zunächst einige Tage lang ein verblüfftes Stillschweigen; doch dann brach ein Sturm der Entrüstung über uns herein. Für die Ägypter konnten wir nur fanatische »Moslem-Brüder« sein, die im Sold des Imperialismus standen. Die pro-nasseristische Tageszeitung »Al Anwar«, die in Beirut erscheint, brachte auf der Titelseite in großer Aufmachung die »Enthüllung«, daß wir Agenten der CIA seien. Nach Ansicht der Saudis handelten wir als Agenten des internationalen Kommunismus, die Jordanier hingegen stuften uns als panarabische Revolutionäre ein. Selbst die palästinensischen Nationalisten, die nicht der Fatah angehörten, verschonten uns nicht. Patrioten wie Ghassan Kanafani – der 1972 von den Israelis getötet wurde – kritisierten uns heftig in Artikeln, die in der Tageszeitung »Al Moharrer« veröffentlicht wurden. Ich antwortete ihnen unter Pseudonym in den Spalten derselben Zeitung. Ahmed Schukeiri verurteilte uns im Namen der PLO als Feinde der palästinensischen Befreiungsbewegung und machte sich, um ein Gegengewicht zur Fatah zu schaffen, sofort daran, mehr oder weniger fiktive Fedajin-Organisationen zu gründen und kleine Trupps (wie z. B. die »Helden der Rückkehr« unter Ahmed Dschibril) zu finanzieren.

Ahmed Schukeiri war in Wirklichkeit nichts anderes als ein Instrument der Arabischen Liga, die uns zu zerstören suchte. Der ägyptische General Ali Ali Amer, zu jener Zeit Oberbefehlshaber der Vereinigten Arabischen Streitkräfte, richtete an alle arabischen Regierungen ein Schreiben, in dem er sie aufforderte, unsere Aktivitäten strengstens zu unterbinden, »um Israel keinen Vorwand zu liefern, die arabischen Länder anzugreifen«. Jordanien und der Libanon wie auch andere Länder gingen sogar so weit, ihren Presseorganen zu untersagen, den Namen »Al Assifa« auch nur zu erwähnen. Das führte dazu, daß einige Zeitungen, die unsere Kommuniqués nicht veröffentlichen konnten, die Zensurvorschriften umgingen, indem sie Erklärungen ziviler und militärischer israelischer Sprecher veröffentlichten, in denen ausdrücklich von der Organisation Al Assifa und ihren Unternehmen die Rede war.

Am 28. Januar 1965 veröffentlichten wir unser erstes politisches

Manifest – immer noch unter dem Namen Al Assifa –, in dem wir unsere Verbundenheit gegenüber der arabischen Nation und ihrem Kampf bekräftigten. Wir riefen sie gleichzeitig auf, uns im gerade begonnenen bewaffneten Kampf zu unterstützen, um die Existenz des israelischen Staates rückgängig zu machen. Wir schlossen mit folgenden Worten: »Wir werden nicht eher die Waffen niederlegen, bis Palästina befreit ist und den Platz wieder eingenommen hat, der ihm im Herzen der arabischen Nation zukommt.«

Die arabischen Regierungen blieben unserem Aufruf gegenüber taub und verstärkten noch die Repression. Ahmed Mussa, unser erster Märtyrer, fiel durch jordanische Kugeln: Als er von einer Mission aus Israel zurückkehrte, wo er den zionistischen Bewachern entwischt war, wurde er von den Soldaten König Husseins erschossen, kurz nachdem er die feindlichen Linien überquert hatte. Im Jordantal mehrten sich die Durchsuchungen und Razzien. Am Vorabend des Krieges von 1967 saßen in den haschemitischen Gefängnissen etwa 250 Palästinenser, die verdächtigt wurden, der Assifa anzugehören oder mit ihr zu sympathisieren. In den anderen arabischen Ländern hatte die Repression zwar weniger grausame Züge, aber auch dort wurden die Palästinenser überwacht, verfolgt und verhaftet.

Wir freuten uns, daß wenigstens zwei Länder eine Ausnahme bildeten. In Kuweit verhielten sich die Sicherheitsbehörden uns gegenüber neutral, was ganz ihrer traditionellen Haltung der Vorsicht und Toleranz entsprach, zweifellos aber auch begründet war durch Sympathie für eine Freiheitsbewegung, die Autorität und Stabilität des herrschenden Regimes in keiner Weise bedrohte. In Syrien war die Lage verwickelter. Für die Regierung und die an der Macht befindliche Baas-Partei waren wir »Separatisten«, da wir nicht ihre panarabischen Vorstellungen teilten; doch zahlreiche Mitglieder der Baas-Partei boten uns ihre individuelle Unterstützung an, da sie der Ansicht waren, unser Kampf sei dieser Unterstützung würdig.

Ohne uns offen zu bekämpfen, unternahmen die Behörden in Damaskus dennoch alles Erdenkliche, um uns in unserer Bewegungsfreiheit einzuschränken und uns sogar zu überwachen. In Übereinstimmung mit unseren Gegnern in der Fatah-Spitze, den »Gemäßigten«, waren sie bestrebt, unsere Organisation zu unterwandern, indem sie Elemente einschleusten, die auf seiten der »Gemäßigten« standen. Zu ihnen gehörten Jussef El-Orabi und Mohamed Hichmet, beide Palästinenser baasistischer Tendenz und militärisch geschult, die sich für Al Assifa anwerben ließen. Wir hielten sie für Kämpfer, die voll und ganz hinter unserer Sache stehen, bis sie Ende Februar 1966 unter geheimnisvollen Umständen, die bis heute nicht aufgeklärt werden konnten, durch Pistolenschüsse getötet wurden. Die baasistischen Behörden beschuldigten uns sogleich, sie liquidiert zu haben. Führende Köpfe der Fatah, die sich zu dieser Zeit in Damaskus aufhielten – Jasir Arafat, Abu Jihad, Abu Ali Ajad und Abu Sabri sowie noch sieben Kader von geringerer Bedeutung –, wurden verhaftet und des Mordes beschuldigt.

Faruk Kaddumi, Jussef El-Najjar und ich verließen sofort Kuweit in Richtung Damaskus, um die Freilassung unserer Kameraden zu erwirken. Oberst Salah Jedid, der »starke Mann« des Regimes, das er selbst kurz zuvor nach Ausschaltung der »rechten« Fraktion der Baas-Partei errichtet hatte, hörte uns höflich an. Am Ende einer langen Unterredung war uns klar, daß die Angelegenheit in den Händen von Hafez El-Assad lag, der erst kurz zuvor zum Verteidigungsminister ernannt worden war. Unser Vorhaben schien gar nicht so schlechte Chancen zu haben. Ich war Assad nie zuvor begegnet, doch ich wußte von den geheimen Beziehungen, die er seit zwei Jahren mit Jasir Arafat und Abu Jihad unterhielt. Ich nahm an, daß wir ihn ohne Schwierigkeiten von der Unschuld unserer Freunde überzeugen könnten, um so mehr, als diese sich seit fast einem Monat im Hungerstreik befanden und ihr Leben in Gefahr war.

Wie groß aber war unsere Überraschung, als Hafez El-Assad uns drei Tage warten ließ, bevor er uns einen Termin gab. Unsere Unruhe wuchs, als er uns dann auf der Schwelle seines Büros im Verteidigungsministerium mit der trockenen Frage empfing, was wir denn nun von ihm wollten. Er unterbrach meinen Bericht, um mir zu erklären, daß meine verhafteten Kameraden schuldig seien und niemand ihn vom Gegenteil überzeugen könne. Es entstand ein heftiger Wortwechsel, wobei ich ihm erbost entgegenhielt: »Ihre Haltung bestätigt unsere Vermutungen, daß Sie in Wirklichkeit den von uns begonnenen bewaffneten Kampf im Keim ersticken wollen! Auf jeden Fall danke ich Ihnen, daß Sie uns empfangen haben, aber seien Sie versichert, daß Sie sich vor der Geschichte dafür verantworten müssen, daß Sie der palästinensischen Befreiungsbewegung einen schweren Schlag versetzt haben!«

Hafez El-Assad schwieg. Er überlegte einen Moment, und als wir bereits Anstalten trafen, wieder zu gehen, forderte er uns auf, in seinem Büro Platz zu nehmen. Die nun folgende Unterredung dauerte über drei Stunden. Er stellte uns unzählige Fragen über die Fatah, über ihr politisches Konzept und ihre Ziele, besonders aber über Arafat (damals bekannt unter dem Decknamen »Raouf«), dessen Persönlichkeit ihn äußerst neugierig machte. Jasir Arafat war für die syrischen Behörden allerdings kein Unbekannter mehr. Ende 1965 war er unter dem Verdacht, an dem Anschlag auf die Ölleitung der Tapline beteiligt gewesen zu sein, verhaftet, wenige Tage später jedoch aus Mangel an Beweisen wieder freigelassen worden.

Offensichtlich befriedigt, beendete Hafez El-Assad unsere Unterredung mit den Worten: »Gehen Sie sofort ins Gefängnis von Mezze. Sie werden es in Begleitung Ihrer verhafteten Kameraden wieder verlassen. Ich werde die zu Ihrer Freilassung erforderlichen Anweisungen erteilen.« Für zehn der Angeklagten hielt er sein Versprechen; der elfte, ein einfacher Fatah-Kämpfer, befindet sich noch heute im Gefängnis, obwohl er das Verbrechen, das ihm zur Last gelegt wird, nicht begangen hat.

Die Fatah-Spitze beschloß, die Aktivität der freigelassenen Personen »einzufrieren«, dies sowohl als Geste des guten Willens gegenüber den syrischen Behörden als auch aufgrund der Fehler, die begangen worden waren. Jasir Arafat hatte Mühe, das hinzunehmen, was er als eine Bestrafung betrachtete; denn schon von Natur aus war er ein rastloser Mensch. Er schlug uns deshalb einen Handel vor: Als Gegenleistung für die Aufhebung der gegen ihn ergriffenen Maßnahme würde er eine wichtige Mission in Israel durchführen, die ihn, sollte sie mißlingen, aller Voraussicht nach das Leben kosten würde, die aber, sollte sie von Erfolg gekrönt sein, der Befreiungsbewegung beträchtlichen Nutzen einbringen würde. Wir nahmen sein Angebot an.

Mit einer Gruppe Fedajin brach er auf in Richtung libanesisch-israelische Grenze. Zu seinem Unglück wurde er jedoch von den Sicherheitsbehörden in Beirut abgefangen. Er wurde von mehreren Offizieren der Abwehr verhört. Einer von ihnen, Sami El-Khatib, zur Zeit Oberbefehlshaber der gesamtarabischen Truppen im Libanon, versuchte, hinter Arafats Identität zu kommen, denn er hegte den Verdacht, daß dieser Nassers Geheimdienst angehörte. Arafat, der sehr gut den ägyptischen Dialekt sprach, ließ ihn in diesem Glauben. Er gab seinen wahren Namen an, ohne jedoch zu enthüllen, daß er dem Zentralkomitee der Fatah angehörte und Oberbefehlshaber der »Al Assifa«-Streitkräfte war. Der Verdacht, der auf ihm lastete, schien sich noch zu verdichten, als auf unsere Bitte hin die syrische Abwehr zu seiner Entlastung intervenierte, denn die libanesischen Behörden wußten sehr wohl von der damals engen Zusammenarbeit zwischen dem ägyptischen und dem syrischen Nachrichtendienst.

Wir teilten unsererseits der Regierung in Beirut mit, daß wir, falls sie Arafat und unsere Kameraden nicht freiließ, als Vergeltungsmaßnahme eine Serie von Attentaten im Libanon durchführen würden. Diese Drohung und der Druck aus Damaskus bewirkten schließlich, daß die zuständigen Behörden in Beirut nach drei Wochen Haft die Freilassung Arafats und der anderen Fedajin verfügte.

Wir waren uns darüber im klaren, daß wir unsere Aufgabe nur durchführen könnten, wenn wir unsere Beziehungen zu den arabischen Regierungen normalisierten. Wir trafen daher mehrere Maßnahmen, die darauf abzielten, die syrische Regierung zu beruhigen, und beauftragten Jasir Arafat und Faruk Kaddumi, Kontakt mit den ägyptischen Behörden aufzunehmen, die – wie wir selbst erfahren hatten – auf viele andere arabische Regierungen großen Einfluß besaßen.

Salah Nasir, der allmächtige Chef des Mokhabarat, des ägyptischen Geheimdienstes, empfing unsere Beauftragten unter äußerst merkwürdigen Umständen. Zunächst erteilte er in ihrer Gegenwart telefonisch den Befehl, daß im Omar El-Khajjam, damals eines der elegantesten Hotels der ägyptischen Hauptstadt, für sie eine Suite bestellt würde. Danach bat er seine Mitarbeiter, sich voll und ganz den Gästen zu widmen und ihnen alles zur Verfügung zu stellen, was sie nur wünschten, einschließlich »der schönsten Frauen Kairos«, wie er sagte.

Salah Nasir – den Nasser nach dem Debakel vom Juni 1967 unter dem Vorwurf der Korruption und der Verschwörung gegen die Staatssicherheit verhaften und aburteilen ließ – machte das im allgemeinen immer so mit denen, die er zu bestechen suchte. Doch unsere beiden Kameraden waren davon zutiefst schockiert. Faruk Kaddumi reagierte heftig und antwortete in scharfem Ton: »Wir sind die Repräsentanten einer revolutionären Bewegung, von der das Schicksal eines ganzen Volkes abhängt. Es wird Ihnen nie gelingen, uns zur Zusammenarbeit zu bewegen, wenn Sie versuchen, uns mit Vergünstigungen und leichten Frauen zu ködern.«

Salah Nasir reagierte zunächst überrascht, faßte sich jedoch schnell und beteuerte, daß dies absolut nicht seine Absicht sei. Er wolle nur erst einmal alles über unsere Bewegung wissen: wie sie funktioniert, wie viele Mitglieder sie hat, in welchen Ländern sie Fuß gefaßt hat, woher wir unsere Geldmittel beziehen und unsere Waffen kaufen; und vielleicht wäre es ja auch möglich, die Namen der Fatah-Führer zu erfahren.

Jasir Arafat und Faruk Kaddumi waren völlig verdutzt und weigerten sich natürlich, irgendeine dieser Fragen zu beantworten. Es wurde ihnen klar, daß es völlig sinnlos war, die Unterredung fortzusetzen mit einem Mann, der sie wie ein Polizist verhörte, mit dem sie aber über eine politische Zusammenarbeit hatten verhandeln wollen. Enttäuscht kehrten unsere Kameraden aus Kairo zurück.

Einige Monate später – ich glaube, es war im November oder Dezember 1966 – starteten wir einen neuen Versuch, Beziehungen zu dem Nasser-Regime anzuknüpfen, dieses Mal aber auf ganz konkreten Grundlagen. Dem ägyptischen Verteidigungsminister Schams Badran – auch er wurde nach dem Krieg von 1967 verhaftet – schlugen wir vor, uns bei dem Aufbau von Fedajin-Zellen in der Negev-Wüste zu helfen; diese sollten in Friedenszeiten, aber auch im Falle eines Kriegsausbruchs zwischen Ägypten und dem jüdischen Staat, Zusammenstöße mit der israelischen Armee provozieren. Wir würden es übernehmen, in dem unbewohnten Teil der Negev-Wüste zweihundert bis dreihundert Guerilla-Kämpfer zu stationieren und auszubilden; die Ägypter sollten dafür die Versorgung mit Waffen sicherstellen.

Schams Badran lauschte uns mit herablassender Arroganz. Dann erklärte er mit einem Anflug von Ironie, daß unser Projekt »sicher interessant« sei, er aber nicht sähe, wie er sich daran beteiligen könne, ohne zuvor die Fatah und ihre Führer zu kennen. Seine Haltung unterschied sich kaum von der unseres vorherigen Gesprächspartners, des ägyptischen Geheimdienstchefs. Es bedurfte der Niederlage der ägyptischen Armee im Juni 1967 und der anschließenden politischen Säuberungsaktion, um zwischen der palästinensischen Befreiungsbewegung und dem mächtigsten der arabischen Staaten endlich eine Brücke zu schlagen.

Trotz der geringen Unterstützung von außen nahmen Kampfkraft und Zusammenhalt der Fatah immer mehr zu. Im Anschluß an unsere Aktion vom 31. Dezember 1964 verstärkten die Gegner des bewaffneten Kampfes in der Fatah-Spitze, die »Gemäßigten«, ihren Druck, um die »Abenteurer«, die wir in ihren Augen waren, zu neutralisieren. Sie unternahmen alles nur Erdenkliche, um zu zeigen, daß unsere Aktivitäten der Befreiungsbewegung nur geschadet hatten: Wurde in Jordanien einer unserer Leute verhaftet, dann wurde uns das zur Last gelegt. Beschuldigte uns die Presse, Agenten der CIA zu sein, dann lag dies daran, daß wir die Öffentlichkeit nicht ausreichend auf den von uns begonnenen Guerillakrieg vorbereitet hatten. War ein Angriff unserer Fedajin gescheitert, dann war auch das – wollte man ihnen Glauben schenken – unsere Schuld, da wir keine professionellen Milizen angeheuert hatten. Wurden wir von den arabischen Regierungen verhöhnt, war das auch ein Beweis dafür, daß unser Unternehmen verfrüht gestartet worden war.

Der Streit war auf seinem Höhepunkt angelangt, als unsere Gegner die Maske fallenließen: Dies geschah im Zusammenhang mit den Beschuldigungen gegen Jasir Arafat und seine Freunde, für den bereits erwähnten Mord an zwei Offizieren der Assifa verantwortlich zu sein. Die »Gemäßigten« begingen den Fehler, sich von unseren verhafteten Kameraden zu distanzieren. Als diese, von jeglichem Verdacht reingewaschen, freigelassen wurden, schlug für unsere Kritiker die letzte Stunde; kurz nach diesem Vorfall mußten sie sich aus der Fatah-Spitze zurückziehen, die dadurch wieder homogen wurde.

Von nun an waren wir in der Lage, die Guerilla fortzusetzen und weiter auszubauen. Von 1965 bis zum Vorabend des Sechs-Tage-Krieges unternahmen unsere Fedajin etwa 200 Überfälle. Die meisten von ihnen waren sicherlich nur von geringer Tragweite und nicht dazu angetan, die Sicherheit oder Stabilität des zionistischen Staates zu gefährden; aber sie trugen dazu bei, die Spannung zwischen Israel und den arabischen Staaten zu vergrößern. Letztere gerieten sogar in den Verdacht – welche Ironie des Schicksals! –, die Aktivitäten der Fedajin noch zu schüren!

Am 5. Juni 1967 erfuhr ich durch den Rundfunk, daß Israel in einer Blitzaktion einen Luftangriff gegen Ägypten unternommen hatte. Da die Schulferien gerade begonnen hatten, verließ ich noch am selben Tag Kairo, um nach Damaskus zu reisen. Eine Phase meines Lebens als militanter Kämpfer ging zu Ende; denn von nun an war ich das, was man einen »Berufsrevolutionär« nennt. Der ausgebrochene Krieg brachte auch eine Wende in der Geschichte der palästinensischen Befreiungsbewegung.

IV
DER DURCHBRUCH

Das kleine Auto, in dem wir uns zu fünf Personen zusammendrängten, fuhr mit Höchstgeschwindigkeit über die Straße von Kuweit nach Bagdad. Wir hatten diesen nördlichen Umweg gewählt, um die Panzerkolonnen der israelischen Armee zu umgehen, die die Straße weiter im Süden in Richtung Jordanien benutzten. Die kahle Pracht der Wüste, die sich vor unseren Augen erstreckte, die stickige Hitze, die glühende Sonne, das blendende Licht am Tag, die undurchdringliche Dunkelheit und die Kälte der Nacht – all dies berührte uns nicht. Wir hatten nur einen Gedanken: so schnell wie möglich Damaskus erreichen, wo sich Jasir Arafat, Abu Jihad, Abu Ali Ajad und Abu Sabri aufhielten, die »Diensthabenden« der Fatah-Spitze. Wir mußten unbedingt zusammentreffen und beschließen, welche Positionen wir angesichts des Krieges, der am 5. Juni 1967 ausgebrochen war, einnehmen sollten.

Der Weg war lang, die Straße schlecht zu befahren. Mehrere Male blieben wir im Sand stecken. Wir fuhren rund um die Uhr und wechselten uns am Steuer ab. Aber unsere Gedanken waren woanders. Meine vier Begleiter, ebenfalls Kader der Befreiungsbewegung, und ich hörten unablässig Radio. Zunächst waren wir beunruhigt, weil die Nachrichtensendungen aus Kairo, Tel Aviv und London unterschiedliche Meldungen brachten. Wir vertrauten auf die Schlagkraft der ägyptischen Armee. Nassers Standhaftigkeit in den Wochen, die dem Krieg vorausgegangen waren, seine zündenden Reden, die Art und Weise, wie er den Feind mehrfach provozierte – insbesondere als er den Golf von Akaba für die israelischen Schiffe schloß: Alles ließ darauf schließen, daß der Raïs nicht nur die Konfrontation nicht fürchtete, sondern sie sogar suchte.

Doch schon kurz nach Ausbruch des Krieges schlich sich der Zweifel ein. Die zunächst nur voneinander abweichenden Versionen vom Kampfgeschehen wurden schlichtweg widersprüchlich. Das Jubelgeschrei von Radio Kairo stand in krassem Gegensatz zu der ausgewogenen, von Zuversicht geprägten Berichterstattung von Radio Tel Aviv, was unsere Betroffenheit nur noch vergrößerte. Es sah ganz so aus, als verliefen die Kämpfe an den drei Fronten – in Ägypten, Syrien und Jordanien – nicht zu unseren Gunsten. Aber das spielte keine Rolle! Der Krieg hatte gerade erst begonnen, dachten wir, und die arabische Welt hatte noch keine Zeit gehabt, alle ihre Kräfte zu mobilisieren.

Mit zehnstündiger Verspätung erreichten wir am 6. Juni 1967 abends unser Ziel. Obwohl ich völlig erschöpft war, begab ich mich sofort in das Büro der Fatah. Hier erfuhr ich, daß die gesamte Führungsspitze Damaskus verlassen hatte und in das Lager von Ilham gefahren war, das die syrischen Behörden zur Ausbildung von vierhundert bis fünfhundert Fedajin errichtet hatten. Den meisten von ihnen war es unter Arafats Führung gelungen, bis hinter die feindlichen Linien vorzustoßen, von wo aus sie den Vormarsch der israelischen Streitkräfte zu stoppen suchten.

In den darauffolgenden zwei Tagen erlitten die arabischen Armeen so eindeutige Rückschläge, daß sich die Anzeichen für eine mögliche Niederlage immer mehr verdichteten. Ich hatte mit vielem gerechnet, nicht aber mit der blamablen Niederlage, die Nasser am 9. Juni 1967 über den Rundfunk verkündete. Noch nie habe ich ihn so verflucht wie an diesem Tag. Das Unglaubliche war also eingetreten: Die ägyptische Luftwaffe lag schon wenige Stunden nach Kriegsbeginn völlig am Boden, die Infanterie hatte im Sinai in einem heillosen Durcheinander das Weite gesucht, und die jüdische Armee schlug ihre Zelte an den Ufern des Suezkanals auf. Nasser hatte kapituliert! Wer hätte das je gedacht? Der große Führer der arabischen Nation, der Mann der Vorsehung, der uns helfen sollte, wenigstens einen Teil unserer besetzten Heimat zu befreien, dieser Mann hatte sich ohne ein Mindestmaß an Vorbereitung in ein derartiges Unternehmen gestürzt. Bitterkeit mischte sich in meinen Zorn. Den arabischen Streitkräften – allen arabischen Streitkräften zusammen – war es nicht gelungen, die kleine Armee der Israelis zurückzuschlagen. Und was noch schlimmer war: Sie hatten dem Expansionsdrang der Zionisten noch mehr Land überlassen.

Die Niedergeschlagenheit, die meine Freunde und mich fast erdrückte – Jasir Arafat und die anderen Männer der Führungsspitze waren inzwischen überstürzt nach Damaskus zurückgekehrt –, erreichte ihren Höhepunkt, als Nasser am 9. Juni im Anschluß an eine Rede seinen Rücktritt erklärte. Wir hatten das Gefühl, eine zweifache Niederlage erlitten zu haben, in militärischer und in politischer Hinsicht. Denn in politischer Hinsicht bedeutete der Rücktritt Nassers für uns das Ende aller Hoffnungen: Trotz allem war der Raïs das Symbol für die Ablehnung der in Palästina geschaffenen Realität und für den Widerstand, der unserer Meinung nach angefacht werden mußte.

Wir waren nicht die einzigen, die in dieser Form reagierten. In der gesamten arabischen Welt kam es spontan zu massiven und erschütternden Protestdemonstrationen. Die Massen tobten in ihrem Schmerz und verlangten von dem Mann, der sie zur Niederlage geführt hatte, daß er auf seinem Posten ausharre. Der Freudentaumel, mit dem die Israelis Nassers Rücktritt begrüßten, brachte schließlich auch uns zu der Einsicht, daß es unsere Pflicht war, ihn in der Not nicht fallenzulassen. In wenigen Stunden verwandelte sich unser Haß in Solidarität. Unser Wille, an seiner Seite auszuhalten, verstärkte sich um so mehr, als wir in den darauffolgenden Tagen feststellten, wie sehr die Bourgeoisie und die reaktionären Regierungen den Jubel der Israelis über den Zusammenbruch des nasseristischen Regimes geteilt hatten.

Sobald Nasser seine Rücktrittserklärung zurückgezogen hatte, fand am 12. Juni 1967 in Damaskus ein Kongreß der Fatah statt, auf dem die Möglichkeit der Wiederaufnahme des bewaffneten Kampfes diskutiert werden sollte. Wie im Herbst 1964, als es um den Beginn der Guerilla ging, spaltete sich auch jetzt die Versammlung in zwei Lager, auf der einen Seite standen die Befürworter sofortiger Aktionen, auf der anderen Seite die Gegner. Tag für Tag versuchten wir in stundenlangen Diskussionen auf die brennenden Fragen, die sich uns stellten, eine Antwort zu finden: Sollten wir mit der Waffe in der Hand die Sieger angreifen? Hatten wir auch nur die geringste Chance, der militärischen Übermacht Israels standzuhalten? Liefen wir nicht Gefahr, furchtbare Vergeltungsschläge gegen die Bevölkerung der besetzten Gebiete zu provozieren? Und wenn wir auf jegliche Aktivität verzichteten, würden wir nicht den Besiegten gleichgestellt und wie sie von den palästinensischen Massen verachtet werden? Wie auch immer wir uns entscheiden würden, unsere Zukunft war in jedem Fall in großer Gefahr. Unsere Diskussionen, die in einer fieberhaften Atmosphäre – ähnlich der vom Herbst 1964 – stattfanden, führten zu einer Serie von einschneidenden Maßnahmen:

1. Eine bestimmte Zahl höherer Kader, unter anderem Jussef El-Najjar, Abdel Fattah Hammud und ich, werden zu »Diensthabenden« ernannt, die sich ausschließlich der Organisation der Befreiungsbewegung in ihrer nun einsetzenden neuen Phase zu widmen haben.

2. Alle Milizen werden aufgefordert, die von den arabischen Armeen auf den Schlachtfeldern und in den Waffendepots zurückgelassenen Waffen zu suchen und zusammenzutragen. Gleichzeitig wird alles in Bewegung gesetzt, um auf den einheimischen und internationalen Märkten Waffen einzukaufen; dabei soll auf die Vermittlung von Waffenhändlern ebenso wie auf die von Schmugglern zurückgegriffen werden.

3. Durch eine großangelegte Sammelaktion, insbesondere bei den reichen Palästinensern der Diaspora, sollen unsere Finanzen aufgebessert werden. Jussef El-Najjar, Kamal Adwan, Abu Mazen und Khaled El-Hassan erhalten den Auftrag, unsere Sympathisanten und Freunde zu mobilisieren. Andere wiederum werden in die Erdölförderländer geschickt, um dort eine Kollekte zu starten. Wir fürchteten nicht mehr, unsere finanzielle Unabhängigkeit, die wir bis dahin ängstlich verteidigt hatten, aufzugeben. Wir nahmen an, daß viele der arabischen Regierungen aufgrund ihrer dramatischen Situation keine politischen Bedingungen an eine eventuelle materielle Hilfe knüpfen würden.

4. Einige der Kader mit Jasir Arafat an der Spitze erhalten den Auftrag, sich in die besetzten Gebiete, nach Transjordanien und in den Gazastreifen einzuschleusen, um in Hinblick auf die Wiederaufnahme der Guerilla die Fatah im Untergrund zu erweitern und zu festigen. Die für diese besonders schwierige Mission ausersehenen Personen stammen aus den besetzten Gebieten, wo sie sich wie »ein Fisch im Wasser« würden bewegen können.

5. Vorkehrungen werden getroffen, um entlang den Waffenstillstandslinien Stützpunkte für die Fedajin zu errichten, dies insbesondere am Jordan und im Süd-Libanon.

6. In vier arabische Länder – nach Ägypten, Syrien, in den Irak und nach Algerien – werden Delegationen entsandt, die bei den jeweiligen Regierungen die Möglichkeit der Wiederaufnahme der palästinensischen Guerilla erkunden sollen.

Für die Realisierung dieser sechs Punkte setzten die Teilnehmer des Kongresses eine Frist von zwei Monaten; nach Ablauf dieses Zeitraums sollte eine neue Konferenz einberufen werden, auf der die endgültige Entscheidung über den Beginn der Aktionen fallen sollte. Die Ziele, die wir uns gesetzt hatten, wurden in großem Umfang erreicht, manchmal übertrafen die Ergebnisse sogar noch unsere Erwartungen. Die Schwächung der staatlichen Autorität in den am Sechs-Tage-Krieg beteiligten Ländern erleichterte uns die Beschaffung großer Mengen Waffen, die sich jetzt in unseren Depots stapelten. Die Geldspenden, die wir von reichen Sympathisanten erhalten hatten, waren zwar zahlreich und großzügig, reichten aber dennoch nicht für unseren Bedarf, der nur von den arabischen Regierungen gedeckt werden konnte.

König Feisal von Saudi-Arabien, der Abu Jihad in Genf empfing, zeigte sich unserer Sache gegenüber sehr positiv. Seit Anfang der sechziger Jahre wußte er von der Existenz der Fatah durch Zaki El-Jamani, den derzeitigen Ölminister, der zu einem Mitglied unserer Organisation freundschaftliche Beziehungen unterhielt. Abu Jihad versicherte dem König, daß die Fatah an keine Partei gebunden sei und sich zum Prinzip gesetzt habe, sich nie in die inneren Angelegenheiten der arabischen Länder einzumischen. König Feisal seinerseits ließ erkennen, daß er ganz den Ansichten seines verstorbenen Vaters, König Abdul Aziz, zustimme; dieser hatte die Überzeugung vertreten, daß Palästina nur von seinen eigenen Kindern befreit werden könnte, und deshalb das Einschreiten der arabischen Armeen im Jahre 1948 mißbilligt. Prinzipiell war König Feisal demnach nicht abgeneigt, den Palästinensern die zur Fortsetzung ihres Kampfes erforderlichen Mittel zur Verfügung zu stellen.

Die Kontaktaufnahme mit der libyschen Führung war schwieriger. Faruk Kaddumi und ich waren nach Beida gefahren, wo König Senussi residierte. Doch der alte Herrscher, der nur selten auswärtige Besucher empfing, verwies uns an seinen Ministerpräsidenten Abdel Hamid Bakkusch. Dieser empfing uns mit offener Feindseligkeit. Kaum hatten wir sein Büro betreten, erklärte er uns mit brutaler Offenheit, daß er uns ebensosehr mißtraue wie unserer Befreiungsbewegung und nicht an die ernsthaften Absichten unserer Revolution glaube, die im übrigen seiner Meinung nach zu nichts Sinnvollem führen würde. Und er fügte hinzu: »Wenn ich Sie heute empfange, so nur, weil ich gezwungen bin, so zu handeln, denn in der Bevölkerung

genießen Sie große Sympathien. Die Libyer sind leider ein Volk von Dummköpfen.«
»Ein Volk von Dummköpfen?« antwortete ich ihm. »Nun gut, Herr Präsident, wir werden auf der Stelle das merkwürdige Urteil, das Sie über Ihr Volk abgeben, an die Öffentlichkeit bringen. Ich sehe keinen Grund mehr, dieses Gespräch fortzusetzen.« Faruk Kaddumi, der genauso empört war wie ich, fuhr erregt fort: »Sie verstehen nichts von unserer Sache und verachten Ihr eigenes Volk, obwohl Sie während Ihrer Studienzeit aktiver Kommunist gewesen sind. Die Öffentlichkeit weiß, daß Sie an anrüchigen Waffentransaktionen beteiligt waren. Eines Tages wird Ihr Volk Sie richten!«

Verstört und sichtlich beunruhigt, wechselte Abdel Hamid Bakkusch sofort Thema und Ton des Gesprächs. Er lud uns höflich ein, Platz zu nehmen und mit ihm Kaffee zu trinken. Wir hätten ihn falsch verstanden, erklärte er uns. Selbstverständlich würde er die palästinensische Revolution unterstützen, darüber bestünde kein Zweifel. Nur die Modalitäten dieser Unterstützung müßten noch genau umrissen werden. Ob wir wohl so freundlich wären, ihn noch einmal aufzusuchen? Aber diesmal in seinem Büro in Tripoli.

Wir nutzten die Zwischenzeit, um unter den »Volkskomitees«, die unsere Leute seit Anfang der sechziger Jahre im ganzen Land gegründet hatten, eine Spendenaktion zu starten. Wir konnten auf zahlreiche Sympathisanten zählen, besonders auf reiche Kaufleute, die uns immer sehr großzügig unterstützt haben. Das Komitee der Stadt Bengasi bereitete uns einen besonders herzlichen Empfang. Am Ende der uns zu Ehren veranstalteten Zusammenkunft verkündete der Vorsitzende der Gruppe, daß 10 000 Dinar gesammelt worden seien und jeweils die Hälfte dieser Summe für die Fatah und Al Assifa bestimmt sei. Wie übrigens die ganze Welt wußte auch er nicht, daß diese beiden Organisationen in Wirklichkeit zusammengehörten. Ich dankte ihm und erklärte ihm mit der größten Selbstverständlichkeit, Faruk Kaddumi vertrete Al Assifa und ich die Fatah.

Einige Tage später empfing uns der libysche Ministerpräsident in Tripoli in einer völlig anderen Atmosphäre als der, die während unseres voraufgegangenen Treffens in Beida geherrscht hatte. Freundschaftlich, sogar herzlich, gewährte uns Abdel Hamid Bakkusch ohne Zögern alles, was wir von ihm erbaten. Wir verließen Libyen mit etwa 30 000 Dinar in der Tasche, eine beträchtliche Summe im Hinblick auf unsere damalige Finanzlage.

Wir hatten es vermieden, mit dem Ministerpräsidenten die Frage der Wiederaufnahme des bewaffneten Kampfes zu erörtern. Einerseits wollten wir ihn nicht beunruhigen, andererseits war es verfrüht, davon zu sprechen, da unsere Beratungen mit den arabischen Regierungen noch nicht abgeschlossen waren.

Zwei arabische Staaten sprachen sich ohne Vorbehalt für eine sofortige Aufnahme der Guerilla aus: Algerien – aufgrund der während des Unabhängigkeitskampfes gemachten Erfahrungen – und Ägypten.

Allerdings wurden unsere Bevollmächtigten, Faruk Kaddumi und Khaled El-Hassan, nicht von Nasser selbst empfangen, sondern von Außenminister Mahmud Riad und Mohamed Hassanein Heykal, dem Chefredakteur der Tageszeitung »Al Ahram«. Obwohl er die von der Fatah geplanten Aktionen billigte, gab Nassers Vertrauter offen zu, daß er uns gegenüber einige Bedenken habe. »Wir wissen nur wenig über Sie«, erklärte er seinen beiden palästinensischen Gesprächspartnern. »Die von unserem Nachrichtendienst über Al Assifa angelegte Akte ist völlig leer. Die Maske, die Sie tragen, gibt uns zu denken, aber Ihre Fähigkeit, sich zu tarnen, ist ein Zeichen dafür, daß man Sie ernst nehmen muß.«

Jetzt mußten wir nur noch die Syrer und die Iraker konsultieren. Letztere waren sich völlig im unklaren. Staatschef Abdel Rahman Aref schloß seine Unterredung mit unseren Leuten mit folgenden Worten: »Wir sind weder für noch gegen Ihr Projekt. Ehrlich gesagt, wir wissen nicht, was wir davon halten sollen. Sie allein müssen entscheiden, so wie es Ihnen richtig erscheint.«

Der syrische Präsident Nur Eddin El-Atassi hingegen war kategorisch. Er warnte uns ganz entschieden vor der Aufnahme einer Guerilla gegen Israel. »Sie werden sich ins Verderben stürzen und uns alle mit in die Katastrophe ziehen. Geben Sie uns eine Verschnaufpause«, bat er die Delegierten der Fatah.

Inzwischen lagen Berichte von Jasir Arafat vor, der seit Mitte Juli in den besetzten Gebieten im Untergrund lebte. Seine Kameraden, die eine ähnliche Mission auszuführen hatten, sowie er selbst hatten mit Begeisterung festgestellt, daß die Bevölkerung in Transjordanien und im Gazastreifen durch die arabische Niederlage keineswegs entmutigt war und die Fortsetzung des Kampfes mit allen Mitteln befürwortete. Obwohl er seine wahre Identität verheimlicht hatte, wurde Arafat überall mit offenen Armen empfangen, beherbergt und beschützt. Wie seine Kameraden hatte auch er keine Schwierigkeiten umherzureisen und konnte sogar mehrere Male bis nach Jerusalem, seiner Geburtsstadt, und Tel Aviv vordringen.

Da wir im Auftrag unseres Volkes handelten, konnten wir weitermachen – trotz der wenig ermutigenden Haltung der arabischen Staaten uns gegenüber. Als wir uns am 20. August 1967 zur endgültigen Entscheidung versammelten, befand Arafat sich noch in den besetzten Gebieten. Auf unsere Bitte kehrte er kurzfristig zurück, um an der Debatte teilzunehmen, die sehr erregt verlief, da einige Kader einem ihrer Meinung nach verfrühten Unternehmen noch immer ihre Zustimmung versagten. Dennoch konnten wir uns am Ende der Sitzung auf einen bindenden Beschluß einigen: Am 31. August sollten unsere Fedajin zum Sturm auf die zionistische Festung antreten.

Unsere Operationen in den besetzten Gebieten waren sehr unterschiedlich: Wir verminten Straßen, legten Hinterhalte, verübten Attentate mit Bomben und Granaten, Panzerfäusten und Raketen. Unsere Absichten waren bescheiden: die Moral der arabischen Massen aufrichten, den Feind in die Enge treiben, ihn zwingen, ständig auf der Hut zu sein, und – im günstigsten Falle – der israelischen Wirtschaft schaden. Zu keinem Zeitpunkt haben wir angenommen, daß unsere Aktivitäten die Sicherheit des jüdischen Staates gefährden könnten. Erst durch die arabische – manchmal auch die ausländische – Presseberichterstattung wurden Umfang und Tragweite unserer Operationen so aufgebauscht, daß die gefährliche Illusion entstand, wir seien in der Lage, Palästina zu befreien. Ich glaube, daß diese Übertreibungen in manchen Fällen beabsichtigt waren, um uns zu schaden. Unsere »Ohnmacht« sollte im geeigneten Augenblick als Fehlschlag dargestellt werden, um uns vor unserem Volk und den arabischen Massen in Mißkredit zu bringen.

Fest steht, daß die Israelis mit unerbittlicher Repression auf unsere Aktionen geantwortet haben. Durch eine Welle von Verhaftungen verloren wir Hunderte von Gruppenmitgliedern und Sympathisanten. Unsere Verluste waren im wesentlichen zwei Faktoren zuzuschreiben: der Macht des israelischen Geheimdienstes und der Unvorsichtigkeit unserer Leute. Ihr Enthusiasmus und ihre Unerfahrenheit verleiteten sie dazu, allzu offen die Besatzungsmacht herauszufordern und unnötige Risiken auf sich zu nehmen. Ein weiterer Vorteil der Israelis bestand darin, daß sie sowohl die Archive als auch die Spitzel der ehemaligen jordanischen Verwaltung übernommen hatten.

Hier war ganz offensichtlich eine Lücke, die wir füllen mußten. Wir schufen daher einen Spionage-Abwehrdienst, der zunächst von Faruk Kaddumi, ab Ende 1967 dann von mir geleitet wurde. Sorgfältig ausgewählte Kader erhielten in Ägypten oder anderswo eine beschleunigte Ausbildung, bevor sie in den besetzten Gebieten oder den benachbarten arabischen Ländern eingesetzt wurden.

Zahlreiche Spitzel, die für die israelische Polizei gearbeitet hatten, boten uns ihre Dienste an, um so öffentlich Abbitte zu leisten. Nach ausgedehnten Verhören gaben wir ihnen im allgemeinen die Möglichkeit einer Rehabilitierung; entweder konnten sie unserem Nachrichtendienst beitreten oder besonders gefährliche Missionen übernehmen. Bevor sie zu einem Unternehmen aufbrachen, gaben sie über ihre frühere Tätigkeit zugunsten Israels und die Gründe ihres Umschwungs eine schriftliche Erklärung ab. Wir behielten uns das Recht vor, ihre Erklärungen zu veröffentlichen, falls sie nicht lebend zurückkommen oder – was nie geschehen ist – sie sich als Doppelagent entpuppen sollten.

Von Anfang an hatten wir es uns zur Regel gemacht, Verrat nicht mit dem Tod zu bestrafen. Wir exekutierten nur diejenigen, deren Zusammenarbeit mit dem Feind Verluste an Menschenleben in unseren Reihen zur Folge gehabt hatte. Diese Fälle haben sich relativ selten ereignet; in zehn Jahren sind nur zwanzig Spitzel hingerichtet worden.

Was Kollaborateure wie Scheich Jaabari betrifft, den ehemaligen Bürgermeister von Hebron, so haben wir für diese Fälle keine Bestrafung vorgesehen. Wir ziehen es in der Tat vor, diese Personen auszuschalten, indem wir sie auf politischer Ebene von der Bevölkerung isolieren. Einige unserer Freunde in der Dritten Welt haben uns manches Mal zum Vorwurf gemacht, daß wir unsere Gegner nicht physisch ausschalten und dadurch in der palästinensischen Befreiungsbewegung der Uneinigkeit und Verwirrung Vorschub leisteten. Aber die Führung der Fatah ist immer der Ansicht gewesen, daß der demokratische Dialog die einzig gültige Methode ist und sich, auf lange Sicht gesehen, auch auszahlt, wenn es darum geht, Meinungsverschiedenheiten aus der Welt zu schaffen.

Wie dem auch sei: In den ersten Monaten nach dem Krieg von 1967 waren wir die einzigen, die mit der Waffe in der Hand dem

Feind die Stirn geboten haben. Die anderen palästinensischen Gruppen, wie z. B. diejenigen, die einige Jahre später die »Ablehnungsfront« bildeten, waren entweder noch nicht in Erscheinung getreten oder hatten sich noch nicht entschlossen, einen bewaffneten Kampf zu führen. Die Fatah war bedeutend besser vorbereitet als sie, um innerhalb kürzester Frist die Guerilla auslösen zu können. Zum einen hatten wir seit unserer ersten Aktion vom 31. Dezember 1964 einige Erfahrungen sammeln können; zum anderen besaßen wir im militärischen Bereich die Unterstützung der Syrer und Algerier, wobei letztere seit 1966 die militärische Ausbildung unserer Männer übernommen hatten.

Das Debakel des Sechs-Tage-Krieges eröffnete für die Ausweitung unserer Befreiungsbewegung neue Perspektiven. Die jordanische Regierung war zu sehr geschwächt, um sich unserem Unternehmen widersetzen zu können. Die vielen palästinensischen Patrioten, die König Hussein in den Jahren vor Kriegsausbruch hatte verhaften lassen, wurden nun auf freien Fuß gesetzt. Vor allem erlaubte er uns stillschweigend, entlang dem Jordan Stützpunkte zu errichten, von denen aus unsere Fedajin ihre Angriffe starten sollten.

Wir konnten auf die Mithilfe sowohl der einheimischen Bevölkerung als auch der jordanischen Soldaten zählen, zu denen wir ausgezeichnete Beziehungen unterhielten. Die Offiziere, die aus Transjordanien stammten – es waren dieselben, die zwei Jahre später an der Abschlachtung der Palästinenser beteiligt waren –, erleichterten uns unsere Aufgabe beträchtlich. Dasselbe galt für die irakischen Einheiten, die zu spät die Front erreicht hatten, um noch an den Kämpfen teilzunehmen, die aber noch immer in der Nähe der Waffenstillstandslinien stationiert waren. Die Offiziere aus Bagdad hatten Jasir Arafat und mir falsche Papiere ausgestellt, mit deren Hilfe wir uns frei bewegen konnten. Wir fühlten uns um so sicherer, als wir die Fedajin-Stützpunkte in der Nähe der palästinensischen Flüchtlingslager errichtet hatten, was unseren Unternehmungen einen idealen Schutz bot. Einer dieser Stützpunkte in der Nähe der Siedlung Karame diente uns als Hauptquartier. Sie lag in einem hügeligen Gebiet, etwa vier Kilometer vom Jordan entfernt, und besaß von daher besondere strategische Bedeutung.

Anfang März 1968 wurde uns von El Hadsch Arabijat, einem leitenden Mitglied der jordanischen Abwehr, eine Botschaft zugeleitet, in der er um eine Unterredung mit Vertretern der Fatah-Spitze ersuchte. Zunächst zögerten Jasir Arafat und ich, eine Zusage zu geben. Noch nie waren wir mit einem Vertreter der jordanischen Regierung zusammengetroffen, und da wir damals, was die Politik betraf, von einer gewissen Naivität waren, glaubten wir, daß bereits die bloße Kontaktnahme für unsere revolutionäre Bewegung kompromittierend, ja sogar ihrer unwürdig sei. Schließlich erklärten wir uns aber doch aus Neugierde zu einem Treffen bereit, das dann am 10. März in einem Haus in Karame zustande kam. Arabijat teilte uns mit, daß er von der CIA Informationen erhalten habe, wonach Israel eine Großoffensive auf unsere am Jordan errichteten Stützpunkte plane. Als Freund riet er uns zur Vorsicht und lud uns nach Amman ein, wo wir mit dem Stabschef General Amer Khammasch zusammentreffen sollten, der mit uns über diese Angelegenheit sprechen wollte.

Am 18. März – es war ein Montag – erfuhren wir von General Khammasch genauere Einzelheiten. Er teilte uns mit, daß die israelische Offensive in den nächsten drei Tagen beginnen würde und daß er es für vernünftig hielte, wenn die Fedajin einer Konfrontation aus dem Weg gehen und sich weiter auf jordanisches Gebiet zurückziehen würden. Die Fatah-Spitze, so betonte er, würde auf jeden Fall einen schwerwiegenden Fehler begehen, wenn sie sich dem Angriff des Feindes aussetzen würde. Wir müßten uns, ohne zu zögern, sofort in Sicherheit bringen.

General Khammasch hatte im Prinzip völlig recht. Die Guerilla – und das ist eines ihrer Funktionsmerkmale – führt keinen Kampf gegen reguläre Truppen. Ihre Wirksamkeit hängt weitgehend von ihrer Beweglichkeit ab. Doch politische Erwägungen veranlaßten uns, das Gegenteil von dem zu tun, was uns unser Gesprächspartner geraten hatte. Wir erklärten ihm, daß die Palästinenser und die Araber ganz allgemein nicht verstehen würden, wenn wir den Israelis zum zweiten Mal das Feld überließen. Es sei unsere Pflicht, mit gutem Beispiel voranzugehen und zu zeigen, daß die Araber Mut und Würde besitzen. Wir würden an unserem Standpunkt festhalten und, wenn möglich, den Mythos der Unbesiegbarkeit der jüdischen Armee zerstören. Angesichts unserer Entschlossenheit und in seinem verzweifelten Bemühen, uns zu überzeugen, schlug General Khammasch schließlich vor, König Hussein um eine Audienz zu bitten. Höflich lehnten wir dieses Ansinnen ab, denn – so erklärten wir ihm – es bliebe uns nur noch wenig Zeit für die Vorbereitungen zur Verteidigung unserer Stützpunkte entlang dem Jordan.

Noch am selben Tag kehrten wir nach Karame zurück. Sofort wurden alle für dieses Gebiet militärisch verantwortlichen Personen zusammengerufen; wir wollten sie von dem bevorstehenden israelischen Angriff unterrichten und sie um eine Entscheidung ersuchen hinsichtlich der Frage, ob die Konfrontation vermieden werden sollte oder nicht. Da wir das Urteil dieser Männer nicht beeinflussen wollten, waren Arafat und ich übereingekommen, ihnen nicht mitzuteilen, welche Ansicht wir General Khammasch gegenüber vertreten hatten. Die Debatte war nur kurz. Die Versammlung war einstimmig der Ansicht, daß die Fedajin auf keinen Fall vor dem Feind zurückweichen dürften, daß die Mitglieder der Fatah-Spitze hingegen aus Sicherheitsgründen das Kampfgebiet verlassen sollten. Arafat, Faruk Kaddumi und ich waren jedoch entschlossen, am Kampf teilzunehmen. Wir verteilten uns auf verschiedene Sektoren von Karame, und jeder von uns suchte sich sein Quartier in einer der Grotten, die in den Hügeln versteckt lagen.

Am 21. März, drei Tage nach der Warnung General Khammaschs, wurde ich im Morgengrauen von einem Fedajin geweckt, der mich über den Beginn der israelischen Offensive unterrichtete. Man konnte von weitem die Panzerkolonnen der jüdischen Armee erkennen, die, gefolgt von der Infanterie, den Jordan überqueren. Dann wurde Artillerie eingesetzt, während Hubschrauber Fallschirmjäger hinter unseren Linien absetzten. Auf einer Front von 80 Kilometern setzten etwa 15 000 Mann zum Sturm auf unsere Stützpunkte an. Aber der Hauptangriff war offensichtlich gegen die Ortschaft Karame gerichtet, die wir mit weniger als 300 Mann verteidigen mußten. Ohne die Befehle der jordanischen Heeresleitung abzuwarten, gab General Machhur Hadissa, dem das Gebiet unterstand, der haschemitischen Artillerie den Befehl zurückzuschlagen.

In Karame wurden die israelischen Panzer von einem anhaltenden RPG-Gewehrfeuer und Handgranaten empfangen. Die Fedajin stürmten von den Hügeln herab, um gegen die Angreifer zu kämpfen, häufig mit blanker Waffe Mann gegen Mann. Einige bewiesen selbstmörderischen Heldenmut. So sah ich, wie ein Trupp von ganz jungen Männern einen Panzer in die Luft jagte, indem sie sich mit einem Gürtel voller Sprengkörper unter die Raupenketten warfen.

Ich entkam zweimal nur knapp dem Tod. Einer der von mir befehligten Fedajin, er hieß Georges, hatte die Grotte, in der ich mich einquartiert hatte, verlassen, um Munition zu besorgen. Ich weiß nicht, welche Vorahnung mich veranlaßte, die Grotte zu verlassen und mich etwa 100 Meter weiter hinter einem Felsen zu verstecken. Kurz danach sah ich, wie Georges auf die Grotte zuging; er hatte die Hände erhoben, eine Gruppe israelischer Soldaten folgte ihm. Sie warfen eine Tränengasbombe in die Grotte, die mir noch kurz zuvor als Versteck gedient hatte; dann wurde die Grotte »gestürmt«.

Da ich starke Rückenschmerzen hatte, konnte ich meinen Männern, die den Hügel erklommen hatten, um eine sichere Stellung zu beziehen, nicht folgen. Ich blieb also allein zurück. Da bemerkte ich plötzlich eine andere Gruppe israelischer Soldaten, die auf mich zukam, den Finger am Abzug ihrer Maschinenpistole; offensichtlich suchten sie nach einer passenden Zielscheibe. Regungslos verharrte ich, bis sie auf wenige Meter an den Felsen, hinter dem ich hockte, herangekommen waren. Langsam zog ich meine Pistole hervor, bereit zu schießen. In dem Magazin befanden sich nur noch fünf Kugeln, von denen die letzte für mich bestimmt war. Doch unvermittelt schlugen die Soldaten eine andere Richtung ein und entfernten sich. Kurze Zeit darauf kamen die Fedajin, um mich zu holen, und halfen mir, den Hügel zu erklimmen, damit ich an einem weniger exponierten Platz in Deckung gehen konnte.

Die Kämpfe dauerten bis zum Abend an; dann begannen die israelischen Streitkräfte, ihre Toten und Verwundeten zusammenzutragen. Dies bedeutete den Rückzug. Sie hatten es zwar geschafft, drei Viertel der Gebäude von Karame zu zerstören, aber in Wirklichkeit mußten sie unverrichteterdinge wieder abziehen. Ihre Verluste waren erheblich: Nach ihren eigenen Angaben hatten sie etwa dreißig Tote und hundert Verwundete zu beklagen; nach unseren Schätzungen waren es weit mehr. Vor allem aber war es ihnen nicht gelungen, den erbitterten Widerstand einer kleinen Gruppe von Männern zu brechen, die entschlossen waren, eher zu sterben, als sich zu ergeben.

Die Schlacht von Karame (in Arabisch bedeutet der Name »Würde«) wurde in der gesamten arabischen Welt als glänzender Sieg gefeiert, und um unsere Heldentaten wurden Legenden gewoben. Zigtausende von Menschen, hochstehende Persönlichkeiten des jordanischen Königreichs, Zivilisten und Militärs, strömten in die Stadt, um sich vor den sterblichen Hüllen unserer Märtyrer zu verneigen; es waren mehr als hundert, die wir in einem Schuppen aufgebahrt hatten.

Die palästinensischen Volksmassen tobten vor Begeisterung. Seit

Jahrzehnten hatte man sie verhöhnt und gedemütigt, der Sieg von Karame aber, der für sie der erste Schritt zu ihrer Befreiung war, erfüllte sie mit Stolz. Zu Tausenden, ja zu Zigtausenden wollten die Jungen genauso wie die Alten der Fatah beitreten. Schüler und Studenten ließen ihr Studium im Stich, um sich unseren Reihen anzuschließen. Da unsere Aufnahmekapazitäten jedoch sehr begrenzt waren, mußten wir eine strenge Auswahl treffen. Von den 5000 Kandidaten, die sich in den 24 Stunden nach der Schlacht von Karame meldeten, wurden nur 900 angenommen.

Die Bewegung der Fedajin erlebte einen noch nie dagewesenen Aufschwung. Da unsere Kommandotrupps in den besetzten Gebieten die aktive Sympathie der Bevölkerung besaßen, konnten sie ihre Aktivitäten erweitern und intensivieren. Diese erhöhten sich im Jahre 1967 durchschnittlich um 12 pro Monat; schließlich brachten sie es im Jahre 1968 auf 52, 1969 auf 199 und in den ersten acht Monaten des Jahres 1970 auf 279 Einzelaktionen. Bomben in Selbstbedienungsläden und an Bushaltestellen in Israel, Raketen gegen Grenzsiedlungen, kleine Scharmützel an den Waffenstillstandslinien, Attentate auf Kasernen der jüdischen Armee – das waren im wesentlichen die Aktionen unserer Milizen, die den Besatzungsmächten keine Atempause ließen.

Die Kühnheit und die Opferbereitschaft der Frauen, die in großer Zahl der Widerstandsbewegung beigetreten waren, nötigten allen Bewunderung ab, selbst denen, die ihnen gegenüber Vorurteile hegten. Schülerinnen der Gymnasien haben als erste gewaltsame Demonstrationen veranstaltet und den Ansturm der Ordnungskräfte mit Entschlossenheit erwidert. Zahlreiche Frauen haben heikle Missionen erfüllt und häufig Geheimkontakte hergestellt oder Waffentransporte abgesichert. Diejenigen, die verhaftet wurden, bewiesen einen Mut, der selbst ihre Kerkermeister verblüffte. Eine dieser Frauen, die in der Gefangenschaft niederkam, ertrug heldenhaft die Trennung von ihrem Kind. Eine andere, die sich weigerte, ein Geständnis abzulegen, wurde in einem Gefängnis in Gaza von ihren Peinigern vergewaltigt. Um der Mentalität einer so konservativen Gesellschaft wie der unseren entgegenzutreten, erboten sich mehrere Palästinenser, sie zu heiraten. So etwas hatte es bis dahin noch nie gegeben; es sollte sich aber noch häufiger in ähnlichen Fällen wiederholen. Die Widerstandsbewegung förderte die Emanzipation der Frau; sie förderte aber auch auf seiten der Männer die Überwindung erstarrter Traditionen.

Die überaus starke Ausweitung der Fatah stellte uns vor einige organisatorische Probleme, die wir durch gemeinsame Absprache zu lösen versuchten. Ein Problem jedoch, das ganz unerwartet auftrat, erforderte eine sofortige Entscheidung, die ich ohne Absprache mit anderen Mitgliedern des Zentralkomitees fällen mußte. Etwa drei Wochen nach der Schlacht von Karame erhielt ich in meiner Eigenschaft als Chef des Nachrichtendienstes der Fatah einen Geheimbericht, in dem es hieß, daß eines unserer Mitglieder beabsichtigte, sich öffentlich als Oberbefehlshaber von Al Assifa, dem militärischen Flügel der Fatah, auszugeben. Sein Vorhaben war durchaus geeignet, die Befreiungsbewegung in eine Krise und die Öffentlichkeit in eine gefährliche Verwirrung zu stürzen – um so mehr, als die Zusammensetzung der Fatah-Spitze zu der Zeit noch geheim war und daher jeder vorgeben konnte, ihr anzugehören. Der betreffende Schwindler wolle, so hieß es, bereits in wenigen Stunden eine Erklärung verbreiten lassen. Da ich in Damaskus war und keine Möglichkeit hatte, mit meinen Kameraden vom Zentralkomitee, von denen sich der größte Teil in Kairo, Amman oder Beirut aufhielt, sofort Kontakt aufzunehmen, fällte ich allein die Entscheidung, um diesem untragbaren Zustand ein Ende zu setzen. Am 15. April 1968 übergab ich der Presse eine Erklärung, in der es hieß, daß Jasir Arafat zum Wortführer der Fatah (und dadurch gleichzeitig von Al Assifa) ernannt und nur er allein ermächtigt sei, im Namen der Befreiungsbewegung zu sprechen. Ich ließ außerdem im Namen Arafats eine kurze – von mir selbst verfaßte – Erklärung verbreiten, in der er seine neuen Pflichten annahm, jedoch hinzufügte, daß die Fatah auch weiterhin unter kollegialer Leitung stünde.

Arafat erfuhr diese Neuigkeit durch das Radio und war äußerst überrascht. Auf einer Versammlung, die kurz darauf in Damaskus abgehalten wurde, legte er, bescheiden wie er war, gegen seine Ernennung Protest ein und führte aus, daß andere diesen Posten eher verdienten als er. Wie ich vorausgesehen hatte, billigten alle anderen Mitglieder der Führungsspitze meine Wahl. Arafat gehörte nicht nur zu den ersten aktiven Mitgliedern der Befreiungsbewegung; darüber hinaus schätzten und respektierten wir ihn alle gleichermaßen. Das Wichtigste jedoch war, daß die Fatah auf der Entwicklungsstufe, die jetzt begann, eine Galionsfigur besaß, die würdig war, sie vor der Öffentlichkeit und auf internationaler Ebene zu vertreten.

Dank des Aufschwungs, den die Guerilla genommen hatte, war

unser Ansehen so groß wie nie zuvor, und wir beschlossen daher, die augenblickliche Situation zu nutzen und zu allen arabischen Regierungen, die bereit waren, uns zu unterstützen, in engen Kontakt zu treten. König Hussein z. B., für den wir Rivalen waren, d. h. eine revolutionäre Alternative zu seinem Regime, hatte sich gezwungen gesehen, zwei Tage nach der Schlacht von Karame öffentlich zu erklären: »Wir alle sind Fedajin!«

Wir beschlossen, die wichtigsten arabischen Länder systematisch zu bereisen, und begannen mit dem mächtigsten arabischen Staat, Ägypten. Da unsere Organisation mit Nassers Geheimdienst einige Enttäuschung erlebt hatte, beschlossen wir – das heißt Faruk Kaddumi und ich, die mit dieser Reise beauftragt waren –, Mohamed Hassanein Heykal, den Chefredakteur der Tageszeitung »Al Ahram«, um eine Unterredung zu bitten. Er empfing uns sofort. Der einflußreiche Vertraute des Raïs machte auf mich zunächst einen unangenehmen Eindruck. Er war extravagant gekleidet, hielt eine große Zigarre zwischen den Lippen und sprach mit übertriebener Selbstsicherheit; ich hatte den Eindruck, daß er sehr herablassend mit uns sprach. Dieser Mann – so dachte ich, während ich ihn reden hörte – ist überhaupt nicht in der Lage, für die Sache der Palästinenser auch nur die geringste Sympathie aufzubringen. Ich sollte jedoch bald feststellen, daß ich mich getäuscht hatte, denn Heykal wurde einer der treuesten Freunde der Widerstandsbewegung.

Unsere erste Unterredung war ziemlich kurz. Nachdem er uns mitgeteilt hatte, wie positiv er die Aktivitäten der Befreiungsbewegung beurteilte, versicherte er uns, daß die ägyptische Regierung mit der Fatah Beziehungen »auf höchster Ebene« anzuknüpfen wünsche. Er schlug uns vor, uns auf der Stelle zu Ali Sabri zu führen, dem Generalsekretär der Einheitspartei der Sozialistischen Arabischen Union. Unterwegs – er saß selbst am Steuer seines Wagens – stellte Heykal uns ganz plötzlich eine überraschende Frage: »Sind Sie bewaffnet?« Unsere verneinende Antwort schien ihn nicht zu befriedigen, denn er wiederholte seine Frage. Wir begannen, seine Unruhe zu begreifen, als wir zu unserer Überraschung nicht am Sitz der Sozialistischen Arabischen Union vorfuhren, sondern vor Nassers Residenz. Heykal, der theatralische Effekte sehr liebte, hatte in Wirklichkeit ein Treffen mit dem ägyptischen Präsidenten vereinbart.

Nasser empfing uns nach arabischer Sitte, indem er uns umarmte. Sobald wir Platz genommen hatten, fragte er in scheinbar ernsthaftem Ton, indem er mit dem Finger auf Faruk Kaddumis Aktentasche zeigte: »Stimmt es, daß sie Sprengstoff enthält, mit dem ich umgebracht werden soll?« Und dann fügte er hinzu: »Beruhigen Sie sich, das ist nur ein Scherz. Vor wenigen Stunden habe ich von meinem Geheimdienst einen Bericht erhalten, in dem es heißt, daß Sie einen Anschlag auf mich planen. Ich habe diesen unsinnigen Bericht zerrissen und mich sogar Heykals Vorschlag widersetzt, Sie am Eingang zu meiner Residenz durchsuchen zu lassen.«

Jetzt bot sich mir die Gelegenheit, meine Beschwerden über den Mokhabarat, der uns in den fünfziger Jahren verfolgt hatte, vorzubringen. Nasser erinnerte sich übrigens nicht mehr an den Studenten, der ich damals gewesen war und mit dem er 1955, am Tag nach dem israelischen Angriff auf Gaza, diskutiert hatte. Ich erzählte ihm auch, wie der Chef seines Geheimdienstes 1966 versucht hatte, die Vertreter unserer Organisation zu bestechen. Daraufhin erklärte mir Nasser, daß er gleich nach dem Krieg von 1967 eine gründliche Säuberung des Mokhabarat vorgenommen habe. Danach folgte eine ausführliche Analyse der Gründe, welche seiner Meinung nach die Niederlage verursacht hatten; dabei verriet er uns, daß ihm kurz vor Ausbruch des Konflikts die Kontrolle über die wichtigsten Schaltstellen im Staat, vor allem innerhalb der Armee, entglitten war und er somit in einen Krieg hineingerissen wurde, den er hatte vermeiden wollen. Dennoch bestand er weiterhin darauf, die ganze Verantwortung für das Debakel zu tragen.

Seine Offenheit ermutigte uns, sehr offen über die Fatah zu sprechen. Mehr als zwei Stunden lang befragte er uns über unsere Organisation, ihre Ideologie, ihre Finanzierungsquellen und ihre Aktivitäten. Außerdem wollte er wissen, wie wir den Israelis in Karame standgehalten hatten und welchen technischen Wert unsere RPG-Maschinenpistolen hatten. Nachdem er uns mit großem Interesse zugehört hatte, schnitt er die Frage unserer politischen Orientierung an, die ihn zu beruhigen schien. Stimmte es, daß wir in unseren Reihen viele »Moslem-Brüder« hatten, die er ganz besonders zu fürchten schien? Waren wir nicht auch gegen den Nasserismus? Doch unsere Antworten beruhigten ihn. Schließlich fragte er uns über Jasir Arafat aus. Wir erklärten ihm, daß unsere Organisation von einem Führungsgremium geleitet würde, in dem neben Arafat – der ihn übrigens gern kennenlernen wollte – noch andere Mitglieder vertreten waren.

Die Unterredung, die mehr als fünf Stunden dauerte, führte zu ganz konkreten Ergebnissen. Nasser äußerte den Wunsch, mit der Fatah direkte Beziehungen aufzunehmen, dies unter Umgehung des Mokhabarat (den wir ja auch ablehnten). Wir einigten uns darauf, daß wir nur zwei Gesprächspartner haben würden: Heykal für die politischen Fragen und General Sadek, den Chef des Nachrichtendienstes, für den militärischen Bereich. Nasser versprach uns Waffen zu liefern und die militärische Ausbildung der Fedajin sicherzustellen. Er erklärte uns, daß Ägypten nicht die Mittel besäße, uns finanziell zu unterstützen, und schlug uns vor, uns hierfür an König Feisal zu wenden, was im übrigen sowieso unsere Absicht war.

Der wahhabitische Herrscher empfing mich gleich am Tag meiner Ankunft in Saudi-Arabien; mir war dieses Land nicht ganz unbekannt, da ich im Oktober 1952 als Mitglied einer Delegation der Vereinigung der palästinensischen Studenten schon einmal in Saudi-Arabien gewesen war. Der damalige König Saud hatte uns einen herzlichen Empfang bereitet und uns vor unserer Abreise den Gegenwert von 30 000 Dollar überreicht – eine beachtliche Summe, mit der wir die Aktivitäten der Vereinigung der palästinensischen Studenten finanziert hatten.

Auch König Feisal, mit dem ich mich vier Stunden lang unterhielt, bezeugte eine lebhafte Sympathie für die palästinensische Befreiungsbewegung; gleichzeitig aber äußerte er sein Befremden über die linken und marxistischen Elemente, die sich seiner Meinung nach in die Fedajin-Bewegung infiltriert hätten. Da er ein sehr taktvoller Mann war, unterließ er es, Namen zu nennen oder irgendein arabisches Regime zu kritisieren. Offensichtlich hatte er jedoch kein Vertrauen in die syrische Regierung, die damals Salah Jedid unterstand, und Nasser konnte er nicht leiden.

Er vertrat die Ansicht, daß wir uns an keinem arabischen Regime orientieren dürften; folglich würde Saudi-Arabien uns so diskret wie nur möglich unter die Arme greifen. »Wir erwarten von Ihrer Seite weder Lob noch Kritik«, betonte er. Auf meine Bitte hin erklärte er sich bereit, in seinem Königreich die Gründung von »Unterstützungskomitees« zu erlauben; diese hätten die Aufgabe, Spenden einzusammeln und bei den in Saudi-Arabien lebenden Palästinensern in amtlichem Auftrag bis zu sieben Prozent des Einkommens einzutreiben. Diese Summen waren für die Kasse der Fatah bestimmt. Als Geste der Großzügigkeit erklärte der König, er selbst werde der Befreiungsbewegung noch einmal denselben Betrag überweisen, der auf diese Weise durch Sammlung bei Privatleuten zusammenkäme.

Auch mein Besuch im Sudan – dritte wichtige Etappe der Rundreise, die ich im Sommer 1968 unternahm – war ausgesprochen erfolgreich; dieses Mal wurde ich von Faruk Kaddumi und Abu Saleh begleitet. Wir waren beeindruckt von dem demokratischen Geist, der Toleranz und der Großzügigkeit der Sudanesen. Am Morgen nach unserer Ankunft veranstalteten die Oppositionsparteien einschließlich der Kommunisten und der »Moslem-Brüder« eine große Massenveranstaltung vor dem Hotel, in dem wir wohnten. Die Redner attackierten mit aller Schärfe den Regierungschef Mahjub, der neben uns stand, und warfen ihm vor, zwar die PLO (die noch von Ahmed Schukeiri geleitet wurde), nicht aber die Fatah finanziell zu unterstützen. Sprechchöre stiegen aus der Menge auf: »Mahjub, Verräter!« Etwas verwirrt, ergriff ich das Wort, um anzukündigen, daß Verhandlungen im Gange seien und ich überzeugt sei, Mahjub würde unserer Befreiungsbewegung seine Unterstützung nicht versagen. Am Abend desselben Tages nahmen der Regierungschef und die Oppositionsführer – dieselben, die ihn einige Stunden zuvor so scharf attackiert hatten – an einem Empfang zu unseren Ehren teil. Wie groß war mein Erstaunen, als ich sah, wie herzlich, ja sogar freundschaftlich sie alle miteinander sprachen! Sogar die »Moslem-Brüder« und die Kommunisten schienen sehr gut miteinander auszukommen. Letztere respektierten gewissenhaft die religiösen Praktiken ihrer Mitbürger, was sogar so weit ging, daß sie eine private Unterhaltung mit unserer Delegation unterbrachen, um uns an unsere religiösen Pflichten zu erinnern. Wie überrascht und entsetzt war ich daher über den Bürgerkrieg, der genau drei Jahre später im Sudan ausbrach und mit der Hinrichtung der bedeutendsten Führer der Kommunistischen Partei endete.

Noch ein anderes Ereignis hat mich während meines Aufenthalts im Sudan besonders beeindruckt. Bei einer vom Frauenverband veranstalteten öffentlichen Versammlung erhob sich eine unserer Anhängerinnen – die den Auftrag hatte, Wollkleidung für die Fedajin zu sammeln – und stellte mir folgende Frage: »Meinen Sie nicht, daß diese Kleidungsstücke im nächsten Winter gar nicht mehr gebraucht werden, wenn es stimmt, daß Sie dann Palästina bereits befreit haben werden?« Anhand dieser Frage konnte ich ermessen, wie mächtig dieser Mythos war, den die arabische Presse um unsere Widerstandsbewegung geschaffen hatte. Es schien mir an jenem Tag nicht angebracht, die Schwächen und das Versagen – um nicht zu sagen: den Verrat – einiger arabischer Regierungen in Zusammenhang mit unserer Sache in aller Öffentlichkeit darzulegen. Wie konnte ich zugeben, daß das zwischen unseren natürlichen Verbündeten und Israel vorherrschende Kräfteverhältnis deutlich zugunsten Israels ausfiel? Daher begnügte ich mich mit der Antwort, daß man nie die Hoffnung auf einen baldigen Sieg aufgeben dürfe.

Unsere Beziehungen zu den verschiedenen arabischen Regierungen hatten sich erheblich verbessert. Blieb nur noch eins: Die PLO mußte zum Instrument unserer politischen Überlegenheit gemacht werden. Ahmed Schukeiri hatte im Dezember 1967 sein Amt als Vorsitzender der PLO abgeben müssen; für eine Übergangszeit hatte Jehja Hammuda seinen Platz eingenommen. Bei zwei Unterredungen mit der Fatah-Spitze im Juni und August 1967 hatte Schukeiri uns zu überzeugen versucht, daß er von König Hussein verraten worden war und dieser Zisjordanien in voller Absicht Israel überlassen hätte. Er hoffte, erneut das Vertrauen der arabischen Staatschefs zu gewinnen, die sich Ende August in Khartum treffen wollten. Doch seine Hoffnungen erfüllten sich nicht; mehrere arabische Staaten griffen ihn heftig an, und selbst Nasser, dessen Schützling er bislang gewesen war, ließ ihn fallen.

Der Raïs legte es darauf an, sozusagen zwei Fliegen mit einer Klappe zu schlagen: Durch Befürwortung einer Eingliederung der Fedajin-Bewegung in die PLO suchte er einerseits die Dualität der Macht – die formal von der PLO, rechtmäßig aber nur von uns vertreten wurde – zu beenden und andererseits einen für die Vereinigung der verschiedenen Widerstandsbewegungen passenden Rahmen zu finden. Nach dem Krieg von 1967 waren in der Tat mehrere mit der Fatah rivalisierende Gruppen aufgetreten, und obwohl sie in der Minderheit waren, stellten sie Kräfte dar, die auf die eine oder andere Weise zentralisiert werden mußten.

Anfangs waren wir uns nicht einig, ob wir die PLO-Spitze übernehmen sollten. Einige befürchteten die Bürokratisierung der Befreiungsbewegung, die Verwässerung ihres revolutionären Anspruchs. Wir machten unsere Mitarbeit von mehreren Bedingungen abhängig, von denen uns *eine* absolut unerläßlich erschien: Die Fedajin-Gruppen müßten in der Palästinensischen Nationalversammlung (CNP), einer Art Parlament der PLO, über die Mehrheit der Sitze verfügen. Nach mühseligen Verhandlungen gelang es uns schließlich Mitte Juni 1968, fast die Hälfte der Sitze zu erhalten. Der 4. Palästinensische Nationalkongreß, der im darauffolgenden Monat in Kairo stattfand, änderte zwar nicht die Zusammensetzung des Exekutivkomitees, des obersten Organs der PLO; es wurden aber einige Entschließungen angenommen, die unserer politischen Linie entsprachen. In die Verfassung, die während der ersten, 1964 unter dem Vorsitz Schukeiris in Jerusalem abgehaltenen Versammlung angenommen worden war, wurde nun ein Zusatz eingefügt, der besagte, daß »der bewaffnete Kampf der einzige Weg zur Befreiung Palästinas ist«.

Doch erst im Februar 1969, während der 5. Palästinensischen Nationalversammlung – in der die verschiedenen Fedajin-Gruppen inzwischen über die absolute Mehrheit der Sitze verfügten –, konnte die Widerstandsbewegung die volle Kontrolle über die PLO übernehmen. Das neugewählte Exekutivkomitee ernannte Jasir Arafat zum Präsidenten, der aus Ergriffenheit über das Maß an Verantwortung, die er künftig zu tragen hatte, in Tränen ausbrach. Gleichzeitig postulierte die Palästinensische Nationalversammlung als Ziel der PLO das strategische Ziel der Fatah, das ich am 10. Oktober 1968 in einer Pressekonferenz dargelegt hatte: in Palästina eine demokratische Gesellschaft aufzubauen, in der Moslems, Christen und Juden gleichberechtigt zusammenleben würden.

Alle arabischen Länder – einschließlich derjenigen, die den extrem linken Fedajin-Grupppen damals mißtrauten und ihnen auch heute noch mißtrauen – reagierten mit Befriedigung auf die Übernahme der PLO durch die Widerstandsbewegung, dies vor allem, weil die Fatah, die das Vertrauen der meisten arabischen Länder besitzt, sowohl in der Palästinensischen Nationalversammlung als auch im Exekutivkomitee nun über die ihr zustehende Mehrheit verfügte.

Da wir nun innerhalb der arabischen Welt in unserer Aufgabe bestätigt waren, konnten wir beginnen, der Befreiungsbewegung die internationale Unterstützung zu sichern. Hierbei konnten wir uns nur in Richtung der sozialistischen Länder orientieren, da die Westmächte und ihre Satelliten in der Dritten Welt uns gegenüber nur Feindseligkeit oder Gleichgültigkeit bezeugten. Weniger die Lektüre einschlägiger Werke als vielmehr die tägliche Praxis hat uns dazu geführt, nach und nach die Vorurteile abzubauen, die wir noch

Anfang der fünfziger Jahre hinsichtlich des Marxismus und der sozialistischen Länder gehegt hatten. Unsere Beziehungen zur Sowjetunion blieben allerdings distanziert und von Mißtrauen geprägt. Die sowjetische Führung begriff nur langsam die Bedeutung unseres Kampfes; vielleicht stand sie unter dem Einfluß der arabischen kommunistischen Parteien, die uns größtenteils auch weiterhin als »Abenteurer« apostrophierten und beschuldigten, samt und sonders »Moslem-Brüder« und Reaktionäre zu sein. Daher nahmen wir Anfang 1970 mit Befriedigung eine Einladung in die Volksrepublik China und nach Vietnam an.

Jasir Arafat war schon zweimal – 1964 und 1966 – in Peking gewesen. Bei seinem ersten Besuch war allem Anschein nach nichts herausgekommen; bei seinem zweiten Besuch aber wurde ihm Unterstützung zugesagt, die nach dem Sechs-Tage-Krieg geleistet wurde. So erhielten ab 1968 mehrere Fedajin-Gruppen ihre militärische Ausbildung in China. Diese bereits bestehenden Beziehungen mußten jedoch vertieft und gefestigt werden; deshalb reisten Jasir Arafat und ich im Februar 1970 nach Peking.

Aus politischen und sicherheitsstrategischen Gründen mußte die Reise geheim bleiben. Um keinen entsprechenden Verdacht aufkommen zu lassen, reisten wir zunächst getrennt und auf unterschiedlichen Reiserouten nach Pakistan; von hier wollten wir dann gemeinsam ein Flugzeug nehmen. Wir versuchten, uns unauffällig durchzuschlagen. So trug Arafat einen einfachen Straßenanzug und hatte seine traditionelle Kopfbedeckung, Kuffieh und Ogal, mit einem ansehnlichen Filzhut vertauscht. Doch alle Vorsichtsmaßnahmen waren umsonst! Wir waren kaum an Bord des Flugzeugs, da stolperten wir schon über Abdel Salam Jallud! Der libysche Ministerpräsident kam uns merkwürdig vor. Er saß da mit gesenktem Kopf, sichtlich verlegen, und begrüßte uns nur flüchtig. Wir erfuhren später, daß auch er eine geheime Reise nach China unternahm, die erste seit der libyschen Revolution vom 1. September 1969.

Bei der Zwischenlandung in Shanghai wie auch am Flughafen von Peking wurde uns von den offiziellen Vertretern und einer begeisterten Menge ein herzlicher Empfang bereitet. Man brachte uns zunächst in einem alten Palast unter, der der französischen Botschaft gehört hatte, und führte uns dann während der darauffolgenden Tage durch zahlreiche Fabriken und kommunale Einrichtungen. Eines Tages baten wir unvermittelt, eine Kommune besichtigen zu dürfen, denn zu der Zeit war ein Pressefeldzug gegen diese Form kollektiver Produktionsweise in vollem Gang, und wir waren neugierig zu erfahren, wie sie in Wirklichkeit funktionierte. Unsere Gastgeber entsprachen diesem Wunsch mit größter Liebenswürdigkeit: Ein Flugzeug wurde uns zur Verfügung gestellt und brachte uns in sechs Stunden in eine Kommune im Innern des Landes. Was wir dort sahen und hörten, die ausführlichen Gespräche mit den Bewohnern und den verantwortlichen örtlichen Gremien, die Erläuterungen, die sie uns gaben – all dies überzeugte uns, daß die Kommunen in der Wirtschaft des Landes eine positive Rolle spielen.

Die Gewissenhaftigkeit der Chinesen beeindruckte mich zutiefst. Ihre ganze Kraft stellen sie in den Dienst der Arbeit – mag es sich hierbei nun um körperliche oder geistige Arbeit handeln –, und in ihrer Freizeit beschäftigen sie sich mit einfachen und gesunden Tätigkeiten. Mir fiel vor allem auf, daß ihr puritanischer Lebensstil dem islamischen Rigorismus alle Ehre machen würde! »Der Prophet Mohamed«, so meinte ich zu Arafat, »hätte es auf diesem Gebiet nicht besser machen können als Mao Tse-tung!«

Tschu En-lai, mit dem wir uns ausführlich und in freundschaftlicher Atmosphäre unterhielten, beeindruckte uns durch seine lebhafte Intelligenz, seinen Scharfsinn und seine umfassende Bildung. Die Fragen, die er uns stellte, offenbarten nicht nur die tiefe Sympathie, die er dem palästinensischen Volk entgegenbrachte, sondern auch seine tiefgreifenden Kenntnisse der Probleme und ihres regionalen und internationalen Hintergrunds. Er verfügte über ein ungewöhnliches Gedächtnis und erinnerte sich daher noch bis in alle Einzelheiten an die Antworten, die er von anderen palästinensischen Besuchern auf dieselben Fragen erhalten hatte. Das ermöglichte ihm, seine eigenen Schlußfolgerungen zu ziehen.

Schließlich kamen wir auf das heikelste Thema überhaupt – unsere Haltung gegenüber der Sowjetunion. In diesem Zusammenhang erklärten wir ihm, daß wir mit Moskau freundschaftliche Beziehungen anzuknüpfen suchten und hofften, daß diese nicht unsere Zusammenarbeit mit der Volksrepublik China beeinträchtigen würden. Nach den Parolen zu urteilen, die auf den Mauern von Peking zu lesen waren, verfolgte das Regime ganz klar das Ziel, die Bevölkerung gegen den »Sozial-Imperialismus« der Sowjetunion zu mobilisieren. Tschu En-lai hörte uns gelassen zu und entgegnete uns – zu unserer großen Überraschung –, daß er unsere Besorgnis sehr gut verstehen könne.»Sie vertreten eine nationale Befreiungsbewegung«, sagte er,»und es ist nur verständlich, daß Sie versuchen, sich Beistand dort zu verschaffen, wo Sie ihn erhalten können.« Er sicherte uns die volle Unterstützung Chinas zu und forderte uns auf, unsere Wünsche zu präzisieren. Er gab uns für den nächsten Morgen einen Termin im Verteidigungsministerium, wo man uns unverzüglich mitteilte, daß allen unseren Vorstellungen hinsichtlich militärischer wie ziviler Unterstützung entsprochen worden sei. An Bord einer chinesischen Militärmaschine flogen wir nach Nord-Vietnam. Ich war ergriffen bei dem Gedanken, daß ich nun das Volk kennenlernen würde, dessen Beharrlichkeit und Heldenmut ich stets bewundert hatte. Alles, was ich über den vietnamesischen Widerstand zunächst gegen die französische Besatzung, danach gegen den Übergriff der Amerikaner gelesen und gehört hatte, bedeutete für mich so etwas wie einen Quell der Hoffnung. Ich sagte mir, daß das palästinensische Volk, das genauso klein und arm ist, ebenso in der Lage sein würde, den Mächtigen dieser Welt zu trotzen und sich das Recht auf Freiheit und Unabhängigkeit zu erkämpfen. Was ich in Nord-Vietnam sehen und hören sollte, bereicherte mein Wissen und begeisterte mich in zunehmendem Maße.

Der Flughafen von Hanoi, wo wir von Mitgliedern des Politbüros der (kommunistischen) Arbeiterpartei empfangen wurden, machte keinen besonders guten Eindruck. Er war klein und bot einen trostlosen Anblick – der Flughafen eines Landes, das sich im Kriegszustand befindet: Überall standen Geschütze herum, und der größte Teil des Rollfeldes war mit Hubschraubern und Düsenjägern vom Typ MIG 17 und MIG 19 besetzt. Mehr als drei Stunden saßen wir mit unseren Gastgebern zunächst in einem Empfangsraum des Flughafens. Als ich mein Erstaunen hierüber zum Ausdruck brachte, wurde mir ohne Verlegenheit geantwortet, daß die Behörden noch auf der Suche nach einem geeigneten Haus seien, in dem wir wohnen könnten, und einem Auto, das uns dorthin fahren sollte. In den fast zwei Wochen unseres Aufenthalts habe ich in der Stadt nur etwa fünfzehn private Autos gesehen.

Ich stellte fest, daß das Elend der Vietnamesen in gewisser Hinsicht noch größer war als das der Palästinenser. Die Lebensbedingungen in Hanoi waren schlimmer als die, unter denen meine Landsleute seit dreißig Jahren in den Flüchtlingslagern zu leiden haben. Die meisten Gebäude in der vietnamesischen Hauptstadt waren entweder von Bomben zerstört oder vom Verfall bedroht. Gleichmütig ertrug die Bevölkerung die vielfachen, täglich neuen Schwierigkeiten und den Mangel an Grundnahrungsmitteln.

Großen Eindruck machten auf mich die vietnamesischen Frauen. Man sah sie überall aktiv: in den Fabriken und den Büros, in den Schulen, aber auch auf Baustellen und selbst dort, wo gekämpft wurde. Alle Abschußrampen der SAM-Raketen, die ich besichtigen konnte, wurden von jungen Mädchen bedient, deren zerbrechliche Erscheinung mich immer wieder verblüffte. Die Befreiung der vietnamesischen Frau ist um so mehr anzuerkennen, als diese Jahrhunderte hindurch und noch bis vor kurzem auf unmenschliche Weise systematisch erniedrigt und unterdrückt worden war. Zum Beispiel war es für einen Vater »normal« gewesen, seine Tochter an den Meistbietenden zu verkaufen, um so den Unterhalt für seine Familie sicherzustellen.

Die Besichtigung von Militärstützpunkten und Ausbildungslagern war für uns von großem Nutzen, da wir so Gelegenheit hatten, Methoden der Organisation und Ausbildung von Guerilla kennenzulernen, die wir wiederum bei der Ausbildung unserer Fedajin anwenden konnten. Mit Interesse stellten wir fest, daß es hier – wie auch bei uns – politische Kommissare gab, deren Aufgabe darin bestand, den Kampfgeist der Truppe zu stärken, aber auch als Bindeglied zwischen Partei und Armee zu fungieren.

Zutiefst beeindruckte uns General Giap, einmal durch seine Kenntnisse auf militärischem und politischem Gebiet, zum andern durch seine Bescheidenheit und seine Klugheit. Der Verteidigungsminister begann unsere erste Unterredung mit einem Zitat aus dem Koran, der besagt, daß Gewalt unerläßlich ist, wenn man dem Feind die Stirn bieten will. Dann warnte er uns vor den Illusionen, die durch so gängige Begriffe wie »Volkskrieg« oder durch Vorstellungen wie »Die Macht steht hinter den Gewehren« entstehen können. »So einfach ist das nicht«, erklärte er immer wieder, indem er sich auf die von vietnamesischer Seite gesammelten Erfahrungen berief. »Sicher ist das Gewehr wichtig, aber es reicht nicht aus, um zu siegen. Man braucht zusätzlich Kanonen, Raketen, Panzer, Kampfflugzeuge, kurz: die ganze Kriegsmaschinerie, über die auch der Gegner verfügt.«

»Die Vietnamesen und die Palästinenser«, so fuhr General Giap fort, »haben sicher viel miteinander gemein, wie zwei Völker, die dasselbe Schicksal zu tragen haben. Aber wir haben in unserem Kampf Vorteile, die Sie nicht besitzen. Im Gegensatz zu den Palästinensern, die in einer ihnen feindlich gesinnten Umwelt leben, verfügen wir über ein befreundetes Hinterland – den chinesischen Kontinent, der uns mit seiner Weite unschätzbare strategische Möglichkeiten bietet; hinzu kommt noch die vielfältige Unterstützung der sozialistischen Länder. Außerdem sind drei weitere Faktoren Voraussetzung für den glücklichen Ausgang eines Volkskriegs: moderne Bewaffnung, eine Ideologie mit Mobilisierungskraft und eine Organisation, die in der Lage ist, die Massen zu mobilisieren und zu lenken.«

Was diesen letzten Punkt betrifft, so berichtete uns General Giap, wie es der Arbeiterpartei gelungen war, die Nationale Front zu begründen und auszubauen, wie es gelungen war, nahezu alle sozialen und religiösen Gruppen in der Bevölkerung an sich zu ziehen: die Buddhisten, Christen und Moslems, natürlich die Arbeiter und Bauern, aber auch – und das erstaunte uns zutiefst – den Mittelstand, die Handwerker, Kaufleute und Unternehmer, die durch den amerikanischen Imperialismus finanzielle Einbußen hinnehmen müssen.

Das Programm der Nationalen Front, das wir während unseres Aufenthalts lesen konnten, war für uns zunächst eine Enttäuschung. Die Formulierung der Ziele erschien uns zu simpel und beinhaltete Forderungen, die klar auf der Hand lagen, ja sogar allzu grob skizziert waren: nationale Einheit, Befreiung des Vaterlandes, Demokratie usw. Nach einigem Nachdenken aber kamen wir zu dem Schluß, daß der Text absichtlich so entworfen war, um den Bedürfnissen aller Bevölkerungsschichten zu entsprechen. Unwillkürlich mußte ich an die bei uns üblichen Wortklaubereien denken, an die tausendundeine Parolen, mit denen wir um uns warfen, ohne auch nur eine einzige davon in die Tat umsetzen zu können, an die demagogischen Hetztiraden, die dazu angetan sind, auch den Gutwilligsten zu verprellen. Die arabischen politischen Parteien und Bewegungen konnten, so sagte ich mir, viel lernen von der Zurückhaltung, der Bescheidenheit und dem Realismus der vietnamesischen Führung.

Unsere Gespräche mit den Mitgliedern des Politbüros der Arbeiterpartei veranlaßten uns, genauer über unser eigenes Programm nachzudenken. Damals hatten wir die Gründung eines geeinten und demokratischen Staates in ganz Palästina als strategisches Ziel formuliert. Eine Übergangsphase, in der man sich vorübergehend auf einen Kompromiß einigen konnte, hatten wir jedoch nicht vorgesehen. Ohne sich je ausdrücklich auf die Fatah oder PLO zu beziehen, hielten unsere Gesprächspartner vom Politbüro uns einen langen Vortrag über die verschiedenen Phasen, die der Kampf des vietnamesischen Volkes durchlaufen hatte, und erklärten uns, warum sie verschiedentlich Zugeständnisse machen mußten, von denen manche – wie etwa die Teilung des Landes in zwei voneinander unabhängige Staaten – nicht unerheblich waren.

Bei der Absprache in Hinblick auf eine gemeinsame Erklärung, die am Ende unseres Besuches herausgegeben werden sollte, stellten unsere Gastgeber ihre Fähigkeit, eine Situation realistisch einzuschätzen, erneut unter Beweis. Bei der Abfassung des Textes, an der ich beteiligt war, merkte ich, wie reserviert meine vietnamesischen Gesprächspartner meinen Formulierungsvorschlägen begegneten, als es um eine Verurteilung Israels und des Zionismus ging. Einer von ihnen, Mitglied des Politbüros, erklärte mir, daß sie eine gemäßigtere, ja sogar möglichst vage gehaltene Formulierung vorziehen würden, um nicht die amerikanischen Juden zu verstimmen, von denen viele in der Bewegung zur Unterstützung Vietnams aktiv waren. Ich beglückwünschte mein Gegenüber zu seiner Offenheit und insbesondere zu seiner Klugheit und war sofort bereit, die mir vorgelegte abgeschwächte Fassung des entsprechenden Passus zu akzeptieren. Dafür enthielt das Kommuniqué zusätzlich die Formulierung, daß Vietnam das Recht des palästinensischen Volkes auf Selbstbestimmung unterstütze. Und wieder einmal begriff ich, daß wir von unseren vietnamesischen Freunden, die zur Durchsetzung des Wesentlichen auf Unwesentliches zu verzichten bereit waren, viel lernen konnten.

Was nun unsere konkreten Wünsche betraf, so sicherten unsere Gastgeber uns zu, daß sie die Ausbildung palästinensischer Kommandotrupps in ihren Lagern weitgehend erleichtern würden. Da wir wußten, daß sie nur über geringe finanzielle Mittel verfügten, äußerten wir keine weiteren Wünsche.

Fast neun Jahre sind seit diesem denkwürdigen Besuch vergangen, und es ist mit mein größter Wunsch – sobald meine Verpflichtungen es mir erlauben –, dorthin zurückzukehren, um Zeuge der Veränderungen zu werden, die sich seit dem historischen Sieg des vietnamesischen Volkes und der Wiedervereinigung der Nation vollzogen haben.

Kurz nach meiner Rückkehr aus Vietnam, im Frühjahr 1970, erhielt ich eine Einladung zur Teilnahme an den Feierlichkeiten, die im Juli zum Jahrestag der Revolution Castros in Kuba stattfinden sollten. Da mich die Entwicklung der Lage im Nahen Osten – vor allem in Jordanien, wo sich die Spannungen zwischen König Hussein und der PLO verschärften – stark beunruhigte, konnte ich mich erst wenige Tage vor dem festgesetzten Zeitpunkt zur Teilnahme entschließen. Der eigentliche Grund für meine Reise nach Kuba waren die Feierlichkeiten, welche die ägyptische Regierung in derselben Woche aus Anlaß des 18. Jahrestages des Sturzes der Monarchie veranstaltete und an denen ich nicht teilnehmen wollte. Denn nach geheimen Informationen, die ich erhalten hatte, beabsichtigte Nasser, bei dieser Gelegenheit öffentlich seine Zustimmung zu der im Rogers-Plan vorgesehenen Regelung des israelisch-ägyptischen Konflikts bekanntzugeben. Wir lehnten ein solches Abkommen rundweg ab, und es war nur verständlich, daß ich nicht anwesend sein wollte, wenn Nasser sein Jawort zu dem amerikanischen Projekt verkünden wollte. Trotz des meiner Meinung nach verdächtigen Drängens von seiten Mohamed Hassanein Heykals, des Freundes und Vertrauten Nassers, lehnte ich also seine Einladung ab, mit der Begründung, ich könnte unmöglich die von Fidel Castro zurückweisen.

Die Reise, die ich von Kairo via Madrid nach Havanna unternahm, war eine der anstrengendsten meines Lebens. Nach langer Wartezeit auf dem Madrider Flughafen, wo kubanische Beamte unsere Betreuung übernahmen, ging die palästinensische Delegation unter meiner Führung an Bord einer kleinen Maschine der staatlichen kubanischen Fluggesellschaft. Die Reise dauerte mehr als fünfzehn Stunden und verlief zudem unter Bedingungen, die mich an die in der ägyptischen Provinz verkehrenden Züge erinnerten. Das Flugzeug war gerammelt voll – es gab mehr Passagiere, als Sitze verfügbar waren – und mit Koffern und Bündeln, die den Durchgang versperrten, völlig überladen; nur mühsam schien die Maschine voranzukommen.

Ich saß neben Amin El-Howeida, dem großen Chef des ägyptischen Geheimdienstes, der wie ich unter der Enge und der Hitze litt. Während er sich den Schweiß von der Stirn wischte, sagte er zu mir: »Sie haben also die Absicht, den Rogers-Plan und Nasser zu bekämpfen?« Ich erklärte ihm, daß wir jedes Vorhaben ablehnen würden, das sich über die Rechte des palästinensischen Volkes hinwegsetzt. Daraufhin entgegnete er, daß wir ganz auf Nasser vertrauen sollten, auf seinen Patriotismus und seine Treue gegenüber der Sache der Palästinenser.

Am Flughafen von Havanna empfing mich mein Kollege vom kubanischen Sicherheitsdienst, ein warmherziger Mann mit viel Sinn für Humor, der sehr schnell mein Freund wurde. Kaum hatte man mich in einem einfachen, aber gemütlichen Haus einquartiert, wurde mir auch schon ein Programm vorgelegt, das mir völlig überladen schien. Ich sollte Vertreter der nationalen Befreiungsbewegungen aus Asien, Afrika und Lateinamerika empfangen. Die Liste war deshalb so besonders lang, weil sie für jedes lateinamerikanische Land die Namen von Vertretern mehrerer rivalisierender Organisationen enthielt. Die Fraktionsbildung innerhalb der PLO erschien mir unbedeutend im Vergleich mit der Zersplitterung dieser Bewegungen. Ich setzte mich über die Gebote der Höflichkeit hinweg und bat meine Gastgeber – selbst auf die Gefahr hin, viele kleinere Gruppierungen zu brüskieren –, meine Gespräche auf die wichtigsten Organisationen der einzelnen Länder beschränken zu dürfen.

Die so gewonnene Zeit ermöglichte mir, andere Aktivitäten zu entfalten. So nahm ich an einem Treffen teil, das die palästinensische Kolonie mir zu Ehren veranstaltete; es handelte sich um etwa fünfzig Familien, die schon vor langer Zeit emigriert waren. Die jungen Leute, die in Kuba geboren worden waren, sprachen nur spanisch, manchmal auch englisch; die alten Leute sprachen ein gebrochenes Arabisch. Trotz allem war dieses Zusammentreffen ein ergreifendes Erlebnis. Während ich ihnen die Ziele unseres Kampfes auseinandersetzte, sah ich, wie vielen Tränen über das Gesicht liefen.

An einem Tag lud mich Fidel Castro ein, mit ihm zusammen Zuckerrohrplantagen zu besichtigen. Während unserer Fahrt über die Dörfer – in einem Auto, das er selber lenkte – habe ich diesen Mann kennengelernt, der wie eine Naturgewalt ist, der kein Blatt vor den Mund nimmt, der ausgelassen und fröhlich sein kann. Bei unserem Gespräch über politische Probleme bewies er tiefgehende Kenntnisse über den Konflikt im Nahen Osten und über die Sache der Palästinenser. Israel, so sagte er, sei seiner Meinung nach ein Stützpfeiler des amerikanischen Imperialismus. Aber wie schon die vietnamesische Führung ersuchte er mich darum, daß die gemeinsam herausgegebene Erklärung keine für den zionistischen Staat allzu beleidigenden Formulierungen enthalten möge. Er erklärte mir, daß ein Teil des kubanischen Außenhandels über einflußreiche jüdische Ge-

schäftskreise abgewickelt würde und Kuba außerdem diplomatische Beziehungen zu Israel unterhalte, die er nicht beeinträchtigen wolle. »Haben Sie Vertrauen zu mir«, so fügte er hinzu, »im geeigneten Augenblick werde ich die notwendigen Maßnahmen ergreifen.«
Etwa drei Jahre nach unserer Unterredung, im September 1973, verkündete Fidel Castro vor der Konferenz der blockfreien Staaten in Algier seine überraschende Entscheidung, die diplomatischen Beziehungen zu Israel abzubrechen. Als einer der ersten schloß ich ihn in die Arme, um ihn zu beglückwünschen.

Offen gesagt, seine verbale Zurückhaltung im Juli 1970 irritierte mich kaum – im Gegenteil; denn quasi als Ausgleich dafür wurden mir selbst keinerlei Beschränkungen auferlegt. Ich erhielt Zugang zur kubanischen Presse, auch Rundfunk und Fernsehen standen mir zur Verfügung, wovon ich reichlich Gebrauch machte, indem ich zahlreiche Erklärungen und Interviews gab.

Dies war jedoch nicht der einzige Nutzen, den uns mein Besuch in Kuba einbrachte. Fidel Castro bewies in der Praxis, daß er bereit war, den bewaffneten Kampf des palästinensischen Volkes zu unterstützen; er ließ uns im militärischen Bereich beachtliche Unterstützung zukommen, insbesondere durch Ausrüstung und Ausbildung von Fedajin in Kuba. Kubanische Freiwillige in den Nahen Osten zu schicken, davon ist nie die Rede gewesen; denn wie jeder weiß, können wir uns nicht über einen Mangel an Kämpfern beklagen, ganz im Gegenteil.

Die Rede, die Fidel Castro am 26. Juli 1970 vor Hunderttausenden von Menschen hielt, war für mich eines der unvergeßlichsten Schauspiele, die ich jemals erlebt habe. Der kubanische Regierungschef ist zweifellos einer der größten Volkstribune unserer Zeit. Sechs Stunden hielt er die Menge seiner Zuhörer in Atem; mal sprach er zornig, mal ironisch. Daten und Zahlen wußte er mit Geschick und Klarheit anzuführen, um Gedankengänge zu illustrieren, die genauso faszinierend waren wie die Stimme, mit der er sie vortrug. Seine Zuhörerschaft, die ihm tosenden Beifall zollte, versetzte er in einen wahren Taumel der Begeisterung.

Indem er seine ausländischen Gäste, unter ihnen auch mich, an die Hand nahm und nach kubanischer Art die Arme hob, wurden wir alle der Reihe nach vom Volk bejubelt. Ich spürte, wie mir vor Ergriffenheit die Kehle zugeschnürt war, als ich die Volksmenge wie mit einer Stimme rufen hörte: »Palästina! Palästina!« Ich war stolz, glücklich, erschüttert...

Der Name meines Vaterlandes, der mir aus der Kehle von Hunderttausenden Kubanern entgegengeschallt war, dröhnte mir noch in den Ohren, als ich das Flugzeug bestieg, um in den Nahen Osten zurückzukehren – diesmal in einer Maschine der staatlichen marokkanischen Fluggesellschaft. In diesem Augenblick ahnte ich noch nicht, daß zwei Monate später König Hussein versuchen würde, den Namen Palästinas auf der Landkarte zu löschen und für alle Zeiten aus der Erinnerung der Menschen zu streichen.

V
DER RÜCKSCHLAG

Die Schlacht von Jerasch und Ajlun bedeutete das Ende der palästinensischen Widerstandsbewegung in Jordanien. Fünf Tage lang – vom 13. bis 17. Juli 1971 – kämpften etwa dreitausend Fedajin, die sich in den Wäldern und auf den bewaldeten Hügeln dieser beiden Ortschaften im Norden des Landes verschanzt hatten, mit beispiellosem Heldenmut bis zum bitteren Ende gegen die Streitkräfte König Husseins. Niemand wurde verschont; offensichtlich beabsichtigten die Jordanier, auch die letzte Festung der Guerilla, die das Gemetzel vom September 1970 überlebt hatte, dem Erdboden gleichzumachen. Die Tanks und Panzer schossen blindlings – nur mit dem Ziel zu töten; und wer überlebte, wurde auf dem Vormarsch zermalmt.

Der örtliche Kommandant, Abu Ali Ajad, Mitglied des Zentralkomitees der Fatah, lehnte es ab, sich dem Feind zu ergeben. Nach einer aufwendigen Verfolgungsjagd wurde er gefangengenommen, grausam gefoltert, verstümmelt und schließlich niedergemetzelt. Etwa siebenhundert Fedajin wurden umgebracht, ca. zweitausend gefangengenommen; diese wurden später an die syrischen Behörden ausgeliefert. Etwa hundert weiteren Fedajin gelang die Flucht nach Syrien oder – was für sie die größte Demütigung bedeutete – in das besetzte Zisjordanien, wo die israelischen Behörden ihnen Asyl gewährten.

So endete eines der blutigsten Kapitel in der Geschichte des Widerstandskampfes und eine glorreiche Ära der palästinensischen Befreiungsbewegung, deren unbestrittener Höhepunkt der Sieg von Karame im März 1968 gewesen war. Etwas mehr als drei Jahre waren erst vergangen, seit König Hussein unter dem Eindruck dieser Heldentat den Ausspruch getan hatte: »Wir alle sind Fedajin!« Wie hatte sich die Lage so ändern können? Der haschemitische Herrscher hatte nie sehr große Sympathien für uns gehabt, das war uns klar; wir wußten sehr wohl, daß er trotz seiner schönen Worte nichts unversucht gelassen hatte, unser Verderben heraufzubeschwören. Doch auch wir haben kräftig dazu beigetragen, daß er schließlich sein Ziel erreichte, indem wir immer häufiger die Lage falsch einschätzten, Fehler begingen und – warum sollen wir es nicht offen zugeben? – uns zu Provokationen verleiten ließen. Somit war letztlich die Konfrontation unausweichlich.

König Hussein war durch und durch von Mißtrauen beseelt. Trotz unserer wiederholten gegenteiligen Beteuerungen glaubte er, daß wir ihn stürzen wollten. Einige ihm nahestehende Personen, manchmal sogar ausländische Besucher, bestärkten ihn – absichtlich oder unabsichtlich – in seinen Befürchtungen. So sagte ihm zum Beispiel König Hassan II. einmal, daß er es für völlig normal halte, wenn die Fedajin in Amman die Macht übernähmen. Verschreckt durch diese Äußerung des marokkanischen Herrschers, fragte Hussein kurz darauf Jasir Arafat, ob er wirklich seinen Platz einnehmen wolle! Wir versicherten ihm immer wieder, daß die Fatah es sich seit ihrer Gründung zum Prinzip gemacht habe, sich nicht in die inneren Angelegenheiten der Gastländer einzumischen, und daß er aufgrund der Unterstützung, die er der palästinensischen Befreiungsbewegung gewährte, eines Tages als Held der arabischen Nation gefeiert werden würde. Halbwegs von unserer Aufrichtigkeit überzeugt, schwankte Hussein zwischen Skepsis und Glauben.

Unsere Beziehungen verschlechterten sich Mitte Oktober 1968 nach dem Tod von Abdel Fattah Hammud, einem der Gründungsmitglieder der Fatah, der bei einem Autounfall ums Leben kam. Schon seit Anfang der fünfziger Jahre war ich mit Hammud eng befreundet. Er war zur selben Zeit wie Jasir Arafat und ich in die Führung der Vereinigung der palästinensischen Studenten gewählt worden und seitdem an unserer Seite ununterbrochen für die Befreiungsbewegung aktiv gewesen, zunächst in Kairo, dann in Katar, wo er als Ingenieur einen wichtigen Posten bekleidet hatte. Obwohl er sieben Kinder hatte, war er sofort nach Ausbruch des Sechs-Tage-Krieges bereit gewesen, seinen sehr gut bezahlten Posten aufzugeben, um »hauptamtlich« für die Befreiungsbewegung tätig zu werden. Am Tag seines Todes war er mit mir und Arafat in einer jordanischen Ortschaft nahe der syrischen Grenze verabredet. Da ich seine Pünktlichkeit kannte, begann ich mir Sorgen zu machen, als er zur festgesetzten Stunde nicht erschien. Es dauerte nicht lange, bis ich erfuhr, daß sich unweit von dem Haus, in dem wir uns treffen wollten, ein schwerer Autounfall ereignet hatte. Da ich das Schlimmste ahnte und befürchtete, den Anblick nicht ertragen zu können, bat ich Arafat, ohne mich zum Unfallort zu gehen. In Tränen aufgelöst, kam er zurück. Es war tatsächlich Abdel Fattah Hammud, der im Alter von 35 Jahren am Steuer seines Wagens umgekommen war. Wir beschlossen, ihn in Amman beizusetzen, wo wir dadurch zum ersten Mal öffentlich in Erscheinung traten. Vor Zigtausenden von Menschen, die herbeigeströmt waren, um ihm die letzte Ehre zu erweisen, hielt ich eine Rede, in der ich seine Aktivitäten und die der Widerstandsbewegung würdigte. Dieser erste öffentliche Auftritt in seiner Hauptstadt mußte bei König Hussein Verdacht geweckt haben, und er begann sofort, jene Intrige zu spinnen, die etwa zwei Jahre später, im September 1970, zu der bewaffneten Auseinandersetzung führen sollte.

Einen Monat nach der Beisetzung Abdel Fattah Hammuds, im November 1968, wurde ein Offizier der königlichen Garde von Mitgliedern einer Geheimorganisation entführt, die sich als palästinensisch ausgab, von der wir aber bis zu diesem Tag noch nichts gehört hatten. (Erst sehr viel später erfuhren wir, daß diese Organisation vom jordanischen Geheimdienst gegründet, finanziert und bewaffnet worden war.) Unverzüglich versetzte König Hussein seine Armee in Alarmbereitschaft und drohte die Flüchtlingslager zu stürmen, um die Entführer festzunehmen und ihre Geisel zu befreien. Um den König davon abzubringen, ersuchte eine Gruppe führender Männer aus verschiedenen Organisationen um eine Audienz; hierzu gehörten auch Jasir Arafat, Jehia Hammuda, Bahjat Abu Gharbia, Hamed Abu Setta und ich. Das war das erste Mal, daß ich dem König persönlich begegnete.

Die Unterredung — bei der ich mich, um ihn besser beobachten zu können, völlig zurückhielt — war, was seine Persönlichkeit anbetrifft, sehr aufschlußreich, denn ich entdeckte an ihm ein ungewöhnliches Schauspieltalent. Obwohl er ganz genau wußte, daß wir mit der Entführung des Offiziers der königlichen Garde nichts zu tun hatten, bekundete er hartnäckig sein Mißfallen, bekam regelrechte Wutanfälle und ließ sich sogar zu ungestümen Gesten hinreißen. Wir hatten alle Mühe, ihn zu beruhigen. Wir beteuerten unsere Unschuld, indem wir ihm erklärten, daß wir nichts über die Organisation wüßten, die für den Überfall die Verantwortung übernommen hatte, und daß wir im übrigen das Geschehen aufs strengste verurteilten. Abermals versicherten wir ihm, daß uns viel an guten Beziehungen zu den jordanischen Behörden gelegen sei. Schließlich gab der König nach und erteilte seinen Truppen den Befehl, die Belagerung der Flüchtlingslager aufzuheben.

Doch die Angelegenheit war, wie die Ereignisse zeigen sollten, nur vertagt. Hussein agierte mit großer Geschicklichkeit und Hinterlist. Systematisch und mit viel Geduld bereitete er die Öffentlichkeit und seine Armee auf die Konfrontation vor, die er aus tiefstem Herzen herbeisehnte. Er vertiefte die Spannungen und provozierte Zwischenfälle, wobei er eigens von seinem Sicherheitsdienst gegründete pseudo-palästinensische Organisationen, aber auch *agents provocateurs* einsetzte, die sich in die Fedajin-Organisationen infiltrierten.

Einigen von ihnen gelang es sogar – wie sich später herausstellen sollte –, bis in führende Positionen vorzudringen. So wurde ich im Juni 1970, kurz nach der Regierungsumbildung durch Abdel Moneim El-Rifaï, in dessen Büro vorgeladen. Rifaï, ein in jeder Beziehung integrer Mann, spielte mir die Tonbandaufnahme einer Rede vor, die Abul Raed, Mitglied des Politbüros von Georges Habaschs »Volksfront zur Befreiung Palästinas« (FPLP), am Abend zuvor gehalten hatte. In dieser Rede griff Abul Raed in geradezu obszöner Ausdrucksweise nicht nur den König, sondern auch dessen Frau und dessen Mutter an. Die Rede war so schamlos, daß ich sie nicht bis zum Ende anhören konnte.

Abdel Moneim El-Rifaï zeigte mir einen Brief des Königs, in dem dieser seinen Ministerpräsidenten aufforderte, die Schließung aller Büros der FPLP innerhalb vierundzwanzig Stunden zu veranlassen; andernfalls würde die Armee diese Aufgabe übernehmen. Ich begab mich sofort zum Palast des Königs, wo ich Hussein erklärte, daß wir – bei allem Abscheu gegenüber Abu Raed – gezwungen seien, für die Volksfront einzutreten und die palästinensischen Massen gegen einen eventuellen Ansturm der Ordnungsmacht zu verteidigen. Wieder einmal gab der König nach, aber nur, um sich für einen besseren Angriff zu rüsten. Erst sehr viel später wurde Abul Raed als Agent des jordanischen Geheimdienstes entlarvt und aus seiner Organisation ausgeschlossen.

Die Fraktionskämpfe innerhalb der Widerstandsbewegung konnten für den König zudem nur zusätzliche Vorteile bringen. Einige

Monate nach dem Sechs-Tage-Krieg tauchten plötzlich mehrere Fedajin-Gruppen auf, die oft nur das eine Ziel hatten: der Fatah die Führung innerhalb der Bewegung streitig zu machen. Einige standen im Sold arabischer Regierungen, die ihre eigenen Rivalitäten und Intrigen auf dem Rücken der Palästinenser austragen wollten.

Von nun an war es unvermeidlich, daß sich die Gruppen untereinander durch unhaltbare und unsachliche Äußerungen zu unterbieten suchten. Jeder wollte noch »revolutionärer« und noch radikaler sein als der andere. Ich erinnere mich, daß bei manchen Arbeitssitzungen mit Hussein Vertreter einiger Organisationen sich sogar hinreißen ließen, mit der Faust auf den Tisch zu schlagen und Mitglieder der königlichen Familie zu beschimpfen; so wurde zum Beispiel der Onkel des Königs, der Scherif Nasser, des Drogenhandels beschuldigt.

Bei solchen Gelegenheiten versuchte ich, meine Kameraden zur Vernunft zu bringen, indem ich ihnen erklärte, daß ihr Verhalten nur unseren Gegnern und in erster Linie dem König nützen würde. Es war oft schwierig, politischen Extremismus von einer Provokation zu unterscheiden, die von gedungenen Agenten inszeniert war. Das Florieren linker Parolen – wie z.B. die Aufforderung an die Massen: »Gebt alle Macht der Widerstandsbewegung!« –, das Verteilen von Leninbildern in den Straßen und sogar in den Moscheen von Amman, die Aufrufe zum Kampf für die Revolution und die Errichtung eines sozialistischen Regimes, all dies zeugte von einer sündhaften Naivität. Für die Extremisten – und hier waren sie sich alle einig – war der Kampf um die nationale Befreiung, den die Fatah ausschließlich befürwortete, und der Klassenkampf ein und dasselbe.

Allerdings war auch unser eigenes Verhalten nicht immer homogen. Obwohl wir bemüht waren, uns auf die ganze Bevölkerung zu stützen und hinsichtlich der Herkunft keine Unterschiede zu machen, neigten wir dazu, die gebürtigen Transjordanier zugunsten der Palästinenser zu vernachlässigen. Voll Stolz auf ihre Schlagkraft und ihre Taten legten die Fedajin oft ein Gefühl der Überlegenheit, manchmal sogar der Arroganz, an den Tag, ohne auf die Empfindlichkeit und die Interessen der einheimischen Bevölkerung Rücksicht zu nehmen. Noch schwerwiegender war ihr Verhalten der jordanischen Armee gegenüber, die eher als Feind denn als potentieller Verbündeter betrachtet wurde. Natürlich darf man nicht vergessen, daß Hussein alles daransetzte, um den Abgrund zwischen den Fedajin und den königlichen Streitkräften noch zu vertiefen; zu diesem

Zweck provozierte er zunächst blutige Zusammenstöße und schickte dann nach jedem Zwischenfall die beteiligten Offiziere und Soldaten auf Heimaturlaub. Zu Hause begegneten diese dann der begreiflichen Feindseligkeit unserer Leute. Sie wurden beschimpft, übel zugerichtet, erniedrigt und manchmal sogar gefangengehalten; so ist es nur verständlich, daß sie immer mehr den Zeitpunkt herbeisehnten, an dem sie endlich Gelegenheit haben würden, mit den Fedajin abzurechnen. Angesprochen auf seine augenscheinliche Passivität angesichts der Vorfälle, die sich in den ersten Monaten des Jahres 1970 gehäuft hatten, erklärte der König einem Vertrauten gegenüber: »Ich gebe ihnen (d.h. den Fedajin) den Strick, an dem sie sich selbst aufhängen werden.«

Die Spannungen erreichten ihren Höhepunkt im Juli 1970, als wir den »Zentralrat der Widerstandsbewegung« (CCR), der sich aus Vertretern von zwölf Organisationen zusammensetzte, zu einer außerordentlichen Sitzung einberiefen. Ich stellte meinen Kameraden zwei Fragen: »Wollt ihr in Amman die Macht übernehmen? Wenn ja – haltet ihr ein Gelingen aufgrund des Kräfteverhältnisses für möglich?« Beide Fragen wurden mit großer Mehrheit verneint. Einerseits vertraten sie die Auffassung, daß die Widerstandsbewegung der Gefahr aus dem Wege gehen sollte, die staatliche Verantwortung und Bürokratisierung für sie bedeuten würde; zum andern waren sie von der erdrückenden Übermacht der königlichen Streitkräfte überzeugt.

Sie bestätigten somit meine Ansicht, daß bei den meisten Mitgliedern des Zentralrats die Taktik die Strategie ersetzte; von daher die gefährliche Doppelbödigkeit ihrer Politik, die uns geradewegs – und davon war ich fest überzeugt – in die Katastrophe führen würde. Ich erklärte ihnen, daß der König sicherlich nicht mehr lange dulden würde, daß in seinem Königreich neben ihm ein zweiter Machtfaktor existiere. Wir würden eine klare Wahl treffen müssen, die allein von unserer Einschätzung der Lage und unserer Strategie abhängig war. Wenn wir die Monarchie nicht stürzen wollten und diese im Moment sowieso unbesiegbar war, bestand unsere vorrangige Pflicht darin, unsere Beziehungen zu Hussein zu normalisieren, bevor es zu spät sein würde.

Als ich meine Rede beendet hatte, ging ich zum Ausgang und rief als letztes der Versammlung zu: »Diejenigen, denen das Interesse des palästinensischen Volkes am Herzen liegt, fordere ich auf, mir zu folgen; wir werden gemeinsam im Palast einen *Modus vivendi* aushandeln.« Die Mehrheit verharrte regungslos auf ihrem Stuhl. Nur eine Handvoll Delegierter verschiedener Organisationen verließ mit mir den Saal; keiner von ihnen gehörte der Fatah an.

Die Leichtfertigkeit der meisten Mitglieder des Zentralrats der Widerstandsbewegung ist weniger unbegreiflich, wenn man bedenkt, daß sie davon überzeugt waren, König Hussein würde es nie wagen, die in der Hauptstadt und im ganzen Land verstreuten Fedajin anzugreifen, aus Furcht, unter der Bevölkerung ein Blutbad anzurichten. Einige glaubten sogar, daß die königliche Armee – oder zumindest ein beachtlicher Teil – rebellieren würde, wenn sie den Befehl erhielte, auf die Menge zu schießen.

Ich allerdings war vom Gegenteil überzeugt. Der König hatte sich der Treue seiner Offiziere versichert, indem er sie mit materiellen Privilegien überhäufte. Die einfachen Soldaten, einschließlich der Palästinenser, die etwa ein Drittel der königlichen Streitkräfte stellten – nicht 60%, wie so oft behauptet wurde –, waren durch geschickte Propaganda gegen die Bewegung der Fedajin mobilisiert worden. Es wurde behauptet, wir seien Atheisten, Feinde Gottes und Kommunisten, die eng mit obskuren internationalen Kräften zusammenarbeiteten, zu denen auch die Juden der extremen Linken gehörten. Wollte man dieser Verleumdungskampagne Glauben schenken, so bestand unsere Absicht nicht darin, die Interessen des palästinensischen Volkes zu verteidigen, sondern im Auftrag ausländischer Kräfte die Macht zu ergreifen. Doch vorsichtshalber hatte Hussein die Palästinenser aus den Eliteeinheiten ausgeschlossen; dies galt insbesondere für die Panzer- und Artillerieverbände, die im September 1970 und im Juli 1971 bei Jerasch und Ajlun in großem Umfang eingesetzt wurden.

Ende August 1970 war meine Besorgnis um so größer, als König Hussein sich seiner Sache sehr sicher schien – und das nicht ohne Grund. Da er, wie auch Nasser, dem vom amerikanischen Staatssekretär William Rogers vorgelegten Plan zur Beilegung des Konflikts mit Israel zustimmte, genoß er von nun an große Unterstützung auf internationaler Ebene, insbesondere in der arabischen Welt. Damals bezeugten der irakische Präsident Hassan El-Bakr und der libysche Staatschef Oberst Kadhafi ihm öffentlich ihre Sympathie; gleichzeitig kritisierten sie die »Fehler« des palästinensischen Widerstands. Zwei Wochen nachdem am 7. August an der israelisch-ägyptischen

Front ein Waffenstillstandsabkommen den Zermürbungskrieg zwischen den beiden Ländern beendet hatte, flog Hussein nach Alexandrien, wo ihm Nasser einen herzlichen Empfang bereitete. Nach der Rückkehr des Monarchen nach Amman ließen die jordanischen Behörden das Gerücht verbreiten, der ägyptische Präsident habe dem König »grünes Licht« gegeben, um die palästinensische Widerstandsbewegung zu vernichten, da diese sich dem Rogers-Plan und der UNO-Resolution 242, auf der das amerikanische Projekt fußte, einmütig widersetzte.

Doch der Zentralrat der Widerstandsbewegung war hinsichtlich der Haltung gegenüber Nasser geteilter Meinung. Sollten wir uns auf eine Kraftprobe mit dem ägyptischen Regime einlassen? Die Mehrheit, die eine abenteuerliche Politik vertrat, bejahte dies. Die Fatah, die von der pro-syrischen Organisation Saika und einigen Unabhängigen unterstützt wurde, bestand jedoch darauf, die Brücken zu Ägypten nicht abzubrechen. Daher beschlossen wir, unverzüglich Geheimboten zu Nasser zu entsenden, die mit ihm einen *Modus vivendi* aushandeln sollten.

Mehrere Faktoren veranlaßten uns zu diesem Schritt. Unter taktischen Gesichtspunkten betrachtet, wäre es reiner Selbstmord, wollten wir den Raïs angreifen, solange wir riskierten, im Rücken von Hussein überrannt zu werden. Und unter strategischen Gesichtspunkten betrachtet, konnten wir uns nicht erlauben, mit dem mächtigsten der arabischen Staaten zu brechen, dessen regionales und internationales Gewicht zählte. Außerdem hatten wir Vertrauen in Nassers Patriotismus. Wir waren sicher, daß er uns nicht im Stich lassen würde, denn er hatte bereits öffentlich erklärt, daß er die Ablehnung der UNO-Resolution 242 durch die palästinensische Widerstandsbewegung voll und ganz verstehen könne, da der Text in keiner Weise den Interessen des palästinensischen Volkes Rechnung trage.

Die Delegation, die nach Alexandrien flog, bestand aus Jasir Arafat, Faruk Kaddumi, Hajel Abdel Hamid und mir (als Vertreter des Zentralkomitees der Fatah), Daffi Gamassan (von der Saika) und Ibrahim Bakr (als Unabhängiger). Nasser empfing uns ziemlich reserviert und überfiel uns mit den Worten: »Ich bin schon eine Stunde in meinem Garten auf und ab gegangen, um meine Wut abzukühlen, bevor ich Sie empfange.« Er war empört über die Angriffe, die einige Publikationsorgane der Fatah gegen ihn gerichtet hatten; er zeigte uns einige Exemplare, die auf seinem Schreibtisch herumlagen. Wir hätten nicht das Recht, ihn zu kritisieren, ohne die Beweggründe zu kennen, die ihn veranlaßt hätten, dem Rogers-Plan zuzustimmen.

Im Verlauf der Unterredung, die mehr als sieben Stunden dauerte, erklärte er uns, daß die Chancen für eine Verwirklichung des amerikanischen Friedensplans 1: 1000 stünden, denn Israel hätte nicht die geringste Absicht, seinen Verpflichtungen nachzukommen und die besetzten Gebiete vollständig zurückzugeben. Trotzdem bemühe er sich weiterhin um eine friedliche Lösung. In der Zwischenzeit müsse er Zeit gewinnen, um sich auf den Krieg vorzubereiten, der seiner Meinung nach unvermeidlich sei. Er erklärte uns weiterhin, daß er während seines kürzlichen Besuchs in Moskau die Lieferung von SAM-Raketen an Ägypten gefordert hätte; nachdem er mit seinem Rücktritt gedroht hätte, wären ihm diese auch bewilligt worden. »Wir nutzen den augenblicklichen Waffenstillstand, um sie entlang dem Suezkanal in Stellung zu bringen«, erklärte er uns vertraulich.

Er verriet uns außerdem, daß die sowjetische Führung zunächst erstaunt gewesen sei darüber, daß er sich dem amerikanischen Plan angeschlossen hätte; man habe ihm als Ersatz einen anderen Plan vorgeschlagen, der ihm von Moskau und Washington gemeinsam unterbreitet werden würde. Er habe das Angebot zurückgewiesen mit der Erklärung, er wolle die Vereinigten Staaten »festnageln«, denn diese hätten sich zum ersten Mal seit dem Junikrieg von 1967 verpflichtet, Israel zur Räumung nahezu aller eroberten Gebiete zu bewegen. Er fügte hinzu, die besondere Bedeutung der Resolution 242 bestünde darin, das Recht der Araber auf Wiedererlangung der verlorenen Gebiete international verbürgt zu haben.

Hierauf wandte sich Nasser an Jasir Arafat und fuhr in ironischem Ton fort: »Wie viele Jahre werden Sie Ihrer Meinung nach brauchen, um den zionistischen Staat zu zerstören und im gesamten befreiten Palästina einen neuen geeinigten und demokratischen Staat aufzubauen?« Er warf uns vor, eine »unrealistische« Politik zu betreiben, und erklärte uns, daß ein Mini-Staat in Zisjordanien und im Gazastreifen besser sei als nichts.

Der größte Teil der Unterredung verlief in einer zunächst herzlichen, dann sogar freundschaftlichen Atmosphäre. Entspannt, lud Nasser uns zum Essen ein. Dabei sprach er von seiner Besorgnis über die Lage in Jordanien: »Ich weiß, daß der haschemitische Geheimdienst das Gerücht verbreiten ließ, ich hätte König Hussein ermutigt,

Ihre Widerstandsbewegung zu vernichten. Das Gegenteil ist der Fall. Als er mich kürzlich in Kairo besucht hat, habe ich ihn zweimal vor einem derartigen Vorhaben gewarnt; das erste Mal bei einem Gespräch unter vier Augen, das zweite Mal im Beisein seines Ministerpräsidenten Abdel Moneim El-Rifai.«

Als wir Alexandrien verließen, waren wir jedoch nur halb beruhigt, denn König Hussein schien Nassers Warnungen nicht zu beachten, da seine Streitkräfte inzwischen die Stellungen der Widerstandsbewegung unter Beschuß hielten. Die Bevölkerung war der fast täglich auftretenden Kämpfe und der anhaltenden Unsicherheit schließlich überdrüssig geworden, und viele Jordanier machten keinen Hehl aus ihrem Unmut über die Fedajin, die sie für die Zusammenstöße verantwortlich machten. In dieser gespannten Atmosphäre – am 6. September – entführte die Volksfront Georges Habaschs vier jordanische Flugzeuge, die auf einem sogenannten »Flughafen der Revolution« gelandet waren und festgehalten wurden. Damit hatte der König einen neuen Affront hinnehmen müssen.

Diese Aktion erschien uns äußerst verdächtig, ebenso die Tatsache, daß Georges Habasch einen Monat zuvor, inmitten der Krise, Amman verlassen hatte, um Nordkorea »einen Freundschaftsbesuch« abzustatten. Durch diesen Gewaltstreich geriet die gesamte Widerstandsbewegung in das Kreuzfeuer der Kritik, erhielt Hussein endlich den so lange erträumten Vorwand, zum Angriff zu blasen. Selbst der Irak, der uns im Prinzip wohlgesinnt war, stellte der Fatah eine Art Ultimatum, in dem die Festnahme der Luftpiraten und die Freilassung der Geiseln gefordert wurde. Man schrieb uns mehr Macht zu, als wir in Wirklichkeit besaßen. Das einzige, was Jasir Arafat erreichen konnte, war der vorläufige Ausschluß der Volksfront aus dem Zentralkomitee der PLO. Doch nach der Sprengung der entführten Maschinen und der Festsetzung einer großen Zahl von Passagieren, unter ihnen Frauen und Kinder, mußte diese Maßnahme von nahezu lachhafter Milde erscheinen.

Die Kämpfe erfaßten nun den ganzen Norden Jordaniens, wo unsere Stützpunkte durch die königliche Artillerie systematisch unter Feuer genommen wurden. Wir mußten handeln, und zwar schnell. Merkwürdigerweise war es der Irak, der uns anstachelte, die Macht in Amman zu übernehmen. Ein konkreter Vorschlag in diese Richtung war uns schon einige Monate vor der Flugzeugentführung unterbreitet worden. Jasir Arafat und ich waren im Mai auf dem Militärstützpunkt von Habbanie mit einer Delegation der irakischen Regierung zusammengetroffen, die sich zu einem offiziellen Besuch in Amman aufhielt; hierbei handelte es sich um drei ihrer einflußreichsten Mitglieder: Abdel Khalek El-Samarai und Zeid Haydar, beide führende Köpfe der Baas-Partei, sowie der Innenminister Mahdi Ammasch. »Bereiten Sie einen Staatsstreich vor«, so sagten die Delegationsmitglieder, »und die in Jordanien stationierten irakischen Einheiten werden Ihnen dabei behilflich sein, die Monarchie zu stürzen und ein demokratisches Regime zu errichten.« Ihr Plan sah vor, daß sie selbst zunächst Zarka und Irbid im Norden des Landes besetzen würden, während die Fedajin Amman einnehmen sollten.

Arafat und ich hatten das Gefühl, daß der Vorschlag jeder ernstzunehmenden Grundlage entbehrte. Daher schlugen wir unseren Gesprächspartnern vor, zunächst die Zustimmung der syrischen Regierung einzuholen und möglicherweise auch deren Zusage, sich an dem Unternehmen zu beteiligen. Wir wußten, daß in Anbetracht der Rivalitäten zwischen beiden Regierungen ein Einvernehmen zwischen Bagdad und Damaskus praktisch ausgeschlossen war. Unsere Skepsis erwies sich als begründet, denn während des Krieges, der einige Tage später zwischen den Fedajin und den königlichen Streitkräften ausbrach, hielt sich die irakische Armee völlig zurück.

In der ersten Septemberhälfte versuchten wir alles, um eine Konfrontation zu vermeiden. Unter der Schirmherrschaft eines Vermittlers der arabischen Liga, des ehemaligen sudanesischen Ministers Amin El-Chibli, kam es nur zu schleppenden Verhandlungen. Wir zögerten immer noch, einer unserer Meinung nach allzu drakonischen Kompromißlösung zuzustimmen, als mich plötzlich – am 14. September – Abdel Moneim El-Rifaï anrief. Seine Stimme klang unruhig und nervös: »Unterzeichnen Sie das Abkommen, zu welchem Preis auch immer«, drängte mich der Ministerpräsident, um dann ohne weitere Erklärungen den Hörer aufzulegen. Wir vertrauten Rifaï, den die Treue zu seinem König nicht daran hinderte, sich der Widerstandsbewegung gegenüber fair zu verhalten. Ich verstand sofort, welche Botschaft er uns hatte zukommen lassen wollen: Wir sollten um jeden Preis mit dem König zu einer Einigung kommen, da dieser sonst zum Großangriff übergehen würde. Ich begab mich sofort in den Palast, unterzeichnete das Abkommen, so wie es mir vorgelegt wurde, und benachrichtigte unverzüglich Rifaï, der den Text sofort über Radio Amman verbreiten ließ. Wir glaubten, damit das Schlimmste abgewendet zu haben.

Doch wir hatten uns getäuscht, denn schon am nächsten Morgen löste der König die Regierung Rifaï auf und beauftragte den gebürtigen Palästinenser General Mohamed Daud mit der Bildung eines Kriegskabinetts, das sich ganz und gar aus Militärs zusammensetzte. Noch am selben Tag wurde von den Massenmedien, vor allem Rundfunk und Fernsehen, eine bösartige Hetzkampagne gegen die palästinensische Widerstandsbewegung eingeleitet. Am 16. September richtete Jasir Arafat einen dringenden Hilferuf an die Regierungschefs aller arabischen Staaten. Doch es war bereits zu spät. Am darauffolgenden Morgen gingen die königlichen Streitkräfte zum Generalangriff über, wobei sie nicht zögerten, ohne Unterschied alle Stadtviertel von Amman zu bombardieren.

So unwahrscheinlich es auch klingen mag: Wir waren nicht darauf vorbereitet, diese Kraftprobe durchzustehen, obwohl sie schon seit Monaten vorauszusehen war. Bis zum letzten Augenblick hatten viele Führer der Widerstandsbewegung nicht daran geglaubt, daß Hussein es jemals wagen würde, uns direkt anzugreifen. Erst wenige Stunden vor dem Ausbruch der Kämpfe bildeten die verschiedenen Widerstandsorganisationen ein gemeinsames Oberkommando. Unterdessen aber hatte die Armee das Hauptquartier des militärischen Führungsstabs der Fatah im Handstreich besetzt. Es befand sich in Dschebel Hussein, einem besonders leicht einnehmbaren Stadtteil; wir hatten versäumt, es in das Viertel von Aschrafieh zu verlegen, das praktisch uneinnehmbar war.

Ich begab mich zum Sitz unseres Oberkommandos, der sich ebenfalls in Dschebel Hussein befand, aber noch nicht in die Hände des Feindes gefallen war. Dort traf ich auf Jasir Arafat, der verzweifelt versuchte, den König telefonisch zu erreichen, während um uns herum ein Granathagel niederging. »Leg den Hörer wieder auf«, sagte ich zu ihm. »Es hat doch keinen Sinn, es wird keiner mit dir reden wollen!« Ich hatte recht. Er hatte versucht, erst mit dem König, dann mit mehreren ihm nahestehenden Personen zu sprechen, aber er erhielt jedes Mal die Antwort, daß diese ihr Morgengebet verrichteten und nicht gestört werden dürften.

Wir waren weniger gut organisiert als damals für die Schlacht von Karame. Wir hatten keinen Schlachtplan erarbeitet, mit einigen Kommandanten konnten wir keinen Kontakt aufnehmen, außerdem hatten wir für die Mitglieder der Führungsspitze kein Versteck vorgesehen. Fünf von ihnen befanden sich an jenem Morgen am Sitz des

Oberkommandos. Wir mußten uns schnellstens verteilen. Ich schlage Arafat vor, sich in Dschebel El-Webda zu verschanzen; ich selbst würde zusammen mit Faruk Kaddumi, Ibrahim Bakr und Bahgat Abu Gharbia versuchen, bis zum Sitz des Sicherheitsdienstes der Widerstandsbewegung durchzukommen.

Kaum haben wir das Ende der Straße erreicht, als wir vier bis fünf Panzer der königlichen Armee auf uns zurollen sehen, die nach allen Richtungen hin schießen. Wir stürzen in das nächstgelegene Haus, in dem uns ein jordanischer Richter christlicher Konfession Zuflucht gewährt. In diesem Augenblick konnten wir natürlich nicht wissen, daß wir gezwungen sein würden, fünf dramatische Tage unter seinem Dach zu verbringen.

Sehr bald erfahren wir, daß das Stadtviertel von den jordanischen Truppen abgeriegelt ist und König Hussein über die ganze Stadt eine Ausgangssperre verhängt hat.

Wir entwerfen mehrere Fluchtpläne, doch die Straßenkontrollen sind insbesondere tagsüber derart rigoros, daß wir diese Pläne wieder aufgeben müssen. Schließlich nehmen die Sicherheitskräfte eine systematische Durchsuchung aller Wohnungen des Stadtviertels vor. Über Lautsprecher werden alle Bewohner aufgefordert, sich zwecks Kontrolle vor ihren Häusern einzufinden. Davonlaufen ist unmöglich, und Widerstand leisten ist genauso unmöglich. Wir verstecken unsere Pistole unter einer Matratze und gehen auf die Straße.

Mit Maschinenpistolen bewaffnete Soldaten befragen und durchsuchen die Bevölkerung mit mißtrauischen Blicken; sie riechen sogar an den Handflächen, um etwaigen Pulvergeruch festzustellen, der sofort jeden verraten hätte, der mit einer Schußwaffe umgegangen ist.

Ein junger Offizier kommt auf uns zu und sieht uns dabei scharf an. Sein Gesichtsausdruck verrät uns sofort, daß er uns erkannt hat. »Was tun Sie hier?« fragt er uns, wobei der Ton seiner Stimme nicht verrät, was er vor hat. Der Richter, bei dem wir Zuflucht gefunden haben, antwortet sehr mutig an unserer Stelle: »Das sind Freunde aus Kuweit, sie sind meine Gäste.« Zu unserer großen Überraschung gibt der Offizier sich mit dieser Antwort zufrieden und stellt uns keine weiteren Fragen mehr. Wir hatten also doch noch Freunde in der königlichen Armee!

Doch als wir gerade in die Wohnung zurückkehren wollen, ruft plötzlich einer der Soldaten: »Das ist ein Fedajin-Führer. Den kenne ich!« Er stürzt sich auf Ibrahim Bakr und schlägt mehrfach auf ihn ein. Der Offizier, dem nicht ganz wohl in seiner Haut ist, gibt uns ein Zeichen, heimlich zu verschwinden, während unserem Kameraden Handschellen angelegt werden.

Noch am selben Abend beschließen wir, alles daranzusetzen, um durch eine Masche des Netzes zu entkommen, das sich immer enger um uns zusammenzieht. Mitten in der Nacht, es ist etwa 2 Uhr 30, läßt Faruk Kaddumi sich an einem Strick aus einem der Fenster gleiten. Aber noch bevor ich ihm folgen kann, sehe ich, wie er in der Dunkelheit in Windeseile wieder heraufklettert. Keuchend erklärt er mir, daß sein Fuß auf einen Widerstand gestoßen sei, bevor er noch die Straße habe erreicht haben können. Dadurch hatte er entdeckt, daß sich unter unseren Fenstern ein Panzer befand.

Erleichtert erfahren wir am nächsten Morgen, daß am darauffolgenden Tag die Ausgangssperre für eine Stunde aufgehoben werden soll, damit die Bevölkerung sich mit Nahrungsmitteln versorgen kann. Endlich würden wir unseren Zufluchtsort verlassen können, um auf irgendeine Weise zu unseren Kameraden zu stoßen. In Zivilkleidung würden wir unerkannt in der Menge untertauchen können. Doch am nächsten Morgen werden wir in aller Frühe durch großes Getöse geweckt.

Zusätzliche Einheiten mit Tanks und Panzern sind dabei, unseren Häuserblock zu umzingeln. Als alle strategisch wichtigen Stellen besetzt sind, ertönt über Lautsprecher eine Stimme: »Abu Ijad, wir wissen, daß du dich hier versteckt hältst! Ergib dich, oder wir bombardieren den ganzen Häuserblock!«

Ich durchlebte die qualvollsten Stunden meines Lebens. Bahgut Abu Gharbia war der Ansicht, wir sollten dem Befehl Folge leisten, um nicht das Leben unschuldiger Menschen aufs Spiel zu setzen. Faruk Kaddumi und ich dagegen zögerten noch. Wir konnten uns mit einer demütigenden Kapitulation einfach nicht abfinden. Wir faßten sogar die Möglichkeit ins Auge, wild um uns schießend einen Ausbruch zu wagen und uns so einfach abknallen zu lassen. Unser Gastgeber schwieg, aber er war sichtlich verschreckt. Die Nachbarn, die nach der Verhaftung von Ibrahim Bakr erraten hatten, wer wir waren, kamen einer nach dem andern mit der Bitte, uns zu ergeben. Unter ihnen war auch ein entfernter Verwandter von Kaddumi, der ihn erkannt hatte und versuchte, ihn auf gemeine Weise unter Druck zu setzen. Die entnervende Stimme, die über Lautsprecher zu uns drang, wurde immer drohender.

Plötzlich, gegen 10 Uhr – vier Stunden nach der ersten Warnung –, hört man Maschinengewehrfeuer, auf das ohrenbetäubende Explosionen folgen. Mehrere Häuser in der Nachbarschaft werden getroffen. Der Einschlag der Kugeln in unsere Fensterläden vermischt sich mit den Schreien der Frauen und dem Weinen der Kinder. Einige Kinder, die von ihren Eltern geschickt werden, klopfen an unsere Tür und flehen uns an zu verschwinden. Ein Nachbar gibt uns drei weiße Fahnen, die er aus einem Bettuch herausgeschnitten hat. Außer mir vor Wut, zerreiße ich sie in Stücke. Glücklicherweise stellen die jordanischen Soldaten kurz darauf das Feuer ein. Wir nutzen die Feuerpause, um unsere Nachbarn zu überreden, sich bis mittags zu gedulden; dann würde die Ausgangssperre aufgehoben, und wir könnten das Haus verlassen, ohne die Hände zum Zeichen der Kapitulation erheben zu müssen. Damit wäre unsere Ehre gerettet.

Kaum sind wir einige Minuten nach Aufhebung der Ausgangssperre auf die menschenleere Straße getreten, als ein Soldat uns anhält. Er führt uns zu seinem Vorgesetzten, der unsere Ausweispapiere zu sehen verlangt. Die Reisepässe von Bahgat Abu Gharbia und Faruk Kaddumi sind auf ihren richtigen Namen ausgestellt und weisen sie als Lehrer in Kuweit aus. Ich aber kann kein einziges Papier vorlegen. Kaddumi entfaltet sein ganzes schauspielerisches Talent und versucht mit viel Witz, das Mißtrauen des Offiziers zu zerstreuen. Dieser aber besteht darauf – vielleicht hat er uns erkannt –, uns in das Militärlager Tabarbur bringen zu lassen, das fünf Kilometer von Amman entfernt als Internierungslager diente. Auf dem Lastwagen, den wir besteigen müssen, sitzen etwa zehn Verdächtige, die von den Soldaten kräftig mißhandelt werden. Doch der Offizier schärft unseren Bewachern ein, uns nicht zu schlagen, bevor nicht die übliche Überprüfung durchgeführt sei.

Wir werden einem Offizier des Nachrichtendienstes vorgeführt. Es ist Mustafa El-Eskandarani, und zu meinem Unglück – allerdings auch zu meinem Glück – erkennt er mich sofort. Er schließt mich in die Arme und erinnert mich daran, daß ich ihn einmal aus den Händen einer Fedajin-Gruppe, die ihn als Geisel festhielt, befreit hatte. Er erspart uns die Folter, der alle Internierten ausgesetzt waren – wir konnten ihre Schreie hören –, indem er uns sofort dem Hauptsitz des Nachrichtendienstes überstellt, der bereits von unserer Verhaftung unterrichtet ist.

Dort bereitet man uns einen Empfang, der nichts Gutes zu versprechen scheint. Unsere Schuhe und persönliche Habe werden uns abgenommen; dann führt man uns mit nackten Füßen in unterirdische Verliese. In nebeneinanderliegenden Zellen werden wir eingeschlossen. Meine Zelle war kaum zwei Meter lang und einen Meter breit, feucht und übelriechend, so daß mich sofort der Ekel übermannte. Die zwölf Stunden, die ich dort in völliger Dunkelheit verbrachte, in denen ich nichts zu essen und nichts zu trinken bekam, stürzten mich in einen Zustand tiefer Schwermut. Der Grund war nicht sosehr der Umstand, daß mir unser Tod unabwendbar schien; vor allem dachte ich daran, daß unsere Feinde nach unserer Hinrichtung alles daransetzen würden, um unserem Ruf zu schaden. Ganz sicher würden sie unsere Verhaftung, wie auch die von Ibrahim Bakr, als Kapitulation von Feiglingen hinstellen, um so unsere Truppen zu demoralisieren.

Spät in der Nacht werde ich aus meiner Zelle gezerrt, um mein erstes Verhör über mich ergehen zu lassen. Höflich, ja sogar ausgesprochen freundlich bietet mir der mit der Untersuchung beauftragte Offizier eine Zigarette an, die ich zurückweise, obwohl ich ein unverbesserlicher Raucher bin. Ich weigere mich, seine Fragen zu beantworten, solange nicht auch Abu Gharbia und Kaddumi, über deren Verbleib ich mir Gewißheit verschaffen wollte, hier in diesen Raum geführt würden. Doch der Offizier gibt nicht nach: Könnte ich ihnen denn nicht zumindest verraten, wo sich der Geheimsender von Radio Assifa befindet? Offensichtlich scheint dieser die königliche Macht im höchsten Grade zu beunruhigen. Ich erwidere, daß ich nichts darüber wisse (was wirklich der Fall war), und selbst wenn mir der Standort des Senders bekannt wäre, ich lieber sterben würde, als das Geheimnis preiszugeben. Dann gehe ich zu Drohungen über und warne ihn, daß die Fedajin, sowie der Friede wiederhergestellt sei, mit denjenigen abrechnen würden, die – wie er – allzu großen Eifer an den Tag legten.

Er besteht nicht weiter auf seiner Frage und läßt Abu Gharbia und Kaddumi hereinführen. Letzterer spielt seine Rolle ausgezeichnet, und mit der allergrößten Empörung behauptet er, noch nie in seinem Leben derart beleidigt worden zu sein – dabei bekleide er doch bei der PLO ein Amt, das der Position eines Ministers entspreche! Wir lachen uns ins Fäustchen, als in dem Augenblick der Chef des Nachrichtendienstes, El-Nazil Rachid, ins Zimmer tritt. Er schließt uns nach arabischer Sitte in die Arme, um uns willkommen zu heißen. General Rachid war ein waschechter arabischer Nationalist; früher war er ein Gegner des jordanischen Regimes gewesen und hatte mehrere Jahre lang als politischer Flüchtling in Ägypten gelebt, bevor er sich schließlich wieder mit König Hussein versöhnte. Er macht dem Verhör ein Ende und ordnet an, daß wir von nun an bevorzugt zu behandeln seien. Schlau wie er war, hatte er sofort begriffen, daß es keinen Zweck haben würde, weiter auf dem Verhör zu bestehen, und es klüger war, uns am Leben zu lassen. Sein Vorgänger, General Rassul El-Kilani, ein enger Freund des Königs, teilte diese Meinung keinesfalls: Als ich ihn nach Beendigung der Kämpfe traf, sagte er zu mir im Beisein von Kaddumi: »Unser größter Fehler war, Sie verschont zu haben. Wir hätten den Krieg gewonnen, wenn wir Sie auf der Stelle erschossen hätten.«

Am Tag nach unserer Unterredung mit El-Nazil Rachid erscheinen in dem großen Raum, den man uns zur Verfügung gestellt hat, zahlreiche Minister, hohe Beamte und Offiziere des Nachrichtendienstes, um mit uns über politische Fragen zu diskutieren. Schon bald aber sind wir es leid, denn die Diskussionen erscheinen uns völlig nutzlos. Am Tag darauf begann dann der Nervenkrieg: Die wachhabenden Offiziere teilten uns »vertraulich« mit, Jasir Arafat habe sich ergeben; dann wieder hieß es, er sei getötet worden. Ein anderes Mal wiederum wurde uns erzählt, amerikanische *Marines* wären den königlichen Streitkräften zu Hilfe gekommen.

Diese »Informationen« brachten uns völlig durcheinander. Wir wußten noch nicht, daß syrische Einheiten die Grenze überschritten hatten, um den Fedajin zu Hilfe zu kommen; wir wußten auch noch nicht, daß die Sowjets und die Ägypter Druck auf die syrische Regierung ausübten, damit diese ihre Truppen zurückzog, um eine militärische Intervention von seiten Israels und der Vereinigten Staaten von Amerika zu vermeiden. Später erfuhren wir dann, daß die syrische Armee bereits vier Tage nach ihrem Einmarsch in Jordanien den Rückzug antreten mußte. Wie wir vorausgesehen hatten, verhielten sich die irakischen Truppen völlig passiv. Während meiner Gefangenschaft wurde mir von einem Offizier des jordanischen Nachrichtendienstes die Tonbandaufnahme einer Unterredung zwischen König Hussein und dem irakischen Verteidigungsminister General Hardan El-Takriti vorgespielt. Letzterer erklärte unmißverständlich: »Wie vereinbart, werden unsere Truppen sich nicht rühren.« Kurz nach Beendigung der Kämpfe vom September 1970 wurden die irakischen Truppen aus Jordanien abgezogen. Wie mir einige Monate später der irakische Präsident Bakr erklärte, habe er aus Angst vor einer amerikanischen Intervention, die das Baas-Regime im Irak gefährdet hätte, nicht anders handeln können.

Kurz gesagt: Alle Nachrichten, die von draußen zu uns drangen, waren absolut nicht dazu angetan, uns zu erfreuen. Eines Abends erscheinen drei hochstehende jordanische Persönlichkeiten, um mit uns zu reden – unter ihnen der Stabschef und der Chef des Nachrichtendienstes. Ich schlage ihnen einen Plan für ein Waffenstillstandsabkommen vor, das erst in Kraft treten soll, wenn Jasir Arafat und die anderen Mitglieder der Führungsspitze ihre Zustimmung gegeben hätten. Obgleich Faruk Kaddumi und Ibrahim Bakr gegenteiliger Meinung sind, bestehe ich darauf, daß der Entwurf dem König vorgelegt wird; ich allein würde hierfür die Verantwortung übernehmen. Ich hatte mir nämlich folgendes überlegt: Sollten die Fedajin im Begriff sein zu verlieren, hätte ich dazu beigetragen, ihnen einen ehrenhaften Abgang zu verschaffen, und dabei gleichzeitig Menschenleben gerettet; sollte hingegen die augenblickliche militärische Lage für sie günstig sein, so würde nur ich allein durch diese Initiative in Schwierigkeiten geraten.

Der Entwurf für das Abkommen, den ich in Gegenwart meiner jordanischen Gesprächspartner aufsetzte, umfaßte vier Punkte: Rückzug der königlichen Armee in die Kasernen, Räumung der Stadt Amman durch die Fedajin, Aufnahme von Verhandlungen mit der PLO als allein rechtmäßiger Vertreterin des palästinensischen Volkes und schließlich Errichtung von Fedajin-Stützpunkten an der Demarkationslinie zu den von Israel besetzten Gebieten. Auf Vorschlag der jordanischen Unterhändler las ich den Text laut vor; ohne mein Wissen wurde er auf Tonband aufgenommen und sofort dem König vorgelegt. Wir waren übereingekommen, daß meine Kameraden und ich in die ägyptische Botschaft gehen und von dort aus über Funk mit Arafat Kontakt aufnehmen sollten, um seine Zustimmung zu dem Abkommen einzuholen. Doch der König hielt sich nicht an die getroffenen Vereinbarungen und ließ bereits am nächsten Tag – es war der 23. September – meine Vorschläge über Radio Amman verbreiten, versehen mit einem Zusatz, der sie als Entwurf der gesamten Fatah-Führung ausgab. Gleichzeitig wurde die positive Antwort des Königs verlesen. Und dabei hatte ich doch ausdrücklich darauf hingewiesen, daß ich als Gefangener nicht befugt war, Verhandlungen zu führen – und schon gar nicht, im Namen meiner Organisation eine Entscheidung zu treffen!

Da ich nicht ahnen konnte, was inzwischen mit meinem Textentwurf geschehen war, begab ich mich, wie abgemacht, an ebendiesem 23. September in Begleitung von Faruk Kaddumi und Bakr zur ägyptischen Botschaft; Abu Gharbia ging nicht mit uns, da er erkrankt war. Der Panzerwagen, in den man uns verfrachtet hat, kommt jedoch schon nach wenigen Metern zum Stehen, da in diesem Teil der Stadt erbittert gekämpft wird. Mehrere Male versuchen wir vergeblich, trotzdem unsere Fahrt fortzusetzen; doch die Schüsse und Granatexplosionen zwingen uns schließlich zur Umkehr. Auf diese Weise wurde mir klar, daß die Fedajin noch längst nicht besiegt waren, im Gegenteil: Sie hielten noch mehrere Stadtviertel der Hauptstadt besetzt. Natürlich wußte ich genausowenig, daß die Kampfverbände der Widerstandsbewegung am selben Tag das Dreieck um Irbid, Ramtha und Jerasch befreiten und seitdem diese drei Städte im Norden unter ihrer Kontrolle hatten.

Als wir in das Gefängnis zurückkehren, werde ich sofort in den Palast von Homar gebracht, wo mich der König und die Mitglieder einer Delegation aus Kairo erwarten, die im Auftrag der arabischen Staatschefs über den Abbruch der Kämpfe verhandeln sollen. An der Spitze dieser Delegation steht der sudanesische Präsident General Gaafer El-Numeiri; zu ihr gehören außerdem der tunesische Ministerpräsident Bahi Ladgham, der Verteidigungsminister von Kuweit, Scheich Saad Abdallah, und der Chef der ägyptischen Abwehr, General Sadek. Dieser war schon vor der Delegation in Amman eingetroffen, um im Namen Nassers meine und Kaddumis Freilassung vom König zu erzwingen. Das Angebot, uns im Gefängnis zu besuchen, wies er zurück und bestand darauf, daß wir in den Palast gebracht würden.

Wenige Minuten nach unserer Ankunft vor dem Eingang des königlichen Palasts erscheint Hussein, um uns willkommen zu heißen. Er umarmt mich herzlich und fragt mich in vorwurfsvollem Ton: »Sind Sie zufrieden mit der Tragödie, die wir durchmachen?« Doch ich antworte ihm: »Hoheit, wir haben alles versucht, um diese Katastrophe zu vermeiden, und das wissen Sie sehr gut. Aber wissen Sie auch, wie Ihre Truppen sich aufführen? Daß sie im Begriff sind, die Bevölkerung abzuschlachten? Daß Ihre Männer im Militärlager von

Tabarbur, nicht weit von Ihrem Palast entfernt, junge Patrioten foltern?« Der König nimmt mich beim Arm, und zusammen gehen wir hinein, wobei er mir versichert, daß er in dieser Sache eine Untersuchung einleiten würde.

Die Unterredung, die zwischen uns und den Mitgliedern der arabischen Delegation im Beisein Husseins stattfand, drehte sich um die Frage, wie wir mit Arafat Kontakt aufnehmen und so schnell wie möglich einen Waffenstillstand herbeiführen konnten. Die Atmosphäre war äußerst gespannt, und ich zog mich mit einigen Mitgliedern des königlichen Hofs in das Erdgeschoß des Palastes zurück. Während ich mich mit dem ehemaligen Ministerpräsidenten Ahmed Tukan unterhalte, bekomme ich plötzlich Durst und bitte, etwas trinken zu dürfen. Ein junger Adjutant, der neben uns steht, beschimpft mich und meint nur, er würde mich lieber »vor Durst krepieren sehen«. Ahmed Tukan unterrichtet sofort den König über diesen Vorfall, der wenige Minuten später selbst mit einem Glas Wasser erscheint.

Wir hatten jedoch nicht nur Feinde am königlichen Hof. Während wir das Ende der Beratungen abwarten, nimmt mich ein jordanischer höherer Offizier beiseite und teilt mir mit, daß die Armee den Befehl erhalten habe, ab 5 Uhr nachmittags die Stadt Irbid zu bombardieren. Ich eile sofort in die erste Etage, um Hussein in Gegenwart der arabischen Delegationsmitglieder zu bitten, diesen Befehl aufzuheben, damit weiteres Blutvergießen vermieden würde. Der König ist überrascht, ja sogar wütend, und streitet zunächst alles ab: »Wer hat Ihnen denn diese Fehlinformation gegeben? Ich verlange, daß Sie es mir sagen!« schreit er. Natürlich weigere ich mich, ihm meine Quelle zu verraten. Auf Bitten der Delegationsmitglieder hin geht der König schließlich in den Raum, der ihm als Funkzentrale dient, und kommt wenig später mit der Ankündigung zurück, daß der Generalstab ihm versichert habe, »Irbid wird nicht bombardiert«.

Die arabische Delegation entschloß sich, noch am Abend desselben Tages nach Kairo zurückzukehren. König Hussein erklärte sich bereit, meine drei Kameraden freizulassen; ich hingegen sollte, und darauf bestand er, in Amman bleiben, wo ich seiner Meinung nach von größerem Nutzen wäre. Schließlich aber fügte er sich doch dem Drängen General Sadeks, der ausdrücklich betonte, Nasser habe ihm den Befehl erteilt, Amman nicht ohne mich zu verlassen.

Erst an Bord der Maschine, die uns nach Kairo bringen soll, erfahre ich aus dem Mund General Numeiris von dem unglaublichen Schlag, den er gegen uns geführt hatte. Vor seinem Abflug aus Amman hatte er ohne mein Wissen über Radio Amman den Text eines Waffenstillstandsabkommens verbreitet, das er selbst mit Hussein ausgehandelt hatte; das Zustandekommen dieses Abkommens aber war meinen drei Kameraden und mir zugeschrieben worden. Ich bekomme einen regelrechten Wutanfall, und als Numeiri mir den Textentwurf übergibt, werfe ich das Papier auf den Boden mit der Bemerkung, daß es null und nichtig sei. Dementsprechend wurde von der Fatah-Spitze später ein Kommuniqué herausgegeben, in dem es hieß, daß wir das Waffenstillstandsabkommen nicht gebilligt hatten und daß wir als Gefangene nicht in der Lage gewesen waren, eine freie Entscheidung zu treffen.

Gamal Abdel Nasser erwartete uns am Kairoer Flughafen. Er schloß uns herzlich in die Arme, sichtlich erfreut darüber, uns alle gesund und munter wiederzusehen. Wir fuhren alle in seinem Wagen in den Palast von Kubbeh, in einem Vorort von Kairo, wo schon seit mehreren Tagen die arabischen Staatschefs versammelt waren und auf das Ergebnis warteten, das ihre Delegation in Amman aushandeln würde.

Ich gab ihnen einen Bericht über die in Jordanien herrschende Situation und schilderte die Brutalität der königlichen Streitkräfte sowie die furchtbaren Zerstörungen, die ich in den Straßen von Amman gesehen hatte. Mit besonderem Nachdruck verweise ich auf die unzähligen Opfer unter der Zivilbevölkerung und erkläre, es bestünde kein Zweifel daran, daß König Hussein fest entschlossen sei, die palästinensische Widerstandsbewegung zu vernichten. Noch während ich spreche, fällt mir auf, daß die meisten meiner Zuhörer durch meinen Bericht kaum beeindruckt sind. Sie hören mir zwar höflich zu, doch ihr unbewegter Gesichtsausdruck, der gleichgültige, manchmal sogar abwesende Blick zeugen von einer Teilnahmslosigkeit, die mich zutiefst erschreckt. Diese Männer, die da vor mir saßen – waren das wirklich die Führer derselben arabischen Nation, die angesichts der grauenvollen Tragödie des jordanischen und des palästinensischen Volkes ihrer Empörung Ausdruck gab?

Nachdem ich meinen Bericht beendet hatte, brachte Nasser Kaddumi und mich in seinem Wagen in das Hilton-Hotel nach Kairo, wo er sich für die Dauer des »Gipfeltreffens« einquartiert hatte. Als er uns dann in der Präsidentensuite im Beisein des Vizepräsidenten der

Republik, Hussein El-Chafei, und des ehemaligen Ministerpräsidenten Ali Sabri gegenübersitzt, stellt er uns sogleich die Frage: »Was soll ich Ihrer Meinung nach tun, um Ihnen zu helfen?« Nasser sah abgespannt und traurig aus; die Ereignisse hatten ihn offensichtlich sehr mitgenommen, und ich glaubte auch, bei ihm ein gewisses Schuldgefühl uns gegenüber zu spüren. Er versucht uns zu erklären, warum er erst sehr spät – nach etwa fünf Tagen – etwas unternommen hatte, um die Kämpfe in Jordanien zu beenden. »Ich war gerade in meiner Residenz in Marsa Matruh, wo ich nicht über die sonstigen Informationsquellen verfügte; daher hatte ich anfänglich den Eindruck, daß es sich auch diesmal – wie schon so häufig – um eine nicht allzu schwerwiegende Konfrontation handelte.«

Er versuchte, seinen Fehler wiedergutzumachen, und fragte uns: »Was halten Sie davon, wenn ich Ihnen Radio Kairo wieder zur Verfügung stelle?« (Drei Monate zuvor hatte er uns als Vergeltungsmaßnahme für unsere Kritik am Rogers-Plan die Benutzung des Rundfunksenders untersagt.) Ich antwortete ihm, daß man das Schlimmste verhüten und nach Mitteln und Wegen suchen müsse, um Jasir Arafat aus Amman herauszuholen, da König Hussein meiner Meinung nach die Kämpfe nicht beenden würde, solange der Präsident der PLO sich in Jordanien aufhielt. Der Krieg aber mußte so schnell wie möglich ein Ende finden. Nach meinen Informationen wurde die Offensive der königlichen Armee gegen das Stadtviertel Aschrafieh, in dem Arafat sein Hauptquartier aufgeschlagen hatte, immer bedrohlicher, während die Munition unserer Leute langsam zu Ende ging. Ich kritisierte die Art und Weise, in der der sudanesische Präsident Numeiri seine Mission erfüllt hatte, und schlug vor, ihn noch einmal nach Amman zu entsenden, um Arafat zu befreien.

Unsere Unterredung mit Nasser dauert bis spät in die Nacht; und bevor wir uns trennen, willigt er in mein Vorhaben ein. General Sadek, so versichert er mir, wolle er damit beauftragen, einen Plan zu entwerfen. Jetzt müsse ich nur noch die anderen Staatschefs überzeugen, die an der neuen Mission General Numeiris beteiligt waren. Nach einigem Zögern designiert der wie immer unergründliche König Feisal seinen Ratgeber Rachad Pharaon als Mitglied der Delegation, der Scheich von Kuweit benennt sofort seinen Verteidigungsminister. Abu Gharbia und Kaddumi sollen nach Syrien reisen, um die Zustimmung Präsident Atassis einzuholen, welcher der Versammlung in Kairo ferngeblieben war, während Ibrahim Bakr die

Delegation nach Amman begleiten würde. Nasser war entschieden dagegen, daß ich ebenfalls an der Mission teilnahm, da er befürchtete, man würde mich von neuem gefangennehmen.

Zu meiner großen Überraschung weigert sich Numeiri, die Leitung der Delegation zu übernehmen. Er hielte seine Aufgabe für beendet und wolle auf keinen Fall je wieder den Boden von Amman betreten. Er gibt schließlich nur auf Drängen Nassers nach, den er zutiefst verehrte.

Die von General Sadek zur Befreiung Arafats ausgedachte List wird gleich nach Ankunft der arabischen Bevollmächtigten in Amman in die Tat umgesetzt. Auf ihren Wunsch hin werden sie zur ägyptischen Botschaft gebracht, wo sie über Funk mit Arafat Kontakt aufnehmen. In einer chiffrierten Nachricht, deren Code den jordanischen Behörden unbekannt ist, benennen sie ihm einen Treffpunkt in einem von der Widerstandsbewegung kontrollierten Stadtviertel. Und während einige Mitglieder der arabischen Delegation mit König Hussein verhandeln, treffen sich die anderen mit Arafat, der sich als kuweitischer Beduine verkleidet hat. So kann er mit demselben Flugzeug, das auch die Delegation nach Kairo zurückbringt, unerkannt Jordanien verlassen.

König Hussein, der sich bis dahin unter verschiedenen Vorwänden geweigert hatte, an der Konferenz der arabischen Staaten teilzunehmen, flog umgehend nach Ägypten, als er von Nasser telegrafisch erfuhr, daß Arafat die Flucht gelungen war. Wie ich vorausgesehen hatte, wurde sogleich ein von beiden Seiten gebilligtes Waffenstillstandsabkommen getroffen, und dieses Mal hielt sich die jordanische Armee an die Vereinbarungen, weil zu ihrer Überwachung arabische Offiziere nach Amman entsandt worden waren.

Am 28. September, einen Tag nach der Unterzeichnung des Abkommens zwischen Arafat und Hussein in Kairo – Kaddumi und ich sind gerade bei Freunden –, unterbricht der Rundfunk plötzlich sein Programm, um Verse aus dem Koran zu senden. Dieses Zeichen der Trauer läßt uns ahnen, daß Nasser etwas zugestoßen ist. Befreundete Journalisten bestätigen die furchtbare Nachricht: Der Mann, der uns gerade gerettet hat, ist tot. Trotz der unsäglichen Trauer, die mich erfüllte, begann ich sofort, im Namen der Fatah ein Beileidstelegramm an Anwar El-Sadat, den Vizepräsidenten der Republik, aufzusetzen. Die Worte kamen mir aus tiefstem Herzen, und ich war sicher, daß sie genau das zum Ausdruck brachten, was alle Palästinenser in ihrem Innersten empfanden. Nasser, der die Hoffnungen und die Träume der ganzen arabischen Nation verkörperte – das waren in etwa meine Worte –, ist als Held auf dem Feld der Ehre gefallen. Seine Gedanken werden bis in alle Ewigkeit dem palästinensischen Volk präsent sein, dem er – wie allen arabischen Völkern – Würde und Hoffnung zurückgegeben hat. Jasir Arafat, Abu Jihad und Abu Mazen, die an dem Abend im Auto durch Damaskus fuhren, hörten die Nachricht im Radio. Auch der Text meines Telegramms wurde verlesen. Alle drei brachen in Tränen aus. Als ich Arafat wieder in Kairo sah – er war sofort herübergeflogen –, hatte er immer noch Tränen in den Augen.

Sicher werden manche erstaunt sein über das Ausmaß unserer Trauer und zu bedenken geben, daß es zwischen Nasser und uns häufig Meinungsverschiedenheiten, manchmal sogar Zusammenstöße gegeben hat. Wer diese Meinung teilt, wird dann aber auch nie die Trauer des ägyptischen Volkes verstehen, das bei seiner Beisetzung zu Millionen seinen Schmerz bekundete, so wie es sich damals, am 9. und 10. Juni 1967, nach dem Debakel des Sechs-Tage-Krieges, einmütig für ihn entschieden hatte. Nasser war für uns alle ein Vater und ein Führer, selbst wenn auch er sich manchmal irrte. Als großer Patriot stellte er sich in den Dienst des ägyptischen Volkes; als arabischer Nationalist leistete er dem palästinensischen Volk unschätzbare Hilfe. Er war uns aufrichtig verbunden.

Den Verpflichtungen, die er uns gegenüber seit unserem ersten offiziellen Zusammentreffen 1968 eingegangen war, ist er stets zuverlässig nachgekommen. Er empfing uns oft und achtete nie darauf, wieviel Stunden er uns zugestand. Unsere Gespräche waren immer sehr offen und führten stets zu einem konkreten Ergebnis. Ich erinnere mich an eine Unterredung, die Arafat und ich im November 1969 im Beisein Anwar El-Sadats mit ihm führten. Als wir uns trennten, bestand Nasser darauf, uns bis an die Freitreppe seiner Residenz zu begleiten, und während wir zu unserem Wagen gingen, blickte er uns nach. Ich hatte seinen Blick bemerkt, er war erfüllt von väterlicher Zuneigung und Befriedigung. Sadat, der uns begleitete, sagte zu uns: »Der Raïs schätzt Sie beide sehr; er ist immer glücklich, wenn er Sie zusammen sieht, im Kampf vereint. Unterstützen Sie ihn bedingungslos, er braucht es.«

Es stimmt natürlich: Nasser hatte auf Husseins Angriff gegen die Fedajin im September 1970 sehr verspätet reagiert. Und einige mißtrauische Leute griffen sofort wieder das Gerücht auf, das damals von den jordanischen Behörden verbreitet worden war, daß Nasser König Hussein »grünes Licht« zur Vernichtung der Fedajin gegeben haben soll. Meiner Meinung nach spricht jedoch alles gegen diese Behauptung. Wenn er tatsächlich unsere Vernichtung wollte, hätte er dann – wie es in Wirklichkeit geschah – alles nur erdenklich Mögliche unternommen, um die Kämpfe zu beenden und die Führer der Widerstandsbewegung zu retten? Die Gründe, die er mir gegenüber als Erklärung für seine Untätigkeit während der ersten vier oder fünf Tage des Krieges anführte, waren für mich sehr glaubwürdig. Entsprachen sie nicht der Wahrheit, so könnte man schlimmstenfalls die Meinung derer vertreten, die behaupten, Nasser habe uns »eine Lehre erteilen« wollen, um uns in unsere Schranken zu verweisen in einem Moment, da wir versuchten, eine auf dem Rogers-Plan basierende Friedensregelung zu verhindern.

In einem Punkt bin ich mir jedoch völlig sicher: Hussein hätte nie gewagt, seine Pläne, die darauf abzielten, die Fedajin in Jordanien zu vernichten, weiter zu verfolgen, wenn Nasser am Leben geblieben wäre. Und das Blutbad von Jerasch und Ajlun, auf das seine Strategie hinauslaufen mußte, hätte nie stattgefunden. Nur unter dem Druck des ägyptischen Staatschefs, der in der arabischen Welt eine unbestrittene Vormachtstellung besaß, hatte der jordanische König damals einem Waffenstillstand zugestimmt. Da er völlig isoliert war, mußte er schließlich am 13. Oktober mit der PLO ein Abkommen treffen. Als er es unterzeichnete, hatte er jedoch nicht die geringste Absicht, es auch einzuhalten; dies wurde mir später von Wasfi Tall, der am 28. Oktober zum Ministerpräsidenten und militärischen Oberbefehlshaber von Jordanien ernannt wurde, anvertraut. Das Abkommen sah vor, daß wir auch weiterhin über eine relativ große Aktionsfreiheit verfügen und unsere Kämpfer in den Städten bleiben konnten. Eine Klausel aber war für den König besonders unerträglich: Durch sie erkannte er die PLO als allein rechtmäßige Vertreterin des palästinensischen Volkes an. Eines der wichtigsten Ziele des Septemberkrieges aber hatte für den jordanischen König darin bestanden, von neuem das Recht für sich in Anspruch nehmen zu können, über die Zukunft der besetzten palästinensischen Gebiete, über Zisjordanien und den Gazastreifen, zu verhandeln.

Als ich Ende Oktober nach Amman zurückkehrte, führte mein erster Weg mich zu jenem Richter, der meine Kameraden und mich damals so mutig aufgenommen hatte. Selbstverständlich hatte ich unser Geheimnis gewahrt, und dem Sicherheitsdienst war es nicht gelungen, ihn aufzuspüren. Um einen reich gedeckten Tisch versammelt, erinnerten wir uns in fröhlicher Runde an so manches tragikomische Ereignis während der gemeinsam durchstandenen Tage.

Ich führte noch mehrere Unterredungen mit Hussein und Wasfi Tall, um den Rahmen unserer zukünftigen Beziehungen abzustekken. Wasfi Tall, den ich schon bei früherer Gelegenheit kennengelernt hatte, flößte mir kein besonderes Vertrauen ein. Ich nannte ihn den »ideologischen Agenten«. Er war zwar an materiellem Zugewinn nicht interessiert, war aber von einer erschreckenden Folgsamkeit, wenn es darum ging, die Richtlinien der Londoner Politik in die Tat umzusetzen – dies zu einer Zeit, da England in Jordanien noch entscheidenden Einfluß ausübte. Ähnlich verhielt er sich dem amerikanischen Imperialismus gegenüber, dessen verlängerter Arm, die CIA, bis in den königlichen Palast reichte.

Wasfi Tall war bekannt für seine unerbittliche Brutalität, aber auch für seine ausgesprochene Verschlagenheit. Er war äußerst geschickt im Umgang mit den nationalistischen Kreisen in Jordanien und versuchte sie zu manipulieren, was ihm auch manchesmal gelang. Bei unseren Gesprächen im November 1970 war er mir gegenüber liebenswürdig, zuvorkommend, ja sogar ausgesprochen herzlich. Nach seinen Reden zu urteilen, bestand sein einziges Ziel darin, der Fedajin-Bewegung zu einem neuen Aufschwung zu verhelfen. Er versicherte mir, daß er uns helfen wolle und ich ihm nur unsere Wünsche zu benennen brauche. Doch ich ließ mir nichts vormachen – um so weniger, als ich aus der Nähe seine Machenschaften beobachten konnte, die knapp neun Monate später zu unserer Vernichtung führen sollten.

In den darauffolgenden beiden Monaten – November und Dezember – wurden auf seinen Befehl hin in der Nähe unserer Stützpunkte »Gendarmerieposten« eingerichtet, die in Wirklichkeit jedoch nichts anderes waren als Stützpunkte der königlichen Armee. Im Januar kam es wie durch Zauberei zwischen den Fedajin und den jordanischen Streitkräften erneut zu Zwischenfällen und Schießereien. Wasfi Tall ließ uns bald wissen, daß er diesen Zustand der Anarchie nicht mehr dulden könne, der schließlich durch eine Bewegung hervorgerufen sei, die es nicht schaffe, in ihren eigenen Reihen für Disziplin zu sorgen. Er forderte den sofortigen Abzug der Guerilla aus allen Städten des Königsreichs und die Entwaffnung unserer Milizen. Unsere Leute, so meinte er, sollten in Jerasch und Ajlun zusammengezogen werden; von hier aus könnten sie den Feind besser bekämpfen. Unsere Unterhändler glaubten, die Wachsamkeit der Behörden täuschen zu können, und erklärten sich Ende Januar bereit, eine Vereinbarung zu unterzeichnen, in der sie sich zur Niederlegung der Waffen verpflichteten.

Ich befand mich zu der Zeit in Kuweit; doch als ich hiervon erfuhr, reiste ich sofort nach Amman. Ich war überzeugt, daß wir gerade einen folgenschweren Fehler begangen hatten, den wir teuer bezahlen würden. Unglücklicherweise sollten die herannahenden Ereignisse mir recht geben. Wasfi Tall erließ eine Verfügung, nach der jede Person, die im Besitz einer Schußwaffe angetroffen würde, mit dem Tode bestraft werden konnte. Sofort begann die Armee, in allen Stadtvierteln die Häuser zu durchsuchen; überraschend schnell entdeckte sie dabei unsere geheimen Waffenlager. Offensichtlich war der Sicherheitsdienst sehr gut über unsere geheimen Aktivitäten informiert. Spätere Nachforschungen führten zur Enttarnung mehrerer Agenten, die in den meisten Fällen als fanatische Kämpfer und Befürworter einer extremistischen Politik gegolten hatten. Das bestätigte meine Überzeugung, daß Extremisten nur Dummköpfe oder Verräter sein können.

Da immer deutlicher wurde, auf welche Machenschaften wir hereingefallen waren, ersuchte ich um eine Audienz beim König. Doch dieses Mal gelang es mir nicht, ihm mit der Höflichkeit zu begegnen, die ich ihm sonst immer erwiesen hatte. Wörtlich sagte ich zu ihm: »Wenn Sie die Fedajin in ihren letzten Stellungen in Jerasch und Ajlun angreifen, so werde ich Sie – und das schwöre ich – bis ans Ende der Welt verfolgen, bis zu meinem letzten Atemzug, um Sie der Strafe zuzuführen, die Sie verdienen!« Zunächst war Hussein verdutzt, dann murmelte er statt einer Antwort: »Gott bewahre!« Ich sollte ihn nie wiedersehen.

In den darauffolgenden zwei Monaten wurden die Fedajin immer mehr in die Enge getrieben. Die Armee besetzte die meisten Flüchtlingslager, die Repressionsmaßnahmen wurden intensiviert, und die von den Herrschenden provozierten Zwischenfälle waren an der Tagesordnung. Die arabischen Regierungen zeigten nicht das geringste Interesse an unserem Schicksal. Die Stunde der entscheidenden Konfrontation schien unausweichlich. Ich entschied mich für den offenen Kampf und rief zu einer Kundgebung auf, die am 15. Mai im Flüchtlingslager von Wehdat in Amman stattfinden sollte.

»Unmöglich! Die Leute sind zu eingeschüchtert, um an einer derartigen Demonstration teilzunehmen«, antworteten meine Kameraden. Da ich aber auf den Mut meiner Landsleute vertraute, schlug ich als Versammlungsort ein Stadion vor, in dem mehr als zehntausend Personen Platz hatten. War es nicht das erste Mal seit dem Septemberkrieg von 1970, daß ein Führer der Widerstandsbewegung zum Volk sprach? Doch am Tag vor der Veranstaltung erfuhr ich, daß die Armee das Stadion abgeriegelt hatte und auf den Dächern der umliegenden Gebäude Soldaten mit Maschinengewehren in Stellung gegangen waren. »Was macht das schon!« antwortete ich, »die Versammlung findet trotzdem statt!«

Am nächsten Tag, um 15 Uhr 45, genau fünfzehn Minuten vor der für den Beginn der Veranstaltung festgesetzten Zeit, kommen die für die Organisation verantwortlichen Leute beunruhigt zu mir, um mir mitzuteilen, daß das Stadion noch völlig leer ist. Ich mache mich dennoch zu Fuß auf den Weg zum Lager Wehdat, wo ich pünktlich um 16 Uhr eintreffe. Der Anblick, der sich mir bietet, ist überwältigend! Ein Wunder schien sich ereignet zu haben: Auf dem Sportplatz drängt sich eine dichte Menschenmenge, größtenteils Frauen, von denen viele einen Säugling auf dem Arm tragen, Kinder und alte Männer. Die Frauen hatten aus diesem Anlaß ihre Volkstracht angelegt, lange, mit vielfarbiger Stickerei verzierte Kleider. Später erfuhr ich, daß man sich in den einzelnen Flüchtlingslagern verabredet hatte, erst in letzter Minute zu der Veranstaltung zu erscheinen; denn so konnten Polizei und Militär unmöglich der Menschenmasse, die sich in das Lager ergoß, Einhalt gebieten.

Während ich zur Tribüne hinaufsteige, bemerke ich die Soldaten im Kampfanzug, die auf den Dächern in Stellung gegangen sind, den Finger am Abzug und die Mündung ihrer Schnellfeuergewehre auf die Menschenmenge gerichtet. Doch diese scheint die Soldaten gar nicht zu beachten. Ich ergreife das Wort und wende mich zunächst an die Soldaten, die uns umzingelt haben: »Glaubt ihr wirklich, uns durch diesen Aufmarsch einschüchtern zu können? Nichts hat jemals die Palästinenser bewegen können zurückzuweichen, weder Schläge noch Gewehrkugeln; unser einziges Ziel ist, unser Vaterland zu befreien. Ich an eurer Stelle würde mich schämen. Statt an der Front zu sein, um gegen die israelische Armee zu kämpfen, werdet ihr gezwungen, unbewaffnete und wehrlose Frauen und Kinder in Schach zu halten.«

Kaum habe ich meine kurze Rede beendet, als die Soldaten, einer nach dem andern, beschämt und unter dem Beifall der Anwesenden die Mündungen ihrer Schnellfeuergewehre in eine andere Richtung drehen. Und während meiner nun folgenden Ansprache verlassen viele ihre Stellungen, um sich unter das Volk zu mischen. Bei meiner Rede nahm ich kein Blatt vor den Mund. Ich begann zunächst mit einem historischen Abriß der Beziehungen zwischen Widerstandsbewegung und jordanischer Regierung, wobei ich Wasfi Tall und König Hussein der Doppelzüngigkeit bezichtigte. Beide hatten uns systematisch belogen: Sie hatten Abkommen unterzeichnet, ohne auch nur im entferntesten daran zu denken, diese einzuhalten; sie waren vertragsbrüchig geworden, hatten die Flüchtlingslager besetzt und die Fedajin aus den Städten vertrieben. Sie hatten geschworen – so fuhr ich fort –, unsere in Jerasch und Ajlun zusammengezogene Guerilla zu verschonen, aber nach unseren Informationen bereiteten sie ein neues Blutbad vor. In höchster Erregung endete ich meine Rede mit den folgenden Worten: »Zweifellos seht ihr mich hier zum letzten Mal. Seid stark! Die Zukunft gehört uns!«

Die Menge verharrt zunächst regungslos und schweigend; doch plötzlich gerät sie in Bewegung: Die Frauen heben ihre Kinder hoch und schreien: »Wir alle sind Fedajin!« In Sprechchören bekräftigt die Menge ihren Willen, Widerstand zu leisten und den Kampf bis zum Sieg fortzusetzen. Jedesmal, wenn ich an diese ergreifende und herzliche Begegnung im Stadion von Wehdat zurückdenke, bin ich erneut zutiefst gerührt.

Genau zwei Monate später – am Morgen des 15. Juli – reise ich in aller Eile in den ägyptischen Badeort Marsa Matruh, wo sich Präsident Sadat, der libysche Staatschef Kadhafi, der syrische Ministerpräsident Mahmud El-Ajubi und ein Mitglied des sudanesischen Revolutionsrats versammelt haben, um über die Krise in Marokko zu beraten. Ich wollte sie bitten, sofort einzugreifen und das seit zwei Tagen von der jordanischen Armee in Jerasch und Ajlun veranstaltete Blutbad zu beenden. Obwohl sie über mein Kommen und meine Absicht unterrichtet sind, lassen sie mich zehn Stunden warten, bevor sie mich vorlassen! Sie hätten mich noch viel länger warten lassen, wenn sie nicht erfahren hätten, daß ich schon wieder im Begriff war, nach Kairo zurückzufahren.

Nachdem sie mich angehört haben, schlägt Oberst Kadhafi folgendes vor: Die ägyptische Luftwaffe soll einschreiten, um die Belagerung um die Ortschaften Jerasch und Ajlun zu durchbrechen, und die syrische Grenze, die seit dem Septemberkrieg geschlossen ist, soll wieder geöffnet werden, sowohl für die Fedajin als auch für die im Hafen von Lattakieh lagernden algerischen Waffen, die die Behörden von Damaskus schon seit Wochen zurückhalten. Sadat wendet sich an mich mit der Frage: »Was halten Sie davon?« Ich erwidere: »Glauben Sie, Herr Präsident, daß ich um weniger ersuchen würde, als Kadhafi vorschlägt? Entscheidend ist nur, daß Sie etwas unternehmen – einerlei was –, damit das Gemetzel beendet wird.«

Sadat und Ajubi sind unschlüssig und reagieren zunächst nicht. Zu seinem Glück wird der syrische Ministerpräsident zum Telefon gerufen. Kurz darauf kommt er zurück und strahlt über das ganze Gesicht. Er hat gerade aus Damaskus erfahren, daß in Amman eine syrisch-palästinensische Kommission einen Waffenstillstand aushandelt und man annehmen kann, daß dieser sehr bald in Kraft treten wird. Wir konnten uns also beruhigt trennen.

Zwei Tage später geschieht das Furchtbare. Niemand kann den etwa dreitausend Fedajin jetzt noch helfen. Die meisten werden getötet, verwundet oder verhaftet; einigen wenigen gelingt die Flucht. Am 18. Juli verkündet der jordanische Informationsminister Adnan Abu Audeh – während meiner Gefangenschaft in Amman war er einer meiner eifrigsten Besucher gewesen – vor Journalisten mit gewissem Unbehagen, daß das am 13. Oktober 1970 zwischen dem König und der palästinensischen Widerstandsbewegung getroffene Abkommen hinfällig sei. Ein Kapitel unserer Geschichte war damit endgültig abgeschlossen.

Blieb uns nur noch, Bilanz zu ziehen, Rechenschaft abzulegen und anhand der aus dieser Erfahrung gezogenen Lehren die Zukunft zu planen. Als die Führungsspitze im September 1971 wieder zu ihrer ersten Vollversammlung zusammentritt, ist inzwischen allen sehr viel begreiflicher geworden, warum ich ein Jahr zuvor dem König einen Waffenstillstand angeboten hatte. Mein damaliges Vorgehen, das durch keinerlei Druck von außen beeinflußt war, hatte darauf abgezielt, dem sinnlosen Blutvergießen ein Ende zu machen und eine »Arabisierung« des Konflikts zu vermeiden, die meiner Meinung nach genauso gefährlich war wie die »Vietnamisierung«, welche die Führung in Hanoi so sehr fürchtete. Der Extremismus der

Radikalen – wie etwa der »Volksfront« des Georges Habasch, die am Vorabend der Kämpfe Flugzeuge entführte – wird einstimmig verurteilt.

Was nun das weitere Vorgehen in der Praxis betraf, so beschlossen wir, in Jordanien eine Untergrundbewegung ins Leben zu rufen, deren Aufgabe darin bestehen sollte, die Monarchie zu stürzen. Der Aufbau dieser Organisation wurde mir übertragen. Des weiteren wurde alles Notwendige veranlaßt, um unsere Stützpunkte im Libanon auszubauen und so den Guerillakrieg gegen Israel vom Südlibanon aus wiederaufzunehmen. Schließlich wurde für den Oktober des darauffolgenden Jahres ein außerordentlicher Kongreß geplant, auf dem die für einen neuen Aufschwung der Befreiungsbewegung notwendigen Maßnahmen beschlossen werden sollten.

Der Kongreß der Fatah vom Oktober 1972 war wohl der bedeutendste Kongreß seit Bestehen unserer Organisation. Entsprechend den Prinzipien eines demokratischen Zentralismus wurden zum ersten Mal sowohl die Delegierten (etwa dreihundert) als auch die Mitglieder der Führungsspitze (neun) durch Wahl ermittelt. Meine Wahl in das Zentralkomitee mit überwältigender Mehrheit zeugte von dem Ausmaß des Vertrauens, das ich bei der Basis besaß. Die Statuten unserer Organisation wurden verbessert, eine neue politische Linie wurde abgesteckt. In diesem Zusammenhang wurde eine Klausel aufgenommen, die besagt: Im Kampf um die Befreiung ist *ein* Mittel der Guerillakrieg (d.h. aber nicht mehr das einzige!).

Seit dem tragischen Ausgang der Kämpfe von Jerasch und Ajlun sahen wir uns einem besonders großen Problem gegenüber. Die anfängliche Verzweiflung war gewichen, nun hatten unsere Leute nur noch einen Wunsch: Rache. Die Kämpfe des »Schwarzen September« 1970 hatten etwa sieben- bis achttausend Opfer gefordert, Tote und Verwundete; hinzu kamen diejenigen, die im Juli 1971 im Norden von Jordanien gefallen waren. Der Ortskommandant, Abu Ali Ajad, ein Mitglied des Zentralkomitees der Fatah, hatte uns, kurz bevor er fiel, noch einen letzten Funkspruch durchgeben können: »Nach diesen wenigen Worten werde ich den Sender zerstören. Besser aufrecht sterben als auf Knien leben!«

Die jungen Kämpfer der Fatah haben diesen letzten Satz nie vergessen. Da sie den klassischen Guerillakampf an der Grenze nach Israel nicht wiederaufnehmen konnten, wollten sie zu einer anderen Form der revolutionären Gewalt übergehen, die man im allgemeinen als »Terrorismus« bezeichnet. Diese Gewalt richtete sich nicht nur gegen den zionistischen Feind, sondern auch gegen die Mörder und Verräter im arabischen Lager, die zu Komplizen Israels geworden waren. Und um zu verhindern, daß diese Gewalt individuell blieb und anarchistische Formen annahm, blieb uns nur ein Weg: Wir mußten die Welle des Zorns kanalisieren, strukturieren und ihr einen politischen Inhalt geben.

VI
DER KRIEG DER SCHATTEN

Am Nachmittag des 28. November 1971 steigt Wasfi Tall, umgeben von seinen Mitarbeitern und Leibwächtern, forschen Schritts die breite Treppe des Sheraton-Hotels in Kairo hinauf. Zwei junge Männer treten auf ihn zu. Schüsse fallen. Blutüberströmt bricht der jordanische Ministerpräsident zusammen. Uns war Gerechtigkeit widerfahren. Einer der Henker des palästinensischen Volkes war gerichtet. Die Geheimorganisation »Schwarzer September«, die zu Beginn des Herbstes 1971 gegründet worden war, hatte ihre erste Tat vollbracht.

Sowohl in Amman als auch in Kairo, wo Tall an der Sitzung des Verteidigungsrats der arabischen Liga teilnahm, waren mehrere Mordpläne ausgearbeitet, dann aber doch wieder in letzter Minute verworfen worden. Die beiden jungen Männer, die Tall erschossen, waren in Begleitung von zwei Kameraden, die sich in der Hotelhalle aufhielten und Tall niederschießen sollten, falls es ihm gelänge, das Gebäude unversehrt zu betreten. Der Überraschungseffekt war für den Erfolg des Unternehmens entscheidend. Die Täter hatten zwei Tage gewartet, bis sie zum Schlag ausholten – so lange, bis die polizeiliche Überwachung sich etwas gelockert hatte. Der jordanische Ministerpräsident war ein Symbol für den Verrat an der Sache der Palästinenser; er starb unter den Augen mehrerer arabischer Minister, die sich während der Schießerei zu Boden warfen – ein erheiterndes Schauspiel für diejenigen, die für das Attentat verantwortlich waren und all jenen in der arabischen Welt eine Warnung zukommen lassen wollten, die versucht waren, die Rechte und Interessen des palästinensischen Volkes zu opfern.

Meiner Veranlagung und meiner politischen Überzeugung nach bin ich ein entschiedener Gegner des politischen Mordes und des

Terrorismus im allgemeinen. Doch ich verwechsle nicht – wie viele Menschen in der ganzen Welt – revolutionäre Gewalt mit Terrorismus; das erste ist ein politischer Akt, das zweite hingegen nicht. Die Tat eines einzelnen, die außerhalb jeglicher Organisationsform und ohne strategisches Ziel begangen wird, die einer subjektiven Motivation entspringt und den Kampf des Volkes zu ersetzen vorgibt – diese Tat lehne ich ab. Revolutionäre Gewalt hingegen fügt sich in den Rahmen einer breit strukturierten Bewegung, dient ihr als zusätzlicher Machtfaktor und trägt dazu bei, der Bewegung neue Impulse zu verleihen in Zeiten, in denen sie einen Rückschlag oder eine Niederlage hat hinnehmen müssen. Sobald die vom Volk getragene Bewegung auf lokaler wie internationaler Ebene politische Erfolge verzeichnen kann, erübrigt sich die revolutionäre Gewalt.

Die Organisation »Schwarzer September« war nie eine terroristische Organisation. Sie agierte als Stütze der Widerstandsbewegung, als diese nicht mehr in der Lage war, ihre militärischen und politischen Aufgaben ganz zu erfüllen. Ihre Mitglieder haben immer wieder betont, daß sie organisatorisch mit der Fatah oder der PLO nicht zusammenhängt. Ich habe viele von ihnen gekannt und kann bestätigen, daß sie zumeist verschiedenen Fedajin-Organisationen angehörten. Sie scherten aus deren Reihen aus und gingen einen anderen Weg. Damit entsprachen sie dem tiefen Gefühl der Frustration und der Empörung, welches das ganze palästinensische Volk beseelte bei dem Gedanken an das Gemetzel in Jordanien und an die Mitschuld derer, die dieses Gemetzel ermöglicht hatten. Die Freude, mit der die Exekution Wasfi Talls aufgenommen wurde, bezeugt dies. Schon sehr bald entsprachen die ägyptischen Behörden dem Begehren des Volkes und ließen die Täter frei.

Etwa zwei Wochen nach diesem Attentat holt der »Schwarze September« gegen einen zweiten Komplizen König Husseins zum Schlag aus: Zaid Rifaï, damals Botschafter in London und während der September-Kämpfe einer der engsten Ratgeber des Königs. Da er einer bedeutenden Familie entstammte, sehr gebildet war und sich als Vermittler angeboten hatte, war sein Einfluß weitaus gefährlicher als der jener ungeschliffenen Beduinen, die sonst den König umgaben. Am 15. Dezember gerät sein eleganter Wagen auf der Fahrt in seine Wohnung in London in das Sperrfeuer einer automatischen Waffe. Instinktiv drückt er sich auf den Boden des Fahrzeugs und kommt so mit einer leichten Verletzung an der Hand davon. Der junge Palästinenser, der den Anschlag verübt hat, entledigt sich seiner Waffe und rennt davon. Aus Furcht, entdeckt und verhaftet zu werden, stürzt er in das erstbeste Haus auf seinem Weg. Die Mieterin, eine sehr alte Dame, die nichts Böses ahnt, nimmt ihn für einige Stunden gastlich auf. Versehen mit einem zweiten Paß, der wie der erste gefälscht ist, verläßt er England am nächsten Tag von einem Provinzflughafen aus, ohne im mindesten behelligt zu werden. Wie auch andere europäische Länder ziehen die britischen Behörden es vor, sich Komplikationen zu ersparen. Sie unternehmen im allgemeinen keine übermäßigen Anstrengungen, um die palästinensischen Kommandotrupps festzusetzen.

Der Kampf gegen das jordanische Regime nahm unterschiedliche Formen an. Eine Möglichkeit war, durch ständige Provokationen die Regierung immer wieder zum Nachgeben zu zwingen und somit zu schwächen. Der »Schwarze September« entwickelte einen großangelegten Plan, der in mehrmonatiger Kleinarbeit genauestens vorbereitet wurde und zum Ziel hatte, Hunderte von politischen Gefangenen aus den jordanischen Gefängnissen zu befreien. Zwei Gruppen bewährter Kämpfer sollten nach Amman geschickt werden. Die erste Gruppe hatte den Auftrag, die Botschaft der USA zu besetzen und den amerikanischen Botschafter und seine Mitarbeiter als Geiseln festzusetzen; diese sollten dann gegen die palästinensischen Gefangenen ausgetauscht werden. Sollte diese Mission scheitern, so würde die zweite Gruppe den Sitz des Ministerpräsidenten besetzen und die Regierungsmitglieder entführen, um dasselbe Ziel zu erreichen.

Der Mann, der für diese besonders heikle Mission ausgewählt wurde, war mein Freund Abu Daud, der in der Widerstandsbewegung für sein bedingungsloses Engagement und seinen Mut bekannt ist. Er hatte unsere Milizen in Jordanien befehligt, bevor die Fedajin vertrieben wurden, und hatte sich besonders in der »Schlacht um Amman« im September 1970 große Verdienste erworben. Er besitzt ein phänomenales Gedächtnis und ist in der Lage, die Namen aller Märtyrer zu nennen und alles über ihre Herkunft und ihre Vergangenheit zu erzählen. Da er in der jordanischen Hauptstadt sowohl bei der Bevölkerung als auch bei den Sicherheitsbehörden gut bekannt war, ging er ein hohes Risiko ein, als er sich bereit erklärte, heimlich dorthin zurückzukehren. Mehrere Monate bereitete er sich auf seine Mission vor: er ließ sich einen Bart wachsen und führte in Beirut und

Damaskus, wo er sich gewöhnlich aufhielt, ein sehr zurückgezogenes Leben.

Die Organisation »Schwarzer September« beauftragte drei ihrer Mitglieder in Amman, unter einem angemessenen »Deckmantel« für die fünfzehn an der Aktion beteiligten Fedajin drei Wohnungen anzumieten. Abu Daud und seine Begleiterin, die ebenfals zur Organisation gehörte und sich als seine Frau ausgeben sollte, würden bei Mustafa wohnen, einem seiner engsten Freunde. Obwohl er kein Mitglied der Befreiungsbewegung war, galt Mustafa als vertrauenswürdiger Mann. Er war etwa 35 Jahre alt und hatte wegen kommunistischer Aktivitäten eine siebenjährige Gefängnisstrafe verbüßt, bevor er sich 1968 der Widerstandsbewegung zur Verfügung stellte und sich fortan bedingungslos und leidenschaftlich für unsere Ziele einsetzte. Als Beamter im jordanischen Informationsministerium umgab ihn als Respektsperson jene Aura, die genau zu der ihm von den Verschwörern des »Schwarzen September« zugedachten Rolle paßte.

In eine weite, mit Goldlitze eingefaßte *Abaya* gehüllt, die Kuffieh und den Ogal auf dem Kopf – so verläßt Abu Daud, der nun wie ein reicher Geschäftsmann vom Golf aussieht, am 13. Februar 1973 Kuweit. Er steuert einen luxuriösen amerikanischen Wagen und ist in Begleitung seiner »Frau«, die ebenfalls traditionelle Kleidung trägt. Er fährt zunächst in Richtung Bagdad und nimmt von dort die Straße nach Amman, wo er am darauffolgenden Tag bei Mustafa eintrifft. Abu Daud unterrichtet ihn über den Plan der für den Nachmittag des nächsten Tages vorgesehenen Operation und bittet ihn, den Verantwortlichen beider mit der Ausführung der Mission beauftragten Fedjin-Gruppen persönlich alle Einzelheiten zu erläutern. Abu Daud nennt Mustafa die Adresse einer der drei Wohnungen sowie das Losungswort. Die Frau, die mit Abu Daud gekommen ist, wird Mustafa begleiten, um ihm seine Aufgabe zu erleichtern. Sie war mit einem der anwesenden Fedajin verheiratet, und ihre Gegenwart sollte helfen, eventuell bestehende Zweifel an der Person Mustafas zu zerstreuen.

Nachdem sie ihre Mission erfüllt haben, kehren die beiden Emissäre zurück; Ben Bella – dies war der Deckname eines der beiden für das Kommandounternehmen verantwortlichen Männer – begleitet sie, da er von Abu Daud noch zusätzliche Erklärungen wünscht. Letzterer verläßt noch in derselben Nacht mit seiner Begleiterin Mustafas Haus, um nach Damaskus zurückzukehren. Es war vorgesehen, daß zwei andere Mitglieder der Bewegung – ein junges Paar –, die nichts über die Operation und die wahre Identität Abu Dauds wußten, diesem in einem Wagen bis zur syrischen Grenze folgen sollten, um sich davon zu überzeugen, daß er unbehelligt über die Grenze kam. Dem Chef des »Schwarzen September«, Abu Ihab, der die ganze Aktion von einer anderen arabischen Hauptstadt aus verfolgte, sollten sie dann eine entsprechende Nachricht zukommen lassen.

Doch dieser wartet die ganze Nacht und den darauffolgenden Tag vergeblich auf eine Botschaft. Da der Angriff auf die amerikanische Botschaft in Amman nicht stattgefunden hatte, schien etwas schiefgelaufen zu sein. Erst am übernächsten Tag erfuhr er durch einen seiner Männer in Amman von der Katastrophe: Abu Daud, seine Begleiterin, die beiden Personen, die ihnen bis zur Grenze folgen sollten, sowie alle Mitglieder des Kommandos waren verhaftet worden. Die drei von den Fedajin angemieteten Wohnungen waren gleichzeitig von der Polizei besetzt worden, und zwar zum selben Zeitpunkt, als Abu Daud in einer Straße von Amman abgefangen wurde. Alles deutete darauf hin, daß der jordanische Sicherheitsdienst bestens informiert gewesen war. Alles deutete des weiteren darauf hin, daß nur Mustafa der Spitzel sein konnte. Er war als einziger nicht verhaftet worden, er war – außer Abu Daud und seiner Begleiterin – auch der einzige gewesen, der den Gesamtplan der Operation kannte.

Abu Ihab setzte sich telefonisch mit ihm in Verbindung und fragte ihn in verschlüsselter Sprache nichtsahnend nach dem Verlauf des Kommandounternehmens. Mustafa berichtete ihm von den Verhaftungen, beruhigte ihn aber gleichzeitig über das Schicksal Abu Dauds, obwohl dieser – wie wir später erfuhren – auf grausamste Weise gefoltert wurde. Fest entschlossen, den Verräter zu bestrafen, entwarf Abu Ihab einen Plan, um Mustafa in einen Hinterhalt zu locken. Er ließ ihm eine Botschaft zukommen, in der er ihm seine Absicht mitteilte, eine neue großangelegte Aktion zu starten, mit der die Befreiung Abu Dauds und seiner Kameraden erreicht werden sollte, und bat ihn, nach Kairo zu kommen, um dort mit ihm das Projekt durchzusprechen.

Der Köder war verlockend, vor allem für Mustafas Vorgesetzte, die gern mehr über den Plan erfahren wollten. Während einer Zusammenkunft, an der El-Nazid Rachid, der Chef des Sicherheitsdienstes, Emir Hassan, der Bruder des Königs, der für die Staatssicherheit verantwortlich war, sowie der Informationsminister Adnan Abu Audeh teilnahmen, wurde Abu Ihads Brief ausführlich analysiert und diskutiert. Der Informationsminister war der einzige, der sich einer Reise Mustafas widersetzte, denn er ahnte die Falle. Doch schließlich flog Mustafa, mit einer offiziellen Mission betraut, nach Kairo. Bereits bei seiner Ankunft erfuhr er zu seiner großen Überraschung, daß Abu Ihab ihn in einer anderen arabischen Hauptstadt erwartete; dort sei er – so wurde ihm mitgeteilt – durch eine wichtige Angelegenheit zurückgehalten worden. Der wahre Grund war jedoch ein anderer: Kairo eignete sich nur schlecht für das, was der Chef des »Schwarzen September« beabsichtigte; daher hatte er ein Land gewählt, das Entgegenkommen zeigte und ihm erlaubte, seine Rechnung mit dem Menschen zu begleichen, der aller Wahrscheinlichkeit nach das Vertrauen der Organisation mißbraucht hatte.

Mustafa verwies zunächst darauf, daß sein offizieller Auftrag einen Aufenthalt in Kairo nur für die Dauer von fünf Tagen rechtfertige und ihm außerdem nicht gestatte, in ein anderes Land zu reisen. Man bot ihm daraufhin gefälschte Papiere an, mit denen er Hin- und Rückreise unter falschem Namen unternehmen könne. Diese Lösung paßte im übrigen vorzüglich in die Pläne seiner Entführer, die aus ganz anderen Gründen als er seine Spuren zu verwischen suchten. Als Mustafa den Vorschlag annahm und in die ihm benannte arabische Hauptstadt flog, vermutete er immer noch nichts Böses. Am Flugplatz erwartete ihn ein Wagen, der ihn zu Abu Ihab bringen sollte; dieser hatte für sein Vorhaben ein unauffälliges Haus gemietet.

Es kam zu einer dramatischen Auseinandersetzung. Abu Ihab bereitete seinem Gast einen eisigen Empfang. Er weigerte sich, ihm die Hand zu geben, befahl ihm, sich zu setzen und den Mund zu halten, und begann mit einem regelrechten Plädoyer der Anklage, indem er alle Beweise seiner Schuld aufführte, die er hatte zusammentragen können. Mustafa brach in Tränen aus und legte ein volles Geständnis ab. Der Verdacht, daß er Abu Dauds Gruppe der Polizei ausgeliefert hatte, war somit bestätigt.

Mustafas Bericht hatte Abu Ihab nicht sonderlich überrascht. Er hatte viele ehemalige Mitglieder der Widerstandsbewegung gekannt, die wie Mustafa in den Jahren der Haft vom jordanischen Sicherheitsdienst angeworben worden waren. Mustafa war denselben Weg gegangen wie Adnan Abu Audeh: Bevor dieser ein enger Vertrauter des Königs und Informationsminister wurde, hatte er sich von seiner kommunistischen Vergangenheit losgesagt und in den Dienst der Polizei gestellt. Wie es sich geziemt, hatte auch Mustafa ultraradikale Ansichten propagiert, wodurch er leicht Zutritt zu der von Georges Habasch geführten »Volksfront zur Befreiung Palästinas« (FPLP) fand. Hier konnte er im Windschatten des allgemein herrschenden Extremismus aktiv werden und seine Aufgabe als Provokateur und Denunziant erfüllen, ohne daß er Gefahr lief, enttarnt zu werden.

Das Unternehmen des »Schwarzen September« war für ihn ein wahrer Glücksfall. Er informierte die Sicherheitsbehörden von der bevorstehenden Ankunft Abu Dauds, war allerdings zunächst noch nicht in der Lage, über Art und Zeitplan der Aktion nähere Angaben zu machen. Sobald er selbst über alle Einzelheiten unterrichtet war, entledigte er sich seiner Aufgabe, indem er eine List anwendete: Auf dem Weg in die Wohnung, in der er die beiden für das Kommandounternehmen verantwortlichen Männer treffen sollte, trennte er sich kurz von seiner Begleiterin, der »Ehefrau« Abu Dauds. Er täuschte eine dringende Verabredung vor und eilte zum Sitz der Sicherheitsbehörden. Schon nach einer halben Stunde traf er wieder mit seiner Begleiterin zusammen. Da die Sicherheitspolizei genau über die für Abu Dauds Abreise festgesetzte Zeit unterrichtet war, brauchte sie nur noch alle Vorbereitungen zu treffen und die Mitglieder des Kommandounternehmens einzusammeln.

Mehrere Monate lang wurde Mustafa eingehend verhört. In dieser Zeit lieferte er wertvolle Informationen; so verriet er beispielsweise die Namen der Spitzel des jordanischen Sicherheitsdienstes, die sich in die palästinensische Befreiungsbewegung infiltriert hatten. Es gelang Abu Ihab, sechs von ihnen in die Falle zu locken; sie sind noch heute in einem arabischen Land, das der Widerstandsbewegung Sympathien entgegenbringt, in Haft. Was Mustafa betraf, so wurde er zum Tode verurteilt, da seine Tätigkeit als Spitzel Menschenleben gekostet hatte. Hingerichtet wurde er aber erst nach einer letzten Gegenüberstellung mit Abu Daud, der sieben Monate nach seiner Verhaftung wieder freigelassen wurde.

Die Ereignisse, die Abu Dauds Haftentlassung voraufgingen, verdienen erzählt zu werden. Nach ihrer Verhaftung am 15. Februar

1973 werden Abu Daud und seine Kameraden zum Tode verurteilt; am 28. desselben Monats beschließt der »Schwarze September«, aktiv zu werden und König Hussein zu zwingen, das ergangene Urteil rückgängig zu machen. Am 1. März besetzt ein aus acht Fedajin zusammengesetztes Kommando die saudi-arabische Botschaft in Khartum, wo etwa vierzig Mitglieder des diplomatischen Korps zu einem Empfang versammelt sind. Fünf Diplomaten werden als Geiseln genommen; es sind die Botschafter von Saudi-Arabien und den Vereinigten Staaten sowie die Geschäftsträger der amerikanischen, belgischen und jordanischen Botschaft. Gefordert wird unter anderem die Freilassung Abu Dauds und seiner Kameraden.

Die Öffentlichkeit konnte damals nicht begreifen, warum gerade die Botschaft eines Landes überfallen wurde, von dem jeder wußte, daß es der Widerstandsbewegung große Sympathien entgegenbrachte; auch die Wahl der Geiseln erschien völlig unbegreiflich. Es muß jedoch berücksichtigt werden, daß bei diesem Kommandounternehmen – wie mir später von den Verantwortlichen erklärt wurde – der Zufall eine große Rolle gespielt hat. Da sie fest davon überzeugt waren, daß Hussein selbst dann nicht nachgeben würde, wenn die Hälfte des jordanischen Volkes zugrunde gehen müßte, hatten sie beschlossen, über die Vereinigten Staaten von Amerika Druck auf ihn auszuüben. Ihre Zielscheibe war der amerikanische Geschäftsträger, der früher in Amman akkreditiert und für die Vorbereitungen des Krieges von 1970 mitverantwortlich gewesen war; er war von seinem Amt abberufen und sollte Khartum am 2. März verlassen. Der ihm zu Ehren in der saudi-arabischen Botschaft gegebene Empfang bot daher die letzte Gelegenheit, bevor er endgültig nach Washington zurückreiste.

Die Urheber des Attentats hatten keineswegs die Absicht, ihre Geiseln hinzurichten. Nachdem Hussein sich geweigert hatte, ihren Forderungen nachzukommen – was übrigens auf ausdrückliche Empfehlung von Präsident Nixon hin geschah –, verlangten sie ein Flugzeug, um ihre Geiseln nach Washington zu bringen, wo sie von neuem verhandeln und ihre Sache vor die amerikanische Öffentlichkeit bringen wollten. Doch der sudanesische Präsident Numeiri verwarf ihre Forderung – wiederum auf Anraten Nixons. Am 2. März abends gab er seiner Armee den Befehl, die Botschaft zu stürmen. Die Fedajin des »Schwarzen September« wurden somit gezwungen, drei ihrer Geiseln hinzurichten: die beiden Amerikaner und den belgischen Geschäftsträger, deren aktives Eintreten für Israel jedermann bekannt war. Der Botschafter von Saudi-Arabien, der zu vermitteln suchte, und der jordanische Geschäftsträger, dessen Frau der palästinensischen Widerstandsbewegung nahestand, blieben selbstverständlich verschont. Nach langwierigen Verhandlungen ergaben sich die Mitglieder des Kommandotrupps am 4. März. Einige Stunden später bestätigte Hussein das gegen Abu Daud und seine Kameraden verhängte Todesurteil. Unter dem Druck mehrerer arabischer Staatschefs – unter ihnen die Präsidenten Sadat und Boumedienne, sowie der Emir von Kuweit – verschob der König zunächst die Hinrichtung; am 14. März wurde dann das Todesurteil in eine lebenslange Haftstrafe umgewandelt. Schließlich wurden Abu Daud und seine Mitangeklagten im Zuge einer im Monat September – drei Wochen vor dem Oktoberkrieg von 1973 – verkündeten Generalamnestie auf freien Fuß gesetzt.

Merkwürdigerweise fand die »Affäre Abu Daud« nicht in Amman, sondern in Paris ihre Nachspiel: Mehr als drei Jahre später, im Januar 1977, wurde Abu Daud von der französischen Polizei verhaftet und beschuldigt, für das im September 1972 auf die israelischen Sportler in München verübte Attentat mitverantwortlich zu sein. Das Verhalten des französischen Staatssicherheitsdienstes war in mancherlei Hinsicht recht merkwürdig. Er stützte seine Anklage gegen Abu Daud einzig und allein auf israelische Behauptungen, die durch nichts und niemanden bestätigt wurden. Hinzu kommt, daß Abu Daud – als führendes Mitglied der Fatah und nach seiner Rehabilitierung in Jordanien, wo ihn der König nach seinem Mißgeschick erneut empfangen hatte – schon mehrere Male nach Paris gekommen war, ohne daß man ihn belästigt hätte. Es stimmt zwar, daß sein Reisepaß auf einen falschen Namen ausgestellt war – was im übrigen aus Sicherheitsgründen bei allen führenden Mitgliedern der Widerstandsbewegung der Fall ist; doch die Behörden waren über seine wahre Identität sehr gut unterrichtet. In dem Augenblick, als er von der Polizei verhaftet wurde, hatte er sich übrigens auf dem Weg zum Quai d'Orsay befunden, wo er empfangen werden sollte.

Man muß sich wirklich fragen, vor welchem Hintergrund seine Verhaftung zu sehen ist und welche Motive dazu geführt haben. Die Affäre Ben Barka hatte bereits deutlich gemacht, daß der französische Nachrichtendienst von Elementen unterwandert war, die sich ihrem Land gegenüber nicht gerade loyal verhielten, und ich bin fest davon überzeugt, daß die CIA und der Mossad an dem Vorgehen einiger Mitglieder der französischen Behörden nicht unbeteiligt waren; deren vorrangiges Ziel bestand darin, die Nahost-Politik Giscard d'Estaings in Mißkredit zu bringen.

Eines jedenfalls steht fest: Wenn es um die Verfolgung der israelischen Terroristen geht, beweist die französische Polizei, die es so eilig hatte, Abu Daud festzusetzen, – gelinde gesagt – keinen übermäßigen Eifer. Unzählige Attentate wurden auf palästinensische Büros verübt, mindestens vier führenden Köpfe der Widerstandsbewegung wurden in Paris von Agenten des Mossad ermordet – doch nie wurde einer der Schuldigen gefaßt.

Die Morde an Mahmud Hamchari und Bassel Kubeissi sind die bekanntesten Fälle. Hamchari, offizieller Vertreter der PLO in Paris, wurde durch einen ferngesteuerten Sprengkörper getötet. Er war ausschließlich politisch tätig gewesen, und seine Aktivitäten waren keinesfalls geheim. Er war mit einer Französin verheiratet und führte ein friedliches Leben; jede Art von Fanatismus und Gewalt lehnte er ab. Dasselbe galt für Bassel Kubeissi, der an der irakischen Universität unterrichtete und in der Nähe der Madeleine, im Herzen von Paris, von Gewehrkugeln durchlöchert zusammenbrach.

Die Liste der von den zionistischen Terroristen begangenen Verbrechen ist zu lang, als daß sie alle aufgeführt werden könnten. Ich möchte jedoch ausdrücklich betonen, daß keine der Personen, gegen die sich diese Verbrechen richteten, weder direkt noch indirekt in irgendeiner Weise in die gewalttätigen Aktivitäten der Widerstandsbewegung verwickelt waren: Ghassam Kanafani, Schriftsteller und Ideologe, wurde im Juli 1972 in Beirut getötet; Bassam Abu Scherif, Chef des Nachrichtenwesens der Volksfront, und Dr. Anis Sajegh, Historiker und Direktor des palästinensischen Forschungszentrums, erlitten – ebenfalls im Juli 1972 in Beirut – durch Sprengstoffpakete entstellende Verletzungen; Wael Zuaiter, Vertreter der PLO in Italien, wurde im Oktober desselben Jahres niedergeschossen, als er mit Büchern und Brot unter dem Arm seine bescheidene Wohnung in Rom betreten wollte. Zuaiter, der links orientiert war und den sozialistischen und kommunistischen Parteien Italiens nahestand, hatte sich aus ideologischen und politischen Gründen entschieden jeder Art von Terrorismus widersetzt.

Es schien tatsächlich so, als wollten die Israelis nicht die Befürworter der Gewalt beseitigen, sondern die Gemäßigten, die Politiker, die es sich zur Aufgabe gemacht hatten, die Weltöffentlichkeit von der Richtigkeit unserer Sache zu überzeugen, und die darüber hinaus völlig wehrlos waren.

Die Abscheulichkeit derartiger Verbrechen aber ist letzten Endes nichts im Vergleich zu den Massakern, die von der israelischen Armee systematisch begangen wurden. Die blindwütige Bombardierung palästinensischer Siedlungen und Flüchtlingslager, die Hunderte, ja sogar Tausende von Zivilisten – Frauen, Kinder und alte Männer – das Leben kostete, hat leider nur selten die Weltöffentlichkeit erregt; handelt es sich aber z.b. um eine Flugzeugentführung, die das Leben von einigen Dutzend Personen gefährdet, so ist man sehr viel schneller bereit, sich zu entrüsten.

Ich halte mich für durchaus berechtigt, diese Kritik zu üben, um so mehr, als ich selbst – wie die gesamte Fatah-Führung – aus humanitären wie politischen Gründen Flugzeugentführungen entschieden ablehne. Bis auf zwei Ausnahmen hat meine Organisation die seit etwa zehn Jahren von verschiedenen palästinensischen Gruppen unternommenen Flugzeugentführungen scharf verurteilt. Die beiden Fälle, die uns gerechtfertigt erschienen – der eine ereignete sich 1969, der andere 1972 –, waren direkt gegen die Israelis gerichtet und gehören unserer Meinung nach in die Kategorie der zulässigen Kriegshandlungen. Es widerstrebt uns zutiefst, das Leben unschuldiger Menschen zu gefährden, besonders wenn sie Staaten angehören, die nicht direkt in den israelisch-arabischen Konflikt verwickelt sind; handelt es sich aber um die Militärs und die zivile Führungsspitze des jüdischen Staates, die das palästinensische Volk bekämpfen und unterdrücken, so haben wir keine Skrupel, gegen sie vorzugehen.

Dem Schicksal der Tausenden von Palästinensern, die in den israelischen Kerkern dahinsiechen, gilt eine unserer größten Sorgen. In den besetzten Gebieten – und das ist kein Geheimnis – herrscht allergrößte Willkür. Verdacht oder Denunziation reichen aus, um die Menschen dort hinter Gitter zu bringen. Je nach Laune oder vorherrschenden Interessen werden von der Militärgerichtsbarkeit drei Arten von Strafgesetzgebung angewendet: die englische, die sie aus der Mandatszeit übernommen haben, die jordanische, die in den fünfziger Jahren nach der Einverleibung Zisjordaniens durch König Abdallah eingeführt wurde, und die israelische, die seit der Eroberung vom Juni 1967 in Kraft ist – ganz zu schweigen von der ägyptischen Rechtsprechung, die immer noch im Gazastreifen Gültigkeit hat.

Ihren Beschluß, über Fedajin keine Todesstrafe zu verhängen, stellen die israelischen Behörden als Geste der Menschlichkeit und der Fortschrittlichkeit dar; doch die Behandlung der gefangenen Widerstandskämpfer ist schlimmer als der Tod. Wenn sie erst einmal im Gefängnis sind, so wissen sie, daß sie es nie wieder lebend verlassen werden, es sei denn, der Konflikt würde eine endgültige Regelung finden, was jedoch kaum wahrscheinlich ist. Im allgemeinen werden sie zu Haftstrafen von zehn, fünfzehn oder zwanzig Jahren verurteilt; oft wird das Strafmaß mehrerer Straftaten zusammengezählt, so daß sich eine Gesamtstrafe von fünfzig, hundert oder zweihundert Jahren ergibt! Diejenigen, die ihre Strafe verbüßt haben, werden – entsprechend einer noch zu Zeiten der britischen Kolonialherrschaft erlassenen Verfügung – durch behördliche Anweisung unverzüglich in ein Lager gesteckt. Gibt es etwas noch Hoffnungsloseres für diese Männer, die schon genug unter den desolaten Zuständen im Gefängnis, unter den ständigen Schikanen und manchmal sogar – was selbst die israelischen Behörden zugeben – unter Folter zu leiden haben? Gibt es etwas noch Entmutigenderes vor allem für Widerstandskämpfer, wenn sie schon von vornherein wissen, welches Schicksal ihnen als Gefangene bevorsteht?

Dieser psychologische Faktor war und ist noch heute für die Führung der Widerstandsbewegung ein kaum zu lösendes Problem. Es mußte auf jeden Fall etwas unternommen werden, um zumindest einen Teil der Gefangenen zu befreien und damit zu beweisen, daß die israelische Willkür Grenzen hat. Alles nur Mögliche ist in diese Richtung unternommen worden – doch vergeblich. Die Fluchtversuche, die von außen organisiert wurden, sind einer nach dem andern gescheitert. Auch die zahlreichen Vermittlungsversuche internationaler Stellen haben zu keinem Erfolg geführt. Den Appellen und vorsichtigen Demarchen von seiten humanitärer Organisationen wie des Roten Kreuzes, ausländischer Regierungen, der UNO, des Papstes und verschiedener religiöser Institutionen ist Israel mit Teilnahmslosigkeit und Gleichgültigkeit begegnet. Dies erklärt, warum einige palästinensische Gruppen Zuflucht zur Gewalt nahmen und sich für das Mittel der Flugzeugentführung entschieden.

Doch auch diese letzte Waffe der Verzweiflung erwies sich als unwirksam. Mit Ausnahme der ersten Flugzeugentführung im Jahre 1969, die Israel völlig unvorbereitet traf, haben die verantwortlichen Kreise in Israel bisher systematisch jeden Kompromiß mit den Entführern abgelehnt. Und noch schlimmer: Bei jeder Konfrontation haben sie alles darangesetzt, einen blutigen Ausgang herbeizuführen, um so die Weltöffentlichkeit gegen die Fedajin zu mobilisieren.

Sehr bald haben wir daher begriffen, daß die Flugzeugentführungen – statt unserer Sache zu dienen – ihr nur geschadet haben.

Aus ebendiesem Grunde hat die Fatah mehrere andere Aktionen unwiderruflich verurteilt: so etwa das unsinnige Abenteuer jener, die im September 1973 die Botschaft Saudi-Arabiens in Paris besetzten und Diplomaten als Geiseln nahmen; oder das noch zweifelhaftere Unternehmen des Abenteurers Carlos, der im Dezember 1975 den Sitz der OPEC in Wien überfiel, wahrscheinlich im Auftrag irgendwelcher obskuren Mächte des internationalen Erdölgeschäfts. In diesem Zusammenhang wurde übrigens häufig der Name Oberst Kadhafis erwähnt, den die internationale Presse zum »Super-Terroristen« aufgebaut hat. Ich habe jedoch genügend Einblick, um behaupten zu können, daß der libysche Präsident an fast allen gewalttätigen Aktionen dieser letzten Jahre nicht beteiligt war.

Das Attentat des »Schwarzen September« während der Olympischen Spiele in München im September 1972 wurde hingegen von der Fatah nicht verurteilt. Eine solche Einstellung mag den Leser überraschen, es sei denn, er kennt die Motive, die Ziele und das Verhalten der Beteiligten und weiß, welche Ereignisse zu dem blutigen Ausgang der Operation geführt haben. Da ich die beiden für das Kommandounternehmen verantwortlichen Männer gut kannte – ihre Decknamen waren Mussalha und Che Guevara – und später Gelegenheit hatte, die drei überlebenden Attentäter eingehend zu befragen, bin ich heute in der Lage, ausführlich darüber zu berichten – allerdings nur soweit die Sicherheitsvorschriften dies zulassen.

Anfang 1972 ersuchte die PLO in einem offiziellen Schreiben an das Olympische Komitee um die Zulassung einer palästinensischen Mannschaft zur Teilnahme an den Olympischen Spielen. Da dieser Brief unbeantwortet blieb, folgte ein zweites Schreiben. Doch auch hierauf erfolgte keine Antwort – nur verächtliches Schweigen. Offensichtlich waren wir für diese achtbare Einrichtung, die vorgibt, unpolitisch zu sein, inexistent; vielleicht durften wir sogar für sie nicht einmal existieren.

Dieser Affront – der etwa sechs Monate nach der Ausrottung der letzten Fedajin in Jerasch und Ajlun erfolgte – rief bei unseren jungen Anhängern Empörung und Wut hervor. Die führenden Köpfe des »Schwarzen September« beschlossen, die Angelegenheit selbst in die Hand zu nehmen und einen Plan zu entwerfen, mit dem drei Ziele anvisiert wurden: Erstens sollte allen zum Trotz die Existenz des palästinensischen Volkes bekräftigt werden; zweitens sollte die in München zahlreich aufmarschierte internationale Presse genutzt werden, um unserer Sache – einerlei ob in positivem oder negativem Sinne – weltweit Widerhall zu verschaffen; und drittens sollte Israel zur Befreiung von zunächst 200 Widerstandskämpfern gezwungen werden.

Doch betrübt mußten wir feststellen, daß ein großer Teil der Weltöffentlichkeit weit mehr darüber in Aufregung geriet, daß das große Schauspiel, das die Olympischen Spiele bedeuteten, für 24 Stunden unterbrochen wurde; das dramatische Schicksal des palästinensischen Volkes in den vergangenen 24 Jahren oder das furchtbare Ende der fünf Kommandomitglieder und ihrer neun Geiseln hingegen zählten kaum.

Die Operation wurde mit mustergültiger Sorgfalt und Genauigkeit vorbereitet. Die beiden verantwortlichen Männer, die bereits acht Monate vor dem Attentat benannt worden waren, hatten sich bei den Kämpfen in Jordanien – im September 1970 in Amman und im Juli 1971 in Jerasch und Ajlun – bestens bewährt. Mussalha, 27 Jahre alt, war als Kind mit seinen Eltern, armen Bauern, aus seiner Heimatstadt Haifa nach Zisjordanien geflüchtet. Er war außerordentlicher Professor für Geologie und beeindruckte durch seine Statur genauso wie durch seine hervorstechende Intelligenz. Als er den Reihen der Fatah beitrat, wurde er mit den Aufgaben eines politischen Kommissars betraut. Da er außerdem perfekt Deutsch sprach, war er genau der richtige Mann, um das Kommandounternehmen zu leiten. Dasselbe galt für seinen Partner und Freund Che Guevara, den militärischen »Kopf« der Gruppe, der trotz seiner 25 Jahre und seines Pariser Jurastudiums vorzüglich mit den Methoden der Guerilla vertraut war.

In Übereinstimmung mit den drei politischen Zielen des Kommandounternehmens hatten die beiden Männer vier genau umrissene Aufgaben: 1. Ausarbeitung eines detaillierten Plans, nach dem die Operation ablaufen sollte, 2. Auswahl von sechs Fedajin, die sie bei dem Attentat unterstützen sollten; 3. Beschaffung der erforderlichen Waffen und ihre Einschleusung in das Olympische Dorf; 4. Ausführung des Plans, der die Verhandlungen zum Austausch der israelischen Geiseln gegen palästinensische Gefangene mit einschloß. Natürlich konnten Mussalha und Che über viele Mitarbeiter verfügen, die sie bei der Ausführung des Unternehmens unterstützen würden.

Die Auswahl der Teilnehmer an dem Kommandounternehmen war nicht einfach. Zunächst wurden etwa fünfzig junge Fedajin im Alter von 17 bis 20 Jahren ausgewählt, die einem intensiven Training unterzogen wurden. Sie stammten ausnahmslos aus Flüchtlingslagern (aus dem Libanon, Syrien und vor allem aus Jordanien) und kamen aus bescheidenen Verhältnissen. Die meisten waren von dem Wunsch beseelt, die Freilassung von Familienangehörigen zu erreichen, die in israelischen Gefängnissen eingekerkert waren. Über die Aufgabe, die ihnen eventuell anvertraut würde, wußten sie nichts, aber voll Ungeduld brannten sie darauf, zu den glücklichen Auserwählten zu gehören. Die endgültige Auswahl hatte zum Teil ausgesprochen dramatische Folgen. Ein noch sehr junger Fedajin wurde ausgeschlossen, weil schon zwei seiner Brüder auf dem Feld der Ehre gefallen waren. Doch der junge Mann ist empört, er protestiert, bittet, bricht in Tränen aus. Er droht sogar, sich umzubringen, wenn er nicht in das Kommando übernommen wird. Schließlich geben die Verantwortlichen nach. Er starb in München als einer der ersten unter den Kugeln der deutschen Sicherheitskräfte.

Bevor die sechs ausgewählten Fedajin sich auf mehrere europäische Länder verteilen, um sich mit der westlichen Lebensweise vertraut zu machen, reisen Mussalha und Che als Kundschafter nach München. Mussalha, der sein Aussehen verändert und eine Perücke trägt, läßt sich im Olympischen Dorf, wo die Vorbereitungen in Hinblick auf das große sportliche Ereignis in vollem Gange sind, als Büfettkellner engagieren. Er nutzt die Gelegenheit, um das Gelände systematisch zu erkunden; hierbei richtet sich sein besonderes Augenmerk auf die räumliche Anordnung in den einzelnen Pavillons, insbesondere in dem der Israelis, sowie auf die vorhandenen Ausgänge. Durch freundschaftliche Beziehungen zu zahlreichen deutschen und ausländischen Angestellten, insbesondere zu einer Asiatin, die sich in ihn verliebt hat, sammelt er eine Fülle an Informationsmaterial, das er an Che, der sich in einem nahegelegenen europäischen Land befindet, weiterleitet. Die Erkundigungen ziehen sich über vier Monate hin und führen schließlich zu einem präzisen und kohärenten Aktionsplan.

In letzter Minute tritt ein Problem auf, das den Organisatoren schwer zu schaffen macht. Zu dem Zeitpunkt, der für die Lieferung der Waffen vorgesehen ist, erfahren sie, daß die Polizei in Deutschland verstärkt Kontrollen durchführt; betroffen sind die Grenzübergänge, aber auch die Straßen, Bahnhöfe und vor allem die Flughäfen. Doch die Zeit ist zu knapp, um ein anderes Transportmittel als das Flugzeug zu benutzen.

Es wird beschlossen, alles auf eine Karte zu setzen. Die in einem arabischen Land ohne Wissen der betreffenden Regierung gelagerten Waffen werden in drei Koffer verpackt und einem Mitglied des »Schwarzen September« anvertraut. Unterstützt wird dieser von einem weiblichen Mitglied der Widerstandsbewegung, das zu diesem Zweck durch falsche Papiere mit ihm »verheiratet« wird. Mit zwei zusätzlichen Koffern, die ihre persönlichen Sachen enthalten, reist das »Ehepaar« nach Bonn. Ein von Sicherheitsbeamten umgebener Zöllner fordert sie bei der Zollkontrolle auf, ihre Koffer zu öffnen. Doch merkwürdigerweise weigert sich der Mann und zeigt sich über die Behandlung äußerst empört. Er behauptet, ein weitgereister Geschäftsmann zu sein und noch nie derart wie ein Verbrecher behandelt und beleidigt worden zu sein. Kurzum: Was er vorbringt, klingt wenig überzeugend und dient nur dazu, in dieser offensichtlich ausweglosen Situation Zeit zu gewinnen.

Der Zöllner insistiert: Das Gesetz ist für alle da, und eine Ausnahme kann er nicht zulassen. Unser Mann vom »Schwarzen September« zögert; es bleiben ihm nur zwei Möglichkeiten: Weigert er sich weiterhin, seine Koffer zu öffnen, wäre er – sagen wir – gezwungen, Bonn mit der ersten Maschine wieder zu verlassen; in diesem Fall aber müßte die Münchner Operation abgeblasen werden. Also entscheidet er sich für die zweite Möglichkeit und fragt den Zöllner »resigniert«, welchen der fünf Koffer – die alle gleich aussehen – er zu durchsuchen wünsche. Er öffnet den bezeichneten Koffer, und was er daraus hervorholt, ist ... Damenwäsche. Der Zöllner ist leicht verlegen, überschlägt sich förmlich vor Entschuldigungen und heißt sie in der Bundesrepublik Deutschland willkommen.

Um den 25. August, d.h. etwa zehn Tage vor Beginn der Olympischen Spiele, treffen die Waffen – u.a. Maschinenpistolen und Handgranaten – an ihrem Bestimmungsort ein. Die Koffer des »Ehepaares«, die in Bonn gegen identische, aber leere Koffer ausgetauscht worden waren, werden von einem anderen Mitglied der Organisation nach München gebracht und in mehreren Schließfächern des Münchner Hauptbahnhofs deponiert. Von dort sollten dann die einzelnen Mitglieder des Kommandotrupps nacheinander die Waffen abholen, bevor sie das Olympische Gelände betreten.

Mussalha und Che waren bereits vor den anderen im Olympischen Dorf eingetroffen; mit zwei Eintrittskarten, die die asiatische Freundin Mussalhas ihnen besorgt hatte, waren sie ohne Schwierigkeiten durch den Haupteingang gekommen. Ihre sechs Kameraden hingegen müssen über den zwei Meter hohen Zaun klettern, der das Olympische Dorf umgibt. Sie waren mit einem Mann verabredet, der sie hinbringen und ihnen beim Überklettern des Zauns behilflich sein sollte. Kurz bevor sie eintreffen, erscheint am vereinbarten Platz eine nicht unattraktive junge Dame, die den dort postierten deutschen Sicherheitsbeamten in eine Unterhaltung verwickelt. Da dieser dadurch stark in Anspruch genommen ist, gelingt es den Mitgliedern des Kommandos, unbemerkt den Zaun zu erklimmen. Wenige Stunden später haben der Mann, der ihnen den Weg wies, und die junge Dame an Bord eines Flugzeugs Deutschland bereits verlassen.

Etwa 50 Meter trennen den Pavillon der israelischen Mannschaft von der Umzäunung. Der Kommandotrupp – der im übrigen die strikte Anweisung erhalten hatte, ein Blutvergießen zu vermeiden, es sei denn, es handelt sich um reine Notwehr – stößt auf den erbitterten Widerstand von zwei Trainern der israelischen Mannschaft, die in dem nun folgenden Handgemenge getötet werden. Die neun Sportler, die als Geiseln genommen werden, werden gut behandelt. Mussalha und Che erklären ihnen, daß sie gegen palästinensische Gefangene ausgetauscht würden, und während der 21 Stunden, in denen der Pavillon von der deutschen Polizei belagert wird, kommt es zwischen den Fedajin und ihren Gefangenen zu langen und herzlichen Gesprächen. Diese sind zwischen 18 und 30 Jahre alt und gemäß den Berichten der internationalen Presse größtenteils erst in neuerer Zeit nach Israel immigriert; sie stammen aus den USA, der Sowjetunion, Rumänien, Polen und Libyen. Mehrere sind Reserveoffiziere der israelischen Armee. Die Fedajin erklären ihnen, daß Palästina zu Unrecht zu den Olympischen Spielen nicht zugelassen wäre, Israel aber – aus denselben Gründen wie Südafrika und Rhodesien – hätte ausgeschlossen werden müssen.

Mussalha – einer seiner nahen Verwandten ist mit einer Iraelin verheiratet – versichert den Sportlern, daß die Palästinenser den Juden gegenüber keinen Groll hegen, ja selbst den Israelis gegenüber nicht, denn auch sie seien – wenn auch auf andere Weise als die Palästinenser – Opfer des zionistischen Abenteuers. Obwohl sie an einem Dialog interessiert sind, betonen die Geiseln, daß die Politik für sie kein besonders wichtiges Thema ist.

Die Verhandlungen mit den deutschen Behörden, die zwischen den Fedajin und Israel vermitteln, erweisen sich, wie vorauszusehen war, als äußerst schwierig. Die Sturheit der damaligen israelischen Regierungschefin Golda Meir hingegen erscheint weniger begreiflich, weil sie zum Ausdruck bringt, wie wenig ihr daran gelegen ist, das Leben der Geiseln zu retten. Da die Widerstandskämpfer strikte Anweisung haben, ihre Gefangenen nicht zu töten, verlängern sie Stunde um Stunde ihr Ultimatum, in der Hoffnung, man würde doch noch zu einem Kompromiß gelangen. Bei der Aufstellung der Liste mit den Namen der freizupressenden Personen waren alle unter den etwa 10 000 in israelischen Gefängnissen einsitzenden Personen vertretenen politischen Richtungen proportional berücksichtigt worden. Doch die Fedajin wissen von vornherein, daß sie die Freilassung der zweihundert Gefangenen nie erreichen werden, und sind daher bereit, ihre neun Geiseln auch gegen fünfzig, zwanzig oder sogar nur neun palästinensische Gefangene einzutauschen. Zu ihrer großen Enttäuschung aber wird ihnen von den israelisch-deutschen Unterhändlern nur ein einziger Gegenvorschlag unterbreitet: Man bietet ihnen – wie gewöhnlichen Banditen – gegen die Freilassung der Geiseln eine unbegrenzte Geldsumme (einen »Blankoscheck«) und sicheres Geleit für die sechs Revolutionäre.

In dem Augenblick, als die Verhandlungen in einen gefährlichen Engpaß geraten, läßt die Botschaft eines arabischen Landes Mussalha einen Vorschlag übermitteln, der möglicherweise Gegenstand eines geheimen Abkommens werden könnte: Die israelischen Geiseln werden freigelassen und durch deutsche Freiwillige ersetzt, die von den Fedajin in ein arabisches Land gebracht werden; zwei oder drei Monate später läßt Israel dann in aller Stille fünfzig palästinensische Gefangene frei. Mehrere Regierungen würden dafür einstehen, daß sich der israelische Staat an diese Abmachung halten wird. Der Vorschlag ist verlockend. Sein großer Vorteil ist, daß den Forderungen der palästinensischen Seite entsprochen würde, gleichzeitig aber auch die zionistische Führung ihr Gesicht wahren könnte.

Als disziplinierter Kämpfer beschließt Mussalha jedoch, diesen

Vorschlag, der in dem Plan nicht vorgesehen war, seinen Vorgesetzten zur Entscheidung vorzulegen. Es war vereinbart, daß er in einem solchen Falle mit einem gewissen Talal (natürlich ein Deckname) in Verbindung treten sollte; dessen Telefonnummer in Tunis war ihm vor Beginn der Operation mitgeteilt worden. Unglücklicherweise jedoch wird der besagte Talal auf dem Flughafen von Tunis festgehalten, weil er es versäumt hatte, sich vor seiner Einreise ein Visum zu besorgen. Der Mann, der Mussalha am Telefon antwortet, heißt auch Talal. Er ist der Sohn des ehemaligen jordanischen Botschafters Farhan Chebeilat, der sich in Tunis niedergelassen hatte, nachdem er wegen seiner Sympathien für die palästinensische Widerstandsbewegung seines Amtes enthoben worden war. Der echte Talal aber weiß nichts von dem bevorstehenden Besuch seines Freundes, des falschen Talal. Es entspinnt sich somit am Telefon zwischen Mussalha und dem Sohn des Botschafters ein Gespräch, bei dem beide völlig aneinander vorbeireden. Der echte Talal begreift nicht, warum man ihn aus München anruft, um ihm Dinge zu erzählen, die völlig unverständlich sind; ja er weiß nicht einmal, daß sein palästinensischer Freund aus diesem Anlaß den Decknamen Talal angenommen hat. Mussalha seinerseits ist völlig überrascht, auf einen Talal zu stoßen, der nicht identisch ist mit dem, den er kennt, und der nichts von dem Code weiß, der zwischen beiden vereinbart war. Da er sicher ist, daß die ihnen von den deutschen Behörden zur Verfügung gestellte Telefonleitung überwacht wird, begnügt er sich schließlich damit, seinem Gesprächspartner mitzuteilen, daß er in einer Stunde noch einmal anrufen werde. Bei seinem zweiten Anruf ist der falsche Talal immer noch nicht im Haus des ehemaligen Botschafters Chebeilat eingetroffen, und Mussalha insistiert nicht länger. Er teilt den Urhebern dieser Kompromißlösung mit, daß er ihren Vorschlag zurückweist.

Mir ist nicht klar, ob Israel einer solchen Lösung zugestimmt hätte oder nicht. Aber nach Aussage des falschen Talal, den ich befragt habe, steht fest, daß die Führung des »Schwarzen September« diesen Vorschlag als annehmbaren Ausweg aus dem Engpaß akzeptiert hätte. Doch das werden wir nie erfahren. Wäre Talal nicht zu spät beim ehemaligen Botschafter eingetroffen, wäre es ihm gelungen, bei einem der vielen Versuche, die er später unternahm, mit Mussalha telefonisch Kontakt aufzunehmen, dann wären die Mitglieder des Kommandos und ihre Geiseln vielleicht heute noch am Leben.

Jedenfalls beschwor dieses dramatische und gleichzeitig burleske Intermezzo eine diplomatische Krise herauf. Unter Hinweis auf die abgehörten Telefongespräche erhob der Botschafter der Bundesrepublik Deutschland bei der tunesischen Regierung scharfen Protest und forderte die sofortige Auslieferung der in Tunis anwesenden Anführer des »Schwarzen September«. Nach langen und zähen Verhandlungen kam man überein, die Angelegenheit nicht publik werden zu lassen. Der ehemalige Botschafter Chebeilat aber, dem in Tunesien als politischer Flüchtling Asyl gewährt worden war, wurde mit seiner gesamten Familie des Landes verwiesen.

Doch kehren wir nach München zurück: Mussalha beginnt, seinen Rückzug vorzubereiten und tut damit genau das, was ihm der Plan vorschreibt. Angesichts der unbeugsamen Haltung der Israelis schlägt er als allerletzten Ausweg vor, daß die Fedajin mit ihren Geiseln nach Kairo fliegen. Diese Notlösung hatte man eingeplant, um auch jetzt noch den Tod der Geiseln zu vermeiden, ohne dafür jedoch die Glaubwürdigkeit des »Schwarzen September« aufs Spiel zu setzen. In Ägypten wären die israelischen Sportler als Bürger eines feindlichen Landes festgenommen und erst dann wieder freigelassen worden, wenn die zionistischen Behörden einem Austausch zugestimmt hätten. Mit anderen Worten: Es wäre ihnen schlimmstenfalls genauso ergangen wie den in Israel gefangengehaltenen palästinensischen Widerstandskämpfern.

Bundeskanzler Willy Brandt jedoch hatte den Ehrgeiz, mehr zu erreichen. Er ruft den ägyptischen Ministerpräsidenten Aziz Sedki an, unterrichtet ihn von Mussalhas letztem Vorschlag und bittet ihn, dafür zu sorgen, daß die israelischen Sportler gleich nach ihrer Ankunft in Kairo freigelassen und – zusammen mit den Fedajin, die die ägyptischen Behörden auf jeden Fall neutralisieren sollten – abgeschoben würden. Aziz Sedki, der mir diese Unterredung wortwörtlich wiedergegeben hat, weist den Vorschlag des Bundeskanzlers natürlich zurück, indem er ihn wissen läßt, daß es für die ägyptische Regierung eine Schande bedeuten würde, auf derart schnöde Weise das Vertrauen der Fedajin zu mißbrauchen.

Ich weiß nicht, ob Bundeskanzler Brandt während dieses Gesprächs schon davon unterrichtet war, daß die westdeutschen Behörden in enger Zusammenarbeit mit israelischen Stellen die Ermordung der Fedajin vorbereiteten. Man hatte zunächst mehrere Pläne ausgearbeitet und schließlich beschlossen, den geplanten Hinterhalt auf dem Militärflughafen Fürstenfeldbruck zu inszenieren, wo der Kommandotrupp mit seinen Geiseln eine Maschine der Lufthansa in Richtung Kairo besteigen sollte.

Jeder kennt den tragischen Ausgang dieses Kommandounternehmens, das durch das unheilvolle Doppelspiel der westdeutschen Regierung heraufbeschworen wurde. Entgegen der getroffenen Vereinbarung und dem geleisteten Versprechen gibt sie ihren Scharfschützen den Befehl, das Feuer auf die Fedajin zu eröffnen. Mussalha und Che, die die Lufthansa-Maschine untersucht haben und sie gerade verlassen, um zu den Hubschraubern, in denen die Geiseln warten, zurückzukehren, werden als erste getroffen. Tapfer erwidern sie das Feuer, bevor sie in einer Blutlache zusammenbrechen. Sterbend kriechen sie aufeinander zu und reichen sich die Hand in einem letzten brüderlichen Händedruck. Ein dritter Fedajin, der Wache gestanden hat, wird ebenfalls niedergeschossen. Erst nach dem Tod der drei wichtigsten Mitglieder der Gruppe, nach dem Ende der Schießerei, explodieren die beiden Hubschrauber. Erst als klargeworden war, daß ihnen keine Hoffnung mehr blieb, beschlossen die beiden Fedajin, die – auf die beiden Hubschrauber verteilt – die israelischen Sportler bewachten, die Geiseln zu töten und gleichzeitig auch ihrem Leben ein Ende zu setzen. Die drei übrigen Mitglieder des Kommandos wurden nur verletzt und als Gefangene abgeführt.

Insgesamt gesehen, waren die Opfer der Helden von München nicht umsonst. Zwar hatten sie nicht, wie gehofft, die Freilassung einiger ihrer in Israel gefangengehaltenen Kameraden bewirkt; dafür aber hatten sie die beiden anderen Ziele erreicht: Zum einen hat die Weltöffentlichkeit dank des weltweiten Interesses an der Olympiade von dem palästinensischen Drama erfahren, zum andern hat das palästinensische Volk gezeigt, daß es sich durchzusetzen weiß und sich von einer internationalen Veranstaltung nicht ausschließen läßt. Für das Blutbad aber, das am Ende dieses Unternehmens stand, müssen die Regierungen der Bundesrepublik Deutschland und Israels allein die schwere und unausweichliche Verantwortung tragen.

Aus einem Schuldgefühl heraus – vielleicht aber auch aus Feigheit – versuchten die deutschen Behörden, sich der gefangenen Fedajin zu entledigen. Fast zwei Monat später, am 29. Oktober 1972, bot sich ihnen hierzu die Gelegenheit: Eine Boeing der Lufthansa, die zwischen Beirut und Frankfurt verkehrte, wurde von einem palästinensischen Kommando nach Zagreb entführt. Die Fedajin verlangten die Freilassung der drei Überlebenden von München. Ihre Forderung wird sofort erfüllt, und heute kämpfen diese drei wieder als namenlose Soldaten in den Reihen der palästinensischen Widerstandsbewegung.

Die israelische Spitze aber hat versucht, ein Verbrechen durch ein zweites, noch erbärmlicheres Verbrechen zu verdecken. Achtundvierzig Stunden nach dem Blutbad von München bombardiert die israelische Luftwaffe erbarmungslos zehn palästinensische Flüchtlingslager in Syrien und im Libanon; mehr als zweihundert Zivilpersonen werden getötet oder verwundet. Noch am selben Tag läßt Abba Eban die Maske fallen und erklärt, Israel werde fortan dem Kampf gegen den Terrorismus gegenüber der Suche nach dem Frieden den Vorrang geben.

Der »Krieg der Schatten« aber wird um so erbitterter geführt. An viele unserer Kämpfer verschickt der israelische Geheimdienst getarnte Sprengstoffpakete: nach Beirut, nach Algier (der PLO-Vertreter Abu Khalil wird schwer verletzt), nach Tripoli (Mustafa Awad Zeid, ebenfalls PLO-Vertreter, erblindet und bleibt gelähmt), nach Kairo (Faruk Kaddumi und Hayel Abdel Hamid, beide Führer der Fatah, kommen unverletzt davon), nach Stockholm (Omar Sufan, Direktor des »Roten Halbmonds«, verliert an beiden Händen die Finger), nach Bonn (Adnan Hamad von der Vereinigung der palästinensischen Studenten wird schwer verletzt) und nach Kopenhagen (dem Studenten Ahmed Awadallah muß ein Arm amputiert werden). Nach dem Mord an den PLO-Vertretern in Rom und Paris, Zuaiter und Hamchari, wird am 25. Januar 1973 auch Hussein Abul Kheir, der Vertreter der PLO in Nicosia, getötet.

Der »Schwarze September« schlägt unerbittlich zurück. Drei Tage nach dem Mord an Abul Kheir läßt er mitten in Madrid einen israelischen Agenten niederschießen; dieser nannte sich Barukh Cohen, hieß aber in Wirklichkeit Moses Hanan Yschai. Er besaß mehrere Pässe und reiste oft unter falschem Namen von einer europäischen Hauptstadt in die andere, vor allem nach Paris, Brüssel und Rom. Es war ganz offensichtlich, daß er im israelischen Nachrichtendienst einen wichtigen Posten bekleidete. In Spanien hatte er eine Organisation aufgebaut, der vorwiegend aus Zisjordanien und dem Gazastreifen stammende Palästinenser angehörten. Diese betraute er mit Spionageaufträgen und provokatorischen Aktivitäten. So mußten sie beispielsweise über in Spanien lebende Palästinenser Erkundigungen einziehen, wobei es vor allem um deren passive oder aktive Unterstützung politischer Parteien ging. Eine andere Aufgabe bestand darin, in arabischen Ländern – beispielsweise in Ägypten und dem Libanon, wo einige der angeworbenen Studenten ihre Semesterferien verbrachten – bestimmte Informationen zu sammeln. Später plante Cohen aber auch Attentate gegen spanische Unternehmen, deren Eigentümer Juden waren oder zu Israel enge Geschäftsbeziehungen unterhielten. Sein Ziel war, die Palästinenser in der spanischen Öffentlichkeit in Mißkredit zu bringen und so ihre Ausweisung aus Spanien zu bewirken.

Er konnte jedoch nicht wissen, daß mehrere der von ihm angeworbenen Studenten dem »Schwarzen September« angehörten und auf Anweisung ihrer Organisation als Doppelagenten fungierten. Als ihm aber ernsthaft Zweifel kamen an der Vertrauenswürdigkeit jener, die unter den verschiedensten Vorwänden die ihnen aufgetragenen Aufgaben nicht ausgeführt hatten, sah man sich gezwungen, ihn umzubringen. Als er Anfang Januar, kurz nach dem auf Mahmud Hamchari in Paris verübten Anschlag, verkündete, daß er woandershin versetzt würde, mußte sein Tod dringend in die Wege geleitet werden. Nach Informationen des »Schwarzen September« war Cohen an dem Mord des PLO-Vertreters in Frankreich maßgeblich beteiligt gewesen.

Cohen bestimmte selbst den Zeitpunkt seiner Hinrichtung, als er seinem palästinensischen »Kontaktmann« in Madrid mitteilte, daß er am 28. Januar zum letzten Mal mit ihm zusammentreffen würde. Wie verabredet begab sich der Student in eine Bar mitten im Zentrum von Madrid. Doch in Wirklichkeit kamen *drei* Mitglieder des »Schwarzen September« zum Rendezvous: Außer Cohens Gesprächspartner warteten noch zwei bewaffnete Männer – einer in der Bar, der andere auf der Straße vor der Bar –, bereit, jeden Augenblick loszuschlagen.

Kurz nach seinem Eintreffen teilt Cohen dem Studenten mit, daß er ihn seinem Nachfolger vorstellen wolle, und fordert ihn auf, ihm zu folgen. Dieses großartige Angebot kommt völlig unerwartet! Der Student beschließt daher, die Hinrichtung aufzuschieben, um den neuen Agenten der Israelis kennenzulernen, doch er hat leider keine Möglichkeit, seine beiden Komplizen hiervon zu unterrichten. Als diese sehen, wie Cohen plötzlich mit seinem Begleiter die Bar verläßt, wissen sie nicht, was sie davon halten sollen. Diese Änderung ihres Plans war nicht vorgesehen, und so fürchten sie, daß ihnen ihr Opfer entkommen und – wie schon so häufig – plötzlich im Gedränge der Fußgänger verschwinden könnte. Daher eröffnet einer von ihnen aus nächster Nähe das Feuer und tötet Cohen, während der andere in die Luft schießt, um eine Panik hervorzurufen, die es allen drei Mitgliedern des Kommandos ermöglicht, in dem Tumult unterzutauchen. Kurz darauf verlassen sie an Bord eines Flugzeugs Spanien. Damit hatte der »Schwarze September« dem Mossad einen zweifachen Schlag versetzt. Cohens Tod hatte zur Folge, daß das gesamte israelische Spionagenetz in Spanien aufgelöst wurde, denn da der israelische Nachrichtendienst nicht wußte, wer von den »angeworbenen« palästinensischen Studenten ihren Agenten ausgeschaltet hatte, sah er sich gezwungen, die Beziehungen zu allen Mitgliedern der von Cohen so sorgfältig aufgebauten Organisation abzubrechen.

Im Zuge weiterer Aktionen des »Schwarzen September« wurde am 12. März 1973 in Nicosia ein anderer israelischer Agent namens Simha Guiltzen liquidiert. Fast einen Monat später, am 9. April, wurden in der zypriotischen Hauptstadt zwei weitere Attentate verübt: Das eine richtete sich gegen die Residenz des israelischen Botschafters, das andere gegen ein Flugzeug der israelischen Fluggesellschaft ElAl, das auf dem Flughafen in Nicosia gelandet war. Am Tag nach diesem zweifachen Attentat – am 25. Jahrestag des Massakers von Deir Jassin – ermordete ein israelisches Kommando in Beirut drei der bedeutendsten Führer der palästinensischen Widerstandsbewegung: Jussef El-Najjar (Abu Jussef), Kamal Adwan und Kamal Nasser.

Mit letzterem hatte mich eine enge Freundschaft verbunden. Auch außerhalb unseres politischen Tätigkeitsbereichs sahen wir uns wenigstens einmal am Tag, am liebsten abends, wenn wir ausreichend Zeit hatten, stundenlange Gespräche zu führen. Kamal war ein bedeutender Dichter und verstand es, der Verzweiflung eines am Boden liegenden Volkes genauso Ausdruck zu verleihen wie der Hoffnung der palästinensischen Widerstandsbewegung. Er war von bestechender Intelligenz, äußerst sensibel und stets guter Laune, geistreich und witzig. Darüber hinaus schätzte ich an ihm seine grundlegende Anständigkeit und seine Treue als Kämpfer. Er war ein überzeugter Baasist, hatte sich aber von der Baas-Partei losgesagt, als er feststellen mußte, daß diese nicht immer in Übereinstimmung mit den Grundsätzen handelte, an die er glaubte. Trotz seiner Sympathien für die Fatah trat er unserer Bewegung nicht bei, da er nicht immer völlig mit ihr übereinstimmte. Als Unabhängiger fungierte er als Sprecher der OLP – was nicht immer ein leichtes Amt war.

Immer wieder drehten sich unsere endlosen Gespräche um ein Problem, das uns sehr am Herzen lag: die Einheit der palästinensischen Befreiungsbewegung. In diesem Zusammenhang diskutierten wir ausführlich positive wie negative Aspekte der Widerstandsbewegung und suchten nach Mitteln und Wegen, um die begangenen Fehler und Abweichungen zu korrigieren. Wie häufig malten wir uns aus, wie wir eine Vermittlung und Versöhnung herbeiführen würden!

Etwa zehn Tage vor dem israelischen Überfall, der Kamal Nasser, Jussef El-Najjar und Kamal Adwan das Leben kosten sollte, waren wir mit mehreren Leuten – unter ihnen auch diese drei sowie Jasir Arafat – in Kamals Wohnung verabredet. Die drei Männer, die schon bald den Märtyrertod sterben sollten, wohnten in demselben Haus: Kamal Adwan in der zweiten Etage, Kamal Nasser in der dritten und Jussef El-Najjar in der sechsten. Ahnte ich etwas von dem tragischen Ende, das ihnen bevorstand? Jedenfalls fiel mir sofort bei meiner Ankunft auf, daß es weder Leibwächter noch irgendeine andere Sicherheitsvorkehrung gab, und meinte deshalb halb im Scherz, halb im Ernst: »Ihr seid wirklich sehr unvorsichtig! Demnächst kommt ein israelischer Hubschrauber, landet auf dem unbebauten Gelände vor eurem Haus und entführt euch!« Der Scherz wurde allgemein belacht, aber auch Arafat ermahnte sie noch einmal sehr ernsthaft, mehr für ihre Sicherheit zu tun. Sie antworteten nur, daß sie aus Rücksicht auf ihre Nachbarn das Haus nicht allzu auffällig unter Bewachung stellen wollten.

Der Zufall ergab, daß der Zentralrat der PLO, dem wir alle fünf angehörten, beschlossen hatte, am 9. und 10. April (dem Zeitpunkt des israelischen Überfalls) ausnahmsweise in Beirut zu tagen und nicht – wie üblich – in Damaskus. Die Sitzung vom 9. endete erst sehr spät, und ich übernachtete, wie ich es häufig tat, bei Kamal Nasser. Nach der Vormittagssitzung am nächsten Tag schlagen Najjar, Adwan und Nasser mir vor, in einem Restaurant am Strand, wo es ausgezeichneten Fisch gibt, mit ihnen zusammen Mittag zu essen. Im allgemeinen vermeide ich es aus Sicherheitsgründen, Lokale zu betreten. Ich weiß nicht, was mich an diesem Tag dazu veranlaßt hat, die Einladung anzunehmen; ich verspürte zumindest das Bedürfnis, mich nicht von meinen drei Kameraden zu trennen, selbst für zwei Stunden nicht. Nach einer besonders angenehm verlaufenen Mahlzeit, die wir in ausgelassener Stimmung einnehmen, kehren wir zusammen zum Zentralrat der PLO zurück; erst gegen neun Uhr abends sind die Beratungen beendet.

Jussef El-Najjar und Kamal Adwan gehen anschließend nach Hause; ich schlage Kamal Nasser vor, den Abend in seiner Wohnung zu verbringen. Zu meiner großen Überraschung aber antwortet er mir in scherzhaftem Ton: »Lieber sterbe ich, als daß ich dich bei mir 'reinlasse.« Dann erklärt er mir, daß er auf den gerade verstorbenen Dichter Issa Nakhla eine Elegie verfassen müsse, und meine Gegenwart würde ihn sicherlich von der Arbeit abhalten. Also trenne ich mich von ihm, so leid es mir auch tut, und da mir einfällt, daß ich noch die drei Überlebenden von München besuchen müßte, beschließe ich, zu ihnen zu gehen, um mir den Bericht ihrer Odyssee anzuhören. Am Ziel angelangt, bemerke ich rund um das Gebäude, in dem die von Najef Hawatmeh angeführte »Demokratische Front zur Befreiung Palästinas« (FDLP) ihr Hauptquartier hat und das nur etwa zehn Meter von dem Haus, in dem die drei Fedajin wohnen, entfernt ist, geschäftiges Treiben. Es hört sich an, als ob hier zum Kampf gerüstet wird. Auf meine Fragen erklären mir einige Fedajin der FDLP, daß ihre Leute in Alarmbereitschaft sind und einen Angriff der von Georges Habasch angeführten »Volksfront zur Befreiung Palästinas« befürchten. Ich werde ausgesprochen wütend und sage ihnen klar und deutlich, was ich von diesem unsinnigen Zwist zwischen zwei Organisationen der Widerstandsbewegung halte, die ihre Kräfte besser für den Kampf gegen den gemeinsamen Feind aufsparen sollten.

Natürlich wußte ich in diesem Augenblick nicht, wie sehr mir die Ereignisse recht geben sollten. Es war 9 Uhr 30 abends, und niemand wäre auch nur im entferntesten auf den Gedanken gekommen, daß drei Stunden später israelische Kommandos – und nicht die des Dr. Habbasch – das Gebäude der FDLP stürmen würden. Entgegen den elementarsten Regeln der Vorsicht hatten die Leute von Najef Hawatmeh in dem neunstöckigen Gebäude ihre sämtlichen Abteilungen untergebracht: die Verwaltung, die Finanzabteilung, die Presse und einen Teil ihres Archivs.

Das Gespräch, das ich kurz darauf mit den drei Überlebenden von

München führe, lenkt mich von meinen augenblicklichen Sorgen ab. Ihr detaillierter Bericht über den Verlauf der Operation fasziniert mich, doch die Schilderung der Folter, die sie in den deutschen Gefängnissen erlitten haben, erschüttert mich zutiefst. Die Mißhandlungen, denen einer von ihnen ausgesetzt war, hat im Bereich der Geschlechtsorgane zu dauerhaften Schäden geführt. Dann stellen sie mir Fragen zur augenblicklichen politischen Lage. Plötzlich hören wir Schüsse. Ich sehe auf die Uhr: es ist 0 Uhr 30. Von neuem gerate ich in Wut und erkläre meinen Gesprächspartnern, daß sich hier wahrscheinlich die Anhänger von Habasch mit den Anhängern von Hawatmeh bekriegen. Doch der Schußwechsel wird immer heftiger, und schließlich hört man schwere Detonationen. Mir kommen die ersten Zweifel. Ein Granatenhagel geht auf das Gebäude der Demokratischen Front nieder. Es ist unwahrscheinlich, ja sogar völlig ausgeschlossen, daß die angreifende Partei über Mörser verfügt. Langsam beginne ich zu ahnen, was sich hier abspielt, als der Hausmeister des Hauses, in dem ich mich befinde, in die Wohnung stürzt und mit erstickender Stimme schreit: »Die Juden! Die Juden sind da!« Er zittert am ganzen Körper und ist unfähig, noch ein weiteres Wort hervorzubringen.

Meine Prophezeiung, die ich zehn Tage zuvor ausgesprochen hatte, ohne selbst allzusehr daran zu glauben, ist somit eingetreten. Die Israelis befinden sich buchstäblich vor unserer Haustür. Wenn es ihnen gelungen war, den Sitz der FDLP ausfindig zu machen, mußten sie dann nicht auch wissen, daß drei Mitglieder des Kommandos von München im Nachbarhaus lebten? Und daß auch Jasir Arafat ganz in der Nähe wohnte? Da wir nur mit einfachen Revolvern bewaffnet sind, können meine drei Begleiter und ich nicht viel tun; wir verstecken uns daher im Treppenhaus auf der Höhe der vierten Etage. Einer holt den Fahrstuhl in den fünften Stock, wo er ihn außer Betrieb setzt, indem er die Tür blockiert. Die Angreifer wären somit gezwungen, zu Fuß heraufzukommen. Sie würden auf unseren bewaffneten Widerstand stoßen; denn wir waren entschlossen, uns bis auf die letzte Kugel zu verteidigen.

Plötzlich hören wir eine schwere Explosion, gefolgt von heftigem Krachen und Prasseln: wir vermuten, daß das Gebäude der FDLP mit Dynamit gesprengt wurde. Nach und nach werden die Schüsse seltener. Meine Freunde gehen auf die Straße und belauern die israelischen Kommandos, die sich zurückziehen und dabei zur Dekkung von Kameraden noch vereinzelte Schüsse abgeben. Unsere Feinde tragen die Drillichanzüge der Fedajin, sprechen aber untereinander hebräisch. Auch ich gehe auf die Straße und finde dort die leblosen Körper der drei Fedajin, denen ich drei Stunden zuvor Vorwürfe gemacht hatte, weil sie für den Kampf gegen die Volksfront rüsteten. Ihre Kameraden, die sich zur Zeit des Überfalls in dem Gebäude befanden, waren größtenteils unverletzt, da sie vor der Sprengung das Haus verlassen hatten, um den Angreifern Widerstand zu leisten.

Ich überquere die Straße und gehe zu Arafats Wohnung; auch ihm ist nichts passiert. Er erzählt mir, daß die Israelis das Haus, in dem er wohnt, unter Beschuß genommen haben; das Feuer war jedoch schon bald wieder eingestellt worden; ganz offensichtlich wußten die Angreifer nicht, daß er dort wohnte. Außerdem hätten seine Leibwächter erbitterten Widerstand geleistet. Einige Fedajin, die wegen geringfügiger Vergehen im Keller des Hauses eingesperrt und bei Beginn der Kämpfe freigelassen und bewaffnet worden waren, hatten entscheidend dazu beigetragen, die israelischen Soldaten zurückzuschlagen. Arafat hatte den Kampf vom Dach des Gebäudes aus verfolgt und seinen Männern von dort aus Anweisungen erteilt.

Er hatte erfahren, daß ich mich während des Kampfes in einem benachbarten Haus aufgehalten hatte, und war überzeugt, daß ich getötet worden sei. Als er mich nun vor sich sah, war er zutiefst bewegt und hielt mich lange in seinen Armen. Sichtbar erregt teilte er mir dann mit, was er bisher in Erfahrung gebracht hatte; die im Süden in der Nähe von Saida und in Beirut eingedrungenen israelischen Kommandos hatten gleichzeitig mehrere palästinensische Schaltstellen angegriffen. Das Schlimmste aber war, daß sie in die Wohnungen von Jussef El-Najjar, Kamal Adwan und Kamal Nasser eingedrungen waren. Doch zu diesem Zeitpunkt weiß Arafat noch nicht, ob diese entführt oder getötet sind. Einige Minuten später erhalten wir die niederschmetternde Nachricht: Unsere drei Kameraden sind ermordet.

Ich fasse sofort den Entschluß, in die Rue Verdun zu fahren, wo die Wohnungen der Opfer liegen. Angesichts des großen Risikos, das hiermit verbunden ist, versucht Arafat, mich von meinem Vorhaben abzubringen – doch vergebens. Beim Anblick, der sich mir in Kamal Nassers Wohnung bietet, packt mich das Grauen. In dem dichten Rauch – hervorgerufen durch eine Rakete, die die Israelis kurz vor ihrem Angriff abgeschossen hatten – entdecke ich meinen Freund in der Stellung des Gekreuzigten am Boden liegen. Die Konturen seines Mundes sind wie gezackt: mehr als fünfzehn Kugeln haben das Fleisch durchlöchert. Bei ihrer grauenvollen Arbeit hatten die Mörder nicht vergessen, Symbole zu setzen: Kamal war Christ gewesen und zugleich Wortführer der PLO. Sein Bett sowie das Bett im Wohnzimmer, in dem ich meistens schlief, sind völlig durchlöchert, zweifellos um jeden aufzustöbern, der darunter Zuflucht gesucht hätte.

Kamal trug einen Pyjama, was darauf hindeutet, daß der Überfall ihn wahrscheinlich im Schlaf überrascht hat, oder aber in dem Augenblick, als er ins Bett gehen wollte. Das Fenster seines Zimmers war geöffnet und die Jalousie heruntergerissen, so als ob er zunächst versucht hätte zu fliehen. Danach hatte er sich mit seinem Revolver verteidigt, den wir neben ihm fanden. Aber sein Widerstand hatte nur kurze Zeit gedauert, denn es fehlten nur zwei Kugeln. Da erinnerte ich mich, wie ich oft scherzhaft zu ihm gesagt hatte: »Du bist nur ein Dichter und wirst nie in deinem Leben deine Waffe benutzen!« Ich hatte gar nicht so unrecht gehabt. Ist er nicht in dem Augenblick gestorben, als er eine Elegie verfaßte?

Die Umstände, die zum Tod unserer beiden anderen Kameraden geführt haben, sind uns aufgrund der Aussagen ihrer Familienangehörigen besser bekannt. Mit einer Pistole, die mit einem Schalldämpfer versehen ist, schießen die israelischen Kommandos als erstes den Fedajin nieder, der vor dem Eingang des Gebäudes Wache steht. Dann fahren sie mit dem Fahrstuhl in den sechsten Stock. Mit einem Sprengsatz öffnen sie gewaltsam die Eingangstür zu Najjars Wohnung. Dieser schläft schon, da er gewöhnlich früh ins Bett geht. Seine Kinder aber – der 16jährige Jussef und seine vier Töchter – sind noch wach; sie sitzen in ihrem Zimmer bei den Schularbeiten. Der junge Jussef läuft als erster zur Wohnungstür und steht plötzlich den israelischen Kommandos gegenüber, die ihn auf arabisch anschreien: »Wo ist dein Vater?« Von Panik gepackt, rennt der Junge in sein Zimmer zurück und klettert aus dem Fenster, um sich dann an einer Kanalisationsleitung bis in die darunterliegende Wohnung hinabgleiten zu lassen; hier sucht er Zuflucht.

Najjar, der inzwischen von dem Lärm wach geworden ist, schließt sich im Wohnzimmer ein, das zwischen seinem Schlafzimmer und dem Flur liegt. Und während die Israelis versuchen, die Tür einzuschlagen, bittet er seine Frau, ihm seinen Revolver zu holen. Doch plötzlich knallen Schüsse hinter der Tür, die gleich darauf aufgestoßen wird. Najjar schwankt, schwer getroffen. »Feiglinge! Verräter!« brüllt er seinen Angreifern zu. Seine Frau versucht ihn zu schützen, indem sie sich zwischen ihren Mann und die Israelis stellt. Doch eiskalt schießen sie weiter und töten beide.

Zur selben Zeit versuchen andere Israelis, in die im zweiten Stock gelegene Wohnung Kamal Adwans einzudringen. Adwan, der noch gearbeitet hat, ist durch verdächtige Geräusche im Treppenhaus vorgewarnt. Kaum hat er sein Maschinengewehr ergriffen, als die Angreifer auch schon die Eingangstür aufbrechen. Bevor er überhaupt den Finger am Abzug bewegen kann, bricht er, von mehreren Schüssen getroffen, zusammen. Eine zweite Gruppe von Israelis, die außen am Haus an einer Rohrleitung emporgeklettert und durch das Küchenfenster gestiegen war, hatte ihn in den Rücken geschossen. Seine Frau und sein Kind, die hilflos dieser grausamen Tat zusehen mußten, bleiben von den Israelis verschont, die dann in die dritte Etage steigen, um ihr drittes Opfer niederzumetzeln, Kamal Nasser.

Es ist offensichtlich, daß die Kommandos von General Dajan, dem damaligen israelischen Verteidigungsminister, kaum fast drei Stunden lang ungestört mitten in Beirut hätten operieren können, wenn sie nicht an Ort und Stelle selbst starke Verbündete gehabt hätten. Die Armee, die Gendarmerie und die Sicherheitskräfte des libanesischen Staates haben nicht einmal versucht einzugreifen. Sowohl in Beirut selbst als auch im Süden des Landes konnten die Israelis sich mit erstaunlicher Sicherheit bewegen, was darauf schließen läßt, daß sie die Örtlichkeiten ganz genau kannten. Wir hatten jedoch damals keine Beweise, um einen konkreten Verdacht zu äußern. Aber die enge Zusammenarbeit zwischen den libanesischen Rechtsparteien und Israel, die zwei Jahre später während des libanesischen Bürgerkrieges offenbar wurde, zerstreute unsere letzten Zweifel an unserem Verdacht, daß die Israelis bei ihrer Operation vom 10. April 1973 mit heimlicher Unterstützung hatten rechnen können.

Im allgemeinen besaß Israel in seinem Kampf gegen das palästinensische Volk unvergleichlich bessere Möglichkeiten als wir. Im »Krieg der Schatten« verfügte es über gutorganisierte und gutausgerüstete Verbände, über eine fortschrittliche Technologie sowie über zahlreiche Botschaften im Ausland, die als Nachschubbasen dienten. Hinzu kommt die bedingungslose Unterstützung von Mitgliedern der jüdischen Gemeinden, die über die ganze Welt verstreut sind. Die Palästinenser hingegen verfügen nicht einmal über einen eigenen Staat, geschweige denn über einen sicheren Schlupfwinkel; sie mußten nicht nur Israel die Stirn bieten, sondern auch zahlreichen anderen Staaten, sogar im arabischen Lager. Und dennoch haben wir in diesem ungleichen Kampf einige großartige Erfolge verbuchen können.

Zweifellos haben die Israelis ihr Ziel, die führenden Köpfe der Fedajin-Bewegung zu liquidieren, nicht aus dem Auge verloren. Sie glauben, dadurch die palästinensische Befreiungsbewegung zerstören zu können. Und ich bin ohne Zweifel nach wie vor eine ihrer vorrangigen Zielscheiben. Jahrelang hat der israelische Nachrichtendienst – unterstützt vom jordanischen und US-amerikanischen Geheimdienst – eine Pressekampagne geführt mit dem Ziel, mich »aufzubauen« als Kopf des »Schwarzen September« und den Mann, der für eine Reihe von Terroranschlägen verantwortlich ist, für die jedoch bereits verschiedene andere Organisationen die Verantwortung übernahmen. In den vergangenen Jahren wurden in Beirut und Damaskus mehrere gegen mich gerichtete Mordanschläge aufgedeckt, die alle nicht zu dem gewünschten Erfolg führten. Einmal jedoch – es war im August 1973 – hätte ein Komplott, das äußerst geschickt geplant und besonders gefährlich war, mich sowie meine Familie beinahe das Leben gekostet.

Ich befand mich damals auf der Durchreise in Kairo, wo meine Frau und meine sechs Kinder in einer Wohnung leben, die mir gleichzeitig als Privatbüro dient. Einer meiner Leibwächter teilte mir mit, daß ein junger Mann mich dringend zu sprechen wünsche; er sei im Besitz wichtiger Informationen, die er mir vertraulich mitteilen wolle. Mir bleibt also nichts anderes übrig, als mit ihm zu sprechen. Kaum steht er mir gegenüber, sagt er mir auf den Kopf zu, daß er den Auftrag habe, mich zu töten. Und um seinen Worten Nachdruck zu verleihen, öffnet er seine Aktentasche und reicht mir eine mit einem Schalldämpfer versehene Pistole. Wie er mir erzählt, habe er nicht das Risiko eingehen wollen, bei dem geplanten Attentat niedergeschossen oder gefangengenommen zu werden. Und er fährt fort, er habe es vorgezogen, alles zu gestehen, bittet mich aber, als Gegenleistung für seine Sicherheit zu sorgen. Er wolle in einem arabischen Land in Nordafrika ein neues Leben beginnen; sollte dies nicht möglich sein, so wolle er in ein sozialistisches Land.

Er war Palästinenser und stammte aus Zisjordanien. Den Auftrag, mich zu ermorden, hatte er von einem Offizier des israelischen Nachrichtendienstes erhalten, den er auch namentlich benannte. Nachdem er den Jordan überquert hatte und auf dem Weg nach Amman war, wo er ein Flugzeug besteigen sollte, wurde er jedoch von der jordanischen Polizei festgenommen, die ihn einem strengen Verhör unterzog. Als er schließlich verriet, welchen Auftrag er hatte, versprach ihm ein Offizier König Husseins, Faleh El-Rifaï, eine zusätzliche Belohnung für den Fall, daß es ihm gelingen sollte, mich umzubringen. Diese Auskunft interessierte mich ganz besonders, weil ich Faleh El-Rifaï gut kannte. Er leitete damals jene Abteilung des jordanischen Nachrichtendienstes, die damit beauftragt war, die Fatah zu bekämpfen.

Mein junger Gesprächspartner verriet mir außerdem, daß Tel Aviv und Amman einen detaillierten Plan meiner Wohnung in Kairo besaßen; auch über mein Personal, über die von der ägyptischen Sicherheitspolizei getroffenen Sicherheitsvorkehrungen sowie über meine täglichen Unternehmungen waren sie genauestens informiert. Er fügte hinzu, daß er mich daher zwei Tage zuvor ohne weiteres vor dem Eingang zum Funkhaus hätte niederschießen können; und tatsächlich war ich aus Anlaß einer palästinensischen Sendung zu der von ihm angegebenen Zeit im Funkhaus gewesen.

Ich danke ihm aufs herzlichste und bitte ihn um seinen Namen und seine Adresse, um mich später mit ihm in Verbindung setzen zu können. So erfahre ich, daß er in einem bescheidenen Hotel namens »Lotus« abgestiegen ist. Nachdem er mir seine Aktentasche und natürlich auch seine Pistole ausgehändigt hat, verabschiedet er sich.

Aus Gründen der Vorsicht bitte ich den ägyptischen Nachrichtendienst, Erkundigungen über den jungen Mann einzuziehen. Kurz darauf teilt man mir mit, daß man ihn nur unter Schwierigkeiten habe ausfindig machen können, da unser junger Freund unter einem anderen als dem mir genannten Namen im Hotel »Lotus« abgestiegen ist; dieser Name stimmt im übrigen auch nicht mit dem in seinem Reisepaß überein. Die ägyptischen Untersuchungsbeamten hatten bei einer diskreten Durchsuchung des Hotelzimmers unter anderem einen kleinen Koffer entdeckt, der allerdings verschlossen war, so daß sie seinen Inhalt nicht überprüfen konnten.

Drei Tage später, um 7 Uhr morgens, werde ich von einem meiner Leibwächter geweckt, der mir mitteilt, daß derselbe junge Mann darauf bestehe, mich sofort zu sprechen. Neugierig willige ich ein. Kaum steht er mir im Wohnzimmer gegenüber, als ich auch schon in seiner Hand den kleinen Koffer bemerke, den mir die ägyptischen Polizeibeamten beschrieben hatten. Ich fordere ihn sofort auf, den Koffer zu öffnen. Er wird rot, stammelt einige unverständliche Worte, bricht schließlich zusammen. Der Koffer, so gesteht er, enthalte eine Sprengstoffladung, die stark genug ist, das ganze Haus in die Luft zu jagen und meine Frau und meine sechs Kinder zu töten. Gemäß den erhaltenen Anweisungen sollte er, bevor er mich verließ, den Koffer unter einem Sessel verstecken. Durch seinen ersten Besuch und sein »Geständnis« sollte er mein Vertrauen gewinnen und sich mit meiner Umgebung vertraut machen; erst dann sollte er die zweite und letzte Phase der Operation in Angriff nehmen, so wie sie von den israelischen und jordanischen Nachrichtendiensten geplant war. Seinen Vorschlag, den kleinen Koffer zu öffnen, lehne ich ab und liefere ihn dafür umgehend der ägyptischen Polizei aus. Seitdem sitzt er in einem Kairoer Gefängnis.

Weitere Anschläge wurden auf das Leben meiner Familie verübt. Zweimal erhielten meine Kinder Schokoladenpackungen, die jedoch Sprengstoff enthielten. Glücklicherweise aber haben meine Frau und ich ihnen beigebracht, wachsam zu sein. Sie sind inzwischen derart mißtrauisch gworden, daß sie nicht einmal die Pakete mit Süßigkeiten öffnen, die ich ihnen schicke, wenn ich im Ausland bin.

Obwohl mein Leben ständig in Gefahr ist, habe ich keine Angst vor dem Tod. Ich bin gläubig, ohne Mystiker zu sein. Daher habe ich trotz meines Glaubens an die göttliche Vorsehung, die mich bisher beschützt hat, ein Mindestmaß an Vorsichtsmaßnahmen getroffen, um meine Sicherheit und die meiner Familie zu gewährleisen. Da ich Blutvergießen verabscheue, war ich stets bemüht, die jungen Schwärmer der Widerstandsbewegung daran zu hindern, Attentate zu verüben, die ich in Hinblick auf unsere Sache für sinnlos, ja sogar für schädlich hielt.

Der Krieg vom Oktober 1973 hat bewirkt, daß wir jetzt – zumindest vorläufig – der Politik gegenüber der Gewalt den Vorrang geben.

VII

OKTOBERLEUCHTEN

Im März 1973, etwa einen Monat vor dem Überfall des israelischen Kommandos in Beirut, hörten wir zum ersten Mal, daß der Krieg, von dem Sadat nun schon seit Monaten sprach, direkt bevorstand. Vier von uns waren von dem ägyptischen Präsidenten empfangen worden: Jasir Arafat, Jussef El-Najjar, Abu Jihad und ich. Vor der Unterredung hatten uns hohe Offiziere der Armee anvertraut, daß der Beginn des Krieges für Mai vorgesehen war; Sadat aber erzählte uns etwas ganz anderes. Von der Möglichkeit eines Krieges sprach er überhaupt nicht; hingegen beklagte er sich lang und breit darüber, daß die Sowjetunion immer noch zögerte, ihm die entscheidenden Waffen zu liefern. Während unserer Unterredung sprach er lange über die Entwicklung der ägyptisch-sowjetischen Beziehungen, wobei er die Ansicht vertrat, daß die Führer des Kreml gegen ihn waren.

Mitte August ersuchten Faruk Kaddumi und ich den ägyptischen Präsidenten erneut um eine Unterredung, da wir einige Angelegenheiten mit ihm zu besprechen hatten. Er ließ uns jedoch mitteilen, daß er nur einen von uns zu einem Gespräch unter vier Augen empfangen wolle. Wir waren etwas überrascht, bestanden aber beide darauf, ihn zu sprechen, und erklärten, daß wir keine Geheimnisse voreinander hätten. Also lud Sadat uns ein, ihn in seinem Palast Borj El-Arab zu besuchen; dieser liegt an der Straße von Alexandrien zur libyschen Grenze, nur wenige Kilometer von der Mittelmeerküste entfernt.

Der ägyptische Staatschef empfing uns gut erholt und in sommerlicher Aufmachung auf der Veranda seiner Residenz. Zunächst redeten wir über belanglose Dinge, dann befragte er uns zur allgemeinen Situation der palästinensischen Widerstandsbewegung. Wir hatten jedoch den Eindruck, daß er uns nicht recht zuhörte und unsere

Antworten ihn nicht sonderlich interessierten. Den Grund für dieses merkwürdige Verhalten erfuhren wir schon bald. Ganz plötzlich wechselte Sadat das Gesprächsthema und teilte uns ohne Umschweife mit, daß er »noch vor Ende des Jahres« einen Krieg gegen Israel beginnen würde. Einen Hinweis auf den etwaigen Zeitpunkt erhielten wir dadurch, daß er hinzufügte, nähere Einzelheiten würden wir nach dem für Anfang September geplanten Gipfel der blockfreien Staaten, d.h. »kurz vor Beginn der Feindseligkeiten«, erfahren. Er hatte sogar schon einen Namen für diese Operation: »das Aufleuchten«; sie sollte gemeinsam mit Syrien durchgeführt werden. Dieser Krieg, so erklärte er uns, werde kein totaler Krieg sein, er solle nur das israelisch-arabische Problem aus dem Engpaß herausführen. Ganz gelassen, so als ob sich das von selbst verstünde, fügte er hinzu: »Und dann werden wir uns alle gemeinsam zu Friedensverhandlungen zusammensetzen.«

Ich gebe zu, daß Kaddumi und ich diesem letzten Satz keine allzu große Bedeutung beimaßen, so sehr begeisterte uns die Idee eines Krieges gegen Israel. Endlich hatten Ägypten und Syrien, die beiden hauptsächlich am Konflikt beteiligten Länder, die Notwendigkeit des bewaffneten Kampfes eingesehen! Natürlich versicherten wir Sadat, daß er auf unsere volle Unterstützung zählen könne, und fragten ihn, was er von uns in dieser Hinsicht erwarte. Er erwiderte, daß er über eine größtmögliche Anzahl von Fedajin sowie über Einheiten der ALP (Befreiungsarmee Palästinas) zu verfügen wünsche, um sie in dem bevorstehenden Kampf einzusetzen. Wir sollten nur alle absolutes Stillschweigen bewahren, auch dem syrischen Präsidenten Hafez El-Assad gegenüber, da dieser nichts von unserer Unterredung wissen dürfe. Danach ließ er Abdel Salam Tewfick kommen, der erst kurz zuvor zum Chef der Abwehr ernannt worden war, und bat ihn, alle praktischen Fragen, die mit unserer Teilnahme am Kampf zusammenhingen, mit uns zu klären.

Wie vereinbart, wurden Kaddumi, Arafat und ich nach dem Gipfel der blockfreien Staaten, d.h. am 9. September 1973, von Sadat empfangen; am Tag darauf wollte dieser mit Assad und Hussein zusammentreffen. Von Krieg sprach Sadat gegenüber Hussein mit keiner Silbe. Der eigentliche Zweck dieses Treffens war die Wiederaufnahme der diplomatischen Beziehungen Ägyptens und Syriens mit Jordanien, die kurz nach dem an den Palästinensern verübten Massaker von Jerasch und Ajlun abgebrochen worden waren. Diese

Normalisierung der Beziehungen sollte für den bevorstehenden Krieg günstigere Bedingungen an der »Ostfront« schaffen.

Im Verlauf unserer Unterredung vom 9. September erklärte uns Sadat in allen Einzelheiten, wie seine Pläne aussahen; dabei sprach er besonders ausführlich über die Zeit nach dem Krieg: Er selbst würde die Friedenskonferenz einberufen. Er nannte zwar noch nicht Genf als Ort der Verhandlungen, führte aber bereits die Parteien auf, die daran teilnehmen sollten – in etwa dieselben, die schließlich im Dezember an den Genfer Friedensverhandlungen teilnahmen: die Vereinigten Staaten von Amerika, die Sowjetunion, Israel, Ägypten, Syrien, Jordanien und die PLO. Auf die Frage, in welcher Eigenschaft Jordanien eingeladen würde, äußerte sich Sadat in einer für uns nur wenig überzeugenden Weise. Über eine eventuelle Teilnahme unsererseits konnten wir uns jedoch noch nicht äußern, da wir erst die Ansicht aller Führer der Widerstandsbewegung einholen mußten. Im gegenwärtigen Augenblick war für uns das Entscheidende, zu klären, unter welchen Bedingungen wir am Kampf teilnehmen würden.

Zu diesem Zweck empfing Sadat am 12. September Jasir Arafat. Bevor sie sich trennten, versicherte der ägyptische Präsident unserem Kameraden, daß er ihm zu gegebener Zeit das genaue Datum des Kriegsausbruchs mitteilen würde.

Nach unserer Rückkehr in Beirut beriefen wir nacheinander den Revolutionsrat und das Zentralkomitee der PLO ein, um sie in möglichst allgemein gehaltenen Worten, ohne Präzisierung von Einzelheiten, über die Absichten Sadats zu unterrichten. Die meisten unserer Kameraden waren von dieser Eröffnung kaum beeindruckt, da sie äußerst skeptisch waren und die Drohungen, die der ägyptische Staatschef schon seit längerer Zeit von sich gab, kaum ernst nahmen.

Am 30. September, sechs Tage vor Ausbruch des Krieges, erhielt ich von der ägyptischen Botschaft in Beirut eine Nachricht, in der ich gebeten wurde, sofort nach Kairo zu reisen. Ich saß gerade mit Vertretern verschiedener Fedajin-Organisationen zusammen; als ich ihnen von dieser Botschaft berichtete und dazu erklärte, daß diese Vorladung sicher mit dem bevorstehenden Krieg zusammenhinge, brachen sie in schallendes Gelächter aus. Abu Ahmel El-Jamani von der FPLP (Georges Habasch) meinte nur: »Ich wette einen ganzen Hammel, daß Sadat keinen Krieg anfängt!« – Ich nahm die Wette an. Da ich aber nicht glaubte, daß der Krieg schon so bald ausbrechen würde, verließ ich Beirut erst am 4. Oktober; am Abend desselben Tages traf ich in Kairo ein.

Am Flughafen erwartet mich – was mich sehr verwundert – ein höherer Offizier, der mich unverzüglich zu Feldmarschall Ahmed Ismail, dem Verteidigungsminister, bringt. Dieser erklärt mir: »Übermorgen gehen wir zum Angriff über. Sie sind sehr spät gekommen; Jasir Arafat muß unbedingt sofort benachrichtigt werden.« Aus Vorsicht will ich kein chiffriertes Telegramm schicken und beschließe daher, die Nachricht durch einen Boten zu übermitteln. Doch unglücklicherweise gibt es an diesem Abend nach Beirut keine Flugverbindung mehr. Ich verfasse daher einen unverschlüsselten Text, den ich am nächsten Morgen in einem verschlossenen Briefumschlag einem Mitglied der Widerstandsbewegung übergebe – mit der strikten Anweisung, den Umschlag zu vernichten, falls seine Maschine nach Israel oder in ein anderes Land entführt werden sollte. Verständlicherweise wundert sich der Bote über so viel Geheimnistuerei und Vorsicht, bis mir eine Begründung einfällt, die ihm glücklicherweise plausibel erscheint: Der Umschlag, den er Arafat eigenhändig übergeben solle, enthalte meine Rücktrittserklärung, ich wolle aber verhindern, daß sie vor ihrer Annahme bekannt würde.

Im allgemeinen ist es sehr schwierig, mit Arafat kurzfristig Kontakt aufzunehmen. Der Bote konnte ihm daher mein Schreiben erst spät am Freitagabend übergeben. Nur wenige Stunden später befanden sich alle Kampfverbände der Widerstandsbewegung in Alarmbereitschaft. Am nächsten Morgen begannen die ägyptischen Truppen die Rückeroberung des Suezkanals, während die syrische Armee die Ebenen und schließlich die Golanhöhen im Sturm eroberte.

Faruk Kaddumi und ich waren gebeten worden, am Tag des Kriegsausbruchs unsere Wohnung nicht zu verlassen. Wir sollten Präsident Sadat zur Verfügung stehen, da dieser uns noch am selben Tag unbedingt sprechen wollte. Mit großer Genugtuung erfuhren wir um 14 Uhr über Radio Kairo, daß der Krieg begonnen hatte. Um 17 Uhr wurde uns mitgeteilt, daß der Präsident der Republik uns um Punkt 19 Uhr im Palast Al Tahira in Manchiet El-Bakri, einem Vorort von Kairo, zu sprechen wünsche.

Umgeben von Panzern und schweren Maschinengewehren, bewacht von einer großen Zahl schwerbewaffneter Soldaten, sah die relativ kleine, geschmackvoll eingerichtete Residenz des Präsidenten wie eine Festung aus. Das Erdgeschoß hatte man in eine Art

Hauptquartier verwandelt. Sadat empfängt uns in einem danebenliegenden Salon. Er trägt die Uniform eines Feldmarschalls. (Nach der Verfassung ist er der Oberbefehlshaber der ägyptischen Streitkräfte.) In triumphierendem Ton und mit leuchtenden Augen fragt er uns, kaum daß wir den Raum betreten haben: »Habe ich Ihnen nicht gesagt, daß ich Krieg gegen Israel führen werde? Glauben Sie mir jetzt?«

Noch nie habe ich Sadat in einem solchen Zustand der Euphorie erlebt. Er strahlt vor Genugtuung und scheint vor Freude und Begeisterung fast zu platzen: »Wir haben tatsächlich die Bar-Lev-Linie durchbrochen. Gerade werden unsere Pontonbrücken installiert. Nur eine macht uns Sorgen, denn sie ist nicht stabil genug.« Entsprechend den Nachrichten, die er aus seinem Hauptquartier oder über Telefon erhält, werden wir von Sadat über den jeweiligen Stand der militärischen Operationen auf dem laufenden gehalten. Er wird immer aufgeregter: »Unsere Panzer haben gerade den Suezkanal überquert! Die Infanterie wird bald folgen!«

Ich erzähle ihm, mit welcher Begeisterung die Nachricht von dem Angriff auf Israel in den Straßen Kairos gefeiert wird, und füge hinzu: »Das ägyptische Volk, nein: alle arabischen Völker hoffen darauf, sich von der Schande reinwaschen zu können, die ihnen während des Sechs-Tage-Krieges im Juni 1967 von Israel zugefügt wurde.« Sadat hört mir entzückt zu und erwidert: »Wie herrlich ist doch die Macht! Wir sind stark! Wir werden gewinnen!« An diesem Abend spricht er stundenlang über nichts anderes als über Gewalt und Rückeroberung. Es ist das erste und zugleich das letzte Mal, daß von »Frieden« oder »Verhandlungen« nicht die Rede ist. Vor allem überrascht er uns durch die Erklärung: »Meine Armeen werden bis zu den Mitla- und Giddi-Pässen vorstoßen (von hier aus kann man die ganze Sinai-Halbinsel kontrollieren). Dann werde ich den Fedajin und ihrer Guerilla das Feld überlassen.«

Die anfänglichen Erfolge steigern noch seinen Optimismus. Kurz nach der Kanalüberquerung durch die Dritte Armee – es ist etwa 21 Uhr 30 – sagt er zu uns: »Es ist phantastisch. Für diese Phase der Operation hatten wir auf unserer Seite mit mehreren tausend Toten gerechnet. Gerade habe ich aber erfahren, daß es weniger als zweihundert Tote gegeben hat. Ist das nicht großartig!«

Gegen 22 Uhr 30 wird ihm ein Telegramm überbracht, und ganz plötzlich verdüstert sich seine Miene. Immer wieder liest er die Botschaft; Trauer und Wut zeichnen sich in seinen Zügen ab. Mit einer Geste der Ungeduld erklärt er uns:»Ich kann es einfach nicht glauben. Die Sowjets teilen mir mit, daß Hafez El-Assad ihren Botschafter in Damaskus darum ersucht hat, einen Waffenstillstand auszuhandeln!« Diese Nachricht trifft uns völlig unvorbereitet; wir sind sprachlos. Es war schier unvorstellbar, daß Moskau eine derartige Geschichte aus freien Stücken erfunden hatte. Und wenn die Nachricht nun den Tatsachen entsprach! Warum sollte Assad das Einstellen der Kämpfe verlangen gerade zu einem Zeitpunkt, da seine Armee auf den Golanhöhen einen Erfolg nach dem andern erzielte?

Gerade als wir uns diese Frage stellen, läßt Sadat unbeabsichtigt zwei Sätze fallen, die uns seitdem nicht mehr aus dem Kopf gehen: »Und dabei sind Assad und ich mit Feisal (dem König von Saudi-Arabien) übereingekommen, mindestens zehn Tage lang Krieg zu führen. Denn das ist das mindeste, was er braucht, um ein Ölembargo vorzubereiten!« Kaddumi und ich sind völlig sprachlos, so ungeheuerlich erscheint uns diese Enthüllung. Der Krieg verfolgte also nicht das Ziel, die Sinai-Halbinsel zu befreien; was man beabsichtigte, war, den Westen wirtschaftlich unter Druck zu setzen. Der Krieg war also, noch bevor er begonnen hatte, bereits dazu ausersehen, nur den Interessen *einer* Seite zu dienen.

Doch schon bald konnte sich Sadat wieder beruhigen. Kurz nachdem er die Botschaft der Sowjets erhalten hat, wird er in unserer Gegenwart von Assad angerufen. Dieser bekräftigt seinen festen Willen zur Fortführung des Kampfes und betont mit Nachdruck, daß er beim Botschafter der Sowjetunion in Damaskus niemals um einen Waffenstillstand nachgesucht habe. Ich hatte leider nie Gelegenheit, unsere sowjetischen Freunde in dieser Angelegenheit zu befragen, vermag aber die Version des syrischen Präsidenten wiederzugeben, wie er sie mir während einer Unterredung im Januar 1978 anvertraute.

Assad war sehr empört, als ich ihm berichtete, was Sadat uns über ein Geheimabkommen mit König Feisal erzählt hatte (an dem meiner Meinung nach auch die Vereinigten Staaten von Amerika beteiligt waren, denn diese haben in mehrfacher Hinsicht politisch wie wirtschaftlich großen Nutzen aus dem Oktoberkrieg gezogen). Der syrische Präsident erklärte mir, er habe mit Sadat nur vereinbart, daß nach der Rückeroberung der Golanhöhen und der Sinai-Halbinsel bis zu den Mitla- und Giddi-Pässen ein Waffenstillstand ausgehandelt werden sollte. »Wenn ich gewußt hätte«, so sagte er zu mir, »daß die ägyptische Armee nur wenige Kilometer hinter dem Kanal haltmachen würde, hätte ich meiner eigenen Armee ein bescheideneres Ziel gesetzt und ihr damit die Demütigungen erspart, die ihr durch Sadats Schuld zugefügt wurden!« In der Tat war es den Israelis dadurch, daß die ägyptische Offensive zum Stillstand kam, möglich, einen beträchtlichen Teil ihrer Streitkräfte an die syrische Front zu schicken.

Jetzt begriff ich auch, warum Sadat uns im August gebeten hatte, Assad nichts von dem zu sagen, was er uns über die begrenzten Ziele des von ihm geplanten Angriffs anvertraut hatte. Und um ganz sicherzugehen, daß wir seine Absichten auch wirklich geheimhalten würden, hatte er uns suggeriert, daß der syrische Präsident uns – und insbesondere Jasir Arafat – verabscheue und daher nicht wünschte, daß wir an ihrem gemeinsamen Unternehmen beteiligt würden. Der Oktoberkrieg sollte nach Sadats Vorstellungen – wie er sich uns gegenüber im August auch ausgedrückt hatte – nur ein »Aufleuchten« sein und nicht die alles verschlingende Glut, wie sie die ganze arabische Welt erhoffte.

Unsere Unterredung mit Sadat am Abend des 6. Oktober dauerte vier Stunden. Kaddumi und mir war es unangenehm, daß wir die wertvolle Zeit des Staatschefs, der obendrein mit anderen, wichtigen Aufgaben beschäftigt war, so über Gebühr beanspruchten. Aber jedes Mal, wenn wir uns verabschieden wollten, bestand er darauf, daß wir noch blieben. Diese ausgesprochene Freundlichkeit uns gegenüber konnten wir einfach nicht begreifen. Rückblickend glaube ich, daß er für den Fall, daß er den Krieg verlieren würde – was für seine politische Zukunft katastrophale Folgen haben konnte –, aber auch für den Fall, daß er ihn gewinnen würde, um jeden Preis die Palästinenser auf seiner Seite haben wollte. In Hinblick auf die letztere der beiden Möglichkeiten wollte er unbedingt unser Vertrauen gewinnen, um uns in den Prozeß einzubeziehen, den er anschließend einzuleiten gedachte und der uns den Frieden bringen sollte. Um 23 Uhr entließ er uns schließlich, da ihn zwei seiner engsten Mitarbeiter, der ehemalige Vizepräsident der Republik, Hussein El-Chafei, und der derzeitige Parlamentspräsident, Sajed Marei, zu sprechen wünschten.

Während des ganzen Oktoberkriegs wurde von den Palästinensern kaum gesprochen. Die in Kairo und Damaskus herausgegebenen Heeresberichte schilderten in schillernden Farben die Triumphe der Ägypter und Syrer; die von uns erzielten Erfolge aber wurden stillschweigend übergangen, ja, es wurde nicht einmal erwähnt, daß wir überhaupt am Kampfgeschehen beteiligt waren. Mehrere Einheiten der ALP, die sofort bei Kriegsbeginn von Hubschraubern hinter den israelischen Linien abgesetzt wurden, haben vier Hügel um Kuneitra auf den Golanhöhen eingenommen; Fedajin-Kommandos sind vom Libanon aus auf israelisches Gebiet vorgedrungen und haben gegen rückwärtige israelische Truppenteile gekämpft, andere wiederum haben jenseits der libanesischen Grenze mehrere Kibbuze bombardiert. Bereits am 6. Oktober sind etwa 70 000 palästinensische Arbeiter israelischer Betriebe in Zisjordanien und im Gazastreifen in den Streik getreten. Insgesamt gesehen, haben wir in den ersten Wochen nach Ausbruch des Krieges – wie Golda Meir selbst zugeben mußte – mehr als hundert Operationen durchgeführt.

Zu der Demarkationslinie, die Jordanien von Zisjordanien trennt, hatten wir jedoch keinen Zugang. Wir baten daher Sadat, bei König Hussein ein gutes Wort für uns einzulegen. Als ein schriftliches Ersuchen des ägyptischen Präsidenten zunächst negativ beschieden wurde, entsandte Kairo einen Boten, der in Amman persönlich zu unseren Gunsten intervenieren sollte; aber auch er stieß auf die Ablehnung des Monarchen. Trotz dieser Fehlschläge wandten Faruk Kaddumi und ich uns an den jordanischen Botschafter in Kairo. Wir versicherten ihm, daß wir bereit wären, die Vergangenheit zu begraben und zu vergessen, wenn seine Regierung sich bereit erklärte, den Fedajin den Durchzug durch jordanisches Gebiet zu gestatten. Gleichzeitig reiste eine Delegation der PLO mit Abu Daud an der Spitze nach Amman, um Hussein zum Eintritt in den Krieg zu bewegen. Doch alles war vergebens.

Unter dem Druck zahlreicher arabischer Länder, die die Errichtung einer dritten Front gegen Israel forderten, schickte der König schließlich am 13. Oktober eine Panzerbrigade nach Syrien, weigerte sich aber, der irakischen Armee den Durchzug durch jordanisches Territorium oder die Benutzung der jordanischen Flughäfen zu gestatten. Ihre ablehnende Haltung rechtfertigten die Führer aus Amman mit der Erklärung, ihre Truppen seien nicht genügend vorbereitet und ihre Abwehr zu schwach, was im wesentlichen – wie sie erklärten – auf die Tatsache zurückzuführen sei, daß Ägypten und Syrien sie über ihre Kriegspläne nicht unterrichtet hätten. Dies war jedoch nur ein Vorwand, denn mehrere arabische und nichtarabische Staaten hatten Jordanien die erforderliche militärische Unterstützung angeboten.

Die Geschichte des Oktoberkriegs muß erst noch geschrieben werden, auch wenn es schon einige gute Bücher zu diesem Thema gibt; einige entscheidende Ereignisse liegen noch immer im dunkeln, andere geben noch ungelöste Rätsel auf. Eines dieser Rätsel bleibt die Überquerung des Suezkanals durch General Scharons Truppen, die den Lauf der Ereignisse ändern und die Niederlage der ägyptischen Armee besiegeln sollte.

In diesem Zusammenhang ist für mich das Verhalten des ägyptischen Oberkommandos und des ägyptischen Staatspräsidenten selbst heute noch völlig unbegreiflich. Doch der Leser möge sich selbst ein Urteil bilden: Am 10. Oktober – vier Tage bevor die israelischen Kommandoeinheiten in der Nähe des großen Amersees (Timsah) am sogenannten »Wehr« den Kanal überqueren – melden als Beduinen verkleidete Agenten des ägyptischen Nachrichtendienstes über Funk nach Kairo, daß durch El-Arisch Brückenteile und Amphibienpanzer transportiert werden. Dies legt den Schluß nahe, daß die israelische Armee versuchen wird, den Kanal zu überqueren und die Dritte Armee, die am Ostufer des Kanals in Stellung gegangen ist, zu umzingeln. In Kairo verfügt der Generalstab über mehrere Pläne, die zum Teil neueren Datums sind, zum Teil aber auch schon zu Nassers Zeiten erarbeitet wurden für den Fall, daß die Israelis eine Kanalüberquerung wagen würden; diese Pläne betreffen wenigstens vier schwache Stellen am Kanal, unter ihnen auch das sogenannte »Wehr«. Die Vorbereitungen der Israelis kamen also nicht unerwartet. Was aber unternimmt das ägyptische Oberkommando? Nichts! Die am 10. Oktober aus El-Arisch eingetroffenen Meldungen wurden offensichtlich nicht an Sadat weitergeleitet.

Zwei Tage später, als die ersten Verbände General Scharons das Gebiet um das »Wehr« erreicht haben, wird zum zweiten Mal Alarm gegeben, dieses Mal durch unsere Leute. Die Kommandanten der ALP und der Fatah-Einheiten, die zusammen mit der kuweitischen Armee das »Wehr« verteidigen sollen, melden nach Kairo, daß der israelische Angriff unmittelbar bevorsteht. Doch die ägyptische Führung zeigt noch immer keine Reaktion; vergeblich warten wir auf Verstärkung, die uns helfen soll, diese entscheidende Stellung zu verteidigen. Am 14. geht General Scharon zum Angriff über. Es gelingt ihm zunächst, mit einigen Panzern durchzukommen, und er versucht, die Bresche zu erweitern. Unsere Männer schlagen sich tapfer, doch einer nach dem andern fällt. Die Lage ist kritisch, aber noch nicht verzweifelt. Noch hat das ägyptische Oberkommando Zeit, die erforderlichen Maßnahmen zu ergreifen, um den Feind zurückzuschlagen. Aber immer noch wird nichts unternommen. In seiner am 16. Oktober von Rundfunk und Fernsehen ausgestrahlten Rede erwähnt Sadat mit keinem Wort die erbitterten Kämpfe an beiden Ufern des Kanals. Er spricht nur von den Erfolgen seiner Armee. Es war einfach undenkbar, daß er von der Katastrophe nichts wissen sollte, denn selbst ich war in allen Einzelheiten über die militärische Lage unterrichtet. Wie aber ist sein Schweigen, ist die Untätigkeit seines Oberkommandos zu erklären? Dieses Rätsel wird wohl nie gelöst werden.

Entscheidend für den Mißerfolg des Oktoberkriegs ist der Umstand, daß Sadat sich ein begrenztes Ziel gesetzt hatte und nicht begriff, daß er dieses Ziel nur dadurch erreichen konnte, daß er bis zum Ende offensiv blieb. Trotz unserer Vorbehalte aber haben wir das Unternehmen voll und ganz unterstützt, denn die Begeisterung und die Opferbereitschaft der ägyptischen und syrischen Soldaten haben gezeigt, daß dieser Krieg trotz allem ein patriotischer Krieg war. Diese Männer haben heldenmütig gekämpft und der Welt gezeigt, daß – entgegen der seit dem Krieg von 1967 durch Israel propagierten Vorstellung – auch die arabischen Völker moderne Techniken der Kriegführung beherrschen.

Macht man Bilanz, so kann der gewaltige Vormarsch der syrischen Panzer auf den Golanhöhen und die Eroberung der Bar-Lev-Linie durch die ägyptische Armee – trotz der später erlittenen Rückschläge – für die arabische Nation verbucht werden. Zu Lasten der arabischen Staaten aber geht ihre Unfähigkeit, die Waffe des Erdöls, die sie in ihrem Besitz hatten, voll zum Einsatz zu bringen. Das Embargo brachte ihnen zwar ungeheuren finanziellen Gewinn; doch indem sie es zu früh beendeten, haben sie ihr eigentliches Ziel, die völlige Räumung der besetzten Gebiete durch Israel, nicht erreicht. Drohte ihnen die Gefahr einer militärischen Intervention von seiten der USA? Das ist durchaus möglich. Verabredeten sie einen Handel, in dem die USA sich verpflichteten, die auf dem Ostufer des Kanals von den israelischen Streitkräften belagerte Dritte Armee zu retten, und die arabischen Staaten als Gegenleistung das Ölembargo aufhoben? Das ist durchaus wahrscheinlich. Wie dem auch sei: Fest steht, daß der Westen – die USA und Europa – sehr starken Druck ausübten und Ägypten wie Syrien diesem Druck nicht standzuhalten wußten oder standhalten konnten. Sadat, der in seiner Rede vom 16. Oktober erklärt hatte, daß er erst dann zu Verhandlungen bereit sei, wenn der letzte israelische Soldat die besetzten Gebiete verlassen hat, ist dem amerikanischen Staatssekretär Henry Kissinger und dessen Gerede von Verhandlungen in die Falle gegangen.

Kaum ist der Krieg beendet – die Dritte Armee ist immer noch eingeschlossen –, da ist Sadat schon zu Verhandlungen mit Israel bereit. Am 26. Oktober, 48 Stunden nach dem zweiten Waffenstillstand, vermittelt Mohammed Hassanein Heykal – Chefredakteur der Tageszeitung »Al Ahram« und damals einer der engsten Ratgeber des ägyptischen Präsidenten – noch für denselben Tag eine Audienz bei Sadat. Dieser empfängt Faruk Kaddumi und mich im Palast Al Tahira, und noch bevor wir überhaupt Platz nehmen können, stellt Sadat uns ohne jegliche Vorwarnung die Frage: »Also, sind Sie bereit, an den Friedensverhandlungen in Genf teilzunehmen?« Sadat wirkt ungeduldig und unruhig. In seiner Rede vom 16. Oktober hatte er betont, daß die »Palästinenser« zwangsläufig in einen Friedensprozeß integriert werden müßten. Jetzt wollte er wissen, ob die PLO bereit war, die Palästinenser am »runden Tisch« zu vertreten.

Ich entgegne ihm, daß wir seine Frage erst beantworten könnten, wenn wir nähere Einzelheiten wüßten. Vor allem aber wollten wir erst einmal wissen, was die Genfer Friedensverhandlungen eigentlich bedeuteten und unter welchen Bedingungen wir daran teilnehmen sollten. Der ägyptische Präsident wird deutlicher: Er habe gerade an die amerikanische und an die sowjetische Regierung geschrieben, so sagt er, und ihnen vorgeschlagen, an der Konferenz teilzunehmen; gleichzeitig habe er angeregt, daß neben Ägypten, Syrien, Jordanien, den Palästinensern und natürlich Israel auch Frankreich und Großbritannien teilnehmen sollten. Außerdem habe er in seinem Schreiben vorgeschlagen, daß die Verhandlungen unter der Schirmherrschaft der UNO stattfinden sollten, und zwar in New York oder Genf, wo die Vereinten Nationen über die entsprechenden Räumlichkeiten verfügen. Um uns endgültig zu überzeugen, meint er schließlich: Und was ist schon dagegen einzuwenden, wo doch in den verschiedenen Sälen der internationalen Organisation die arabischen Diplomaten und die Vertreter Israels sowieso häufig zusammentreffen!

Wir aber geben zu bedenken, daß die UNO beauftragt ist, über die Einhaltung der am 22. November 1967 vom Sicherheitsrat angenommenen Resolution Nr. 242 zu wachen, wir diesen Text aber entschieden ablehnen, weil er die legitimen Rechte des palästinensischen Volkes völlig außer acht läßt. Würden wir unter diesen Bedingungen nach Genf gehen, so hieße das: Wir sind bereit, ausschließlich über Wiedergutmachung für »Flüchtlinge« zu verhandeln, denn dieser Terminus wird in der Resolution Nr. 242 verwendet. Sadat bemüht sich, unseren Einwand zu zerstreuen, indem er uns erklärt: »Ignorieren Sie einfach die Vereinbarung dieser Resolution. Kommen Sie, erläutern Sie Ihren Standpunkt, unterbreiten Sie Ihre Forderungen, ganz gleich, welcher Art sie sind. Vertreten Sie Ihren Standpunkt, daß der Staat Israel demontiert werden muß, damit an seiner Stelle ein demokratisches Palästina errichtet werden kann, in dem Christen, Juden und Moslems als gleichwertige Bürger zusammenleben. Entscheidend ist, daß Sie bei den Friedensverhandlungen zugegen sind!«

Wir versprechen ihm, seinen Vorschlag sobald wie möglich der gesamten Führung der Widerstandsbewegung zu unterbreiten, stellen aber noch einige Fragen zur militärischen Lage: Warum hatte er beispielsweise so schnell einen Waffenstillstand akzeptiert? Stand der endgültige Durchbruch General Scharons wirklich so unmittelbar bevor? Sadat versucht diese Gefahr herunterzuspielen, indem er behauptet, die Dritte Armee sei nicht ernsthaft in Gefahr gewesen. Besondere Bedeutung komme nach seinen Worten dem Umstand zu, daß die Vereinigten Staaten von Amerika während der letzten Phase des Krieges hochmoderne Waffen an Israel geliefert hätten; die Sowjetunion aber habe ihn »sitzengelassen« und sich geweigert, ihm die für die Fortsetzung des Krieges unerläßlichen Waffen zur Verfügung zu stellen. Doch seine Argumentation, mit der er uns von seiner Ohnmacht überzeugen will, ist unserer Meinung nach allzu pauschal. Erstens haben die ägyptischen Streitkräfte den Krieg mit einer sowjetischen Ausrüstung begonnen, die hinsichtlich der Quantität wie der Qualität mehr als ausreichend war. Zweitens hat während der gesamten Dauer des Oktoberkriegs der Nachschub an sowjetischen Waffen sehr gut funktioniert; dies konnte ich mit eigenen Augen beobachten, da ich in der Nähe des Militärflughafens von Almaza, in einem Vorort von Kairo, wohnte. Nach einem Bericht des Internationalen Instituts für Strategische Forschungen in London, das nicht als prosowjetisch gelten kann, wurden während der Luftbrücke der Sowjets in Richtung Ägypten und Syrien 934 Hin- und Rückflüge registriert. Hinzu kommen noch die Waffenlieferungen, die auf dem Seewege in Richtung der ägyptischen Häfen erfolgten, sowie die elektronischen Hilfsmittel, die Moskau zur Erkundung der israelischen Truppenbewegungen eingesetzt hat. Am 26. Oktober, dem Tag unserer Unterredung mit Sadat, enthüllte Henry Kissinger, daß die Sowjetunion ihre Kriegsflotte im Mittelmeer in beträchtlichem Maße verstärkt und Luftlandetruppen, etwa 50000 Mann, in Alarmbereitschaft versetzt habe. Die Russen wollten Israel zwingen, den Angriff gegen die Dritte Armee der Ägypter abzubrechen.

Sadat äußerte sich auch verbittert über Oberst Kadhafi, der die Kriegsführung und die eingeschränkte Zielsetzung öffentlich kritisiert hatte. Trotz dieser Einwände aber hatte der libysche Präsident ihm seine finanzielle und militärische Hilfe nicht versagt. Er hatte Ägypten nicht nur mit Devisen und Erdöl versorgt, sondern auch in Frankreich gekaufte Düsenjäger vom Typ »Mirage« sowie 70 »MIG 21« zur Verfügung gestellt; 26 dieser »MIG« waren erst während des Krieges gekauft und aus der Sowjetunion direkt an die ägyptische Front geschickt worden. Gleich zu Beginn des Krieges hatte Kadhafi zwei Mitglieder seines Revolutionsrates nach Kairo gesandt – die Kommandanten Abdel Moneim El-Huni und Omar El-Meheichi –, die sich Sadat zur Verfügung halten sollten für den Fall, daß er sie benötige. Sie waren es, die Tripoli über General Scharons Erfolg unterrichteten und dabei nicht verhehlten, daß Präsident Sadat durch diesen Rückschlag schwer getroffen war. Der ehemalige libysche Ministerpräsident Abdel Salam Jallud nahm daraufhin sofort eine Maschine nach Kairo, wo er unverzüglich mit Sadat sprach. In seinem Bericht an Kadhafi hieß es dann, der ägyptische Präsident sei seelisch »am Boden zerstört«.

Nun flog der libysche Präsident persönlich nach Kairo, um Sadat zu besuchen. Dieser lag mit Magenschmerzen im Bett und war offensichtlich nicht in der Lage, eine zusammenhängende Unterredung zu führen. Kadhafi, der ungeduldig darauf brannte, die Entwicklung der Kämpfe zu verfolgen, erbot sich, persönlich zum Hauptquartier der ägyptischen Streitkräfte zu fahren. Doch Sadat schlug dieses Ansinnen rundweg ab und versicherte ihm, daß seine Generäle durchaus in der Lage seien, die Verantwortung für ihr Handeln selbst zu tragen. In Wirklichkeit wollte er nur verhindern, daß sein libyscher

Amtskollege sich in eine Angelegenheit einmischte, die er bereits mit allem Nachdruck verurteilt hatte.

Die beiden Männer haben sich nie gut verstanden; den Vorgänger Sadats hingegen hatte Kadhafi grenzenlos bewundert. Nasser war seinem jungen Schüler sehr zugetan gewesen, vertrat aber die Ansicht, daß es diesem noch an politischer Erfahrung fehle. Ich kenne den libyschen Präsidenten sehr gut und unterhalte seit seiner Machtübernahme enge Beziehungen zu ihm. Ich nahm gerade an einer Sitzung der Palästinensischen Nationalversammlung in Kairo teil, als wir am 1. September 1969 erfuhren, daß König Senussi von einer Gruppe junger Offiziere gestürzt worden war. Vier oder fünf Tage später reiste ich mit einigen Kameraden nach Tripoli, wo ich zum ersten Mal mit Kadhafi zusammentraf. Er machte einen guten Eindruck auf mich, obwohl er damals die arabischen Probleme falsch einschätzte. Von der Sache der Palästinenser aber schien er begeistert zu sein – hatte er doch für den Tag der Revolution als Losungswort den arabischen Namen von »Jerusalem« gewählt: »Al Quds«.

Dem Führer der ägyptischen Revolution war er bedingungslos ergeben; dies beweist der folgende Satz, den er ein Jahr später mir gegenüber aussprach (er hatte gerade erfahren, daß der ägyptische Raïs dem Rogers-Plan, der eine friedliche Lösung mit Israel vorsah, zugestimmt hatte): »Selbst wenn Nasser die Sache der Palästinenser im Stich läßt, ich werde immer zu ihm halten!« Sadat gegenüber verhielt er sich jedoch diametral entgegengesetzt; er vertrat stets die gegenteilige Meinung in der Auseinandersetzung mit dem Mann, den er nicht für würdig hielt, Nassers Nachfolger zu sein.

Entgegen einer weitverbreiteten Ansicht vertrat Kadhafi in der Frage der Genfer Friedensverhandlungen einen positiven Standpunkt. Als einer der ersten riet er uns, einen Platz am Verhandlungstisch in Genf zu verlangen. Wir sollten es nicht den arabischen Staaten überlassen, eine Lösung des Konflikts im Vorderen Orient zu suchen; denn seiner Ansicht nach würden die arabischen Staaten, falls die ohne uns verhandeln müßten, uns ganz sicher hintergehen. Gleichzeitig ermunterte er uns, eine Exilregierung zu bilden und als ihren Sitz Tripoli zu wählen.

Auch andere arabische Regierungen ermutigten uns, an den Friedensbemühungen teilzunehmen. So erklärte mir der algerische Außenminister Abdel Aziz Buteflika während eines Besuchs, den er mir Ende Oktober 1973 auf seiner Durchreise in meiner Kairoer Wohnung abstattete, daß der gerade beendete Krieg ganz offensichtlich eine Phase langer diplomatischer Verhandlungen nach sich ziehen würde. Zweifellos, so fügte er hinzu, würde dies nicht der letzte israelisch-arabische Konflikt sein; er hielt es jedoch für unerläßlich, daß wir in der Zwischenzeit in Hinblick auf eine eventuelle Friedensregelung eine klare Position bezögen. Er hat es nicht direkt gesagt, aber ich glaube verstanden zu haben, daß er es begrüßen würde, wenn wir uns bei den bevorstehenden Friedensverhandlungen nicht der Verantwortung entzögen. Buteflika wie auch Präsident Boumedienne, mit dem ich später zusammentraf, haben uns ständig versichert, daß die palästinensische Widerstandsbewegung, solange sie ihren bewaffneten Kampf fortführt, mit der vollen Unterstützung Algeriens rechnen kann. Es muß ausdrücklich betont werden, daß die algerischen Führer uns gegenüber immer konsequent gewesen sind: Getreu dem Prinzip der Nichteinmischung unterstützen sie uns, einerlei, wofür wir uns auch immer entscheiden mögen – ob für den Krieg oder für den Frieden.

Als wir nach unserer Unterredung mit Sadat am 27. Oktober nach Beirut flogen, wußten wir somit, daß die arabischen Staaten – trotz ihrer unterschiedlichen Perspektiven, trotz ihrer Meinungsverschiedenheiten auf taktischer und strategischer Ebene – im großen und ganzen gewillt waren, uns an dem diplomatischen Spiel, das auf der Bühne der internationalen Politik vorbereitet wurde, zu beteiligen. Wir mußten nur eine klare Position beziehen, wozu uns der ägyptische Präsident ermutigte. Zu diesem Zweck wurde noch am Tag unserer Ankunft in Beirut die gesamte erweiterte Fatah-Spitze versammelt. Es kam zu einer langen Diskussion. Sehr bald wurde uns klar, daß Sadat uns in eine schwierige, wenn nicht gar ausweglose Lage gebracht hatte. Wir waren uns zwar alle darüber einig, daß Friedensverhandlungen im Prinzip und a priori nicht abzulehnen waren; doch andererseits erschien uns eine klare Zustimmung unklug. Zum einen hatten selbst die beiden Großmächte dem Plan des Raïs noch nicht zugestimmt; zum andern – und das war weit wichtiger – hatten wir keine Einladung zur Teilnahme an dieser Konferenz erhalten. Wir wußten außerdem noch gar nicht, in welcher Eigenschaft und unter welchen Bedingungen wir möglicherweise teilnehmen sollten. Wir konnten die Tatsache nicht übersehen, daß der Waffenstillstand auf der Grundlage der Resolution Nr. 242 des Sicherheitsrates zustande gekommen war, die – um es noch einmal zu wiederholen – den Palästinensern ihre elementarsten Rechte abspricht. Wir faßten daher den Beschluß, so lange keine klare Stellungnahme abzugeben, bis wir eine ordnungsgemäße Einladung erhalten hätten. Erst dann würden wir in der Lage sein, uns festzulegen.

Am 12. November, genau zwei Wochen nach dem Beschluß der Fatah-Führung, wird Arafat von Sadat empfangen; er hatte die Aufgabe übernommen, dem ägyptischen Präsidenten unsere Antwort auf die Frage zu übermitteln, die uns dieser am 26. Oktober gestellt hatte. Doch das Verhalten des ägyptischen Staatschefs ist überraschend; nur mit großer Zurückhaltung, ja fast Gleichgültigkeit, nimmt er unsere Entscheidung auf, so daß Arafat den Eindruck gewinnt, Sadat sei an einer Beteiligung unsererseits an den Genfer Friedensverhandlungen nicht mehr interessiert. Selbst von einer möglichen Einladung für eine zweite Etappe der Friedensgespräche ist nicht mehr die Rede. Es ist einfach unbegreiflich, wie der ägyptische Präsident innerhalb von 14 Tagen seine Einstellung derart radikal hatte ändern können.

Zwei Dinge hatten sich jedoch in der Zwischenzeit ereignet, die – bedenkt man das, was in der Folgezeit geschehen sollte – das eigenartige Verhalten Sadats vielleicht erklären können. Am Vorabend des Treffens vom 12. November war am Kilometerstein 101 auf der Sinai-Halbinsel durch Vermittlung von Henry Kissinger zwischen Israel und Ägypten ein erstes Abkommen getroffen worden. Kissinger war fünf Tage zuvor, am 6. November, zum ersten Mal seit Beendigung des Krieges mit dem ägyptischen Präsidenten zusammengekommen. Die Politik der »kleinen Schritte«, der »Teil-« und »Zwischenabkommen«, für die der amerikanische Außenminister eine große Vorliebe hatte, war also bereits zum Tragen gekommen. Nach und nach wurde offenbar, daß Kissinger den ägyptischen Staatschef davon überzeugt hatte, daß es besser sei, die PLO von diesen Verhandlungen auszuschließen – Verhandlungen, die für den Nahen Osten keine Gesamtlösung anstrebten, sondern nur das Ziel hatten, die betroffenen arabischen Staaten übers Ohr zu hauen, indem von Israel nur die Rückgabe eines Teils der 1967 eroberten Gebiete gefordert wurde. Wir standen erst am Beginn der »Pendeldiplomatie«, die es Kissinger ermöglichte, die arabische Welt zu schwächen, indem er sie in zwei Lager spaltete, und die blutigen Auseinandersetzungen im Libanon, durch welche die palästinensische Widerstandsbewegung lahmgelegt werden sollte, vorzubereiten. Letztlich diente diese Diplomatie zwar nicht immer den Interessen des amerikanischen Imperialismus, zumindest aber unterstützte sie die imperialistischen Ziele des zionistischen Staates.

Der Oktoberkrieg war für uns Palästinenser wie für die gesamte arabische Nation nur ein »Aufleuchten« von kurzer Dauer. Statt den Weg für die Befreiung der besetzten Gebiete zu ebnen, hat er den amerikanischen Einfluß im Nahen Osten nur gefestigt und der Verschwörung zur Vernichtung der palästinensischen Widerstandsbewegung Vorschub geleistet. In unseren eigenen Reihen aber führte der Krieg mit seinen Folgen immerhin zu einem heilsamen Bewußtwerdungsprozeß, der es uns ermöglichen sollte, unsere Zielvorstellungen der Realität anzupassen und uns zu Entscheidungen durchzuringen, die gewagt schienen, die aber der Politik des »alles oder nichts« ein Ende setzten.

VIII
DIE HERAUSFORDERUNG DES »FRIEDENS«

Der Saal ist überfüllt und überheizt, die Spannung und die Begeisterung der Menge drohen sich jeden Augenblick zu entladen. Schon mehrere Redner haben zündende Ansprachen gehalten, in denen immer wieder von bewaffnetem Kampf, von Revolution, von Rückeroberung und Befreiung die Rede ist. Bei dieser Veranstaltung in der arabischen Universität in Beirut war ich als Hauptredner vorgesehen, und während ich auf der Tribüne sitze, betrachte ich amüsiert die Plakate und Spruchbänder an den Wänden des Hörsaals. Auf allen steht in Riesenbuchstaben dasselbe Wort: »Nein!« – »nein« zu Verhandlungen, »nein« zum Kompromiß, »nein« zur Kapitulation, »nein« zum Palästina-Staat.

Zweck dieser Veranstaltung war, die Vor- und Nachteile zu diskutieren, die sich für die Widerstandsbewegung aus einer eventuellen Beteiligung an den Friedensbemühungen, die gleich nach Beendigung des Oktoberkriegs eingeleitet wurden, ergeben könnten. Der Aufruf Sadats zu Friedensverhandlungen, bei denen Israelis und Araber auf der Basis der Anerkennung Israels in seinen Grenzen von 1948 gemeinsam nach einer umfassenden und endgültigen Regelung suchen würden, hatte die palästinensische Öffentlichkeit zutiefst betroffen und in einen schweren Zwiespalt gestürzt. Schon seit Wochen wurde in den Flüchtlingslagern und in der Presse leidenschaftlich darüber debattiert. Die Fedajin-Organisationen, die in zwei Lager gespalten waren, beschimpften und beschuldigten sich gegenseitig. Die Parteien der »Ablehnungsfront«, die sich im Sommer 1974 bildeten, beschuldigten die Fatah und die Demokratische Front (FDLP) von Najef Hawatmeh der »Kapitulation«, ja sogar des »Verrats«, da es hieß, sie befürworteten eine Teilnahme an den Genfer Friedensverhandlungen und damit einen Kompromiß, der den

Palästinensern nur einen »Mini-Staat« in Zisjordanien und im Gazastreifen bescheren würde.

Die Führer der verschiedenen Mitgliedsorganisationen der PLO waren von der arabischen Universität in Beirut eingeladen worden, im Rahmen einer Veranstaltungsreihe ihren Standpunkt darzulegen. Georges Habasch, Najef Hawatmeh und Ahmed Jibril hatten bereits gesprochen. An diesem Abend des 10. Februar 1974 war ich an der Reihe, die Position der Fatah zu erläutern und zu rechtfertigen.

Ganz offensichtlich hatte der Versammlungsleiter nicht die geringste Ahnung davon, welche Marschroute die Fatah-Spitze einstimmig beschlossen hatte; oder aber er glaubte, in meinem eigenen Namen zu sprechen, als er mich der Menge als »Verfechter der Ablehnungspolitik« vorstellte. Nach seinen Worten zu urteilen, würde ich den Zuhörern erklären, warum die Palästinenser all den »faulen Kompromissen«, die an den Wänden des Hörsaals zu lesen waren, ein »kategorisches Nein« entgegensetzen sollten.

Während ich aufstand, um das Wort zu ergreifen, rief die Menge in Sprechchören Parolen wie »Nieder mit der friedlichen Lösung!«, »Nieder mit dem Frieden der Kapitulation!«, »Es lebe die bewaffnete Revolution bis zur Befreiung Palästinas!« Ich setzte ein breites Lächeln auf und rief in den Saal: »Ich werde euch bestimmt enttäuschen und vielleicht keinen Beifall ernten, denn im Gegensatz zu den Spruchbändern, die hier herumhängen, werde ich auf einige Fragen, die sich der Widerstandsbewegung stellen, mit ›Ja‹ antworten.« Totenstille herrschte im ganzen Saal, als ich meine Rede begann:

»Der Oktoberkrieg, dem wir natürlich mit gewissen Vorbehalten und mit Kritik begegnen, war – und das ist entscheidend – seinem Charakter nach ein vaterländischer Krieg und hat im Nahen Osten eine völlig neue Situation geschaffen, die uns zwingt, bei unseren Entscheidungen neue Wege zu beschreiten. Wir würden einen folgenschweren Fehler begehen, wenn wir unsere Augen vor den bestehenden Tatsachen verschließen. Diese Tatsachen aber sind verschiedenen Ursprungs. Die Erfolge der ägyptischen und syrischen Streitkräfte, die wiedergewonnene arabische Solidarität, die tiefe Erschütterung des Selbstvertrauens, die wie ein ›Erdrutsch‹ über Israel hereinbrach – all dies hat dazu beigetragen, daß die Räumung der im Juni 1967 besetzten Gebiete heute Gegenstand von Verhandlungen ist. Hierbei handelt es sich um Zisjordanien und den Gazastreifen – Gebiete, auf die das palästinensische Volk einen Rechtsanspruch besitzt. Die Frage, die wir uns heute stellen müssen, lautet: Wollen wir weiterhin nur die Befreiung Gesamtpalästinas akzeptieren, auch wenn dies bedeutet, daß wir einen Teil unseres Bodens einem Dritten überlassen? Können wir zulassen, daß König Hussein, der Mörder unseres Volkes, im Namen der Palästinenser verhandelt? Haben wir das Recht, dem Schicksal der von der Besatzungsmacht geknebelten Menschen in Zisjordanien und dem Gazastreifen mit Gleichgültigkeit zu begegnen?

Es ist unmöglich, auf diese Fragen zu antworten«, so fuhr ich fort, »ohne dem regionalen und internationalen Kräfteverhältnis Rechnung zu tragen. Der Aufstieg der palästinensischen Befreiungsbewegung ist nicht ohne Echo geblieben. Sie hat Feinde und Freunde überall auf der Welt. Von nun an müssen wir mit aller Sorgfalt prüfen, inwieweit wir unseren Einfluß geltend machen können, ohne uns allerdings irgendwelchen Illusionen hinzugeben. Fast alle unsere Freunde – viele arabische Staaten, das sozialistische Lager (allen voran die Sowjetunion) und die Länder der Dritten Welt – ermutigen uns, einem Kompromiß zuzustimmen oder zumindest Schritt für Schritt auf eine Lösung zuzusteuern. Ben Gurion und andere zionistische Führer haben 1948 zugestimmt, den Staat Israel auf nur einem Teilgebiet Palästinas zu gründen, obwohl sie – genau wie wir auch – Gesamtpalästina beanspruchten. Die Führung der vietnamesischen Revolution hat während der Genfer Friedensverhandlungen 1954 die Teilung ihres Vaterlandes in zwei Staaten akzeptiert – in der Hoffnung, daß das Kräfteverhältnis eines Tages günstiger für sie ausfallen wird. Dies trifft auch auf Nord- und Südkorea zu. Selbst Lenin hatte mit dem Vertrag von Brest-Litowsk einen großen Teil des sowjetischen Territoriums geopfert, um das Wesentliche zu retten: die Herrschaft der Bolschewiken.«

Die Fragen, die ich anschließend an meine Zuhörer stellte, waren geradezu simpel: »Wollen wir behaupten, größere Revolutionäre zu sein als die sowjetischen, vietnamesischen, koreanischen oder deutschen Führer? Sind wir bereit, in Hinblick auf unsere Bewegungs- und Handlungsfreiheit auf den Spielraum zu verzichten, den sich die zionistische Bewegung ihre ganze Geschichte hindurch bewahrt hat? Eines steht fest: Wir werden zwischen Kompromißlösung und kompromittierender Lösung unterscheiden müssen, rechtzeitig das akzeptieren, was man uns anbietet, ohne jedoch dadurch unser strategisches Ziel aufzustecken – d.h. die Errichtung eines demokratischen

Staates auf dem gesamten Territorium Palästinas, in dem Araber und Juden als gleichberechtigte Bürger zusammenleben.

Wir müssen endlich aufhören, ewig nur die Nein-Sager zu spielen und uns in unseren Forderungen gegenseitig hochzuschaukeln, so wie es in der Vergangenheit geschehen ist!« rief ich meinen Zuhörern zu. »Das in der palästinensischen Befreiungsbewegung übliche ›Nein‹ ist nicht unbedingt revolutionär, genausowenig wie das ›Ja‹ notwendigerweise eine Form von Verrat ist. Im Gegenteil: Die Ablehnung könnte man auch deuten als einen Versuch, den Problemen auszuweichen und dabei von sich zu behaupten, die Reinheit der Lehre gewahrt zu haben.«

Meine Ansprache, die häufig durch tosenden Beifall unterbrochen wurde, beendete ich schließlich mit der Aufzählung der von der Fatah-Führung gefaßten Beschlüsse: Das unveräußerliche Recht des palästinensischen Volkes auf Selbstbestimmung und Befreiung seines Vaterlandes darf nicht aufgegeben werden; in der Zwischenzeit muß verhindert werden, daß Zisjordanien und der Gazastreifen von König Hussein annektiert werden; und schließlich muß in jedem Teil Palästinas, der befreit werden wird, ein autonomer palästinensischer Staat errichtet werden.

Diese Beschlüsse standen am Ende einer langen Entwicklung und waren das Ergebnis von Überlegungen, die wir schon zu Beginn unserer militanten Laufbahn angestellt hatten. Als wir in den fünfziger und sechziger Jahren das Verhalten unserer Vorgänger an der Spitze der palästinensischen Befreiungsbewegung einer eingehenden Analyse unterzogen – die wichtigsten Ergebnisse sind im dritten Kapitel dieses Buches enthalten –, war uns eine betont negative Haltung aufgefallen, die wir bei unserem eigenen Vorgehen vermeiden wollten. Unseren Vorgängern waren in den Jahren 1917–1947 immer wieder Vorschläge für eine Regelung des Konflikts unterbreitet worden, die sie aber alle abgelehnt hatten. Und das mit Recht, denn keiner entsprach dem Gebot der Gerechtigkeit oder den rechtmäßigen Ansprüchen unseres Volkes. Ihr Irrtum bestand aber darin, *nichts* zu akzeptieren, weil sie nicht *alles* haben konnten. So trugen sie dazu bei, das Unternehmen der Zionisten noch zu fördern, d.h. die Ansiedlung einer neuen Bevölkerung, die im Laufe der Jahre das palästinensische Volk seiner Ländereien beraubte und ihm somit einen immer größeren Teil seiner Heimat nahm. Es stimmt zwar, daß der 1947 für die Vereinten Nationen ausgearbeitete Plan einer Teilung im Prinzip unannehmbar war; doch warum haben es die palästinensischen Führer damals den zionistischen Führern nicht gleichgetan und einer Übergangslösung zugestimmt, indem sie einen Staat gründeten auf dem Teil des nationalen Territoriums, den die UNO ihnen zugewiesen hatte?

Als ich Hadsch Amin El-Husseini drei Monate vor seinem Tod diese Frage stellte, führte er mehrere Faktoren an, um zu erklären, warum er – seiner Meinung nach – nicht in der Lage gewesen war, zumindest einen Teil unseres nationalen Erbes zu retten. Er vertrat die Ansicht, daß die betroffenen arabischen Staaten – sei es aus freien Stücken oder unter dem Druck der Engländer, die ausgesprochen gegen ihn waren – die Gründung eines Staates in Zisjordanien und dem Gazastreifen, d.h. in den Gebieten, die von der jüdischen Armee nicht erobert werden konnten, verhindert hatten. Offensichtlich hatte König Abdallah von Jordanien kein Interesse an der Gründung eines palästinensischen Staatsgebildes, da er beabsichtigte, Zisjordanien zu annektieren, was dann kurz nach dem Krieg von 1948 auch geschah.

König Faruk hingegen war an einem Anschluß des Gazastreifens an Ägypten nicht interessiert. Im September 1948 genehmigte er die Einberufung einer Palästinensischen Nationalversammlung in Gaza; diese ernannte eine Regierung, die Ahmed Hilmi Pacha unterstellt wurde und deren vorrangiges Ziel – wiederum nach Aussage Hadsch Amin El-Husseinis – darin bestand, im Gazastreifen und in Zisjordanien eine echte Staatsmacht zu begründen. Doch Kairo verhinderte, daß diese neue Regierung sich in Gaza niederließ – dies mit der Begründung, die israelische Armee könnte sich »provoziert« fühlen und diese Enklave besetzen. Daher mußte die palästinensische Regierung ihren Sitz nach Kairo verlegen, wo ihr Präsident, Ahmed Hilmi Pacha, von Beruf Bankier, sich mehr um seine Geschäfte kümmerte als um sein Schattenkabinett. Nach dem Verrat der arabischen Staaten wurde Hadsch Amin El-Husseini schließlich auch von den meisten palästinensischen Führern im Stich gelassen; diese teilten sich in zwei Lager – ein projordanisches und ein proägyptisches.

Obwohl Hadsch Amins Rechtfertigung durchaus glaubhaft schien, hatte er mich nicht ganz überzeugen können. Damals waren Ägypten und Saudi-Arabien der Königsfamilie in Amman feindlich gesinnt und mißbilligten daher die Annektierung Zisjordaniens durch König Abdallah. Hätte er sich nicht mit Hilfe dieser beiden arabischen

Staaten gegen den jordanischen Expansionsdrang zur Wehr setzen können? Und wenn das nicht möglich war – warum hatte er sich dann nicht an die gesamte arabische Welt gewandt, um seinen Anspruch auf Zisjordanien und den Gazastreifen geltend zu machen? Warum nicht sogar an die UNO, die die Teilung schließlich verfügt hatte? In den palästinensischen Archiven findet sich jedenfalls kein Dokument, das die Behauptung Hadsch Amin El-Husseinis erhärten könnte.

Kurz und gut: Er, wie auch seine Freunde, hatten zwar eine strategische Vorstellung von der Zukunft Palästinas, aber es fehlten ihnen völlig die Fähigkeiten, um taktische Zugeständnisse machen zu können. Genau diese Lücke hatte die Fatah zu schließen versucht.

Auch wenn es keinesfalls so aussah und die Öffentlichkeit vom Gegenteil überzeugt war, haben wir uns nicht erst nach dem Oktoberkrieg zu dem Entschluß durchgerungen, unseren Staat in nur einem Teil Palästinas zu errichten. Im Juli 1967 – kaum einen Monat nach dem arabischen Debakel – legte Faruk Kaddumi dem Zentralkomitee der Fatah einen Bericht vor, in dem er die künftige Strategie und Taktik unserer Widerstandsbewegung entwickelte, und schon in diesem Dokument war von einem »Mini-Staat« in Zisjordanien und im Gazastreifen die Rede, falls Israel diese beiden Gebiete, die es gerade erobert hatte, wieder zurückgeben würde. Kaddumi vertrat die Ansicht, daß ein derartiges kurzfristig oder mittelfristig gesetztes Ziel nicht nur mit dem Eigentumsrecht des palästinensischen Volkes an jeder Parzelle seines heimatlichen Bodens, sondern auch mit einer objektiven Analyse der politischen Konjunktur in Einklang stand. Denn eines war klar: Wie groß auch immer der Aufschwung und die Schlagkraft der Guerilla gegen den zionistischen Staat sein würden, in absehbarer Zukunft würde es kaum gelingen, ihn zu besiegen. Unter diesen Umständen wäre es unverantwortlich gewesen, hätten wir uns keine Gedanken gemacht über eine stufenweise Annäherung an unser strategisches Ziel, die Errichtung eines demokratischen Staates auf dem gesamten Territorium Palästinas.

Obwohl Kaddumis Bericht realistisch und weitsichtig war – insbesondere, was seine Ausführungen hinsichtlich eines »Mini-Staates« betraf –, stieß er bei den Wortführern der Fatah auf energischen Widerstand. Damals verfügten wir noch nicht über eine ausreichend breite Basis, um das Dokument den mittleren Kadern der Widerstandsbewegung zur Entscheidung vorlegen zu können; eine Debatte in aller Öffentlichkeit wäre noch unmöglicher gewesen. Daher beschlossen wir, Kaddumis Bericht zu den Akten zu legen und einen günstigeren Augenblick abzuwarten.

Das strategische Ziel – die Errichtung eines demokratischen Staates auf dem gesamten Territorium Palästinas – hatte außerdem nicht die Zustimmung aller gefunden. Doch nach mehr als einem Jahr der Beratungen und Diskussionen faßten wir den Beschluß, unser Ziel in dieser Form der Öffentlichkeit bekanntzugeben, denn uns war klar, daß wir eine Entscheidung nicht länger hinausschieben konnten. Zum einen bestürmten uns die Journalisten schon seit längerem mit Fragen über den Sinn unseres Kampfes, und es war einfach lächerlich, sie noch länger mit Ausflüchten abzuspeisen – vor allem nachdem unsere Bewegung seit dem Krieg von 1967 einen so großartigen Aufschwung genommen hatte; zum andern wußten die Israelis aus unserem Schweigen Profit zu ziehen, indem sie behaupteten, das von uns formulierte Ziel, »Palästina dem Zugriff der Zionisten zu entreißen«, verschleiere nur unsere eigentliche Absicht: »die Juden ins Meer zu werfen.« (Niemand von uns hat jedoch jemals – weder explizite noch implizite – eine solche, im übrigen absurde, Möglichkeit geäußert.)

Da ich beauftragt war, der Presse unseren Standpunkt darzulegen, berief ich für den 10. Oktober 1968 eine Pressekonferenz ein, auf der ich erklärte, daß es unser strategisches Ziel sei, auf die Errichtung eines demokratischen Staates hinzuwirken, der das gesamte Territorium des historischen Palästina umfaßt und in dem Araber und Juden als gleichberechtigte Bürger in gutem Einvernehmen leben sollen. Ich betonte, daß wir absolut nichts dagegen einzuwenden hätten, mit dem jüdischen Volk, das grausame Verfolgung erlitten hätte, friedlich zusammenzuleben, daß wir aber andererseits nicht bereit seien, für diese Leiden zu zahlen, da wir ja schließlich nicht für sie verantwortlich seien. Es sei deshalb ausgeschlossen, daß wir ihnen einen Teil Palästinas überließen oder einem zionistischen Regime zustimmten, das bereits seiner Definition nach die Araber ausschließt und diese damit ihrer natürlichen Rechte beraubt.

Einige der anwesenden Journalisten fragten mich, mit welchen Juden wir denn zusammenzuleben beabsichtigten: Mit denen, die in Palästina geboren sind? Mit den Immigranten? Mit den neuen oder den alten Immigranten? Ich gab hierauf nur eine ausweichende Antwort – wie übrigens auch auf die Frage, wie denn nun der zukünftige demokratische Staat aussehen sollte. Hierfür hatte ich zwei Gründe: Zum einen hielten wir es für klüger, die Reaktion der Gegenseite abzuwarten, bevor wir in Einzelheiten gingen und einen Kompromiß vorschlugen (bis heute haben allerdings weder Israel noch irgendein anderer Staat für unser Projekt auch nur das geringste Interesse gezeigt und uns etwa um eine Präzisierung gebeten). Zum andern rief der von mir geäußerte Vorschlag – obwohl ich mich wohlweislich nur sehr vage ausdrückte –, wie vorauszusehen war, Wogen der Entrüstung hervor, sowohl in den Reihen der palästinensischen Befreiungsbewegung bis hin zur Fatah als auch unter den Regierenden der arabischen Länder. Die Vorstellung, daß wir mit einem Volk zusammenleben könnten, das sich nach einem halben Jahrhundert blutiger Kämpfe unser Vaterland widerrechtlich angeeignet und kolonisiert hatte, war noch zu neu und mußte zwangsläufig bei vielen auf Widerstand stoßen. Es gehörte viel Mut – besser gesagt: Kühnheit – dazu, sich über das Trauma und die angestauten Frustrationen hinwegzusetzen und eine über mehrere Jahrzehnte hinweg entwickelte politische Denkweise zu überwinden. Aber wir haben die Bürde der Vergangenheit bewältigen können, denn vier Monate nach meiner Pressekonferenz nahm die Palästinensische Nationalversammlung in ihrer 5. Sitzungsperiode vom 1.–4. Februar 1969 eine Entschließung an, in der unser strategisches Ziel bestätigt wurde.

Damit war für die Fatah-Spitze ein Problem aber immer noch nicht von der Tagesordnung: Man mußte die Widerstandsbewegung von der Notwendigkeit der Politik der kleinen Schritte überzeugen. Erst die tragischen Ereignisse in Jordanien 1970 und 1971 haben unseren Anhängern die Augen für die Wirklichkeit geöffnet. Nach den Massakern von Amman, Jerasch und Ajlun, vor allem aber nach der Vertreibung der letzten Fedajin aus dem haschemitischen Königreich, war deutlich geworden, daß die palästinensische Revolution auf kein einziges arabisches Land zählen konnte, wenn es darum ging, sich einen sicheren Zufluchtsort und eine Operationsbasis gegen Israel zu schaffen. Wollten wir der Verwirklichung unseres Traums von einer demokratischen, nicht konfessionell gebundenen, Gesellschaft näherkommen, so mußten wir unseren eigenen Staat gründen, und sei es nur auf einem Zoll palästinensischen Bodens. Diese Idee gewann bei der Basis der Befreiungsbewegung schließlich immer mehr Fürsprecher, insbesondere als König Hussein am 15.

März 1972 seinen Plan von einem »Vereinigten Arabischen Königreich« publik machte; dieser Plan zielte darauf ab, im Falle einer Räumung Zisjordaniens durch Israel an beiden Ufern des Jordan ein Königreich zu errichten, das zwei Provinzen föderativ zusammenschließen würde: Transjordanien und Palästina. Um das Komplott des Usurpators zu vereiteln, mußten wir unseren Anspruch auf das, was uns rechtmäßig zustand, laut formulieren. Daher beschloß die Fatah-Spitze Ende 1973, kurz nach dem Oktoberkrieg, ihre Politik der kleinen Schritte und ihr taktisches Ziel bekanntzumachen.

Die Fedajin-Oraganisationen der späteren »Ablehnungsfront« – die Volksfront des Dr. Habasch – begannen sofort, in verleumderischen Hetzkampagnen gegen uns zu Felde zu ziehen. Die einen verdächtigten uns des Defätismus, die anderen beschuldigten uns der »Kapitulation«. Einen »Mini-Staat« in Zisjordanien und dem Gazastreifen lehnten sie genauso ab wie einen unabhängigen demokratischen Staat. Für sie zählte nur die Fortsetzung des bewaffneten Kampfes, absolut und unerbittlich, bis zu dem Tag, an dem ganz Palästina befreit wäre. Sie versuchten, so etwas wie intellektuellen Terrorismus auszuüben, indem sie die Befürworter einer Kompromißlösung Verräter nannten. In diesem Zusammenhang erinnerte ich mich an das, was ich als junger Mensch über den Konflikt zwischen Lenin und Trotzki gelesen hatte; dieser Gedanke bestärkte mich in meiner Überzeugung, daß wir recht hatten.

Wie wir es uns bei der Gründung der Fatah zur Regel gemacht hatten, vermieden wir es, auf eine Beschimpfung mit einer anderen Beschimpfung zu antworten. Denn uns war nicht entgangen, daß anderswo die Revolution ihre eigenen Kinder verschlang: Unter dem Vorzeichen ideologischer und politischer Divergenzen hatten Zusammenstöße gegnerischer Parteien häufig ein blutiges Ende genommen – und das im Namen der Reinheit des revolutionären Gedankens. Daher hatten wir uns geschworen, unsere Waffen nie gegen Gegner in den Reihen der palästinensischen Widerstandsbewegung einzusetzen und, statt sachlich zu argumentieren, nur gegen den Gegner zu hetzen. Dadurch ist es uns in großem Maße gelungen, die Parteien der Widerstandsbewegung zu einem – wie wir es nennen – »demokratischen Dialog« zu erziehen.

Wir hatten die Absicht, kurz nach dem Oktoberkrieg die Palästinensische Nationalversammlung – das Parlament der Widerstandsbewegung – einzuberufen, um darüber zu beraten, welche Rolle wir in der gerade begonnenen Phase der Verhandlungen übernehmen sollten. Wir zogen es dann aber doch vor, die Sitzung aufzuschieben, bis es uns gelungen war, alle Fedajin-Organisationen auf ein gemeinsames Programm zu verpflichten. Da Najef Hawatmeh, der Vorsitzende der Demokratischen Front, mit der Fatah übereinstimmte – er hat als einer der ersten die Errichtung eines »Mini-Staates« in Zisjordanien und dem Gazastreifen befürwortet –, konferierten wir zunächst mit Habasch, dem Führer der Volksfront. Wir waren recht optimistisch, da wir trotz der großen Meinungsverschiedenheiten, die es zwischen uns gab, gute Beziehungen unterhielten. Während der kritischen Zeit der »Rückschläge«, die auf die Vernichtung der Fedajin in Jordanien folgte, hatte sich in verschiedenen Bereichen, insbesondere in den besetzten Gebieten und im Libanon, zwischen seiner und unserer Organisation eine enge Zusammenarbeit ergeben.

Habasch, den ich gut kenne, ist eine merkwürdige Persönlichkeit. In der Öffentlichkeit – insbesondere, wenn er zu den Massen spricht – ist er dogmatisch, kompromißlos und von beispielloser Schärfe. Als mitreißender Redner zieht er seine Zuhörer ganz in seinen Bann. Privat aber ist er ein völlig anderer Mensch. Er ist ruhig und gelassen, hört aufmerksam zu, tritt nicht selten bescheiden in den Hintergrund und äußert durchaus vernünftige Ansichten. Ich bin häufig mit ihm zusammengetroffen, allerdings nie in seiner Wohnung, deren Adresse er absolut geheimhält. Im übrigen sieht man ihn nur noch selten, seit er kurz nach dem Oktoberkrieg einen Herzinfarkt erlitten hat. Er ist ein völlig integrer Mensch und zutiefst überzeugt von den politischen Ansichten, die er vertritt; es fehlt ihm jener Fanatismus, den so viele andere im Politbüro der Volksfront an den Tag legen.

Die Unterredung, die Jasir Arafat, Abu Saleh und ich Anfang 1974 mit ihm führten, verlief äußerst positiv. Habasch zeigte sich unseren Vorschlägen gegenüber durchaus nicht abgeneigt und regte sogar an, daß in den besetzten Gebieten lebende Palästinenser beauftragt werden sollten, an den laufenden Verhandlungen hinsichtlich einer politischen Lösung des israelisch-arabischen Konflikts teilzunehmen; unsere Aufgabe würde dann darin bestehen, diesen Leuten unter der Hand Orientierungshilfe und Unterstüzung zu geben.

Wir hatten keine Veranlassung, an seiner Aufrichtigkeit oder seiner Autonomie zu zweifeln, denn die Volksfront ist, genauso wie die

Demokratische Front von Hawatmeh, eine Bewegung, die – im Gegensatz zu allen anderen Organisationen mit Ausnahme der Fatah – sich stets dagegen gewehrt hat, von irgendeinem arabischen Land bevormundet zu werden. Man geht aus taktischen Gründen ein Bündnis ein, um dasselbe kurz darauf wieder zu lösen; man wahrt seine Selbständigkeit, trotz der finanziellen und politischen Hilfe, die man von seinem momentanen Beschützer erhält. Es gab eine Zeit, in der Habasch und Hawatmeh uns unsere Zusammenarbeit mit sogenannten »kleinbürgerlichen« Regierungen vorwarfen; aber die eigene Erfahrung hat sie inzwischen dazu gebracht, genau wie wir pragmatisch vorzugehen und mit jedem Staat zu verhandeln, der bereit ist, sie zu unterstützen. In Hinblick auf ihren politischen Standort genießen sie die aktive Sympathie der progressiven Regierungen des Irak, Libyens, der Demokratischen Republik (Süd-)Jemen und – allerdings in geringerem Maße – Algeriens.

Unsere Unterredungen, die wir ebenfalls in den ersten Monaten des Jahres 1974 mit den Führern der anderen Fedajin-Organisationen hatten – vor allem mit der (prosyrischen) Saika und der (proirakischen) Arabischen Befreiungsfront – waren gleichermaßen von Erfolg gekrönt. Unsere Verhandlungen führten zur Ausarbeitung eines Zehn-Punkte-Programms, das von allen Fraktionen der Widerstandsbewegung gebilligt und von der im Juni desselben Jahres in Kairo einberufenen Palästinensischen Nationalversammlung verabschiedet wurde. Der Erfolg war überwältigend: Einmütig bekundeten die Vertreter aller Fedajin-Organisationen ihren Willen, »auf jedem befreiten Teilstück des palästinensischen Territoriums« einen unabhängigen Staat zu gründen. Aber sie fügten hinzu: »Strategisches Ziel der PLO bleibt auch weiterhin die Gründung eines demokratischen Staates auf dem gesamten Gebiet des palästinensischen Vaterlandes.«

Doch leider war diese schöne Einmütigkeit nur von kurzer Dauer. Gleich nach Beendigung der Parlamentssitzung kam es in den Reihen der einzelnen Organisationen zu erneuten Auseinandersetzungen und Streitereien. Die ganz radikalen Elemente warfen ihren Kameraden vor, sich für eine Vorlage stark gemacht zu haben, die einem »Ausverkauf« Vorschub leiste. Und natürlich, wie immer in solchen Debatten, siegten die Extremisten über die Gemäßigten. Mit Ausnahme der Fatah, der Demokratischen Front und der Saika, deren Führung eine homogene Gruppe bildete, vollzogen alle anderen

Gruppierungen eine totale Kehrtwendung und starteten einen wahren Feldzug gegen die Idee vom »Mini-Staat«. In Beirut erschienen plötzlich an den Hauswänden Plakate, auf denen gegen unsere Politik gehetzt wurde. An ein Plakat erinnere ich mich noch ganz deutlich: Es zeigte eine von zehn Kugeln durchlöcherte Landkarte von Palästina; die zehn Kugeln symbolisierten die zehn Artikel des gemeinsamen Programms, das gerade von der Nationalversammlung verabschiedet worden war. Kurz danach schlossen sich die radikalen Organisationen zur sogenannten »Ablehnungsfront« zusammen, die in den nachfolgenden Jahren zu einer gefährlichen Spaltung der Widerstandsbewegung führen sollte.

Nun mußten wir »auf die Straße gehen«, um der feindlichen Propaganda entgegenzuwirken. Doch diese Aufgabe erwies sich als äußerst schwierig. Als ich eines Tages in das Flüchtlingslager von Tel Zaatar kam – während des libanesischen Bürgerkriegs zwei Jahre später wurden die Menschen in diesem Lager durch die christlichen Milizen ermordet –, welche Überraschung erwartete mich da: Die verelendete Siedlung war völlig überflutet mit Hetzparolen gegen die Idee vom palästinensischen »Mini-Staat«! Bei der Kundgebung, auf der ich sprechen sollte, konnte ich feststellen, daß es unseren Gegnern ganz offensichtlich gelungen war, zumindest den größten Teil der Anwesenden für ihre Politik der Kompromißlosigkeit zu gewinnen. Ich begann meine Rede damit, daß ich den Kampfgeist meiner Zuhörer gebührend hervorhob, und fügte hinzu, daß wir ein unbezähmbares, aber auch ein wunderliches Volk seien. Das waren in etwa meine Worte: »Seit nunmehr 25 Jahren lebt ihr im Exil, und das sind 25 Jahre der Frustration, der Demütigungen und Entbehrungen, und dennoch lehnt ihr auch weiterhin jegliche Kompromißlösung ab, selbst wenn es sich um einen Kompromiß handelt, der nur von kurzer Dauer sein wird! Ist es nicht merkwürdig, daß ihr es vorzieht, in einem Getto auf fremden Boden zu leben statt auf einem befreiten Gebiet eures Heimatlandes?«

Suchte man nach dem eigentlichen Grund ihrer Ablehnung, so stieß man bei meinen rebellischen Zuhörern auf einen kleinlichen Regionalismus. Sie stammten aus dem Teil Palästinas, in dem 1948 der Staat Israel gegründet wurde; Zisjordanien war ihnen daher völlig fremd. Der »Mini-Staat«, den wir anstrebten, interessierte sie daher nicht im geringsten. Hier hatte die »Ablehnungsfront« für ihre Durchhalteparolen und ihre Politik des »alles oder nichts« fruchtbaren Boden gefunden. Doch ihre »natürliche« Anhängerschaft erfaßte auch andere Bevölkerungsschichten, und zwar merkwürdigerweise die reichen oder zumindest wohlhabenden Palästinenser der Diaspora, insbesondere jene, die in Ländern lebten, welche vom Schlachtfeld weit entfernt sind. Da ihr Leben zu keiner Zeit in Gefahr war, da sie unter idealen sozialen Bedingungen lebten und es ihnen an nichts fehlte, konnten sie sich den Luxus der Kompromißlosigkeit leisten, ohne ein ewiges Exil fürchten zu müssen. Dies gilt gleichermaßen für gewisse Intellektuelle, die in hochgeistigen Zirkeln sich an Abhandlungen ergötzen, welche wohl der Wissenschaftlichkeit nicht entbehren, mit der Realität hingegen nicht das geringste mehr zu tun haben; auch sie landen schließlich alle bei trostloser Neinsagerei.

Ich versuchte jedoch immer wieder, den Leuten klarzumachen, daß die negative Haltung der palästinensischen Extremisten dem Verhalten der Israelis gleichkam, die uns von allen Verhandlungen auszuschließen suchten, um uns dann endgültig zu vernichten. Unermüdlich wiederholte ich, daß unsere Feinde fest entschlossen seien, nicht einen Zoll des palästinensischen Bodens, den sie in Besitz hatten, zurückzugeben, und es daher völlig illusorisch sei zu glauben, wir würden unser »Mini-Palästina«, um das wir so erbittert stritten, ohne kämpferischen Einsatz erreichen. Im Gegensatz zu vielen meiner Freunde war ich 1974 überzeugt – und ich habe damals keinen Hehl daraus gemacht –, daß es durch Verhandlungen nie zu einer akzeptablen Lösung kommen würde, solange das Kräfteverhältnis sich nicht beträchtlich zu unseren Gunsten geändert hätte.

Etwa zwei Jahre später, im Frühjahr 1976 – während im Libanon der Bürgerkrieg wütete und die syrische Armee sich anschickte, zum Angriff auf die Palästinenser überzugehen –, besuchte Georges Habasch mich in Beirut, um mir aus Anlaß eines Todesfalls in meiner Familie sein Beileid auszusprechen. Er vermied es während unseres Gesprächs, unsere Meinungsverschiedenheiten zu berühren; doch als er gehen wollte, stellte er mir eine Frage, die viel von seiner damaligen geistigen Verfassung offenbarte. »Besteht noch Hoffnung?« fragte er mich, und sein Blick drückte tiefe Trauer aus.

Die in der »Ablehnungsfront« zusammengeschlossenen Organisationen waren 1974 jedoch nicht die einzigen, die uns bekämpften. Außer Israel hatten wir auch noch Kissinger gegen uns, der im Gefolge seiner Geheimdiplomatie alle Hebel in Bewegung setzte, um uns von der politischen Bühne zu vertreiben. Genauso wie König

Hussein versuchte er, auch Sadat gegen uns einzustimmen; Hussein stellte er die Rückführung Zisjordaniens in das haschemitische Königreich in Aussicht. Hussein war daher auch der einzige Staatschef, der auf dem arabischen Gipfel in Algier (26.–28. November 1973) einer Resolution die Zustimmung verwehrte, in der zum ersten Mal die PLO als allein rechtmäßige Vertreterin des palästinensischen Volkes anerkannt wurde. Da er sich der Stimme enthalten hatte, wurde der Beschluß geheimgehalten. Drei Tage später, am 1. Dezember, verkündete der König in einer öffentlichen Erklärung, daß er es als Jordaniens Aufgabe betrachte, über einen Abzug der israelischen Truppen aus dem gesamten besetzten Gebiet zu verhandeln, bevor das palästinensische Volk in einem Referendum über seine Zukunft selbst entscheiden könne. Mit anderen Worten: Er beanspruchte für sich das Recht, uns bei den Genfer Friedensverhandlungen zu vertreten.

Die anderen arabischen Staatschefs hüllten sich in Schweigen. Es war ganz offensichtlich, daß einige bereuten, auf dem Gipfel von Algier zu unseren Gunsten gestimmt zu haben. Sadat ließ nur wenige Monate später seine Maske fallen, als er anläßlich eines Besuchs von König Hussein in Alexandrien (am 18. Juli 1974) ein gemeinsames Kommuniqué unterzeichnete, in welchem dem König das Recht zuerkannt wurde, im Namen der im haschemitischen Königreich lebenden Palästinenser zu sprechen. (Hierbei handelt es sich um mehr als eine Million Menschen.) Gleichzeitig zog die ägyptische Presse gegen die Widerstandsbewegung und ihre Führer zu Felde; einige Zeitungen gingen sogar so weit, die Spitze der Bewegung als reine »Geschäftemacher« zu betiteln. Der einzige arabische Staatschef, der damals zu uns hielt, war Boumedienne, mit dem ich eine lange Unterredung gehabt hatte. Anläßlich eines Studentenkongresses in Algier hielt er eine flammende Rede, in der er das gegen die PLO angezettelte Komplott scharf verurteilte.

Die uns drohende Gefahr zeichnete sich immer deutlicher ab, als die Einberufung eines neuen arabischen Gipfeltreffens für den 26. Oktober 1974 in Rabat bekannt wurde. Auf der Tagesordnung stand natürlich auch die Frage, wer als Sprecher für das palästinensische Volk fungieren durfte. Sofort beschloß eine Gruppe junger Mitglieder der Fatah – ohne Wissen der Führung –, zur Tat zu schreiten: Sie planten die Ermordung König Husseins, falls es diesem gelingen sollte, die anderen arabischen Staatschefs dazu zu überreden, gegenüber der »Fedajin-Zentrale« eine Position zu beziehen, die der vom voraufgegangenen Gipfel diametral entgegengesetzt war. Die PLO mußte um jeden Preis »die alleinige rechtmäßige Vertreterin des palästinensischen Volkes« bleiben.

Alle Hebel werden in Bewegung gesetzt, damit der haschemitische Herrscher dieses Mal der schon seit langem verdienten Strafe nicht entginge. Es werden verschiedene Mordpläne ausgearbeitet, deren Ausführung mehreren Kommandos übertragen wird. Diese sollen am Flughafen von Rabat, auf der voraussichtlich von Hussein befahrenen Straße, am Eingang zum Sitzungssaal und an anderen Stellen postiert werden. Sie besitzen gefälschte Reisepässe, die ein Einreisevisum nicht erforderlich machen; so können sie einzeln und zu verschiedenen Zeitpunkten ohne Schwierigkeiten in das marokkanische Königreich einreisen, wo sie sich auf mehrere Städte verteilen, um auf das Signal zu warten, das sie in Rabat zusammenrufen wird. Wie schon bei der Aktion gegen die israelischen Sportler in München sollen ihnen die Waffen erst wenige Stunden vor dem Attentat übergeben werden.

Alle Vorkehrungen sind bereits getroffen, als – etwa einen Monat vor Beginn des Gipfeltreffens – zwei der für das Kommando verantwortlichen Männer in einem Hotel in Casablanca zufällig einem libyschen Geschäftsmann begegnen, der mit einem der beiden bekannt ist. Dieser Libyer galt als leidenschaftlicher Parteigänger der palästinensischen Widerstandsbewegung und zudem als glühender Befürworter der Gewalt. In Wirklichkeit aber arbeitete er – unter anderem – für den marokkanischen Geheimdienst. Einige Stunden später erhalten unsere beiden Palästinenser sichere Anzeichen dafür, daß sie von der Polizei überwacht werden. Sie beschließen sofort, das Land zu verlassen, werden aber schon kurz darauf verhaftet, verhört und gefoltert. In der Zwischenzeit haben Sicherheitsbeamte ihr Hotelzimmer bezogen, um eventuelle Besucher zu »empfangen« und Telefonanrufe entgegenzunehmen. Und tatsächlich ruft auch schon bald darauf einer unserer Leute aus Tunis an, der mit der Waffenbeschaffung beauftragt ist. Er kündigt seine Ankunft noch für den Abend desselben Tages an und gibt die Nummer seines Flugzeugs durch. Da er die Unvorsichtigkeit begangen hat, das Telefongespräch von seinem Hotel aus zu führen, gelingt es der Polizei ohne Schwierigkeiten, seinen Decknamen herauszufinden, und so wird er sofort bei seiner Ankunft auf dem Flughafen von Casablanca verhaftet.

Als ein viertes Kommandomitglied den Zeitpunkt seiner Ankunft am Flughafen mitteilt, wird die Sache für die Polizei allerdings etwas schwieriger, denn dieses Mal kommt der Anruf aus einer öffentlichen Telefonzelle in Agadir. Da die Polizei keinen Anhaltspunkt zur Identifizierung des Fedajin besitzt, werden alle Passagiere der in Frage kommenden Maschine zurückgehalten und 24 Stunden lang einem strengen Verhör unterzogen. Unser Mann, der einen pakistanischen Reisepaß besitzt, wird schließlich entlarvt, als die Polizei entdeckt, daß er kein Sterbenswörtchen in seiner »Muttersprache« spricht. Kurz und gut: Durch vielerlei Schliche gelingt es der marokkanischen Sicherheitspolizei, vierzehn der heimlich ins Land gekommenen Fedajin festzunehmen.

Der Bericht, den König Hassan II. von seinem Nachrichtendienst erhält, ist äußerst besorgniserregend. Darin heißt es – was übrigens nicht der Wahrheit entspricht –, daß das Komplott nicht nur gegen König Hussein gerichtet sei, sondern auch gegen Hassan selbst, gegen König Feisal von Saudi-Arabien, Präsident Sadat sowie den sudanesischen Staatschef General Numeiri. Besonders schwerwiegend aber sei, so steht in dem Bericht zu lesen, daß man keine Waffen gefunden habe und daher von seiten der noch in Freiheit befindlichen Fedajin weiterhin Gefahr bstünde.

Hassan II. versetzt sofort alle Sicherheitskräfte in Alarmbereitschaft, unterrichtet die anderen betroffenen arabischen Staaten von der Verschwörung und läßt umgehend Arafat zu sich kommen, um von ihm eine Erklärung zu verlangen. Im Verlauf der Unterredung, die Mitte Oktober stattfindet, behauptet der marokkanische König unter Bezugnahme auf den Bericht seines Nachrichtendienstes, daß ich für das gerade aufgedeckte Komplott verantwortlich sei. Arafat protestiert, nimmt mich in Schutz und versichert dem König, daß die Fatah-Führung, er selbst inbegriffen, absolut nichts von der Affäre wisse. Daraufhin legt Hassan II. ihm die Fotos der vierzehn verhafteten Fedajin vor, von denen der Präsident der PLO jedoch nur zwei identifizieren kann.

Inzwischen versuchen die für das aufgedeckte Komplott Verantwortlichen, den Schaden einzudämmen. Die Waffen, die für die mittlerweile verhafteten Fedjin bestimmt sind, befinden sich gut getarnt auf einem Lastwagen, der auf dem Weg nach Gibraltar Spanien durchquert; jeden Tag konnten sie in Tanger eintreffen, wo sie Gefahr liefen, der marokkanischen Polizei in die Hände zu fallen. Diese hätte dann über ausreichendes Beweismaterial verfügt, um unsere Kameraden zu überführen. Man mußte also auf jeden Fall verhindern, daß der Lastwagen sein Ziel erreichte. Ein Kommandomitglied, das nicht verhaftet worden ist, fliegt daraufhin nach Madrid und liefert dem spanischen Nachrichtendienst durch einen anonymen Telefonanruf eine ausführliche Beschreibung des Lastwagens, seiner Ladung und der vorgesehenen Route. So gelingt es der spanischen Polizei, den Wagen abzufangen und den Chauffeur sowie seinen Begleiter, ein Mitglied unserer Organisation, zu verhaften. Da jedoch die spanischen Behörden nicht in einen Konflikt verwickelt werden wollen, der zwischen den Fedajin und Marokko ausgetragen wird, vertuschen sie die ganze Geschichte: Nachdem der Lastwagen mit den Waffen beschlagnahmt ist, werden die beiden Männer in aller Stille abgeschoben.

Die Sitzung der arabischen Außenminister, die einige Tage vor dem Gipfeltreffen in Rabat stattfand, verlief in einer äußerst gespannten Atmosphäre. In der marokkanischen Hauptstadt zirkulierten die alarmierendsten Gerüchte: Wollte man ihnen Glauben schenken, so waren um die hundert Terroristen damit befaßt, eine ganze Serie von Attentaten und damit ein wahres Blutbad vorzubereiten. Und alle Gerüchte über eine bevorstehende Apokalypse stützten sich angeblich auf Berichte irgendeines Nachrichtendienstes – mal waren es die Amerikaner, mal die Franzosen, dann wieder die Westdeutschen oder die Jordanier. Den Mitgliedern der PLO-Delegation entging keinesfalls, wie sehr die Haltung der arabischen Minister von der wachsenden Unruhe beeinflußt wurde: Selbst diejenigen, deren Parteinahme für König Hussein allen bekannt war, wurden schließlich zu eifrigen Befürwortern der PLO!

Wie jeder weiß, wurde der Gipfel von Rabat für uns ein glänzender Triumph. Alle arabischen Staatschefs, einschließlich König Husseins, nahmen eine Reihe von Entschließungen zu unseren Gunsten an, von denen zwei besonders erwähnt werden sollen. Zunächst bekräftigten die Unterzeichner »das Recht des palästinensischen Volkes auf eine Rückkehr in seine Heimat«; des weiteren wurde ihnen das Recht zugestanden, »unter der Führung der PLO als allein rechtmäßiger Vertreterin des palästinensischen Volkes auf jeder befreiten Parzelle des palästinensischen Territoriums einen unabhängigen palästinensischen Staat zu errichten. Die arabischen Länder sind gehalten, diesen Staat bei seiner Gründung in jeder Hinsicht zu unterstützen.«

Die Veröffentlichung des Schlußkommuniqués bewirkte unter den vierzehn verhafteten Fedajin einen wahren Freudentaumel, denn sie waren – zu Recht – davon überzeugt, ihr Ziel erreicht zu haben. Ihr Ziel war nicht gewesen, Blut zu vergießen; entscheidend war für sie, daß die ihnen feindlich gesinnten arabischen Länder endlich eine eindeutige Aussage trafen, in der die Rechte des palästinensischen Volkes und der Anspruch der PLO, dessen alleinige Vertreterin zu sein, anerkannt wurden. Ich teilte ihre Freude, war aber äußerst betrübt über ihr Los. Sie litten nicht nur unter grausamen Haftbedingungen und unmenschlicher Folter; darüber hinaus hatten sich die Wortführer der Widerstandsbewegung öffentlich von ihrer Aktion distanziert. Es sah ganz so aus, als würden sie bis an ihr Lebensende im Gefängnis bleiben. Unter dem Einfluß des marokkanischen Nachrichtendienstes stellte die Presse sie als simple Gauner dar. Und dabei hatten sie der Sache der Palästinenser einen unschätzbaren Dienst erwiesen, ohne auch nur einen Tropfen Blut zu vergießen. Ich war entrüstet und brannte vor Ungeduld, mich öffentlich auf ihre Seite zu stellen. Doch ich mußte Stillschweigen bewahren, auch wenn es mich zutiefst schmerzte.

Die politische Lage erlaubte es mir im Interesse der Widerstandsbewegung nicht, so zu handeln, wie mein Gewissen es mir befahl. Eine Rechtfertigung ihrer Taten vor oder während des Gipfeltreffens in Rabat hätte zwischen der PLO und den arabischen Ländern eine schwere Krise heraufbeschworen und diese veranlaßt, uns gegenüber eine feindliche Haltung einzunehmen. Alle Anstrengungen, die wir unternommen hatten, um den arabischen Staatschefs die so lang ersehnte Anerkennung abzupressen, wären damit umsonst gewesen. Auch nach dem Ende des Gipfels bat man mich, weiterhin zu schweigen, um nicht unseren Freunden bei den Vereinten Nationen, die sich um eine Anerkennung der PLO durch die internationale Organisation bemühten, in den Rücken zu fallen.

Das Erreichen dieses Ziels war für unsere Zukunft entscheidend. Und ich hatte recht daran getan, mich zurückzuhalten, denn zwei Wochen nach dem Gipfeltreffen von Rabat bereitete die UNO-Vollversammlung Jasir Arafat einen triumphalen Empfang. Der Beifall, mit dem ihn am 13. November 1974 die Vertreter von etwa 140 Staaten stehend begrüßten, gehört zu den ergreifendsten Augenblicken in der Geschichte des palästinensischen Volkes. So würdigten die Nationen der Welt die während mehr als einem halben

Jahrhundert durchstandenen Kämpfe und Opfer. An jenem Tag fühlten wir, daß wir vor der Weltöffentlichkeit nicht mehr nur ein Volk von Flüchtlingen und Habenichtsen waren, sondern eine nationale Gemeinschaft, die zwar ausgeraubt, verhöhnt und gedemütigt war, die aber ihren Stolz bewahrt hatte und bereit war, ihren Kampf fortzusetzen.

Die Vollversammlung der Vereinten Nationen nahm im Anschluß an Jasir Arafats Rede zwei in der Geschichte dieser internationalen Organisation einmalige Entschließungen an. Zum einen wurde die PLO als allein rechtmäßige Vertreterin des palästinensischen Volkes anerkannt; zum andern – und dies war noch weitaus bedeutender – wurde unserer Organisation der Status eines Beobachters bei den Vereinten Nationen zuerkannt, so daß von nun an unsere Vertreter zu den Sitzungen und Arbeitstreffen der Vereinten Nationen zugelassen wurden. Damit konnten wir uns des großartigen Vorrechts rühmen, als erste nationale Befreiungsbewegung offiziell dieser Weltorganisation assoziiert zu sein und eine Stellung zu beziehen, die beispielsweise der Position der Schweiz, der beiden koreanischen Staaten und des Vatikan gleichwertig war. Bis zu einer endgültigen Regelung wurde dem palästinensischen Volk von der UN-Vollversammlung »das Recht auf Souveränität und nationale Unabhängigkeit« zuerkannt.

Wir waren überglücklich. Auf internationaler Ebene hatten wir alles erreicht, was wir uns zum Ziel gesetzt hatten. Von nun an waren wir keine »Verbrecher« mehr, keine »Terroristenbande«, keine »Mörder«. Nun war für mich der Augenblick gekommen, für die vierzehn in Marokko zu Unrecht eingekerkerten Fedajin Partei zu ergreifen.

Die Gelegenheit bot sich während einer Kundgebung, die am 19. November 1974 in der arabischen Universität in Beirut abgehalten wurde. Ich überraschte meine Zuhörer jedoch nicht nur dadurch, daß ich die Fedajin verteidigte; ich ging so weit, mich auch voll und ganz mit ihrem Unternehmen solidarisch zu erklären. Nachdem ich zunächst über die erst kürzlich – insbesondere während des Gipfels von Rabat und bei der UN-Vollversammlung – erzielten Erfolge gesprochen hatte, erklärte ich, daß diese von dem Kampfeswillen und der Opferbereitschaft unserer Anhäger nicht zu trennen seien. »Unsere vierzehn in Rabat gefangenen Kameraden«, so fügte ich hinzu, »haben ihre Pflicht erfüllt. Entgegen den Behauptungen einer böswilligen Propaganda hatten sie keineswegs die Absicht, gegen alle arabischen Staatschefs vorzugehen, sondern nur gegen einen: den Henker unseres Volkes – Hussein. Und selbst wenn es stimmt, daß sie diesen umbringen wollten, so übernehme ich dafür die volle Verantwortung und betrachte es als eine Ehre, ihre Tat gutzuheißen.« Bei dieser Gelegenheit erinnerte ich daran, daß nach dem Massaker an den Fedajin in den Jahren 1970 und 1971 die Fateh-Spitze ebenfalls den Beschluß gefaßt hatte, Hussein und sein Regime zu beseitigen.

Ich kam schließlich wieder auf das Schicksal der vierzehn gefangenen Fedajin zu sprechen und versicherte, daß ich fest entschlossen sei, ihre Freilassung zu erwirken. Ich erklärte, daß unsere Kameraden durch die marokkanische Polizei gefoltert wurden, und gab zu verstehen, daß, wenn Hassan II. meinem Appell kein Gehör schenken würde – ich hatte ihm durch Vermittlung einer tunesischen Persönlichkeit eine Botschaft zukommen lassen –, wir die Möglichkeit hätten, den marokkanischen Herrscher zum Einlenken zu zwingen.

Ich war gerade dabei, Hassan II. heftig zu kritisieren, als einer meiner Mitarbeiter mich unterbricht und mir eine Botschaft reicht. Während ich die kurze Notiz lese, glaube ich, meinen Augen nicht trauen zu dürfen: Unsere vierzehn Kameraden sind freigelassen und nach Ägypten abgeschoben worden, wo man sie sofort in das Gefängnis der Zitadelle in Kairo überführt hat. Ich fahre in meiner Rede fort, fühle mich aber äußerst unwohl, da ich nicht recht weiß, wie ich mich so schnell auf die neue Lage einstellen soll. Stockend beginne ich, meinen Zuhörern zu erklären, daß ich mit meinem Angriff auf Hassan II. etwas voreilig gewesen bin, denn dieser sei in Wirklichkeit durchaus zugänglich für die Interessen der palästinensischen Widerstandsbewegung. Dann verkünde ich die Neuigkeit, die ich gerade erfahren habe, um sogleich gegen die niederträchtige Haltung der ägyptischen Behörden zu Felde zu ziehen, die sich erlaubt haben, Männer einzusperren, die gerade vom marokkanischen Herrscher den Beweis seiner Milde erhalten haben. »Mit welchem Recht wirft sich Sadat als Richter auf?« schleudere ich meinem Publikum entgegen.

Ich war kaum von Hassan II. auf Sadat übergewechselt, als ich ein zweites Mal unterbrochen werde – dieses Mal von einem Zuhörer, der mir eine Botschaft aushändigt, die etwa folgenden Inhalts ist: »Sadat läßt Sie bitten, sofort zu ihm zu kommen. Ich flehe Sie an, ihn nicht anzugreifen, bevor Sie ihn nicht angehört haben.« Die kurze Notiz ist von einem Angehörigen der ägyptischen Botschaft in Beirut unterzeichnet, einem Mann, den ich zu meinen engsten Freunden zähle. Als ehemaliger Offizier des Nachrichtendienstes hatte er uns in Jordanien 1970 während der bewaffneten Auseinandersetzungen mit Husseins Armee große Dienste erwiesen. Ich hatte keine andere Wahl, als seiner dringenden Bitte Folge zu leisten.

Noch ratloser als zuvor fahre ich in meiner Rede fort; und wieder suche ich zaghaft nach Worten, denn wieder muß ich eine passende Wendung finden, die es mir erlaubt, etwas sanfter und schonender mit Sadat zu verfahren, ohne mir selbst dabei zu widersprechen. Schließlich gelingt es mir, meinem verdutzten Publikum klarzumachen, daß unsere ägyptischen Freunde mir gerade eine beruhigende Nachricht haben zukommen lassen, die besagt, daß unsere vierzehn Fedajin nur aus »Routine« festgenommen wären und gut behandelt würden. Schneller als ursprünglich beabsichtigt, kam ich zum Ende und schloß meine Rede mit einer leicht optimistischen Wendung.

Gleich am nächsten Morgen flog ich nach Kairo. Wie am Vorabend des Oktoberkrieges erwartet mich auch jetzt am Flughafen ein Beauftragter Sadats, der mich direkt zum Präsidentenpalast bringt. Der ägyptische Staatschef schließt mich in seine Arme und meint lächelnd: »Wie es aussieht, wollten Sie mich also ermorden?« Der Vorwurf erscheint mir derart absurd, daß ich nicht einmal versuche, ihn in Abrede zu stellen. Sadat aber verweist auf die Berichte, die er vor dem Gipfeltreffen von Rabat erhalten hatte, sowie auf den Besuch des marokkanischen Botschafters, der ihn von den alarmierenden Ergebnissen der Untersuchung in Kenntnis gesetzt hatte. Doch in freundlichem Ton fügt Sadat hinzu, daß er all diese Informationen mit Skepsis aufgenommen habe. Wohnt meine Familie, die in Kairo lebt, nicht in der Nähe seiner Residenz? Sind wir nicht immer alte und gute Freunde gewesen? Außerdem, so fährt er fort, seien die nach Marokko entsandten Offiziere des ägyptischen Nachrichtendienstes zurückgekehrt mit der festen Überzeugung, daß das geplante Attentat nur gegen König Hussein gerichtet gewesen sei. Die besagten Offiziere hatten sich lange mit den festgenommenen Fedajin unterhalten, von denen ihnen vier bekannt waren, da diese gewöhnlich in Ägypten wohnten.

Mit einem Wort: Sadat erspart mir unnötige Erklärungen zu den Geschehnissen der Vergangenheit. Ich danke ihm für das Vertrauen, das er mir entgegenbringt, um ihm dann ohne Umschweife ins Gesicht zu sagen, daß es seiner unwürdig sei, sich zum Kerkermeister von palästinensischen Patrioten zu machen. Ich würde zutiefst enttäuscht sein, so fuhr ich fort, wenn unsere Leute noch eine Stunde länger in der Zitadelle verbringen müßten. Sadat geht daraufhin zum Telefon, ruft Mahmud Salem an, den damaligen Innenminister, und veranlaßt ihn, die vierzehn verhafteten Fedajin auf der Stelle freizulassen. Erleichterten Herzens verlasse ich den Präsidenten, um zu meiner Frau und meinen Kindern zu fahren.

48 Stunden später – am 22. November – erhalte ich einen Anruf von Ismail Fahmi, dem ägyptischen Außenminister, der mich mit belegter Stimme bittet, sofort zu ihm zu kommen. Es sei dringend und von größter Wichtigkeit, erklärt er geheimnisvoll. Als ich sein Büro betrete, ist er nicht allein; anwesend sind außerdem der Ministerpräsident, der Innenminister und einige Mitarbeiter. Ich habe den Eindruck, vor einem Kriegsgericht zu erscheinen. Die Gesichter sind verschlossen, die Atmosphäre äußerst gespannt. In wenigen Worten unterrichtet mich Ismail Fahmi über das, was vorgefallen ist: Eine Boeing der britischen Luftfahrtgesellschaft BEA war an diesem Tag von mehreren Palästinensern nach Tunis entführt worden, nachdem sie am Tag zuvor zu einer Zwischenlandung in Dubai gezwungen worden war. Die Entführer forderten die Freilassung von fünfzehn Fedajin, von denen dreizehn in Ägypten im Gefängnis säßen. Fünf der Fedajin hatten am 5. April 1973 auf dem Flughafen von Rom ein Attentat verübt, acht waren für das Kommandounternehmen vom März 1973 gegen die saudi-arabische Botschaft in Kartum verantwortlich; zwei weitere waren nach einem mißglückten Attentat in Holland inhaftiert worden. Da Präsident Burgiba ein Blutbad auf dem Flughafen von Tunis vermeiden wollte, bestand er darauf, daß den Forderungen der Luftpiraten nachgegeben wurde. »Wir können uns doch nicht erpressen lassen!« meint Ismail Fahmi zu mir. Und er fährt fort: »Können Sie uns helfen und die Freilassung der Geiseln ohne Gegenleistung erreichen?« Ich muß gestehen, daß sein Ansinnen mir ungewöhnlich erschien und die Erfüllung durchaus nicht leicht sein würde. Andererseits aber konnte unsere Organisation nicht zulassen, daß die Kommandomitglieder die Freilassung von Fedajin verlangten, die auf Veranlassung der PLO festgenommen worden waren. Dies war für uns eine unglaubliche Herausforderung, die wir unbedingt annehmen mußten.

Während ich noch zögere, persönlich zu intervenieren, werde ich von Sadat am Telefon verlangt; er bittet mich inständig, nach Tunis zu fliegen, und bietet mir zu diesem Zweck sogar ein Privatflugzeug an. Ich erkläre mich einverstanden und teile ihm mit, daß ich bereits in einer Stunde mit einigen meiner Mitarbeiter zum Abflug bereit sein würde. Sofort nach meiner Ankunft auf dem Flughafen von Tunis begebe ich mich in den Kontrollturm, wo ich drei Tage und zwei Nächte damit zubringen sollte, die Befreiung der Geiseln auszuhandeln. Dies war eine der merkwürdigsten und zugleich schwierigsten Missionen, die ich je auszuführen hatte.

Taher Belkhodscha, der tunesische Innenminister – mit dem ich hier zum ersten Mal zusammentraf und der dann einer meiner besten Freunde wurde –, erwartet mich bereits im Kontrollturm. Als erstes spielt er mir ein Band vor, auf dem die ersten Kontakte mit den Luftpiraten aufgenommen sind. Diese hatten sich in dem britischen Flugzeug verschanzt und drohten, alle ihre Geiseln umzubringen. Als sie erfahren, daß ich aus Kairo gekommen bin, um mit ihnen zu sprechen, überhäufen sie mich, Jasir Arafat, die anderen PLO-Führer und alle arabischen Staatschefs mit wüsten Beschimpfungen, denn für sie sind wir alle »Verräter«.

Die für das Kommandounternehmen verantwortlichen Männer gehörten zur Gruppe »Märtyrer Ahmed Abdel Ghaffur«. Dieser war unter bis heute ungeklärten Umständen 1974 in Beirut getötet worden und hatte, bevor er 1972 in das Lager der »Ablehnungsfront« überwechselte, für die Fatah gekämpft. Er war in seinen politischen Ansichten ein Extremist und ein leidenschaftlicher Befürworter der Gewalt. Da es ihm gelungen war, eine gewisse Anzahl von Bewunderern um sich zu sammeln, wurde er von Abu Nidal gestützt, einem anderen Überläufer der Fatah, der sich in den Irak geflüchtet hatte. Er war verantwortlich für verschiedene blutige Attentate, vor allem in Rom und Athen, bis er schließlich selbst umgebracht wurde. Ich hatte es also mit Gegnern zu tun, die zu allem entschlossen waren und sich zudem hartnäckig weigerten, mit mir zu reden.

Ich beschloß trotzdem, mich über den Sender im Kontrollturm an sie zu wenden, und fordere sie auf, mich anzuhören. Ich erinnere sie an die guten Beziehungen, die ich zu Ahmed Abdel Ghaffur vor seinem Austritt aus der Fatah gehabt hatte, und versichere ihnen, daß die tunesischen Behörden und ich uns von vornherein darin einig seien, keine Gewalt anzuwenden, da wir ausschließlich bemüht seien, das Leben der Geiseln zu retten und den guten Ruf der Widerstandsbewegung zu wahren, aber auch bereit seien, teilweise auf ihre Forderungen einzugehen. Es sei jedoch ausgeschlossen, so betone ich nachdrücklich, daß wir die acht Fedajin des Kommandounternehmens von Kartum auslieferten; ich verspreche ihnen aber, alles zu unternehmen, was in meiner Macht stünde, um die von ihnen geforderte Freilassung der sieben anderen Fedajin zu erreichen. Dann lasse ich die Tonbandaufnahme einer Pressekonferenz abspielen, die am selben Tag in Kairo abgehalten worden war und auf der ein Wortführer des Kommandos von Kartum erklärt hatte, daß seine Kameraden und er nicht gegen die Geiseln von Tunis ausgetauscht werden wollten. »Überlegen Sie es sich und seien Sie vernüftig! Geben Sie mir eine positive Antwort!« rufe ich meinen unsichtbaren Gesprächspartnern zu. Dann ergreift Belkhodscha das Wort und schlägt vor, mit den eigentlichen Verhandlungen zu beginnen. Doch eine Stimme antwortet: »Wir haben zu Abu Ijad kein Vertrauen. Wir wissen, daß er hinterhältig ist.« Es gelingt dem tunesischen Innenminister schließlich doch, sie von unserer Aufrichtigkeit zu überzeugen, indem er ihnen versichert, daß wir ein einmal gegebenes Versprechen nie brechen würden. Daraufhin bitten die Entführer um eine halbe Stunde Bedenkzeit. Wir warten die ganze Nacht; um uns herrscht Totenstille. Langsam beginnen wir zu verzweifeln, doch am nächsten Morgen ertönt plötzlich die Stimme des Kommandochefs, eines gewissen Marwan, der mit »Bruder Abu Ijad« zu sprechen wünscht. Erleichtert atmen wir auf. Die Schlacht ist halb gewonnen, so scheint mir, da sie mich – zum ersten Mal – »Bruder« nennen.

Ohne weitere Zeit zu verlieren, setze ich mich direkt mit der ägyptischen und der niederländischen Regierung in Verbindung und bitte sie, noch am selben Tag die fünf bzw. zwei gefangenen Fedajin auszuliefern, um sie gegen die Geiseln auszutauschen. Als erstes landet die Maschine aus Den Haag, doch der niederländische Konsul teilt mir mit, daß die beiden Palästinenser das Flugzeug erst verlassen dürfen, wenn alle Passagiere der BEA-Maschine freigelassen sind. Die Luftpiraten, die genau das entgegengesetzte Vorgehen verlangt haben, befürchten nun einen Hinterhalt. Sie werden nervös und drohen, ihre Geiseln eine nach der anderen zu erschießen. Ich ermahne sie zur Geduld und ziehe die Verhandlungen in die Länge, um bis zur Ankunft der fünf anderen Fedajin aus Kairo Zeit zu gewinnen.

Dann endlich bin ich in der Lage, ihnen einen Kompromißvorschlag zu unterbreiten, der einige Aussichten hat, von ihnen akzeptiert zu werden: Die aus Ägypten eingetroffenen Fedajin sollten der Gruppe »Abdel Ghaffur« zugeführt werden, die dann ihrerseits alle Passagiere freilassen würde; erst dann würden die beiden von der niederländischen Polizei bewachten Palästinenser ihr Flugzeug verlassen und in das der BEA umsteigen. Anschließend sollten die Besatzungsmitglieder – es waren insgesamt sieben, alles britische Staatsangehörige – die Luftpiraten und ihre Begleiter in ein Land ihrer Wahl fliegen, wo sie wieder in Freiheit wären.

Bevor die fünf Fedajin aus Kairo an Bord des entführten Flugzeugs gehen, versichere ich mich ihrer Unterstützung. Sie kannten mich sehr gut vom Hörensagen und wußten den Kampf, den ich führte, zu würdigen; außerdem waren sie mir verpflichtet, da ich bei ihrer Verhaftung ein gutes Wort für sie eingelegt hatte. Ich bitte sie, alles zu tun, um die Luftpiraten zu überreden, meinen Vorschlag anzunehmen; vor allem sollten sie diesen klarmachen, daß sie nicht die geringste Chance hätten, ihren Standpunkt durchzusetzen. Zum einen mußten sie wissen, daß sie auf internationaler Ebene völlig isoliert waren, da sie vermutlich wie ich im Rundfunk gehört hatten, daß alle arabischen Staaten – einschließlich Libyens, des Irak und des Süd-Jemen, die sonst mit der »Ablehnungsfront« sympathisierten – ihr Kommandounternehmen ganz entschieden verurteilten. Zum andern hatten sie mit ihrer Erpressung wenig oder gar keine Aussicht auf Erfolg, da sich kaum Europäer oder Nordamerikaner unter den Geiseln befanden. Wen kümmerten schon Pakistaner, Inder oder andere Asiaten? Es ist traurig festzustellen, daß die Westmächte sich nur um das Leben ihrer eigenen Staatsbürger sorgen; die Menschen der Dritten Welt sind für sie oft »Untermenschen« und werden leider auch häufig als solche behandelt. Die Luftpiraten mußten sich also mit einem Kompromiß zufriedengeben, wenn sie günstig davonkommen wollten. Ich bot ihnen Straflosigkeit und damit die Garantie für ihre persönliche Sicherheit.

Die fünf Fedajin erfüllen ihre Aufgabe, allerdings nicht ganz ohne Schwierigkeiten, denn sie benötigen mehrere Stunden, um die Entführer zu überzeugen. Aber schließlich werden die 27 Passagiere – darunter drei Europäer – wie vereinbart freigelassen, ohne daß ihnen etwas geschehen ist. Dann werden die beiden von der niederländischen Regierung eingeflogenen Fedajin unbehindert dem Kommando »Ahmed Abdel Ghaffur« übergeben. Jetzt befinden sich an Bord der BEA-Maschine einschließlich der sechs Luftpiraten dreizehn Palästinenser sowie sieben britische Besatzungsmitglieder, die bereit sind zum Start in das Land, das die Männer aufnehmen soll, das aber immer noch nicht benannt ist.

Plötzlich bittet Marwan, der Chef des Kommandos, mich um eine Unterredung unter vier Augen. Die Begegnung, die sorgfältig vorbereitet wird, findet auf dem Rollfeld statt, auf halbem Wege zwischen dem Flugzeug und dem Kontrollturm. Dort teilt er mir mit, daß seine Kameraden und er die tunesischen Behörden um politisches Asyl ersuchen wollen, allerdings nur unter der Bedingung, daß man sie nicht an die PLO ausliefert. Derartige Bedingungen konnte ich natürlich nicht ohne Präsident Burgibas Zustimmung akzeptieren; dieser aber lehnt es ganz entschieden ab, dem Ersuchen der Luftpiraten nachzugeben. Daraufhin lassen diese uns wissen, daß sie dieses Mal ihre Drohung, das Flugzeug in die Luft zu sprengen, wahrmachen und dabei auch die Besatzungsmitglieder den Tod finden würden. Nun beginnt alles von neuem. Meine dringenden Appelle bleiben ohne Erfolg. Schließlich schlage ich vor, daß die sieben Engländer gegen sieben meiner Mitarbeiter ausgetauscht werden; damit würden dem kollektiven Selbstmord nur Palästinenser zum Opfer fallen. »Erspart uns wenigstens die Schmach, unschuldige Briten zu töten!« rufe ich ihnen durch das Mikrofon zu. Wie ich aber vorausgesehen habe, ist Präsident Burgiba über meinen Vorschlag zutiefst entsetzt, und da er für einen derartigen tragischen Ausgang nicht verantwortlich sein will, verpflichtet er sich, die Forderungen des Kommandos »Abdel Ghaffur« zu erfüllen. Ich hatte schließlich doch gewonnen, aber nur ganz knapp!

Während dieser sechzig Stunden fieberhafter und banger Verhandlungen hielt sich in unserer Nähe ein Mann auf, den man mir als britischen Diplomaten vorgestellt hatte und der die Entwicklung des Dramas, das sich vor seinen Augen abspielte, ganz genau verfolgte. Da er sich stets im Hintergrund hielt, nur wenig sprach, und wenn, dann nur auf englisch, dachte ich nicht im entferntesten daran, daß er unsere Sprache verstehen könnte. Wie groß ist daher meine Überraschung, als er sich in gepflegtem Arabisch an mich wendet, um mir in warmen Worten zu danken. »Wir sind Ihnen zu tiefstem Dank verpflichtet, Herr Abu Ijad«, sagt er, »weil Sie das Leben unserer Staatsbürger gerettet haben. Ihr ritterlicher Geist und Ihr ergreifendes Angebot, für das Leben unserer Bürger das der Fedajin zu opfern, haben mich sehr beeindrukt.« Mein Gesprächspartner war in mehreren arabischen Ländern Botschafter gewesen und als Sonderbeauftragter vom Foreign Office nach Tunis geschickt worden. Ich entgegne ihm, daß ich nur meine Pflicht getan habe; wenn er mir aber unbedingt danken wolle, so könne seine Regierung die Hälfte des Wertes der BEA-Maschine, die ich gerade gerettet hatte, auf das Konte der PLO überweisen. Der Diplomat bricht in schallendes Gelächter aus; einige Tage später, als ich wieder in Kairo bin, schickt mir die britische Luftfahrtgesellschaft einen überwältigenden Blumenstrauß in meine Wohnung.

Doch die Mission, die ich erfüllt hatte, hat mir nicht nur Anerkennung eingebracht. Während einer Pressekonferenz, die ich am Tag nach der Geiselbefreiung in Tunis abhielt, sagte ein amerikanischer Journalist in bissigem Ton zu mir: »Sie haben sich im Kontrollturm doch sicher nicht sehr wohl geführt, Mr. Abu Ijad, denn eigentlich wäre Ihr Platz doch eher im Flugzeug an der Seite der Terroristen gewesen, ist es nicht so?« Ich ließ mich nicht aus der Ruhe bringen und antwortete gelassen: »Ob im Kontrollturm oder anderswo, ich fühle mich nirgendwo zu Hause. Aber Sie, der Sie eine Heimat und eigene vier Wände besitzen – ist es zu viel verlangt, wenn ich Sie bitte, ein Minimum an Höflichkeit denjenigen gegenüber zu wahren, die weder das eine noch das andere besitzen?«

In der Folge führte ich mit den Luftpiraten eine leidenschaftliche Diskussion über ein Thema, das wir damals vertuschen konnten und über das ich heute zum ersten Mal spreche. Die Gruppe »Abdel Ghaffur« hatte sich nämlich nicht damit begnügt, die Befreiung der gefangenen Fedajin zu fordern, sondern eine weitere Bedingung gestellt: die Abberufung der PLO-Delegation bei den Vereinten Nationen. Ich hatte die tunesischen Behörden gebeten, zunächst nichts hierüber verlauten zu lassen, da ich allein die Kommandomitglieder dazu bringen wollte, von ihrer Forderung abzusehen, was mir nach zähen Verhandlungen schließlich auch gelang. »Habt ihr überhaupt jemals Arafats Rede gelesen, die er vor der UNO-Vollversammlung gehalten hat?« fragte ich sie. Als sie dies verneinten, beschrieb ich ihnen die Begeisterung, mit der dieses Ereignis in den Flüchtlingslagern gefeiert worden war, und erklärte ihnen, daß die Palästinenser von Stolz erfüllt waren, als sie erfuhren, daß es einem der Ihren gelungen war, der ganzen Welt ein Anliegen auseinanderzusetzen, dem allzu lange niemand Beachtung geschenkt hatte, und daß diesem Mann, der in unserem Namen gesprochen hatte, von den Vertretern der Völker dieser Erde Beifall gespendet worden war. »Ich will nicht bestreiten«, so fügte ich hinzu, »daß wir das Verhalten der Vereinten Nationen uns gegenüber im Verlauf unserer Vergangenheit nicht gutheißen; man darf sich auch hinsichtlich der Macht und der Durchsetzungsfähigkeit der UNO keine Illusionen machen. Aber muß man deswegen einen moralischen und politischen Sieg verächtlich machen?«

Am Ende der Diskussion gaben Marwan und seine Kameraden ihren Irrtum schließlich zu und entschuldigten sich beschämt, derartig verblendet gewesen zu sein. Alle sechs sind seitdem den Reihen der Fatah beigetreten. Die Debatte, die ich mit ihnen führte, war noch in anderer Hinsicht nützlich, denn dadurch habe ich feststellen können, wie sehr die demagogische Propaganda der »Ablehnungsfront« junge Patrioten zu beeinflussen vermochte, wenn die Realisten in der palästinensischen Befreiungsbewegung sich nicht die Mühe machten, ihr mit einer objektiven Analyse unserer politischen Situation entgegenzutreten. Unsere Aufgabe war um so leichter, als die Thesen unserer Gegner unhaltbar waren – ganz gleich, welcher Richtung sie angehörten, ob sie nun Nationalisten waren, Revolutionäre oder Marxisten. Die Führer der Volksfront (FPLP) berufen sich auf den Marxismus, wenn sie behaupten, daß die Diplomatie eine Form des Defätismus ist und nur der bewaffnete Kampf als revolutionär gelten kann. Und mit einem solchen Argument verurteilten sie unseren Beitritt zu den Vereinten Nationen! Dabei gehören alle sozialistischen Länder einschließlich der beiden Giganten des internationalen Kommunismus dieser Organisation an. Diese Pseudomarxisten kennen nicht einmal die Lehren Lenins, der den Bolschewiken empfahl, in alle Massenorganisationen einzudringen und sich dort zu behaupten. Und sie rühmen sich, durch Abwesenheit zu glänzen, wenn es sich um die größte aller Organisationen handelt – die, in der die Völker der Erde zusammengeschlossen sind.

Dr. Georges Habasch, der Präsident der Volksfront, hatte wohl vergessen, daß er sich im November 1974 unserem Beitritt als Beobachter zu den Vereinten Nationen widersetzt hatte, als er im September 1977 vorschlug, unsere Delegation solle den Ausschluß Israels aus der UNO fordern! Aber Dr. Habasch kommt es auf einen Widerspruch mehr oder weniger nicht an.

Während wir uns innerhalb der palästinensischen Befreiungsbewegung darüber stritten, wie wir uns der Herausforderung, die der Friede für uns bedeutete, stellen sollten, arbeitete Henry Kissinger in aller Stille unermüdlich darauf hin, die von uns auf internationaler Ebene erzielten Erfolge zu neutralisieren und das arabische Lager zu spalten – all dies im Interesse Israels. Nach außen hin sah es so aus, als agierte er als unermüdlicher Vermittler, indem er im Nahen Osten ständig auf Reisen war und zwischen Tel Aviv, Kairo, Damaskus, Amman und Riad hin und her pendelte. Sehr bald aber stellte sich heraus, daß er nicht das Ziel verfolgte, eine umfassende Lösung zu erreichen und den Konflikt bei seinen Wurzeln zu packen; sein Ziel war, Teilabkommen zu treffen, die den Israelis eine lange, ihre Expansionspolitik begünstigende Verschnaufpause geben sollten, um die Araber untereinander zu entzweien. Das erste Abkommen zwischen Israel und Ägypten, das durch Kissingers Vermittlung am 11. November 1973 zustande kam, schien noch harmlos zu sein. Zielte es nicht darauf ab, die ägyptische Dritte Armee aus der Umklammerung zu befreien und vor einer möglichen Vernichtung zu retten? Die PLO widersetzte sich diesem Abkommen nicht. Als Kissinger jedoch erneute Aktivitäten entfaltete, um eine erste Truppenentflechtung im Sinai zu erreichen, begann unsere Organisation, diese Politik der »kleinen Schritte« scharf zu kritisieren, da sie ganz offensichtlich im arabischen Lager zu ernsthaften Differenzen führen mußte. Vor allem Syrien schöpfte Verdacht, denn es begriff, daß ein neuerliches Abkommen zwischen Israel und Ägypten nur zu einer Schwächung der eigenen Position dem zionistischen Staat gegenüber führen konnte.

Wenige Tage vor der Unterzeichnung des Abkommens zwischen Kairo und Tel Aviv reiste ich nach Kairo, um Sadat davon abzubringen, sich in dieses gefährliche Unternehmen zu stürzen. Die Verhandlungen waren in eine Sackgasse geraten, und ich hoffte, daß die Unbeugsamkeit der Israelis wieder einmal über die Schwäche und das defätistische Verhalten des ägyptischen Präsidenten siegen würde. Als ich bei Sadat eintraf, fand ich ihn in sehr zorniger Verfassung vor; doch sein Zorn richtete sich nicht etwa gegen Israel oder Kissinger, sondern gegen die PLO. Er machte mir bittere Vorwürfe. Arafat griff er besonders scharf an – dies aufgrund eines Kommuniqués, das erst kurz zuvor vom Exekutivkomitee der PLO herausgegeben worden war und in dem es um die Orientierung der amerikanischen Diplomatie ging.

Mit unendlicher Geduld versuchte ich, ihn zu beruhigen und zur Vernunft zu bringen. Denn gerade jetzt wollte ich einen Bruch vermeiden, da ich immer noch hoffte, ihn auf unsere Seite zu ziehen. Aber er gab absolut nicht nach, im Gegenteil: Er ereiferte sich und rief: »Wenn Kissinger mir morgen einen Quadratmeter vom Sinai anbieten würde, dann würde ich ihn nehmen! Nie werde ich von der Linie abweichen, die ich mir einmal abgesteckt habe!« Ich gab zu bedenken, daß er auf jeden Fall die Position Syriens, seines Verbündeten vom Oktoberkrieg, berücksichtigen müsse, und nach langem Zögern stimmte er meinem Vorschlag zu, mit Präsident Hafez El-Assad (mit dem ich vor meiner Abreise nach Kairo noch gesprochen hatte) ein Treffen zu arrangieren. Diese Zusammenkunft fand kurz darauf in Riad statt, führte aber zu keinem Ergebnis, da Sadat nicht von dem Weg abweichen wollte, den Kissinger ihm vorgeschrieben hatte. So kam es schließlich am 1. September 1975 zur Unterzeichnung dieses zweiten, überaus verheerenden Abkommens über den Sinai, das den Ausschluß Ägyptens aus dem Lager der am Krieg beteiligten Länder besiegelte, den Abgrund zwischen Kairo und Damaskus noch vertiefte und in großem Maße dazu beitrug, die Flammen des libanesischen Bürgerkriegs weiter zu schüren.

Zu ersten Auseinandersetzungen zwischen Christen und Moslems, zwischen den maronitischen Parteien und den Palästinensern war es im Libanon schon in den ersten Tagen des Jahres 1975 gekommen. Da ich von den Problemen, die sich für die palästinensische Befreiungsbewegung daraus ergaben, voll in Anspruch genommen war, konnte ich meinen Posten in Beirut nicht verlassen. Im Juli jedoch nutzte ich einen Moment trügerischer Ruhe, um seit sieben Monaten zum ersten Mal wieder ins Ausland zu reisen. Ich hatte in der Zwischenzeit eine Einladung nach Marokko erhalten, wo es zu einer Versöhnung mit König Hassan II. kommen sollte. Da ich jedoch keine offizielle Reise unternehmen wollte – ich befürchtete, sie könne ergebnislos verlaufen –, wurde vereinbart, daß ich mit meiner Frau und meinen Kindern nach Tunesien in Ferien fahren sollte; von dort würde ich in aller Stille nach Marokko reisen. Ich war sehr glücklich, für einige Tage meiner aufreibenden Tätigkeit im Libanon entfliehen zu können, um so mehr, als ich für die Tunesier und ihren Präsidenten Habib Burgiba eine besondere Zuneigung empfinde. Weil ich mir zudem seit vielen Jahren keine Erholung gegönnt hatte, benötigte ich dringend Ferien, die ich mit meinen Kindern verbringen wollte, die ich nur selten sah.

Meine Familie folgte mir am 10. August nach Tunis, und zehn Tage später flog uns eine marokkanische Sondermaschine in aller Stille nach Casablanca. Wir waren in Begleitung von Offizieren des marokkanischen Nachrichtendienstes sowie von drei der Fedajin, die in das geplante Attentat gegen König Hussein vom Oktober 1974 verwickelt gewesen, jedoch von König Hassan II. freigelassen worden waren. Ich wollte sie unbedingt dem König vorstellen, damit dieser sich selbst davon überzeugen konnte, daß sie nicht die Gauner waren, als die seine Behörden sie hingestellt hatten.

In Casablanca wurden wir in einer prunkvollen Villa untergebracht; doch erst fünf oder sechs Tage später werde ich nach Rabat gerufen, um vom König empfangen zu werden. Die Audienz verläuft gemäß den Vorschriften des Protokolls und dem am marokkanischen Hof üblichen Prunk. Mit einer Eskorte von Motorradfahrern der Polizei, begleitet von zahlreichen Leibwächtern, fahre ich in einem prunkvollen Wagen zum königlichen Palast, wo mich der Protokollchef empfängt. Man führt mich in ein großes Büro, wo Hassan II. am äußersten Ende des Raumes hinter seinem Schreibtisch sitzt. Bei meinem Eintritt erhebt er sich und kommt mir bis zur Mitte des Zimmers entgegen, um mich zu begrüßen. Seine Herzlichkeit ist jedoch nicht so groß, daß er mich nach arabischer Sitte umarmt. Allerdings war das nur normal, da wir unseren Streit noch nicht beigelegt hatten. Sein Verhalten stand im übrigen völlig in Einklang mit dem meinen, denn ich verabscheue es, ein Gefühl vorzutäuschen, und umarme nie jemanden, den ich zum ersten Mal sehe oder für den ich nicht eine besondere Zuneigung empfinde.

Die drei Fedajin, die mich begleiteten, waren mir gefolgt. Sie begrüßen den König, ziehen sich aber gleich darauf wieder zurück, um uns allein zu lassen. Ohne Umschweife beginnt Hassan II. die Unterredung und sagt: »Vergessen wir die Vergangenheit, denn ich halte es für angebracht, daß wir in unseren Beziehungen einen neuen Anfang setzen.« Ich bin völlig einverstanden, bitte aber darum, wenigstens den Punkt klären zu dürfen, der mir besonders am Herzen liegt: die Anschuldigungen, die zu Unrecht gegen die kurz vor dem Gipfel von Rabat verhafteten Fedajin erhoben worden waren. »Wie ist es möglich, Majestät«, frage ich, »daß Sie glauben konnten, man habe es außer auf König Hussein noch auf andere Staatschefs, und sogar auf Ihre Person, abgesehen?« Dann zähle ich die Verbrechen auf, die der jordanische Herrscher gegen das palästinensische Volk begangen hatte, und erinnere ihn daran, daß er einige Jahre zuvor selbst vorgeschlagen hatte, Hussein solle die Macht an die palästinensische Widerstandsbewegung abtreten. Was die Zukunft betrifft, so gebe ich ihm mit ungeschminkter Offenheit zu verstehen, daß wir Hussein so lange verfolgen würden, bis dieser endgültig darauf verzichtete, das besetzte Zisjordanien für sich selbst oder in unserem Namen zurückzugewinnen. Dies sei nicht nur eine Frage des Prinzips, sondern ein entscheidendes Problem, an dem die Zukunft unseres Volkes hänge.

Hassan II. hört mir aufmerksam zu; dann meint er, das palästinensische Volk habe es verdient, sein Recht auf Selbstbestimmung geltend machen zu können. Und er bietet mir seine Hilfe an, um den Dialog zwischen der palästinensischen Widerstandsbewegung und König Hussein wieder in Gang zu bringen. Dann sprechen wir über den Konflikt, der gerade im Zusammenhang mit dem westlichen Teil der Sahara zwischen Marokko und Algerien ausgebrochen war. Der König erklärt mir seinen Standpunkt und schlägt eine Kompromißformel vor, die ich Präsident Boumdienne, den ich noch vor meinem Rückflug nach Beirut sprechen mußte, übermitteln soll. Im Verlauf unserer Unterredung, die immer herzlicher wird, habe ich Gelegenheit, die Geschicklichkeit und das Fingerpitzengefühl Hassans zu ermessen und seine profunde Kenntnis der internationalen Probleme zu würdigen.

Bevor wir uns trennen, erkundigt er sich nach meinen Plänen, und als ich ihm meine Absicht mitteile, schon gleich am nächsten Morgen Marokko zu verlassen, besteht er darauf, daß ich wenigstens noch bis zum 1. September bleibe. Warum aber gerade der 1. September? Als ich nach der Audienz einen Mitarbeiter des Königs hierauf anspreche, sagt dieser geheimnisvoll: »Das ist der Wunsch Ihrer Kinder.« Damals wußte ich noch nicht, daß man in aller Heimlichkeit aus Anlaß meines Geburtstags am 31. August eine Feier vorbereitete, denn ich hatte die Bedeutung dieses Tages völlig vergessen. Trotzdem verbrachte ich noch die restlichen drei oder vier Tage in dem schönen Haus, das man uns in der Nähe des Strandes zur Verfügung gestellt hatte, und nutzte die Zeit, um mit verschiedenen Persönlichkeiten der Opposition zusammenzutreffen.

Der Abend des 31. August wird in meiner Erinnerung immer einer der schönsten meines Lebens sein. Da ich durch meine Aktivitäten und meine Reisen ständig in Anspruch genommen war, habe ich nie vorher Gelegenheit gehabt, meinen Geburtstag im Kreise meiner Familie zu feiern. Umgeben von meinen sechs Kindern, meiner Frau, einigen Mitgliedern unserer Organisation und einer hochgestellten Persönlichkeit des königlichen Hofes wurde mir ein köstliches Mahl vorgesetzt. Es endete mit einer riesigen Geburtstagstorte, auf der so viele Kerzen steckten, wie ich an Jahren alt war. Dann sangen wir bis früh in den Morgen zum Klang einer Oud alte palästinensische und marokkanische Volkslieder.

Am nächsten Morgen erfuhr ich in Algier durch den Rundfunk, daß Ägypten und Israel ein neues Abkommen unterzeichnet hatten; diesmal handelte es sich um ein bedeutendes Abkommen, in dem die Truppenentflechtung auf dem Sinai geregelt wurde. Die Einzelheiten und vor allem die geheimen Klauseln des dazugehörigen Protokolls, das erst mehrere Monate später veröffentlicht werden sollte, waren mir zwar noch nicht bekannt, doch ich ahnte bereits, daß hier die ersten Schritte zu einem separaten Friedensvertrag unternommen waren, auf den die diplomatische Strategie Israels hinzielte. Sofort wurde ich von den algerischen Journalisten belagert und war daher der erste Palästinenserführer, der das Zukreuzekriechen Sadats mit allem Nachdruck verurteilte. Ich beschuldigte ihn, der arabischen Solidarität und der Sache der Palästinenser einen harten Schlag versetzt zu haben, und rief die gesamte arabische Öffentlichkeit auf, uns zu unterstützen.

Als ich am nächsten Morgen von Boumedienne empfangen wurde, erklärte ich diesem die Situation im Nahen Osten, so wie ich sie sah, und die Gefahr, die das Sinai-Abkommen für die arabische Sache und für den Frieden im Libanon beinhaltete. Der algerische Staatschef war ebenfalls davon überzeugt, daß das israelisch-ägyptische Abkommen die Meinungsverschiedenheiten zwischen Kairo und Damaskus noch verschärfen werde, und fügte hinzu, es sei keineswegs ausgeschlossen, daß die Amerikaner im Libanon blutige Auseinandersetzungen provozieren würden, um die palästinensische Befreiungsbewegung zu schwächen. Er vertrat weiterhin die Ansicht, daß das Leben der Führer der palästinensischen Widerstandsbewegung in Gefahr sei und wir zusätzliche Sicherheitsvorkehrungen treffen müßten. Als ich ihm aber vorschlug, er möge doch öffentlich gegen das Sinai-Abkommen Stellung beziehen, antwortete er mir, daß dies zunächst Sache der PLO sei; mit anderen Worten: Eine Stellungnahme seinerseits sei verfrüht und inopportun.

Am 5. September kehrte ich nach Beirut zurück und begab mich sofort zu einer Sitzung, die das Zentralkomitee der Fatah einberufen hatte, um das Sinai-Abkommen zu erörtern. Nach Beendigung unserer Beratungen veröffentlichten wir eine Erklärung, in der das ägyptisch-israelische Abkommen und der Mann, der es angeregt hatte – Henry Kissinger –, mit Nachdruck verurteilt wurden. Doch die meisten arabischen Länder hüllten sich in Schweigen – entweder weil sie das Abkommen guthießen oder aber aus Rücksicht auf Ägypten, die Vereinigten Staaten von Amerika oder beide Länder zugleich.

Jetzt konnte sich im Libanon ein mörderischer Wahnsinn entfesseln.

IX
DER LIBANESISCHE KREUZWEG

Wie nicht anders zu erwarten, wurde der Bürgerkrieg im Libanon durch ein Blutbad ausgelöst. Am Nachmittag des 13. April 1975 fährt ein mit Palästinensern und Libanesen besetzter Autobus durch das überwiegend christliche Stadtviertel Ain El-Remmaneh. Der Bus muß diesen Weg nehmen, um die Insassen, palästinensische Flüchtlinge aus dem Lager Tel Zaatar, die im Flüchtlingslager von Sabra an einer Kundgebung teilgenommen haben, wieder nach Hause zu bringen. Während der Führer der Falange-Partei, Pierre Gemajel, in Ain El-Remmaneh eine Kirche einweiht, gerät der Bus in ein anhaltendes Gewehrfeuer. Die Insassen, unter denen sich auch Frauen und Kinder befinden, besitzen keine Waffen, um sich zu verteidigen. Einige werden auf der Stelle getötet, andere nur verwundet; aber auch diese werden von den Angreifern schließlich einfach abgeknallt. Als die Polizei eingreift, liegen etwa dreißig Leichen im Bus. So begann einer der grausamsten bewaffneten Konflikte der Geschichte, der – sieht man einmal ab von jenem trügerischen Waffenstillstand im Juli und August 1975 – achtzehn Monate andauern sollte.

Das Gemetzel von Ain El-Remmaneh war in Wirklichkeit nur der auslösende Faktor, der den in den vergangenen zehn Jahren herangereiften Abszeß platzen ließ. Es zeigte deutlich, wie sehr sich die Beziehungen zwischen Palästinensern und Libanesen – trotz der Periode scheinbarer Harmonie – verschlechtert hatten. Wie ich schon in einem vorangegangenen Kapitel berichtet habe, hatten die libanesischen Behörden bereits seit Beginn des bewaffneten Kampfes durch die Fatah im Dezember 1975 die Aktivitäten der palästinensischen Widerstandsbewegung stark behindert; Fedajin, die über die libanesische Grenze auf das von Israel besetzte Gebiet vorzudringen versuchten, wurden verhaftet, manchmal sogar gefoltert. Das Debakel vom Juni 1967 hatte in Beirut dieselbe Wirkung wie in den anderen arabischen Hauptstädten auch: Mit einem Mal sah sich die libanesische Regierung veranlaßt, der palästinensischen Widerstandsbewegung gegenüber eine nachgiebige Haltung einzunehmen, weil sie sich nicht in die Niederlage fügte, sondern als einzige in der arabischen Welt erneut die Waffen gegen einen Feind erhob, der als unbesiegbar galt. Die im Libanon lebenden Palästinenser faßten wieder Vertrauen zu sich selbst und streiften im Taumel der Begeisterung ihre Fesseln ab, denn dieses Land hatte sie immer nur als Bürger zweiter Klasse behandelt. Die Flüchtlingslager, die durch die Verordnungen und Einschränkungen der libanesischen Behörden zu Gefängnissen geworden waren, wurden jetzt zu Festungen ausgebaut; zu Tausenden ließen sich Männer und Frauen von den Fedajin-Organisationen oder den Bürgermilizen anwerben. Im Süden des Landes wurden von unseren Leuten militärische Stützpunkte eingerichtet; von hier aus starteten sie ihre Übergriffe auf israelisches Gebiet.

Hilflos mußte die libanesische Regierung zusehen, wie wir völlig autonom unsere Aktivitäten entwickelten. Doch dann zeigten sich die ersten Anzeichen aufkeimenden Unbehagens. Der Anlaß in Beirut war – wie damals in Amman – die feierliche Beisetzung eines Mitglieds unserer Organisation. Es handelte sich um Ezzedine Jamal, der libanesischer Staatsbürger und bei einer Aktion in Israel ums Leben gekommen war. Zum ersten Mal marschierten im April 1968 Tausende bewaffneter Fedajin durch die Hauptstraßen von Beirut. Zwar hatten Vertreter aller libanesischen politischen Parteien, der rechten wie der linken, der obersten Behörden und der Regierung aus Solidarität an der Beerdigung teilgenommen; doch es war offensichtlich, daß viele Anstoß nahmen an dem öffentlichen Aufmarsch unserer Verbände. Wir konnten unmöglich unserem Volk das Tragen von Waffen verbieten, denn diese waren für sie das Symbol der wiedergewonnenen Freiheit und der Hoffnung, ihre besetzte Heimat zurückzuerobern.

Sechs Monate nach der Beisetzung Ezzedine Jamals erreichen die Spannungen ihren ersten Höhepunkt; sie entladen sich im Süden des Landes und führen zu einem ersten Zusammenstoß zwischen palästinensischen Kommandos und einer Patrouille der libanesischen Armee. Weitere blutige Auseinandersetzungen folgen in den kommenden Monaten. Im Oktober 1969 kommt es in mehreren Teilen des Landes zu heftigen Kämpfen, da die Behörden versucht hatten, die Bewegungsfreiheit und die Aktivitäten der Fedajin einzuschränken bzw. zu kontrollieren. Unter dem Druck der maronitischen Parteien nimmt der Präsident der Republik, Charles Helou, uns gegenüber eine feindliche Haltung ein, während der Ministerpräsident Rachid Karame sich immerhin bemüht, die Interessen beider Seiten zu berücksichtigen. Obgleich uns die Bevölkerung – insgesamt gesehen – durchaus Sympathien entgegenbrachte, gewinnt die konfessionelle Spaltung ein gefährliches Ausmaß: Der Staatschef läßt seinen Vertrauten gegenüber verlauten, die einzige Lösung des Problems sei eine Teilung des Libanon in zwei Staaten, einen christlichen und einen moslemischen. Schließlich kommt es in Kairo unter der Schirmherrschaft Präsident Nassers, der sich als Vermittler angeboten hatte, zu Verhandlungen, die am 3. November 1969 zu einem Abkommen führen, das noch heute die Beziehungen zwischen der palästinensischen Widerstandsbewegung und dem libanesischen Staat regelt.

Das Kairoer Abkommen wird jedoch auf Wunsch der libanesischen Regierung nicht bekanntgegeben, da sie die Reaktion der parlamentarischen Opposition fürchtet. Dennoch wird es von Raymond Eddé, dem Präsidenten des »Nationalen Blocks«, heftig bekämpft. Er ist ein überaus integrer Politiker, und trotz der Meinungsverschiedenheiten, die uns noch heute trennen, respektiere und schätze ich ihn. Dies kann ich jedoch nicht von Pierre Gemajel und Camille Chamoun behaupten, den Führern der Falangisten bzw. der Nationalliberalen Partei, die uns mit der Waffe bekämpfen, um das Kairoer Abkommen, das sie selbst ohne Vorbehalte gebilligt hatten, wieder außer Kraft zu setzen.

Zu den Führern der rechtsorientierten christlichen Parteien hatten wir damals keine schlechten Beziehungen. In jener Zeit hatten wir den Ehrgeiz, zu allen Parteien auf freundschaftlichem Fuß zu stehen und mit ihnen zusammenzuarbeiten; dies galt insbesondere für die beiden wichtigsten konfessionellen Komponenten der Bevölkerung. Die Palästinenserführer, unter ihnen Jasir Arafat, trafen häufig mit Pierre Gemajel und Camille Chamoun zusammen. Diese Begegnungen verliefen stets in einer Atmosphäre der Herzlichkeit und gegenseitigen Achtung. Camille Chamoun legte damals bei diesen Gesprächen wie auch in seinen Stellungnahmen in der Öffentlichkeit eine beispielhafte Mäßigung an den Tag. Was jedoch den Führer der Falangisten betraf, so gab uns sein Verhalten Rätsel auf. Wenn wir unter uns waren, zeigte er sich immer verständnisvoll, vernünftig und zu jedem Kompromiß bereit; kaum aber war unser Gespräch beendet, so hatte er nichts Eiligeres zu tun, als ein Kommuniqué oder eine Presseerklärung herauszugeben, worin er eindeutig gegen die Palästinenser Stellung bezog. Als wir ihn einmal auf diese Doppelzüngigkeit ansprachen, erklärte er uns, daß er nicht anders handeln könne – aus Rücksicht auf die Gefühle seiner Anhänger, die sich einem Dialog mit den Führern der palästinensischen Widerstandsbewegung widersetzten. Erst sehr viel später begriffen wir, daß die Falangisten zu diesem Zeitpunkt alles daransetzten, die Öffentlichkeit zu mobilisieren und auf die geplante bewaffnete Konfrontation mit den Palästinensern vorzubereiten. Dennoch verliefen die Jahre 1970 bis 1972 in relativer Harmonie. Es tauchten zwar hin und wieder Probleme auf, doch dank der beiderseitigen Kommunikationsbereitschaft, die wir im Umgang mit dem libanesischen Staat und den dominierenden christlichen Parteien hatten aufrechterhalten können, kam es stets zu einer gütlichen Einigung.

Erst im Frühjahr 1973 änderte sich dies radikal. Nach dem israelischen Überfall in Beirut am 10. April, bei dem drei Führer der PLO ermordet wurden, kam es im Zusammenhang mit dem Versagen der Polizei zu einem offenen Konflikt. Während die moslemischen Führer mit Ministerpräsident Saeb Salam an der Spitze forderten, daß die Passivität der Armee vor einen Untersuchungsausschuß gebracht und die Schuldigen bestraft würden – wobei sie vor allem die Entlassung des Oberbefehlshabers der Armee, General Iskandar Ghanem, verlangten –, forderte Präsident Frangié, unterstützt von den wichtigsten christlichen Parteien, daß die palästinensischen Flüchtlingslager zwecks besserer Verteidigung von den libanesischen Streitkräften besetzt würden. Natürlich wiesen wir dieses Ansinnen zurück, da es dem Kairoer Abkommen widersprach. Dann kam es immer häufiger zu Zwischenfällen, in deren Gefolge unzählige Palästinenser verhaftet wurden.

Besonders merkwürdig war das Verhalten der libanesischen Armee. Während wir um eine Beilegung des Konflikts bemüht waren, entging uns nicht, daß das Oberkommando der Streitkräfte uns immer häufiger zu provozieren suchte. Es sah ganz so aus, als verfolgte die Armee das Ziel, noch mehr Blut zu vergießen, um letztlich an dem Punkt anzulangen, von dem es kein Zurück mehr gab. Anfang Mai brechen in Beirut mörderische Kämpfe aus; schon bald haben sie sich auf das ganze Land ausgeweitet. Am 3. Mai greift zum ersten Mal die libanesische Luftwaffe ein und bombardiert das Flüchtlingslager von Burj Brajneh, während andere palästinensische Siedlungen von der libanesischen Artillerie unter Beschuß genommen werden.

Als es Mitte Mai mit dem gerade ernannten Regierungschef Amin El-Hafez zu Verhandlungen kommt, habe ich Gelegenheit, mit dem Befehlshaber der Streitkräfte zusammenzutreffen. Damals konnte ich natürlich noch nicht ahnen, daß diese Offiziere sowohl den moslemischen Libanesen als auch den Palästinensern eines Tages mit fanatischem Haß begegnen würden. General Iskandar Ghanem, der während des Bürgerkrieges von 1975/76 im Zeichen des Kreuzes in den Kampf zog, sprach während unserer Verhandlungen mit dem Ministerpräsidenten nur wenig. Er war ernst, höflich, seine Miene war undurchdringlich; er machte ganz den Eindruck eines echten Berufssoldaten ohne festumrissene politische Vorstellung. Oberst Jules Bustani, der Chef der Abwehr, und Oberst Mussa Canaan, stellvertretender Chef des Generalstabs, waren uns hingegen sympathischer. Ihre vernünftigen Ansichten zeugten von Intelligenz und einer genauen Kenntnis der militärischen und politischen Lage. Canaan besaß außerdem einen gewissen Sinn für Humor und war im Umgang mit uns leutselig, ja sogar ausgesprochen freundlich.

Dank der vereinten Bemühungen Ägyptens und Syriens – die in Hinblick auf den Krieg, den sie für Oktober vorbereiteten, sehr daran interessiert waren, den Frieden im Libanon wiederherzustellen – wurde im Anschluß an Verhandlungen am 17. Mai das »Protokoll von Melkart« unterzeichnet. Diese Vereinbarung, die auf eine genauere Einhaltung des Kairoer Abkommens hinwirken sollte, schuf die Voraussetzungen für einen *Modus vivendi* zwischen den Palästinensern und den Libanesen, der bis Anfang 1975 Gültigkeit behielt.

Wir waren jedoch bemüht, die Zusammenarbeit auf eine solidere Basis zu stellen, und faßten daher den Entschluß, der Falange-Partei einen ernstgemeinten Dialog anzubieten. Den ganzen Monat Juni hindurch konferierte eine Delegation aus Vertretern der wichtigsten Fedajin-Organisationen unter meiner Führung mit mehreren Mitgliedern des Politbüros der Kataeb, vor allem mit Amin Gemajel, dem Sohn Pierre Gemajels, mit Josef Chader und Karim Pakraduni. Keine der Parteien nahm ein Blatt vor den Mund: Uns wurde vorgeworfen, wir hätten uns wie Eroberer aufgeführt, hätten einen Staat im Staate geschaffen und Tausende von Fedajin, die damals nach dem Blutbad der Jahre 1970/71 aus Jordanien geflüchtet waren, heimlich in den Libanon geschleust. Wir bemühten uns, gelassen auf ihre Vorwürfe zu antworten und sie durch vernünftige Argumente zu beruhigen. Es stimmte nicht, daß wir unsere Anhänger aus Jordanien in den Libanon geschleust hatten, denn der größte Teil war nach Syrien geflohen. Wir hatten Beirut quasi zum Resonanzboden der Widerstandsbewegung gemacht, zum Angelpunkt unserer diversen internationalen Aktivitäten – das war durchaus richtig; nach wie vor aber waren unsere Führer über die ganze arabische Welt verstreut – sie saßen vor allem in Damaskus –, und bei unseren Aktivitäten konzentrierten wir uns nicht ausschließlich auf Beirut, wie unsere Gesprächspartner behaupteten. Wir hatten keineswegs die Absicht, die rechtmäßigen Vertreter der Staatsmacht im Libanon abzulösen oder uns in innerlibanesische Angelegenheiten einzumischen, denn es lag im ureigensten Interesse der palästinensischen Befreiungsbewegung, sich außerhalb jeder staatlichen Organisationsform zu bewegen, weil dies eine Fortsetzung des Freiheitskampfes nur begünstigen konnte.

Unsere Gespräche führten, so schien uns, zu gegenseitiger Verständigung und brachten ein ganz konkretes Ergebnis: eine gemeinsame Erklärung, in der es hieß, daß wir in unserer politischen Einschätzung der Lage, insbesondere was den Südlibanon betraf, übereinstimmten. In dem Zusammenhang wurde betont, daß die israelischen Übergriffe auf die Grenzdörfer nicht auf die Anwesenheit der Fedajin in diesem Gebiet zurückzuführen seien, sondern einzig und allein auf den territorialen Expansionsdrang des zionistischen Staates. Diese Erklärung wurde Ende Juni von Josef Chader und mir paraphiert und sollte im September anläßlich der Feierlichkeiten zum Jahrestag der Gründung der Falange-Partei veröffentlicht werden. Doch im gegebenen Augenblick wurden von den Führern der Kataeb verschiedene Einwände ins Spiel gebracht, die darauf abzielten, die gemeinsame Erklärung schließlich doch nicht bekanntzugeben.

In den letzten Monaten des Jahres 1973 sowie das ganze Jahr 1974 hindurch waren wir durch den Oktoberkrieg und die sich anschließenden Verhandlungen voll und ganz in Anspruch genommen; im übrigen hatten wir nicht den geringsten Anlaß zur Sorge, da alle christlichen und moslemischen Führer dieses Landes uns ihr Wohlwollen und ihre Unterstützung zusicherten. Nur allzu oft wird vergessen, daß Präsident Soliman Frangié in Begleitung aller ehemaligen Ministerpräsidenten, einschließlich Camille Chamouns, im November 1974 nach New York reiste, um die Zulassung der PLO als Beobachter bei den Vereinten Nationen zu befürworten. Die hierdurch hervorgerufene Euphorie war jedoch nur von kurzer Dauer. In zwei aufeinanderfolgenden Reden – im Januar und im Februar 1975 – beschuldigte Pierre Gemajel die Palästinenser, die libanesische Gastfreundschaft mißbraucht zu haben. Als erstes forderte er die »Wiederherstellung der Souveränität des libanesischen Staates auf dem gesamten Territorium«, als zweites verlangte er »eine Volksabstimmung, in der über die Präsenz der Palästinenser im Libanon entschieden werden sollte«. Dann überstürzten sich die Ereignisse. Im März wurde ein Streik der Fischer in Saida von der Armee blutig unterdrückt; der ehemalige moslemische Abgeordnete der Stadt, Maaruf Saad, fand hierbei den Tod. Daraufhin kam es zu zahlreichen Protestdemonstrationen gegen das blutige Vorgehen der Armee, die – wie man weiß – von einem maronitischen General befehligt wurde. Diese Ereignisse trugen wesentlich dazu bei, daß der Graben zwischen Christen und Moslems, zwischen Rechten und Linken, zwischen den Befürwortern der Palästinenser und ihren Gegnern immer tiefer gezogen wurde, was wiederum den Plänen derer entgegenkam, die für einen Bürgerkrieg plädierten. Vor diesem Hintergrund geschah am 13. April das Massaker an jenen Palästinensern und progressiven Libanesen, die in einem Autobus durch das christliche Stadtviertel von Ain El-Remmaneh fuhren.

Alles schien zunächst – zumindest dem äußeren Anschein nach – darauf hinzuweisen, daß die Partei Pierre Gemajels das Attentat vorbereitet und verübt hatte. So erfuhren wir, daß zwei der Mörder militante Falangisten waren. Merkwürdigerweise wurden sie bereits am darauffolgenden Tag von den Führern ihrer Partei der Polizei übergeben. Ich begann bereits Zweifel an meinem Verdacht zu hegen, als mehrere Mitglieder des Politbüros der Kataeb – unter ihnen Karim Pakraduni und Josef Chader, deren Integrität über jeden Zweifel erhaben ist – mir vorschlugen, zur Ermittlung der Schuldigen gemeinsam eine neutrale Untersuchungskommission zu bilden. Gleichzeitig versicherten sie mir, daß die Führung der Falange-Partei mit diesem Verbrechen, das sie im übrigen mit Nachdruck verurteilte, absolut nichts zu tun habe.

Erst viele Monate später erfuhr ich die Wahrheit – eine Wahrheit, die mich fassungslos machte. Nach der Auflösung der libanesischen Armee im Frühjahr 1976 übergaben mir moslemische Offiziere der Abwehr einige kompromittierende Dokumente, aus denen hervorging, daß das Massaker von Ain El-Remmaneh von zwei Organisationen gemeinschaftlich geplant und durchgeführt worden war: von der Abwehr unter Oberst Jules Bustani und der Nationalliberalen Partei (PNC) des Camille Chamoun. Die beiden Mörder, die von der Falange-Partei an die Polizei ausgeliefert wurden, waren in Wirklichkeit Anhänger der PNL, die sich unter Geheimhaltung ihrer politischen Herkunft in die Reihen der Kataeb geschleust hatten. Das Verbrechen war beinahe perfekt geplant; doch seine Urheber hatten nicht damit gerechnet, daß aufgrund außergewöhnlicher Umstände die wahren Hintergründe eines Tages durchsickern könnten. Als ich kurz nach meiner Entdeckung zufällig mit Oberst Bustani zusammentraf, stellte dieser alle Beweise, die ich über seine Schuld in Händen hatte, rundweg in Abrede. Als sich aber einige Monate später die Beziehungen der Widerstandsbewegung zu Syrien verbesserten, lieferte der syrische Nachrichtendienst mir Informationen, die genau mit denen übereinstimmten, die ich von den abtrünnigen Offizieren der libanesischen Abwehr erhalten hatte.

Die Wahrheit über den blutigen Zusammenstoß vom 13. April 1975 erschien mir um so unglaublicher, als ich mir einfach nicht hatte vorstellen können, daß Camille Chamoun eines so grauenhaften Verbrechens fähig sein könnte. Im Juni 1975 hatte ich mindestens viermal Gelegenheit, mit ihm zu sprechen. Bei unserer ersten Zusammenkunft, die in Gegenwart von Jasir Arafat in der Wohnung eines palästinensischen Christen zustande kam, äußerte sich der ehemalige Präsident des Libanon sehr positiv über die palästinensische Widerstandsbewegung und führte Reden, die eines arabischen Nationalisten würdig waren. Schweigend beobachtete ich ihn. Dieser ehrwürdige alte Herr mit den ergrauten Haaren, der kokett mit seiner Hornbrille spielte und sich ruhig und gemessen ausdrückte, konnte – offen gestanden – selbst den größten Skeptiker überzeugen.

Plötzlich wandte er sich an mich und sagte in scherzendem Tonfall: »Abu Ijad, haben Sie das Reden verlernt? Ich würde gern den Klang

Ihrer Stimme hören.« Lächelnd antwortete ich ihm: »Erlauben Sie mir eine Frage, Herr Präsident, die ich Ihnen schon seit Beginn unserer Unterredung stellen möchte. Glauben Sie, daß das Blutbad von Ain Al-Remmaneh nur ein Zwischenfall ist, oder steht er am Beginn eines von der Falange-Partei gegen die palästinensische Widerstandsbewegung angezettelten Komplotts?«
Im nachhinein glaube ich, daß Chamoun ein meisterhafter Komödiant ist. Sein Gesicht nahm einen nachdenklichen Ausdruck an, dann setzte er seine Brille auf, runzelte die Stirn und schien in tiefes Grübeln zu versinken. Nach einigen Minuten hob er den Blick und sagte: »Mein Sohn, es fällt mir schwer, Ihnen sofort eine Antwort zu geben. Mir fehlt es an Informationen. Ich brauche mindestens vierzehn Tage, um die nötigen Erkundigungen einzuziehen und mir ein Urteil bilden zu können. Inzwischen möchte ich Ihnen aber nicht verheimlichen, daß ich, wie Sie, die These von einem Komplott nicht ausschließe.« Einige Monate später erfuhren wir, daß der Präsident der PNL zu der Zeit, da unsere Unterredung stattfand, in erheblichem Umfang Waffen importierte, mit denen er seine Miliz ausrüstete; was er nicht brauchte, verkaufte er mit großem Gewinn an verschiedene Gruppen extrem rechtsorientierter Christen, so auch an die mit ihm verbündete Falange-Partei.

Erst nach und nach kamen wir dahinter, welches Spiel Chamoun mit uns trieb. Wie man im übrigen auch seiner Autobiographie entnehmen kann, verfolgte er mit seiner Strategie einen Drei-Stufen-Plan. Erstes Ziel – das er damals im Juni 1975 bei unserem Treffen im Auge hatte – war die Anerkennung als nationaler Führer, der für die Forderungen der libanesischen Moslems ebenso empfänglich ist wie für die Forderungen der Palästinenser; zweites Ziel war ein Amt in der Regierung, das geeignet schien, ihn seinem dritten Ziel näherzubringen: der Ablösung Soliman Frangiés an der Spitze des Staates.

Im Frühjahr kannte ich den Präsidenten der libanesischen Republik kaum, denn ich war erst einmal, im August 1970, kurz nach seiner Wahl in das höchste Staatsamt, zufällig in Kairo mit ihm zusammengetroffen. Damals waren wir völlig absorbiert durch die Auseinandersetzungen mit König Hussein, und ich erklärte Frangié die Schwierigkeiten, mit denen wir in Jordanien zu kämpfen hatten. Nachdem er mich angehört hatte, versicherte er mir, er sei überzeugt, daß es unter seiner Präsidentschaft im Libanon zu einer derartigen Situation nie kommen werde, denn – so fügte er hinzu – er werde der palästinensischen Widerstandsbewegung immer gestatten, im Rahmen der getroffenen Vereinbarungen ihre Aktivitäten fortzusetzen. Daß Frangié uns Sympathien entgegenbrachte, wußte ich bereits von Jussef El-Najjar und dem Sozialistenführer Kamal Dschumblatt, die vor seiner Wahl mit ihm zusammengetroffen waren. Sein Rivale Elias Sarkis hingegen hatte sich – auf die palästinensische Widerstandsbewegung angesprochen – weitaus reservierter gezeigt. Damals hatte die PLO Soliman Frangiés Kandidatur unterstützt und damit vielleicht sogar zu seinem Sieg beigetragen; die Libanesen palästinensischer Herkunft waren zwar nicht wahlentscheidend, verfügten aber doch über einen beachtlichen Einfluß.

Um den heftigen Kämpfen, die sich nach dem Blutbad von Ain El-Remmaneh über das ganze Land ausbreiteten, ein Ende zu setzen, war Jasir Arafat am 17. Mai von Frangié empfangen worden. Doch angesichts der unüberwindlichen Vertrauenskrise zwischen beiden Männern verlief das Gespräch ergebnislos. Da aber die Lage sich immer mehr verschärfte, wurden wir – Arafat und ich – am 23. Juni erneut in den Präsidentenpalast gerufen.

Frangié empfing uns im Beisein des ägyptischen und des saudi-arabischen Botschafters, was uns sehr überraschte. Dies war völlig unüblich und entsprach keineswegs den Vorschriften des Protokolls. Doch es erwartete uns eine weitere Überraschung: Kaum hatten wir Platz genommen, als sich auf Frangiés Wunsch nacheinander mehrere höhere Offiziere der Armee – alle Moslems – zu uns gesellten. Unser Gastgeber schien äußerst nervös. Er wirkte sehr ernst und rauchte eine Zigarette nach der anderen. Schließlich ergriff er als erster das Wort: »Sie haben sicher bemerkt, daß ich in dieser Versammlung der einzige Christ bin. Ich habe die Botschafter Ägyptens und Saudi-Arabiens sowie die Offiziere meiner Armee, die Sie sicherlich nicht im Verdacht haben, grundsätzlich gegen Sie zu sein, gebeten, als Zeugen an unserem Gespräch teilzunehmen. Ihr Verhalten ist für die libanesische Bevölkerung untragbar geworden. Als ich neulich mit meiner Frau in den Bergen war, habe ich mit Entsetzen feststellen müssen, daß in den christlichen Dörfern die Häuserwände mit Plakaten bedeckt sind, auf denen der bewaffnete Kampf der Fedajin verherrlicht wird. Sind Ihre linken Freunde für diese schamlose Propaganda verantwortlich? Seien Sie daher nicht überrascht, wenn sich Massaker wie das von Ain El-Remmaneh wiederholen.«

Da konnte Arafat sich nicht länger beherrschen und unterbrach ihn, um ihm zu erklären, daß die Wirklichkeit ganz anders aussehe, daß die rechtsgerichteten christlichen Parteien schon seit langem einen Vernichtungskrieg gegen die Palästinenser vorbereiteten und zu diesem Zweck massive Waffenlieferungen erhalten hätten. Frangié aber brauste auf und entgegnete: »Beweise! Beweise! Seien Sie wenigstens einmal offen und geben Sie mir schriftliche Beweise, die Ihre Behauptungen erhärten!«

Diese Beleidigung traf Arafat zutiefst, weil sie vor mehreren Zeugen ausgesprochen wurde. Tränen stiegen ihm in die Augen. Abrupt schloß er sein Notizbuch, in dem er sich gewöhnlich Aufzeichnungen macht, und rief, rot vor Zorn: »Ich dulde nicht, daß man in diesem Ton mit mir spricht! Ich bin Widerstandskämpfer, und als solcher wurde ich in die Führung der palästinensischen Befreiungsbewegung gewählt – und nicht mit der Mehrheit von einer Stimme in einer Versammlung von Honoratioren!« Damit spielte Arafat auf die Abstimmung im Parlament an, bei der Frangié an die Spitze des Staates gewählt worden war.

Diese Entgegnung war hart, aber ich hielt sie für zutreffend und gerechtfertigt. Hätte Arafat nicht so reagiert, wäre ich zweifellos noch schärfer geworden als er. Wir konnten nicht zulassen, daß die Führer des palästinensischen Volkes beleidigt wurden, von wem auch immer. Die empörte Antwort Arafats verfehlte im übrigen nicht ihre Wirkung auf Frangié. Er beruhigte sich und entschuldigte sich sofort, indem er erklärte, er habe keinesfalls die Absicht gehabt, uns zu beleidigen; ihm sei nur daran gelegen, daß wir für die von uns vorgebrachten Anschuldigungen handfeste Beweise lieferten.

Daraufhin berichtete ihm Arafat, was wir vor unserer Fahrt in den Präsidentenpalast erfahren hatten: Christliche Offiziere der libanesischen Armee hatten an die Milizen der Falange-Partei 6000 Schußwaffen geliefert; diese Waffen hatte der libanesische Staat von Bulgarien und Polen gekauft! Diese ungesetzliche Transaktion wurde mit Hilfe gefälschter Dokumente getätigt, die von der Abwehr ausgestellt waren.

Frangié aber behauptete, von dieser Angelegenheit nichts zu wissen, für ihn sei es aber selbstverständlich, so fuhr er fort, daß die libanesischen Christen sich in gleichem Maße bewaffneten wie die Palästinenser. »Ich habe den Innenminister angewiesen«, so erklärte er uns, »jedem Christen, der darum ersucht, einen Waffenschein auszuhändigen.« Und er fuhr fort: »Ihnen habe ich erlaubt – ich habe Sie sogar dazu ermutigt –, Ihre Flüchtlingslager zu befestigen und alle Arten von Waffen zu importieren, die Sie für Ihre Verteidigung gegen die israelischen Übergriffe benötigen. Auf diese Weise haben Sie sich mit schwerer Artillerie, mit Geschützen und sogar mit Bodenabwehrraketen ausgerüstet. Im Beisein unserer Freunde, der beiden arabischen Botschafter, bitte ich Sie heute inständig, sich auf Ihre Lager und Ihre Ansiedlungen zurückzuziehen. Der Rest des Libanon geht Sie nichts an. Wenn wir uns aber in dieser Hinsicht nicht einig sind, schlage ich vor, daß wir aus anderen arabischen Ländern militärische Beobachter in unser Land holen, damit sie in unserem Konflikt als Schiedsrichter fungieren. Sie werden dann entscheiden, welche der beiden Parteien das Kairoer Abkommen verletzt hat – Sie oder wir.«

Bisher hatte ich während der ganzen Sitzung geschwiegen, nun aber bat ich, das Wort ergreifen zu dürfen. Ich sprach über eine Stunde lang, ohne daß mich jemand unterbrach. Zunächst würdigte ich Frangiés Verdienste und erinnerte daran, wie sehr er den Beitritt der PLO zu den Vereinten Nationen gefördert hatte, als er Mitte November des voraufgegangenen Jahres persönlich vor der Vollversammlung der UNO für die Sache der Palästinenser eingetreten war. Damals hatte er im Namen der ganzen arabischen Nation gesprochen; aus diesem Grunde sei es nicht nötig, durch militärische Beobachter den libanesischen Konflikt zu »arabisieren«, um unseren Streit zu schlichten. Eine derartige Initiative könnte sogar gefährlich werden und bei einigen arabischen Regierungen auf Kritik stoßen. Wir müßten im Gegenteil ohne Einmischung von außen zu einer Einigung finden.

»Ich gebe zu«, so fuhr ich fort, »daß einige Fedajin Fehler begangen und dadurch den Nationalstolz der Libanesen verletzt haben. Wir wollen das gar nicht bestreiten.« Aber Präsident Frangié hatte ebenfalls einen Fehler begangen, indem er die bedauerlichen Aktionen einzelner mit der politischen Linie ihrer Führer verwechselt hatte. Die Führer der palästinensischen Befreiungsbewegung sind weder Verbrecher noch Anarchisten. Auch ihnen ist, ebenso wie den libanesischen Führern, daran gelegen, daß Ordnung herrscht, daß das Zusammenleben zwischen Palästinensern und Libanesen harmonisch verläuft und daß der Kampf um die Befreiung Palästinas nicht durch kleinliche Streitereien behindert oder in eine falsche

Richtung gelenkt wird. Präsident Frangié mußte einfach begreifen, daß wir nicht alle Aktionen unserer Anhänger unter Kontrolle haben konnten, denn diese gehören einem Volk an, das schon vor vielen Jahrzehnten entwaffnet wurde und seitdem verfolgt und gedemütigt wird.

»Die rechtsgerichteten christlichen Parteien im Libanon«, so erklärte ich weiter, »verachten uns und verfolgen ein gemeines Ziel. Jahrelang haben wir versucht, den Dialog mit ihnen aufrechtzuerhalten und für beide Seiten eine Verständigungsgrundlage zu schaffen. Doch leider waren alle unsere Bemühungen vergeblich. Und es ist nicht wahr, wenn sie behaupten, daß wir uns mit der moslemischen Bevölkerung des Libanon und der Linken verbünden wollen. Dieser Vorwurf ist im übrigen auch völlig absurd, denn wir können nicht gleichzeitig fanatische Moslems und Progressisten sein. Die Wahrheit ist, daß wir versucht haben, für keine der verschiedenen Bevölkerungsgruppen im Libanon Partei zu ergreifen. Hierfür gibt es zwei Gründe: Erstens liegt es in unserem eigenen Interesse, zu der ganzen Bevölkerung gute Beziehungen zu unterhalten, und zweitens ist die palästinensische Befreiungsbewegung grundsätzlich konfessionell nicht gebunden. Es ist allgemein bekannt, daß die Palästinenser nie vom Virus des Konfessionalismus infiziert waren und daher nie einen Unterschied zwischen Christen und Moslems gemacht haben. Die Tatsache, daß einige der bekanntesten Führer der palästinensischen Widerstandsbewegung – wie beispielsweise Georges Habasch und Najef Hawatmeh – Christen sind, beweist, daß Diskriminierung uns völlig fremd ist.«

Wörtlich fuhr ich fort: »Wiederholt haben wir den Führern der christlichen Rechtsparteien unsere tieferen Beweggründe auseinandergesetzt. Wir sind palästinensische Nationalisten, wir fühlen uns verfolgt und haben Angst, und wir schämen uns auch nicht, unsere Furcht und unsere Ängste einzugestehen. Der von den Maroniten gestützte und gelenkte libanesische Staat hat uns eingeschüchtert. Deshalb wollten wir uns mit den christlichen Parteien, von denen die Macht ausgeht, verständigen. Diese haben uns jedoch zurückgewiesen. Wenn wir heute den Moslems, der moslemischen Rechten, die von Männern wie Saeb Salam und Rachid Karame vertreten wird, nahestehen, so deshalb, weil wir von dieser Seite nichts zu befürchten haben. Denn aus wahltaktischen, aber auch aus politischen Erwägungen – sei es auf lokaler oder regionaler Ebene – ist die moslemische Rechte gezwungen, unsere Befreiungsbewegung zu unterstützen. Dasselbe gilt für die Linke, die aus ähnlichen Gründen nichts gegen uns unternehmen wird. Der Sozialistenführer Kamal Dschumblatt war damals, als er den Posten des Innenministers innehatte, weit schärfer gegen uns vorgegangen, als die christlichen Führer es jemals getan haben. Von ihm wußten wir aber zumindest, daß er nie so weit gehen würde, uns einen Dolch in den Rücken zu stoßen.«

Präsident Frangié, der mir mit großem Interesse zugehört hatte, unterbrach mich: »Und trotzdem haben Sie die Entscheidung der Linken, die sich widerrechtlich den Namen ›Nationale Bewegung‹ zugelegt hat, unterstützt, als diese beschloß, die Falange-Partei zu boykottieren, indem sie ihren Ausschluß aus der Regierung und damit ihre Auflösung forderte. Das war ein schwerwiegender Fehler. Denn die Falangisten vertreten einen bedeutenden Teil der christlichen Bevölkerung. Im übrigen wird Ihre Entscheidung bewirken, daß ihr Einfluß sich nur noch vergrößert.«

Ich verteidigte unsere Position, so gut ich konnte, war aber einigermaßen in Verlegenheit, da ich Präsident Frangié gegenüber doch nicht zugeben konnte, daß ich in dem Augenblick gar nicht wußte, was der Beschluß, die Kataeb zu boykottieren, eigentlich bedeutete; denn wir hatten diesen Beschluß mehr aus Solidarität für die Nationale Bewegung und für Kamal Dschumblatt denn aus echter Überzeugung unterstützt. Aber warum sollten wir eigentlich der Falange-Partei gegenüber nachsichtig sein, da diese sich doch geschworen hatte, unseren Untergang zu beschleunigen und – wie wir damals jedenfalls glaubten – das Massaker von Ain El-Remmaneh angezettelt hatte?

Inzwischen war es 13 Uhr geworden. Unsere Unterredung mit Frangié dauerte schon vier Stunden. Jasir Arafat – der nach dem heftigen Wortwechsel mit dem Präsidenten nichts mehr gesagt hatte – und ich baten daher um die Erlaubnis, uns verabschieden zu dürfen. Doch zu unserer großen Überraschung protestierte Frangié heftig und beschwor uns, erst noch mit ihm zu Mittag zu essen. Wenn es stimmt, was behauptet wird, daß Frangiés Allgemeinbildung nicht gerade hervorragend ist und er seiner Verantwortung nicht immer gewachsen war, so muß ich doch sagen, daß es ihm an einer gewissen Seelengröße nicht fehlte. Er besaß jedenfalls nicht die Verschlagenheit und die Doppelzüngigkeit eines Camille Chamoun.

Das Mittagessen, zu dem Präsident Frangié uns einlud, wurde ein richtiges Festmahl. Den Ehrenplatz ihm gegenüber wies er Arafat zu, während sich die anderen Gäste um den Tisch verteilten: die beiden arabischen Botschafter, die moslemischen Offiziere, die an unserer Unterredung teilgenommen hatten, sowie einige christliche Offiziere, die auf Frangiés Wunsch während unseres Gesprächs im Vorzimmer gewartet hatten. Der Präsident zeigte ein völlig anderes Gesicht. Er war freundlich, manchmal sogar ausgelassen und sprach tüchtig dem Arrak zu. Als Zeichen bester arabischer Gastfreundschaft bot er mal dem einen ein besonders zartes Stück Fleisch, mal dem anderen ein besonders knuspriges Stück Gebäck an. Gegen Ende der Mahlzeit, die mehr als drei Stunden dauerte, gesellte sich auch sein Sohn Tony zu uns, den die Falangisten im Juni 1978 zusammen mit seiner Frau und seiner kleinen Tochter ermordet haben.

Im ganzen gesehen, waren unsere Gespräche sehr positiv verlaufen. Wir einigten uns, von einer arabischen Schlichtungskommission abzusehen; dafür sollte eine gemischte Kommission aus libanesischen und palästinensischen Militärs gebildet werden; sie sollte die zur Beendigung der Kämpfe erforderlichen Maßnahmen treffen. Wir verpflichteten uns, alles zu versuchen, um die Nationale Bewegung zur Mäßigung anzuhalten und sie zu veranlassen, die Falange-Partei weniger unter Beschuß zu nehmen. Schließlich wurde noch vereinbart, daß Arafat an das libanesische Volk eine Botschaft richten sollte, in der er alle Libanesen zur nationalen Einheit aufrufen würde. Der Text dieses Appells wurde von einer Gruppe Palästinenser verfaßt, die mit der Situation im Libanon vertraut waren; er verfolgte vor allem die Absicht, die Christen hinsichtlich unserer Pläne zu beruhigen und ihnen klarzumachen, daß wir keineswegs das Ziel hatten, die konfessionellen, politischen und wirtschaftlichen Strukturen des Libanon zu verändern.

Trotz allem waren wir immer noch nicht sicher, ob es uns gelungen war, die Gefahr von seiten der christlichen Rechten zu bannen. Um so weniger als Arafat und ich etwa zur selben Zeit mit zwei führenden Patres des Maronitenordens – es handelte sich um Pater Naaman und Pater Kazzi – ein langes Gespräch führten, das uns zutiefst mit Abscheu erfüllte. Zu Beginn der Unterredung, die in Beirut in der Wohnung eines palästinensischen Christen stattfand, zeigten uns die beiden Geistlichen Dokumente, aus denen hervorging, daß die maronitische Kirche die Palästinenser in den ersten Jahren ihres Kampfes gegen den zionistischen Kolonialismus unterstützt hatte. Mit dieser Einleitung verfolgten unsere beiden Gesprächspartner jedoch nur das Ziel, uns deutlich vor Augen zu führen, welchen »Undank« wir bewiesen hätten, und sie gaben uns zu verstehen, daß wir ihrer Sympathien nicht mehr »würdig« seien.

Anschließend erteilten uns die beiden Geistlichen Unterricht in Geschichte. Die Maroniten, so erklärten sie uns, hätten in der Vergangenheit gekämpft, um das Libanon-Gebirge zu erobern und dessen Unabhängigkeit zu bewahren; sie seien fest entschlossen, dieses Gebiet bis auf den letzten Mann gegen die – wie sie es nannten – palästinensische Kolonisierung zu verteidigen. »Wir sind ein Volk von dickköpfigen Bauern und Kriegern, und wir werden jeden Preis zahlen, um Sie von hier zu verjagen.«

Wir waren vor Entsetzen wie gelähmt, als Pater Paul Naaman, Rektor der Philosophischen Fakultät der maronitischen Universität von Kazlik, den wir trotz seines bulligen Auftretens für einen echten Geistlichen und Humanisten hielten, uns mit schonungsloser Offenheit erklärte: »Erst vor kurzem habe ich, um ein abschreckendes Beispiel zu geben, mit eigenen Händen einen libanesischen Moslem und einen Palästinenser erwürgt. Sie haben richtig gehört: Ich habe sie erwürgt. Dann habe ich die Mönche, die an der Spitze der von uns aufgebauten und von mir geleiteten Milizen stehen, zusammengerufen, um sie aufzufordern, im Namen Gottes und unserer Heiligen Kirche meinem Beispiel zu folgen.«

Arafat und ich waren sprachlos. Wir fühlten uns zurückversetzt in die Zeit der Religionskriege, und als ich mich schließlich wieder gefaßt hatte, konnte ich nur sagen, daß ich die Worte Pater Naamans für reinen Bluff hielt. Ebensowenig hatten mich die gewaltätigen Reden von Abu Arz überzeugt, dem Führer der Milizen »Wächter der Zeder«, der damals jeden Libanesen aufforderte, mindestens einen Palästinenser umzubringen. Auch die Bischöfe, die von ihrem Bischofssitz herab zum Mord aufriefen, nahmen wir nicht ernst. Später sollten wir allerdings feststellen, daß diese unsere skeptische Haltung keineswegs begründet war, denn die von den Milizen der rechtsgerichteten Christen verübten Greueltaten überstiegen bei weitem ihre Drohungen.

Warum so viel Haß? Auf diese Frage, die ich Pater Naaman stellte, antwortete er mir: »Sie wissen absolut nichts von unserer Vergangenheit und unserer Mentalität. Wie ich Ihnen bereits erklärt habe,

hängen wir mit allen Fasern unseres Herzens am Libanon-Gebirge. Alle unsere Klöster sind zu Festungen und Waffenlagern ausgebaut. Wir haben Spenden gesammelt, die sich auf 50 Millionen Pfund belaufen, um noch mehr Waffen kaufen zu können.«
Was diesen Punkt betraf, so erzählte Pater Naaman uns nichts Neues. Denn schon 1970 – kurz nach den Ereignissen des »Schwarzen September« in Jordanien – hatten wir festgestellt, daß die Falangisten damit begonnen hatten, ihre militärischen Ausbildungslager zu erweitern und ihre Milizen zu vergrößern. Junge Mitglieder der Kataeb und der Nationalliberalen Partei Chamouns waren zur Ausbildung nach Jordanien und Westdeutschland geschickt worden. Mit den von libanesischen Emigranten gesammelten Spenden waren in Belgien, der Schweiz, in den Vereinigten Staaten von Amerika und in Frankreich Waffen gekauft worden, die seit Anfang 1973 in immer größeren Mengen über Marokko verschifft und im Hafen von Junieh angeliefert wurden. Diese Transaktionen wurden über Strohmänner abgewickelt und geschahen größtenteils mit Wissen der westlichen Regierungen.

Im Gegensatz zu den Anhängern Chamouns versuchten die Falangisten gar nicht erst, ihre militärische Aufrüstung geheimzuhalten. Amin Gemajel, der älteste Sohn des Kataeb-Führers, lud mich 1973 sogar zweimal ein, ein Ausbildungslager seiner Partei zu besichtigen, wobei ich mir von der Zahl und der Kampffähigkeit seiner Männer ein klares Bild machen konnte. Gemajel versicherte mir, daß diese Vorbereitungen nur zu Verteidigungszwecken bestimmt seien; und als ich ihn fragte: ,,Gegen wen wollen Sie sich denn verteidigen?«, da antwortete er mir: »Gegen euch, die Palästinenser!«

Wie hatten wir damals nur den rechten christlichen Parteien glauben können, als sie uns versicherten, sie würden niemals den Kampf gegen uns eröffnen! Andernfalls hätten wir nämlich nicht bis zum Ausbruch des Bürgerkriegs gewartet, um die Milizen der linken Gruppierungen zu bewaffnen und auszubilden. Denn bis zum Massaker von Ain El-Remmaneh im April 1975 hatten wir uns damit begnügt, den Bewohnern der Grenzgebiete im Südlibanon zu helfen, ihren Widerstand gegen die Übergriffe der israelischen Armee zu organisieren. Desgleichen hatten wir auch erst nach dem israelischen Kommandounternehmen in Beirut im April 1973, wobei drei Führer der PLO ermordet wurden, ernsthaft begonnen, die Flüchtlingslager zu befestigen und die Ausbildung der palästinensischen Milizen zu beschleunigen. All dies geschah im Hinblick auf einen eventuellen israelischen Angriff. Wir kamen nicht auf den Gedanken, daß wir eines Tages gezwungen sein würden, unsere Waffen gegen Libanesen zu richten.

Seit Anfang 1975 ließen verschiedene Anzeichen und gleichlautende Informationen darauf schließen, daß wir nicht nur durch lokale Kräfte in Gefahr waren, sondern – was noch bedrohlicher war – durch eine echte internationale Verschwörung. Aus Saudi-Arabien, Kuwait, Libyen, Syrien und Ägypten wurden Waffen an den Libanon geliefert, die sofort nach ihrem Eintreffen an die christlichen Milizen weiterverkauft wurden. Und es kam noch schlimmer: Wir erfuhren, daß arabische Firmen und Geschäftsleute – vor allem aus Saudi-Arabien und Kuwait – die Waffenkäufe der christlichen Rechten großzügig finanzierten. Und noch etwas beunruhigte uns zutiefst: Die finanziellen Zuwendungen, welche die Fatah und andere Fedajin-Organisationen aus einigen Golfländern, vor allem aus Kuwait, erhielten, kamen nur noch selten oder mit großer Verzögerung. Deshalb entschloß ich mich im Dezember 1975, mitten im Bürgerkrieg, zu einer Rundreise durch die erdölproduzierenden Länder; als erstes Ziel wählte ich Kuwait.

Während meines etwa zehntägigen Aufenthalts in diesem Land sprach ich auf mehreren Versammlungen, die das PLO-Büro organisiert hatte. Bei dieser Gelegenheit unterzog ich die schwankende, häufig sogar feindliche Haltung einiger arabischer Länder einer scharfen Kritik. Dabei griff ich zum ersten Mal auch Oberst Kadhafi an, der uns schon seit Anfang des Jahres seine finanzielle Hilfe versagte. »Der libysche Präsident«, rief ich meinem Publikum zu, »will uns nicht als Verbündete!« Ich erhob meine Stimme auch gegen die reichen Palästinenser, die ebenfalls nur noch zögernd der PLO ihre Spende überwiesen. „Sie werden zahlen, ob sie wollen oder nicht!« rief ich in den Saal. Die in diesem Satz enthaltene Drohung war kaum zu überhören. Ich konnte nicht anders handeln, denn die palästinensische Widerstandsbewegung befand sich zu dem Zeitpunkt in einer schweren Krise. Ich hatte gut daran getan, ihnen ein bißchen Angst zu machen, denn schon am nächsten Tag versammelten sich unsere Millionäre und beschlossen, unserer Bewegung eine sehr beachtliche Summe zu überweisen.

Die führenden Politiker in Kuwait, denen ich entgegen meinen sonstigen Gewohnheiten aus dem Weg gegangen war, reagierten auf meine Auftritte in der Öffentlichkeit mit Verärgerung. Sie waren überzeugt, daß meine Attacke gegen einige arabische Länder und die wohlhabenden Palästinenser in Wirklichkeit gegen ihre eigene Regierung gerichtet war, mit der wir noch einige gravierende Streitfragen zu klären hatten. Ich gebe zu, daß ich mehrere Gründe besaß, auf die Behörden des Fürstentums wütend zu sein. So weigerten sie sich z. B., ein Defizit im Budget der palästinensischen Schulen in Kuweit auszugleichen – es handelte sich hier um den lächerlich niedrigen Betrag von etwa 150 000 Dinar; dadurch konnten keine neuen Schüler mehr aufgenommen werden. Diese Knauserei war entwürdigend für ein Land, das so märchenhafte Reichtümer besaß wie Kuweit und das sich außerdem uns gegenüber stets wohlwollend und großzügig verhalten hatte.

Damals herrschte in Kuweit sowohl unter der Bevölkerung als auch in den Regierungskreisen eine wahre Angstpsychose: Jeder war überzeugt, daß der Bürgerkrieg im Libanon schon bald auf Kuweit, wo etwa 200 000 Palästinenser lebten, übergreifen würde. Es hieß, die PLO würde angesichts der Gefahr, der sie in Beirut ausgesetzt war, ihr Hauptquartier und ihre wichtigsten Aktivitäten nach Kuweit verlegen. Es kursierten aber auch noch andere Gerüchte, die weit alarmierender waren, wonach der Irak die Palästinenser bewaffnete, damit diese in Kuweit die Macht eroberten.

All diese Behauptungen waren natürlich absurd. Die Palästinenser wurden in Kuweit zwar nicht wie gleichberechtigte Bürger, wohl aber wie bevorzugte Gäste behandelt, so daß sie stets Dankbarkeit bezeugten und diesem Land, das sie als ihre zweite Heimat betrachteten, immer loyal gedient haben. Nie würde es auch nur einem von uns in den Sinn kommen, die Sicherheit, die territoriale Unverletzlichkeit oder die Souveränität Kuweits zu gefährden. Somit ist es kein Zufall, daß wir das Land jedes Mal unterstützt haben, wenn es mit einem Dritten, insbesondere mit dem Irak, in Konflikt geriet. Dies zeigt, daß die kuweitische Führungsspitze absolut keinen Grund hatte, sich über meine im Dezember 1975 in der Öffentlichkeit gemachten Äußerungen zu beunruhigen, sie gar als eine Art Erpressung auszulegen.

Daher war es mir jetzt ein Bedürfnis, sie auf jeden Fall zu beruhigen. Durch Vermittlung einiger angesehener Palästinenser, die zur Regierung enge Beziehungen unterhielten, konnte ich mit einigen wichtigen Politikern inoffizielle Gespräche führen; so auch mit

Scheich Jaber El-Ali, dem Vizepräsidenten des Ministerrats, mit dem ich bei diesem Anlaß zum ersten Mal zusammentraf. Nachdem ich sie von meiner Aufrichtigkeit überzeugt hatte, trug ich jedem einzelnen meine Beschwerden vor. Der wichtigste Punkt betraf die Finanzierung von Waffenkäufen für die rechtsorientierten christlichen Parteien durch kuweitische Geschäftsleute.

Jaber El-Ali machte großen Eindruck auf mich. Er ist intelligent und aufgeschlossen, ein angenehmer Gesprächspartner und besitzt einen ausgeprägten Sinn für Humor. Obwohl er sehr darauf achtete, unserer Unterredung einen streng privaten Charakter zu geben, lud er mich in seine Residenz ein. Der Empfang war ausgesprochen herzlich. In gewisser Weise waren wir uns nicht fremd; als ich noch Lehrer in Kuweit war, unterrichtete ich seine beiden Söhne in Philosophie. Der Vizepräsident des Ministerrats war bekannt für seine Offenheit und sagte gleich zu Beginn unseres Gesprächs: »Wenn ich Libanese wäre, würde ich der Falange-Partei angehören!« Nachdem er mir seine Auffassung erläutert hatte, versuchte ich, ihn mit Tatsachen zu widerlegen; doch meine Mühe war vergeblich. Jeder beharrte auf seinem Standpunkt.

Was mir am stärksten bei meiner Reise durch die Golfländer auffiel – und das in Kuweit genauso wie in Bahrein und Katar –, war, daß alle Politiker, mit denen ich sprach, genau dieselbe Meinung vertraten wie Scheich Jaber El-Ali. Als erstes beteuerten natürlich alle ihre Sympathien für die palästinensische Widerstandsbewegung und für den Kampf, den wir gegen Israel führten. Doch sehr schnell gaben sie mir dann zu verstehen, daß wir im Libanon im Unrecht waren, da es sich dort ihrer Meinung nach um einen Konflikt zwischen der Rechten (die sie ja unterstützten) und der »internationalen Linken« handelte – jenes Schreckgespenst, das von Pierre Gemajel, Camille Chamoun und Henry Kissinger gleichermaßen beschworen wurde.

Drei Monate nach Zusammenkommen des ägyptisch-israelischen Abkommens über den Sinai war den Amerikanern – und ihren Agenten im Nahen Osten – natürlich sehr daran gelegen, die palästinensische Widerstandsbewegung zu treffen, um sie zum Schweigen zu bringen und gänzlich außer Gefecht zu setzen. Während meiner Reise durch die Golfländer habe ich mich selbst davon überzeugen können, daß die Repräsentanten der Vereinigten Staaten von Amerika und die Agenten der CIA in dieser Hinsicht gute Arbeit geleistet hatten. Denn es war ihnen gelungen, vor allem jene politischen Führer gegen uns zu mobilisieren, die nichts mehr fürchteten als die Ausweitung des Kommunismus. Für einige, die – um es vorsichtig auszudrücken – nicht besonders zu differenzieren wußten, war der Sozialist Kamal Dschumblatt nur ein Handlanger, der sich – freiwillig oder unter Zwang – zum Werkzeug einer großangelegten marxistischen Verschwörung gemacht hatte. Einige meiner Gesprächspartner baten mich daher inständig, den Kommunisten nicht »in die Falle zu gehen« und unsere Solidarität mit der Nationalen Bewegung aufzukündigen. Sie schienen sich nicht im klaren darüber zu sein, was sie von uns verlangten. Auf politischer Ebene hätte das für uns bedeutet, den Amerikanern und ihren israelischen und arabischen Verbündeten schutzlos ausgeliefert zu sein.

Als ich im Januar 1976 in Katar war, erhielt ich von der kuweitischen Regierung eine offizielle Einladung zu einer Audienz bei Scheich El-Jaber El-Ahmed, heute Herrscher dieses Landes, damals aber noch Ministerpräsident. Ich flog also nach Kuweit zurück, wo ich mit Erstaunen feststellte, daß der jetzige Empfang mit dem, den man mir noch wenige Tage zuvor bereitet hatte, kaum zu vergleichen war: Roter Teppich, offizielle Begrüßung am Flughafen, dann Fahrt mit offizieller Eskorte zum Hilton-Hotel, wo man für mich eine Suite reserviert hatte. Da ich aber jede Art von protokollarischer Formalität verabscheue, lehnte ich das Angebot höflich ab und bestand darauf, bei einem Verwandten zu wohnen, der in einer kleinen Wohnung lebte.

Meine Unterredung mit dem Ministerpräsidenten verlief äußerst positiv. Ganz offensichtlich wußte er sehr viel mehr als irgendein anderer über das Palästinaproblem und die Lage im Libanon. Das Gespräch, das sich über drei Stunden hinzog und sehr offen geführt wurde, erbrachte konkrete Ergebnisse. Als ich Kuweit verließ, um nach Beirut zurückzukehren, war ich überzeugt, daß es uns gelungen war, drei Viertel der strittigen Punkte zu klären.

Mitte Januar kehrte ich in den Libanon zurück; inzwischen hatten sich die Kämpfe immer mehr ausgeweitet. Da erinnerte ich mich an ein Gespräch, das ich im Juli 1973 mit Josef Chader gehabt hatte, einem der einflußreichsten Mitglieder des Politbüros der Falangisten. Er hatte eine gewisse Sympathie für mich, seitdem ich ihm einmal gesagt hatte, daß ich mich ihm wegen seiner armenischen Herkunft verbunden fühlte. »Sie und wir«, so hatte ich damals zu ihm gesagt, »gehören zu den Minderheiten, die immer verfolgt werden.« Bei diesem Zusammentreffen hatte er mir eine vertrauliche Mitteilung gemacht: Bob Oakley, ein in Beirut akkreditierter amerikanischer Diplomat, mit dem er häufig zusammenkam, hatte ihm anvertraut, daß die Vereinigten Staaten von Amerika über meine Person eine dicke Akte mit kompromittierenden Dokumenten besäßen, aus denen hervorginge, daß ich ein »gefährlicher Terrorist«, aber auch ein »gerissener Unterhändler« sei.

Bei dieser Zusammenkunft hatte Josef Chader mir noch etwas verraten, was sich später als Prophezeiung erweisen sollte. Wie er mir sagte, habe er aus »sicherer Quelle« erfahren, daß es zwischen Israel und den Arabern »in Kürze« zu einem Krieg kommen würde (etwa zwei Monate später griffen Ägypten und Syrien den zionistischen Staat an) und daß kurz darauf »Friedensverhandlungen stattfinden würden«; und er fügte hinzu, indem er jedes Wort besonders betonte: »Es ist davon die Rede, die PLO an den Verhandlungstisch zu holen – es sei denn, man hat sie schon vorher ausgeschaltet.« Als ich ihn überrascht fragte, was er unter »ausschalten« verstünde, antwortete er mir nur ausweichend, daß wir vorsichtig sein müßten, wenn wir wirklich an den Friedensverhandlungen teilnehmen wollten.

Im Januar 1976 war ich sicher, daß wir nicht »vorsichtig« genug gewesen waren: Wir hatten starke Kritik geübt an der Kriegführung während des Oktoberkrieges; wir hatten Kissingers »Diplomatie der kleinen Schritte« verurteilt; wir hatten dem expandierenden amerikanischen Einfluß im Nahen Osten widerstanden, und schließlich hatten wir uns dem beschämenden Sinai-Abkommen widersetzt. Die Ernennung Godleys zum Botschafter der USA in Beirut kurz vor dem Bürgerkrieg war kein Zufall. Bei zahlreichen üblen Aktionen in der ganzen Welt, insbesondere in Chile und in Vietnam, hatte er als Hintermann oder Drahtzieher fungiert.

Bei seiner Ankunft im Libanon fragte sich daher ganz Beirut voller Bangen, welche Katastrophe diesmal wohl geplant war.

Natürlich bin ich nicht so naiv anzunehmen, die CIA spiele mit offenen Karten und die amerikanischen Agenten hätten sich direkt an Pierre Gemajel und Camille Chamoun gewandt mit der Aufforderung, uns auszurotten – genausowenig wie ich mir vorstellen kann, daß die Urheber des blutigen Attentats von Ain El-Remmaneh auf direkten Befehl Washingtons gehandelt haben. Auf diesem Gebiet wird alles auf eine sehr viel subtilere Weise gesteuert. Die Vereinigten Staaten von Amerika können sich zwar im Libanon und anderswo nicht über einen Mangel an für sie arbeitenden Agenten beklagen, außerdem können sie auch auf verschiedene andere – beispielsweise die israelischen und jordanischen – Dienste zurückgreifen; entscheidend aber ist, daß sie noch über eine Vielzahl anderer, der jeweiligen politischen Konjunktur angepaßten Mittel verfügen, um ihre Ziele zu erreichen. Wenn sie den Bürgerkrieg im Libanon auch nicht unmittelbar ausgelöst haben, so besteht doch kein Zweifel daran, daß sie in großem Maße dazu beigetragen haben, den Konflikt zu schüren.

Zahlreiche arabische Staaten haben – absichtlich oder unabsichtlich – auf dasselbe Ziel hingearbeitet. Als hauptsächliche Ursache für den Ausbruch des Bürgerkriegs nannte die internationale Presse die Fedajin, die durch Ausschreitungen die rechtsorientierten christlichen Parteien dazu getrieben hätten, gewaltsam gegen die Palästinenser vorzugehen. Aber diejenigen, die diese These vertreten, wissen nicht – oder haben vergessen –, daß die Provokationen, auf die sie anspielen, größtenteils von Fedajin-Organisationen ausgingen, die von verschiedenen arabischen Regierungen manipuliert werden; diese tragen ihre eigenen Differenzen auf libanesischem Boden aus. Als die Wochenzeitung »Al Hawadess« einen Artikel veröffentlichte, der dem Irak mißfiel, legte die von der Regierung in Bagdad gestützte »Arabische Befreiungsfront« (FLA) in dem Verlagsgebäude eine Bombe; zehn Menschen wurden getötet. Doch die Presse beschuldigte weder den Irak noch die FLA, sondern verurteilte den »Terrorismus der Palästinenser«. Als die Saika – eine prosyrische Organisation – Libanesen entführte, die der proirakischen Baas-Partei angehörte, wurde umgehend die PLO beschuldigt, sich in die inneren Angelegenheiten des Libanon eingemischt zu haben. Als Libyen beschloß, einen Oppositionellen zu entführen – es handelte sich um den ehemaligen Ministerpräsidenten Mustafa Ben Halim –, fand sich sofort eine kleine Gruppe Palästinenser bereit, diese Tat auszuführen. Dies sind nur einige Beispiele von vielen.

Durch diese Situation gerät die Führung der PLO in eine äußerst schwierige Lage. »Wenn Sie diese Taten mißbilligen«, so hält man uns vor, »und überzeugt sind, daß sie der palästinensischen Widerstandsbewegung schaden, warum unternehmen Sie dann nichts, um damit Schluß zu machen?« Auch hier zeigen unsere Kritiker, daß daß sie nicht wissen, worum es geht – oder so tun, als wüßten sie es nicht. Denn zunächst versteht es sich von selbst, daß wir nicht immer wissen können, wer für welches Attentat verantwortlich ist. Wissen wir es aber, so wäre es ein selbstmörderisches Unterfangen, wollten wir intervenieren, weil wir uns dabei alle arabischen Regierungen zum Feind machen würden. Können wir uns aber den Luxus leisten, etwa mit Syrien oder Saudi-Arabien zu brechen?

Unsere Lage ist vor allem deshalb so heikel, weil die »unkontrollierten« Zwischenfälle im Libanon verursacht werden durch die Kämpfe, die von verschiedenen arabischen Regierungen im geheimen ausgetragen werden. Es ist allgemein bekannt, daß der Libanon schon von jeher ein beliebter Tummelplatz für die Nachrichtendienste aller Nationen der Welt gewesen ist – der großen wie der kleinen, der Araber wie der Europäer, aber auch der Vereinigten Staaten von Amerika und Israels. Unzählige Bombenattentate, Entführungen und Morde, die während des Bürgerkrieges geschahen – und die man voreilig der palästinensischen Widerstandsbewegung oder der Linken angelastet hat –, sind in Wirklichkeit nichts anderes als eine der vielen Facetten des »Kriegs der Geheimdienste« – denen jedes Mittel recht war, den Konflikt zu schüren im Auftrag jener, die an seinem Weiterbestehen interessiert waren. Dies war und bleibt unser Dilemma und unsere Tragik.

Objektiv gesehen, hatten die Libanesen – d. h. besonders jene, die keine geheimen politischen Ziele verfolgten – recht, wenn sie die Situation für unerträglich hielten. Aber wenn wir ihnen erklärten, daß wir genau wie sie nur Opfer waren, glaubten sie uns nicht. Selbst diejenigen, die wir als unsere Freunde betrachteten, zeigten sich unseren Argumenten gegenüber sehr skeptisch. Um uns verstehen zu können, müßten sie in unserer Lage sein. Wie ich den Führern der rechtsorientierten Christen vor dem Bürgerkrieg immer wieder erklärt habe, war den Fedajin nach ihrer Vertreibung aus Jordanien als einzige Zuflucht nur noch der Libanon geblieben. Würden sie zum Nachgeben gezwungen, so wäre all das verloren, was sie sich in mehreren Jahrzehnten unter vielen Opfern erkämpft hatten. Sicher würde die palästinensische Revolutionsbewegung nie untergehen, aber eine endgültige Niederlage im Libanon würde sie lange Zeit stark belasten. Wir befinden uns in einer ähnlichen Situation wie damals der arabische Anführer Tarik Ben Zijad, der nach der Landung seiner Truppen in Spanien seine Schiffe verbrannte und seinen Leuten erklärte: »Vor euch ist der Feind und hinter euch das Meer.«

Deshalb hatte ich die maronitischen Führer ersucht, keine Gewalt anzuwenden und es nicht bis zum Äußersten kommen zu lassen, ansonsten bliebe uns keine andere Möglichkeit, als bis auf den letzten Mann zu kämpfen. Die Führer der christlichen Rechten haben ausgesprochen zynisch gehandelt. Heuchlerisch haben sie sich aufgespielt zu Verteidigern der nationalen Unabhängigkeit und sind mit dem Kreuz auf der Brust in den Krieg gezogen, um angeblich ihre Landsleute von den Palästinensern und – ganz allgemein – von den Arabern zu befreien. Wer aber hat denn die arabischen Regierungen hofiert und ihnen erlaubt, sich in die libanesischen Angelegenheiten einzumischen? Wer hat profitiert vom Kapital, von den Arbeitskräften und den Waffen, die aus den arabischen Ländern ins Land strömten? Ganz bestimmt nicht die Palästinenser – Sündenböcke für die Verbrechen und den Verrat einer Handvoll skrupelloser Männer.

Wir waren um so entschlossener zu kämpfen, als wir schon zu Beginn des Bürgerkriegs wußten, daß wir es gleichzeitig mit dem israelischen Feind zu tun haben würden, denn dieser hatte sich klammheimlich hinter dem Banner der libanesischen Kreuzfahrer eingereiht. So hatten wir z. B. festgestellt, daß der um einige maronitische Klöster aufgebaute Verteidigungsring identisch war mit dem militärischer Einrichtungen in Israel. Dasselbe galt für gewisse Techniken der Kriegführung – sie hier im einzelnen zu benennen, würde zu weit führen –, die offensichtlich durch israelische Offiziere in den Libanon gebracht wurden.

Heute sind keine Beweise mehr erforderlich für die enge Zusammenarbeit zwischen den rechten Christen und Israel während des Bürgerkriegs, denn die Regierung Menachim Begins hat im Sommer 1977 diese Zusammenarbeit offiziell bestätigt und dabei gleichzeitig auch das Ausmaß der seinen libanesischen Verbündeten geleisteten Unterstützung verraten. Diese haben sich mehrfach ihres Bündnisses mit den Zionisten gerühmt und es damit gerechtfertigt, daß sie für ihr eigenes Überleben dazu gezwungen gewesen seien. Saad Haddad, der Kommandant der maronitischen Miliz im Südlibanon, ist heute nichts anderes als ein bezahlter Agent. Und Bechir Gemajel, der Oberbefehlshaber der Falange-Truppen, hat vor Zeugen zugegeben, daß er sich in der israelischen Ortschaft Naharja mit führenden Köpfen aus Tel Aviv beraten habe. Außerdem können wir beweisen, daß er in Begleitung von Dany Chamoun, dem Sohn des Präsidenten der Nationalliberalen Partei, wiederholt mit israelischen Offizieren zusammengetroffen ist. Zu diesen Gesprächen trafen sie sich entweder auf einer Jacht auf offenem Meer oder aber auf libanesischem Boden, zumeist im Hafen von Junieh, dem Hauptquartier der christlichen Rechten. Nach Junieh kam auch – Ende Januar 1976 – Schimon Peres, Verteidigungsminister im Kabinett Rabin, um dort mit Camille Chamoun und anderen christlichen Führern zu konferieren. Nur Präsident Soliman Frangié und Pierre Gemajel, der Führer der Falange-Partei, haben es vermieden, zu den Israelis direkten Kontakt aufzunehmen; dies überlassen sie lieber ihren Untergebenen.

Ich glaube nicht, daß die Führung der Falange-Partei schon zu Beginn des Bürgerkriegs Kontakte zu Israel gehabt hat. Es deutet jedoch einiges darauf hin, daß Camille Chamoun und einige Offiziere der libanesischen Abwehr enge Beziehungen zu den israelischen, amerikanischen und britischen Nachrichtendiensten unterhielten. Das Massaker von Ain El-Remmaneh hatte nicht nur den Zweck, die Feindseligkeiten auszulösen; es sollte auch bewirken, daß die Falangisten in den Konflikt hineingezogen würden. Es war kein Zufall, daß das Gemetzel sich in dem Augenblick ereignete, als Pierre Gemajel in Ain-El-Remmaneh eine Kirche einweihte, und daß zwei der Urheber des Attentats zu Chamouns Leuten gehörten, sich aber als Falangisten ausgaben. Erst in einer späteren Phase sahen sich letztere veranlaßt, mit Israel zusammenzuarbeiten.

Die mannigfaltige Hilfe Israels war in der Tat eine große Versuchung. Die modernsten Waffen (amerikanischer Herkunft) trafen in derart großen Mengen in Junieh ein, daß der amerikanische Senat sogar eine Erklärung dazu von der Regierung Ford verlangte. Wie man weiß, ist die Lieferung von Kriegsmaterial an Drittländer ohne vorherige offizielle Billigung durch den Senat untersagt. Außerdem wurden zahlreiche Schiffe, die Waffen für die palästinensische Widerstandsbewegung und die libanesische Linke an Bord hatten, von der israelischen Kriegsmarine aufgebracht und nach Junieh geschleppt, wo die Fracht an die christlichen Milizen weitergegeben wurde.

Diese Waffen dienten zu den grausamsten Verbrechen, die der Libanon je erlebt hat und die Zeugnis ablegen von dem faschistischen Charakter der maronitischen Milizen. Als ich am 10. Januar 1976 nach meiner Reise durch die Golfländer nach Beirut zurückkehrte, stellte ich fest, daß eine Wende im Krieg eingetreten war. Eine Woche zuvor war das palästinensische Flüchtlingslager von Tel Zaatar umzingelt und völlig abgeriegelt worden, so daß die Bewohner sich nicht mehr mit Lebensmitteln versorgen konnten.

Vier Tage nach meiner Ankunft stürmen und besetzen die Falangisten und die Kommandos der »Wächter der Zeder« das Lager von Dbaje; hier lebten christliche Palästinenser, die sich bisher aus dem Konflikt herausgehalten hatten. Dennoch wird die Ortschaft fast völlig zerstört, ihre Bewohner werden niedergemetzelt. Etwa eine Woche später, am 19. Januar 1976, wird das Elendsviertel von Quarantaine in Brand gesteckt und mit Planierraupen dem Erdboden gleichgemacht; Fazit: Hunderte von Toten, viele grausam verstümmelt. Die Milizen Pierre Gemajels und Camille Chamouns, die auch weiterhin im Zeichen des Kreuzes in den Kampf ziehen, feiern ihren Sieg, indem sie ihn über Haufen von Toten mit Champagner begießen und dabei zur Gitarre singen – Bilder, die von mehreren Fernsehsendern überall in der Welt ausgestrahlt wurden. Die Überlebenden werden mit Maschinengewehrfeuer aus dem Lager getrieben; sie flüchten sich in die Enge anderer Lager, wo sie später den maronitischen Milizen zum Opfer fallen.

Diese Massaker stellten uns vor eine schwere Entscheidung. Zum einen wollten wir uns so weit wie möglich aus dem Konflikt heraushalten, denn bereits zu Beginn des Bürgerkriegs hatten wir beschlossen, nicht in die uns gestellte Falle zu gehen; zum anderen fiel es uns schwer, nicht auf die Herausforderung der rechten christlichen Parteien zu reagieren. Ihre blutige Offensive hatte die Fedajin, die palästinensische Bevölkerung und die libanesischen Moslems, die sich allmählich über unsere Untätigkeit empörten, tief im Innersten getroffen. Wir mußten also etwas unternehmen.

Das gemeinsame militärische Oberkommando der Widerstandsbewegung und der Nationalen Bewegung beschloß, Damur zu besetzen, eine christliche Ortschaft 20 km südlich von Beirut. Aus zwei Gründen war die Entscheidung auf Damur gefallen: Zunächst nimmt diese Ortschaft eine strategisch wichtige Position auf der Verkehrsachse ein, die die Hauptstadt Beirut mit der Stadt Saida verbindet, die im moslemischen und propalästinensischen Teil des Südlibanon liegt. Außerdem hatten die Einwohner, die größtenteils mit Camille Chamoun sympathisierten, auf dieser Straße Sperren errichtet, an denen maronitische Heckenschützen zahlreiche unschuldige palästinensische wie libanesische Reisende niedergeschossen hatten.

Trotz der Wut, die nach den Grausamkeiten von Dbaje und Quarantaine in unseren Reihen herrschte, trafen wir Maßnahmen, um die Zivilbevölkerung von Damur zu schonen. Etwa 48 Stunden hielten wir die Ortschaft unter Beschuß. Wir belagerten nur eine Seite, um so den Einwohnern die Möglichkeit zu lassen, in Richtung Saadijat, wo sich der Palast Camille Chamouns befand, zu fliehen. Außerdem vermieden wir es, auf die Boote zu schießen, die einige Bewohner für ihre Flucht benutzten. Als wir schließlich am 20. Januar Damur stürmten, war es nahezu der Hälfte der Einwohner gelungen, die Ortschaft wohlbehalten zu verlassen.

Wir hatten unsere Laute strengstens angewiesen, die Zivilbevölkerung, insbesondere die Alten, Frauen und Kinder, zu schonen. Doch Krieg ist schließlich Krieg, und wenn er zudem noch mit so erbittertem Haß geführt wird, kann es nicht ausbleiben, daß es zu Exzessen kommt und auch Unschuldige getötet werden. Wie sollten unsere Männer auch zwischen den christlichen Milizsoldaten und Zivilisten unterscheiden? Und wenn sich ein Heckenschütze in einem Haus verschanzt hatte, blieb ihnen kaum eine andere Wahl, als das Gebäude mitsamt seinen Bewohnern, einschließlich Frauen und Kindern, zu sprengen. Wollte man – wie die christlichen Rechtsparteien zu propagandistischen Zwecken – das Gegenteil behaupten, so wäre das reine Heuchelei.

Nach der Eroberung von Damur weigerte ich mich – trotz wiederholter Einladungen – konstant, den Ort zu betreten; dies aus politischen wie humanitären Gründen. Zum einen wollte ich vermeiden, daß die – wenn auch unfreiwillig – begangenen Exzesse durch meine Anwesenheit in irgendeiner Form gutgeheißen würden; zum andern sah ich keinen Grund, mich über einen militärischen Sieg zu freuen, den ich nicht als unseren Sieg betrachtete. Meiner Meinung nach ist es nicht Sache der Palästinenser, im Libanon zu kämpfen, sondern in den von Israel besetzten Gebieten.

Anschließend mußten wir noch zwei weitere, benachbarte Ortschaften einnehmen: Jieh und Saardijat, wo sich Camille Chamoun – wie der Sender der maronitischen Separatisten lautstark verkündete – in seinem Palast verschanzt hatte. Wir hatten Gründe genug, diesen Mann umzubringen, der so viel Blut vergossen hatte und den die Syrer damals beschuldigten, Agent der CIA und des israelischen

Nachrichtendienstes zu sein. Doch zahlreiche Persönlichkeiten, die der palästinensischen Widerstandsbewegung sehr nahestanden, allen voran Kamal Dschumblatt und Saeb Salam, intervenierten zu seinen Gunsten. Daher beschlossen wir, eine aus Vertretern aller Fedajin-Organisationen und linksorientierten libanesischen Parteien zusammengesetzte Delegation zu entsenden, um ihm freies Geleit anzubieten.

Bei ihrer Ankunft im Palast von Saadijat empfing unsere Leute Dany Chamoun, der ihnen mitteilte, daß sein Vater schon einige Tage zuvor mit einem Hubschrauber den Ort verlassen hatte. Das war das Ende der Legende vom Heldenmut des Camille Chamoun, von dem behauptet wurde, daß er lieber mit der Waffe in der Hand sterben wolle, als dem Vormarsch der palästinensisch-progressiven Kräfte zu weichen.

Der Palast von Saadijat aber wurde von armen Bauern, die aus den Dörfern im Süden gekommen waren, geplündert und dem Erdboden gleichgemacht. Chamoun behauptete später, besonders der Diebstahl eines Gemäldes, das seine verstorbene Frau darstelle, habe ihn sehr schmerzlich berührt. Jasir Arafat ordnete eine sofortige Untersuchung an und erreichte die Rückgabe dieses Bildes, weil er dem Bauern, der es gestohlen hatte, 5000 libanesische Pfund zahlte.

In diese Zeit fällt der erste großangelegte Versuch der Syrer, die Kämpfe im Libanon zu beenden. Am 21. Januar reist eine von Abdel Halim Khaddam angeführte Delegation von Damaskus nach Beirut, nimmt sofort zu den verschiedenen am Konflikt beteiligten Parteien Kontakt auf und erreicht einen – wenn auch nur vorübergehenden – Waffenstillstand, der auf einem Kompromiß beruht. Syrien wird dafür bürgen, daß sich die PLO strikt an das Kairoer Abkommen hält; dafür werden die christlichen Parteien die syrischen Vermittler in ihren Bemühungen um eine Regelung des Konflikts unterstützen. Schon seit geraumer Zeit versuchte Präsident Assad, gegenüber beiden Lagern eine neutrale Position einzunehmen. Er unterstützte zwar weiterhin die palästinensische Widerstandsbewegung und die Nationale Bewegung, insbesondere auf militärischem Gebiet, lud aber gleichzeitig Pierre Gemajel nach Damaskus ein, wo er ihm am 6. Dezember 1975 einen Empfang bereitete, der eines Staatschefs würdig war (wodurch er den Zorn Kamal Dschumblatts heraufbeschwor).

Der Führer der libanesischen Linken wurde immer mißgestimmter, als am 2. Februar 1976 auch der libanesische Staatschef Soliman Frangié nach Damaskus reiste und am 14. Februar ein 17-Punkte-Programm vorlegte, das zu einer Lösung des Konflikts führen sollte und dem Assad zugestimmt hatte. Die PLO enthielt sich jeder Stellungnahme, weil sie der Meinung war, daß dieser Plan für eine Kompromißlösung unter Libanesen sie nichts anginge. Die Rechte und die Linke mochten sich nur widerwillig zu diesem Kompromiß bereit finden, da beide Lager überzeugt waren, daß gerade von ihnen übermäßige Zugeständnisse verlangt würden. Kamal Dschumblatt glaubte, Syrien habe die Nationale Bewegung wieder einmal im Stich gelassen. Sie hätte zumindest einen Teil ihrer institutionellen, wirtschaftlichen und sozialen Reformen durchsetzen können, wenn Damaskus die militärische Strategie der Linken noch etwas länger unterstützt hätte. Doch Präsident Assad vertrat die Ansicht, durch eine Fortführung der Kämpfe drohe sich die Position der Rechten zu verhärten, und es könnte zu einer verhängnisvollen Intervention ausländischer Mächte, vor allem Israels, kommen. Mit einem Wort: Die palästinensische Widerstandsbewegung war gezwungen, einerseits zu ihrem syrischen Verbündeten auch weiterhin gute Beziehungen zu unterhalten, sich andererseits der libanesischen Linken gegenüber weiterhin solidarisch zu erklären.

Die Krise in der libanesischen Armee trug dazu bei, unsere Beziehungen zu Damaskus zu erschweren. Seit Beginn des Bürgerkriegs hatte der Präsident des Ministerrats, Rachid Karame, die Auflösung der Armee nur dadurch verhindert, weil er sich geweigert hatte, sie zur Aufrechterhaltung der öffentlichen Ordnung einzusetzen. Weil die Armee von christlichen Offizieren befehligt wurde, die größtenteils mit der Rechten sympathisierten, hätte ihr Einsatz leicht wie ein Partisanenkrieg aussehen können, was sofort eine entgegengesetzte Reaktion der moslemischen Soldaten heraufbeschworen hätte. Dennoch hatte Soliman Frangié auf Veranlassung von Camille Chamoun – dem es gelungen war, den Posten des Innenministers zu bekleiden – die Armee mehrfach in die Kämpfe einbezogen – dies insbesondere am 16. Januar 1976, um die christlichen Milizen zu unterstützen.

Einige Tage später geschah das Unvermeidliche: Unter der Führung von Ahmed El-Khatib rebellierten mehrere Armee-Einheiten und brachten dadurch den Stein ins Rollen. In Windeseile verbreitete sich der Aufruhr von Kaserne zu Kaserne und spaltete die Armee in zwei Lager, das der Christen und der Moslems. Ahmed El-Khatib und seinen Leuten gelang es, den größten Teil des Südlibanon unter ihre Kontrolle zu bekommen, und da sie mit uns sympathisierten, verstärkten sie somit unsere Stellungen nahe der israelischen Grenze.

Natürlich beschuldigten die christliche Rechte und die Syrer uns, die Drahtzieher dieser Rebellion gewesen zu sein, denn uns brachte sie nur Vorteile. Im Grunde hätten wir es lieber gesehen, wenn die Armee einig und stark gewesen wäre, damit die Anarchie sich nicht noch mehr ausbreitete. So bestand die Gefahr einer arabischen Intervention, die uns später dann auch sehr schaden sollte. Deshalb schalteten wir uns in den Konflikt ein und schlugen General Iskandar Ghanem vor, die rebellierenden Offiziere zu begnadigen, um so den Aufruhr auf friedliche Weise zu beenden. Aber Soliman Frangié wies unseren Vorschlag zurück und bestand darauf, alle, die an Ahmed El-Khatibs Unternehmen beteiligt waren, strengstens zu bestrafen.

Vor diesem Hintergrund kam es am 9. März zwischen den Vertretern der Nationalen Bewegung mit Kamal Dschumblatt an der Spitze und einer offiziellen syrischen Delegation unter der Führung von Abdel Halim Khaddam zu einem turbulenten Zusammentreffen, dem auch ich beiwohnte. Die syrischen Vermittler verfolgten zwei festumrissene Ziele: die Aussöhnung der libanesischen Armee auf der Basis einer umfassenden Amnestie und die Bildung einer Regierung der nationalen Einheit, der die Aufgabe zufallen sollte, das vom Staatschef vorgelegte 17-Punkte-Reformprogramm zu verwirklichen.

Der syrische Stabschef, General Hikmet El-Chehabi, konnte seinen Zorn kaum verbergen. Kerzengerade saß er da in seiner Uniform, und mit verkniffenem Gesicht unterzog er Kamal Dschumblatt einem regelrechten Verhör. Dabei stellte er ihm ausgesprochen aggressive Fragen, deren Antworten er in ein kleines Notizbuch schrieb. »Stimmt es«, so fragte er ihn, »daß Sie den Verräter Ahmed El-Khatib unterstützen?« Der Sozialistenführer, der ein scharfsinniger Mann war und sich im allgemeinen sehr viel nuancierter ausdrückte, antwortete ihm in demselben Ton: »Khatib«, rief er, »ist ein großer Patriot! Ein nationaler Held! Nur das korrupte Regime Soliman Frangiés, das Sie unterstützen, ist schuld an der Spaltung der Armee.« Der Wortwechsel wurde immer heftiger. Und da ich das

Schlimmste befürchtete, bat ich Abdel Halim Khaddam und General Naji Jamil, den stellvertretenden Verteidigungsminister, der ebenfalls an dem Gespräch teilnahm, mit mir in ein Nebenzimmer zu kommen, wo ich ihnen wegen der beleidigenden Art, mit der sie Dschumblatt – noch dazu vor Dritten – behandelten, heftige Vorwürfe machte. Ich gab ihnen den Rat, mit dem Führer der Nationalen Bewegung allein zu verhandeln, um die Diskussion in einer entspannteren Atmosphäre fortzuführen: Sie folgten diesem Rat – und offensichtlich mit Erfolg, denn als sie eine halbe Stunde später wieder erschienen, hatten sie alle ein freundliches Lächeln auf den Lippen. Dschumblatt hatte nicht nur seine Hilfe für den Aufbau der Armee zugesagt, sondern ihnen auch vier Männer benannt, die ihn in der neuen Regierung der nationalen Einheit vertreten sollten. Doch zu diesem Zeitpunkt wußten die syrischen Vermittler noch nicht, daß der Sozialistenführer Kandidaten benannt hatte, von denen er genau wußte, daß sie für Präsident Frangié unannehmbar waren.

Am übernächsten Tag, dem 11. März – jenem Tag, an dem General Aziz Ahdab putschte (wofür man übrigens mich verantwortlich machen wollte) –, traf ich noch einmal mit den Mitgliedern der syrischen Delegation zusammen. Bei dieser Gelegenheit sagte Abdel Halim Khaddam mit düsterer Mine: »Frangié kann einen wirklich wahnsinnig machen. Er weigert sich, eine Regierung der nationalen Einheit zu bilden, bevor nicht das ganze Oberkommando der Armee, das sich für eine Amnestie ausgesprochen hat, abgesetzt ist. Die Lage ist ernst, denn nach unseren Informationen ist ein Staatsstreich geplant.« In dieser Hinsicht besaß ich präzisere Informationen. Ich zog sofort einen Zettel aus der Tasche, auf dem die Namen von fünf höheren Offizieren standen; nach Ansicht meiner Informanten kam jeder einzelne für einen Staatsstreich in Frage. Der Name von Aziz Ahdab, dem Stadtkommandanten von Beirut, stand auf meiner Liste an dritter Stelle, und da er der moslemischen Sekte der Sunniten angehörte, gleichzeitig aber in den Kreisen der Maroniten Sympathien genoß, schien er der Mann zu sein, den wir suchten. In gewisser Weise symbolisierte er die Synthese aller nationalen Kräfte. Niemand von uns machte sich Illusionen über die Erfolgschancen eines Staatsstreichs in einem Land, in dem es so viele Milizen gibt wie religiöse Gemeinschaften, welche sich praktisch jeder staatlichen Kontrolle entzogen hatten. Die Syrer standen diesem Vorhaben aus rein politischen Gründen mit äußerster Skepsis gegenüber; etwa anderthalb Stunden vor dem Putsch General Ahdabs kehrten sie äußerst beunruhigt nach Damaskus zurück.

An diesem Abend stürzt kurz vor 20.30 Uhr Abu Hassan Salama, ein Offizier des Nachrichtendienstes der Fatah, in mein Büro, um mir mitzuteilen, daß in wenigen Minuten General Ahdab eine Erklärung im Fernsehen verlesen werde, in der er Soliman Frangié zum Rücktritt auffordert. In Gegenwart der etwa zehn in meinem Büro anwesenden Personen – unter ihnen Jasir Arafat, Zoheir Mohsen, Chef der Saika, und Ali Madani, Chef des syrischen Nachrichtendienstes – liefert er mir genaue Einzelheiten. Danach ist Aziz Ahdab davon überzeugt gewesen, daß die Regierung in Damaskus und das Oberkommando der libanesischen Armee ihn unterstützen würden, um sich des Präsidenten der Republik zu entledigen, weil dieser inzwischen zu einem Hindernis für die nationale Aussöhnung geworden war. Des weiteren erfahren wir von Salama, daß er General Ahdab einige Männer der Fatah zur Verfügung gestellt habe, die ihn sicher zu den Fernsehstudios geleiten sollten. Diese Gefälligkeit – die ich im übrigen für unangebracht hielt – hat natürlich das Gerücht aufkommen lassen, ich sei Ahdabs Komplize. Wäre dies wirklich der Fall gewesen, hätte Salama dann so offen gesprochen im Beisein von Männern, die Präsident Assad sehr nahestanden? Hätte ich dann selbst Khaddam gegenüber Ahdab als einen der möglichen Kandidaten für einen Staatsstreich benannt?

Fest steht zumindest, daß das mißglückte Abenteuer General Ahdabs den ersten Riß in den Beziehungen zwischen der palästinensischen Widerstandsbewegung und Syrien nach sich zog. Da Präsident Assad überzeugt war, wir wollten den von ihm in Absprache mit Soliman Frangié ausgearbeiteten Plan für eine Beilegung des Konflikts sabotieren, ließ er eine Delegation der PLO nach Damaskus kommen.

Das Gespräch, das am 16. März stattfand, dauerte etwa 12 Stunden! Jasir Arafat und ich hatten die allergrößte Mühe, den syrischen Staatschef von unserer Aufrichtigkeit zu überzeugen. Allen unseren Argumenten begegnete er mit Skepsis und wiederholte mehrfach, daß er nicht mit Leuten zusammenarbeiten könne, die vorgäben, seine Freunde zu sein, um dann sein Vertrauen zu mißbrauchen. Vor allem aber war er nicht gewillt, Soliman Frangié fallenzulassen – in seinen Augen Symbol der Rechtsstaatlichkeit und gleichzeitig Stabilisierungsfaktor für eine zukünftige Friedensregelung im Libanon.

Da aber verschiedene Fraktionen in der libanesischen Armee sowie die Mehrheit im Parlament und die Öffentlichkeit Präsident Frangiés Rücktritt forderten, mußte Assad sich schließlich den Tatsachen beugen und einer Kompromißformel zustimmen, die seinem Günstling einen ehrenvollen Abgang verschaffen sollte: Das libanesische Parlament würde den Artikel 76 der Verfassung ändern, um sechs Monate vor Ablauf der Amtszeit Präsident Frangiés die Wahl eines neuen Präsidenten zu ermöglichen. Frangié würde sich also in wenigen Tagen ehrenhaft zurückziehen können.

Alles scheint geregelt, doch da erhält Präsident Assad telefonisch die Nachricht, daß Kamal Dschumblatt in einer öffentlichen Erklärung die Syrer der Einmischung in innerlibanesische Angelegenheiten bezichtigt hat. Der syrische Staatschef bekommt einen regelrechten Wutanfall und bittet General Chehabi, der gerade bei ihm ist, sofort Soliman Frangié anzurufen und ihm zu versichern, daß er mit der vollen Unterstützung der syrischen Armee jenen gegenüber rechnen könne, die seinen Rücktritt fordern. Alles beginnt wieder von neuem. Jetzt interveniert Najef Hawatmeh, Präsident der Demokratischen Front, der dem syrischen Präsidenten, zu dem er ausgezeichnete Beziehungen unterhält, klarzumachen versucht, daß er einen schwerwiegenden Fehler begeht, wenn er es mit einem so hervorragenden Politiker wie Kamel Dschumblatt verdirbt, der außerdem noch die ganze Gemeinschaft der Drusen hinter sich hat. Schließlich gelingt es uns, Assad von der Notwendigkeit einer Unterredung mit Dschumblatt zu überzeugen, um ein für allemal die Mißverständnisse und Meinungsverschiedenheiten zwischen beiden Politikern aus dem Weg zu räumen.

Trotz der Offensive der palästinensisch-progressiven Kräfte gegen die von der Rechten kontrollierten Dörfer im Metn wurde Dschumblatt am 27. März von Assad empfangen. Das Treffen, das neun Stunden dauerte, führte zu keinem Ergebnis, im Gegenteil: Es trug nur dazu bei, den endgültigen Bruch zwischen Syrien und der libanesischen Linken zu beschleunigen. Laut Präsident Assad zeigte sich Dschumblatt unnachgiebig und weigerte sich rundweg, die Kämpfe zu beenden; er ging sogar so weit – immer nach Aussage Assads –, die von den Drusen an Maroniten verübten Greueltaten aus der Vergangenheit zu verherrlichen. Assad schwor, daß er, solange er das höchste Staatsamt bekleide, den Führer der Nationalen Bewegung nie wieder empfangen werde. Er sollte Dschumblatt nicht wiedersehen. Von nun an galt dieser als »Agent der USA« und als »Verräter«; ein Jahr später wurde er ermordet.

Aber wir gaben die Hoffnung nicht auf, Syrien doch noch mit der libanesischen Linken zu versöhnen; daher reiste eine Delegation der PLO – sie bestand aus Jasir Arafat, Najef Hawatmeh, Zoheir Mohsen und mir – am 16. April nach Damaskus, wo wir mit Assad eine zweite, lange Unterredung führten. Den Staatsstreich General Ahdabs und die Kämpfe in den von Christen bewohnten Bergen im Libanon, für die er uns verantwortlich machte, hatte er uns offensichtlich immer noch nicht »verziehen«. Außerdem hegte er – trotz unserer gegenteiligen Beteuerungen – den Verdacht, daß wir zu Präsident Sadat verdächtig gute Beziehungen unterhielten, obwohl dieser das Sinai-Abkommen getroffen hatte. Daher hatte er seine Zusammenarbeit mit der »Libanesischen Front« Pierre Gemajels und Camille Chamouns verstärkt; dies rechtfertigte er einerseits mit dem Verhalten Dschumblatts, den er gern als »Hausierer in Sachen Revolution und Forschritt« apostrophierte, und andererseits mit seinem Bemühen, die Einheit und die territoriale Integrität des Libanon zu bewahren.

Trotz allem gelang es uns während dieses Treffens am 16. April, mit Präsident Assad ein Sieben-Punkte-Abkommen auszuhandeln. Wichtigster Punkt war die Vereinbarung eines Waffenstillstandes im Libanon; des weiteren waren wir uns einig, daß eine Teilung des Landes sowie eine »Arabisierung« des Konflikts verhindert und Ägypten mit seinen Verbündeten von einer Regelung des libanesischen Konflikts ausgeschlossen werden mußten. In einem zusätzlichen Protokoll, das wir nicht veröffentlichen wollten, wurde vereinbart, daß Syrien seine Armee aus den Grenzgebieten zurückziehen würde, wenn wir alle eingegangenen Verpflichtungen einhielten.

Aber Dschumblatt, mit dem wir nach unserer Rückkehr in Beirut konferierten, hielt diesen Kompromiß für unbefriedigend und erklärte sich nur widerwillig bereit, einem Waffenstillstand zuzustimmen.

Kurz nach dem Inkrafttreten dieses Waffenstillstandes – der übrigens wie alle voraufgegangenen nur von kurzer Dauer sein sollte – kam Ghassan Tueni zu mir, um mir eine Nachricht des amerikanischen Botschafters Dean Brown zu überbringen, der seit einigen Wochen Henry Kissinger im Libanon vertrat. Tueni, ein ehemaliger Minister, Besitzer und Herausgeber der libanesischen Tageszeitung

»Al Nahar«, teilte mir mit, daß Brown wissen wolle, ob die palästinensische Widerstandsbewegung in der Lage sei, die Einhaltung des Waffenstillstandes auf seiten der Nationalen Bewegung zu garantieren; andernfalls würden die Vereinigten Staaten von Amerika sich einer militärischen Intervention seitens der Syrer im Libanon nicht widersetzen.

Ich hielt dieses Vorgehen für äußerst merkwürdig und die Einmischung der Amerikaner für unerträglich. Daher gab ich nur eine höfliche, aber ausweichende Anwort. Ich erklärte Tueni, daß es mir nicht zukomme, in das Labyrinth der Kissinger-Intrigen vorzudringen; außerdem läge der Kern des Problems nicht bei uns, sondern bei den christlichen Separatisten, die voraufgegangene Waffenstillstandsabkommen immer wieder gebrochen hätten.

Während unserer Unterredung mit Präsident Assad am 16. April hatte dieser indirekt noch ein weiteres wichtiges Thema angeschnitten: »Wer ist Ihr Kandidat für die Präsidentschaft der libanesischen Republik?« Erst eine Woche zuvor hatte das libanesische Parlament den Artikel 76 der Verfassung abgeändert, und unter dem Druck der Syrer hatte Soliman Frangié zugestimmt, daß sein Nachfolger am 1. Mai gewählt werden sollte. Er behielt sich jedoch vor, bis zum Ablauf seines Mandats im August im Amt zu bleiben.

Ich antwortete Assad, daß wir die Souveränität des Libanon zu sehr respektierten, um für das Amt des Präsidenten einen Kandidaten zu küren. Doch ich erklärte ihm, daß ich besondere Hochachtung für meinen Freund Raymond Eddé hätte, der trotz tiefgehender Divergenzen mit der palästinensischen Widerstandsbewegung uns gegenüber stets loyal gewesen sei. Innerhalb der Nationalen Bewegung seien die Ansichten über Raymond Eddé zwar geteilt, so fuhr ich fort, doch es bliebe bei seiner Kandidatur gegen Elias Sarkis, der von der christlichen Rechten und Syrien unterstützt würde. Ich riet Assad, sich nicht täuschen zu lassen, denn Raymond Eddé sei bei der »schweigenden Mehrheit« sehr geachtet und beliebt, dies sowohl unter den Christen als auch unter den Moslems, den Konservativen wie den Progressiven.

»Da irren Sie sich aber«, antwortete Assad. »Syrien unterstützt keinen Kandidaten für die Präsidentschaftswahlen, weil es nicht die Absicht hat, sich in die innerlibanesischen Angelegenheiten einzumischen.« Über Sarkis und Eddé sprach er nur in ganz allgemein gehaltenen Worten; es war offensichtlich, daß seine Sympathien Sarkis galten und er Eddé nicht besonders mochte, denn dieser ließ keine Gelegenheit aus, um die – wie er noch heute sagt – »expansionistischen Ziele« Syriens zu verurteilen.

Ich wußte von vornherein, daß Raymond Eddé nur wenig Aussicht hatte, gewählt zu werden, denn er hatte nicht nur die Libanesische Front und Syrien gegen sich, sondern auch die Vereinigten Staaten von Amerika. Dean Brown hatte seine Wahl bereits getroffen. Zuvor war er mehrfach mit Sarkis und Eddé zusammengetroffen und hatte ihnen eine Reihe von Fragen gestellt hinsichtlich ihrer Pläne für den Fall, daß sie gewählt würden. Die Antworten Raymond Eddés – wie dieser sie mir später wiedergab – mußten ihn in den Augen der Amerikaner disqualifizieren.

Die Führung der palästinensischen Widerstandsbewegung war eher ratlos und wußte nicht so recht, wie sie sich verhalten sollte. Sollte man das Parlament daran hindern, einen neuen Präsidenten zu wählen? Das würde einen Konflikt mit Syrien heraufbeschwören. Oder sollte man die libanesische Linke fallenlassen, indem man die Wahl von Elias Sarkis zuließ? Wir waren völlig verwirrt. Im Grunde genommen war ein großer Teil der Nationalen Bewegung für Sarkis, wollte aber dennoch gegen ihn stimmen, um Syrien herauszufordern. Ein Flügel der Libanesischen Front hätte gern Raymond Eddé als Präsidenten gesehen, hatte sich aber trotzdem Sarkis angeschlossen, um einen Sieg des Kandiaten der Linken zu verhindern. Camille Chamoun nahm eine noch seltsamere Haltung ein: Er sollte sich die Stimmen seiner Anhänger im Parlament sehr teuer bezahlen lassen.

Um einen Ausweg aus diesem Dilemma zu finden, beschloß die palästinensische Widerstandsbewegung, einen Mittelweg einzuschlagen: Am 8. Mai – die Parlamentssitzung war um eine Woche verschoben worden – wurde das Gebäude, in dem die Parlamentarier sich versammelten, von den Fedajin unter Beschuß genommen; verhindern wollten sie die Wahl eines neuen Präsidenten hingegen nicht. Denn wir waren zu der Ansicht gekommen, daß wir uns Syrien nicht zum Feind machen durften, selbst wenn es zutrifft, daß es Raymond Eddé – wäre er gewählt worden – hätte gelingen können, den Bürgerkrieg zu beenden, alle Milizen aufzulösen, die Armee wieder zu einen und das Land auf neuen Grundlagen zu nationaler Einheit zu führen.

Trotz allem waren wir nicht gegen Sarkis. In unseren Augen war er ein Mann mit durchaus ehrlichen Absichten, ein Patriot, der – wenn man ihm die Mittel an die Hand gab – durchaus in der Lage sein konnte, die Politik im Interesse der Nation zu lenken. Das ist zumindest der Eindruck, den ich im Verlauf mehrerer Unterredungen mit dem Kandidaten der Rechten gewonnen hatte – dies sowohl vor als auch nach seiner Wahl in das höchste Staatsamt.

Sarkis' Wahl zum Präsidenten bedeutete jedoch noch lange nicht, daß die Probleme nun gelöst waren; im Gegenteil, sie wurden noch dringender. Die Rechte, die wieder neuen Auftrieb erhalten hatte, bedrängte uns fortgesetzt, um ihre verlorenen Stellungen zurückzugewinnen. Die Linke und die palästinensische Widerstandsbewegung eröffneten am 12. Mai eine neue »Gebirgsfront«. Die Rückschläge, die die maronitischen Milizen erlitten hatten, beunruhigten in höchstem Grade die Syrer, denn sie befürchteten, daß ein deutlicher Sieg der palästinensisch-progressiven Kräfte eine militärische Intervention fremder Mächte, vor allem Israels und der USA, zur Folge haben würden.

Unter diesen Umständen mußten unbedingt neue Beratungen mit Präsident Assad geführt werden. Daher reisten Jasir Arafat und ich am 15. Mai nach Damaskus, dort erwartete uns Abdel Salam Jallud, der libysche Ministerpräsident, der sich als Vermittler erboten hatte. Ich hatte mich jedoch von vornherein ganz entschieden geweigert, mit Jallud zusammenzutreffen, weil er erst kurz zuvor gemeinsam mit dem israelischen Vizepräsidenten ein Kommuniqué unterzeichnet hatte, in dem die Politik der PLO scharf kritisiert wurde. Ich vertrat die Ansicht, daß nicht jeder x-beliebige das Recht habe, uns Lektionen in palästinensischem Patriotismus zu erteilen. Sein Präsident, Oberst Kadhafi – auch er wollte uns unter Druck setzen –, hatte seine Subventionszahlungen an die Fatah eingestellt und erwies sich – entgegen der allgemein verbreiteten Ansicht – gegenüber den Fedajin-Organisationen der »Ablehnungsfront« auch nicht besonders großzügig.

Durch Vermittlung gemeinsamer Freunde kam es doch zu einer Unterhaltung mit Jallud. Dieser begann sofort, in unangenehmster Art und Weise zu polemisieren. Mit wenigen Worten machte ich dem ein Ende: »Trotz der Meinungsverschiedenheiten, die es zwischen Kadhafi und mir gibt«, so erklärte ich ihm, »bewahre ich ihm weiterhin meine Freundschaft und meine Hochachtung. Ich wünsche nur, daß Sie ihm gegenüber dieselbe Loyalität an den Tag legen, wie ich es tue.« Jallud begriff sofort, worauf ich anspielte (ich überlasse es dem

Leser, dies zu erraten), und beeilte sich, die Unterhaltung in einem freundschaftlicheren Ton fortzusetzen. Unter Bezugnahme auf eine Unterredung mit Präsident Assad erzählte er mir Dinge, die mir so ungeheuerlich erschienen, daß ich ihn sofort im Verdacht hatte, alles erlogen zu haben. Seinen Worten zufolge hatte der syrische Staatschef geäußert, daß die Fatah im Libanon 30000 kommunistische Freischärler bewaffnet und ausgebildet hätte; daß die meisten Bürgermeister, die gerade erst im besetzten Zisjordanien – mit Unterstützung der PLO – gewählt worden waren, Kommunisten seien; daß wir alle im Libanon geschlossenen Waffenstillstandsabkommen systematisch gebrochen hätten und daß schließlich die palästinensische Widerstandsbewegung sich dem syrischen Plan einer Wiedervereinigung Syriens und des Libanon zu einem Staat wiedersetzte. Angesichts derart ungeheuerlicher Behauptungen ersuchte ich darum, daß Abdel Salam Jallud zu meiner Unterredung mit Assad, die im nächsten Tag stattfinden sollte, hinzugezogen wurde.

Wie zu erraten war, verlief das Gespräch mit dem syrischen Präsidenten durch Jalluds Verschulden ziemlich stürmisch. Assad wies alle unsere Argumente zurück und teilte uns mit, daß er die Absicht hätte, seine Armee in den Libanon zu entsenden, um dort Ruhe und Ordnung wiederherzustellen. All unser Bitten und Drängen half nichts! Zwei Wochen später überschreiten 6000 syrische Soldaten – ihre Anzahl wird später auf 30000 erhöht –, mit Hunderten von Panzern und schweren Geschützen die Grenze zum Libanon.

Während Präsident Assads Streitkräfte auf zwei Achsen vorrückten – die eine im Norden in Richtung auf Sofar, die andere im Süden in Richtung auf Saida –, erfuhr ich von einem Führer der Saika, der ihrem Chef Zoheir Mohsen sehr nahestand, daß diese prosyrische Organisation beabsichtigte, am 6. Juni durch eine gezielte Provokation alle Fedajin-Organisationen in Beirut außer Gefecht zu setzen. Geplant war ein Überfall auf die Büros der Linksparteien und der Kommandos der »Ablehnungsfront«; eine Einheit der syrischen Armee, die im Stadion stationiert war, würde daraufhin in die Kämpfe eingreifen – natürlich unter dem Vorwand, diese zu beenden; doch in Wirklichkeit könnte sie so den militärischen und politischen Apparat der Fatah zerschlagen. Ich erhielt diese Information am 3. Juni; mir blieben somit noch drei Tage, um die zu unserer Verteidigung erforderlichen Maßnahmen zu treffen.

Am 6. Juni, kurz vor 12 Uhr mittags, greift die Saika tatsächlich an. Sofort schlagen unsere Kommandos Alarm, besetzen die Stützpunkte und Büros der prosyrischen Organisation, entwaffnen die Milizen und nehmen die Anführer gefangen. Die von Erfolg gekrönte Operation ist bereits sechs Stunden später beendet, denn – offen gestanden – unsere Gegner haben kaum Widerstand geleistet, viele haben uns ihre Waffen sogar freiwillig übergeben. Niemand in den beiden verfeindeten Lagern war über diese neue Phase im Bruderkrieg sonderlich glücklich, denn er hat – ohne zum Erfolg zu führen – viel Blutvergießen gefordert. Wir waren überzeugt, daß unsere syrischen Brüder den Amerikanern und Henry Kissinger in die Falle gegangen waren. Dieser hatte ein weitaus größeres Interesse an einer syrisch-palästinensischen Konfrontation als an einer Waffenruhe; denn dann hätten die Araber etwas genauer darauf achten können, wie er durch Intrigen darauf hinarbeitete, einzig die Interessen Israels und der USA in diesem Gebiet zu fördern.

Vor diesem Hintergrund wurde am 16. Juni ein sinnloses und schändliches Verbrechen begangen. An jenem Tag sollten der neue US-amerikanische Botschafter in Beirut, Francis Melloy, der erst seit einem Monat auf seinem Posten war, sowie sein Wirtschaftsberater, Robert Warring, von Elias Sarkis empfangen werden; er war noch nicht in seinem neuen Amt als Präsident, da er den Ablauf der Amtszeit von Soliman Frangié abwarten wollte. Die beiden Diplomaten mußten die Straße in Richtung Museum benutzen; dies war der einzige Weg, der die beiden gegnerischen Stadtviertel Beiruts miteinander verband – den Westteil, in dem die Botschaft liegt, und den Ostteil, der von den maronitischen Milizen kontrolliert wird und in dem Sarkis wohnt.

Der Wagen des Botschafters, dem in einem zweiten Wagen seine Leibwächter folgen, fährt auf die Demarkationslinie zwischen den beiden Sektoren zu. Bevor er in die Straße einbiegt, die zum Museum führt, macht der Wagen mit den Leibwächtern eine plötzliche Kehrtwendung und rast davon. Niemand weiß, warum. Bis heute ist das Geheimnis ungeklärt. Fest steht, daß der Wagen des Botschafters plötzlich verschwunden ist, noch bevor er die Straßensperre am Kontrollpunkt zwischen den beiden Sektoren erreicht hat. Einige Stunden später entdecken wir den Leichnam von Francis Melloy, von Robert Warring und dem libanesischen Chauffeur Zoheir Moghrabi. Sie sind von Gewehrkugeln durchlöchert.

Alle Fedajin-Organisationen verurteilen diesen dreifachen Mord. Nur die »Partei der Sozialistischen Arabischen Aktion« – eine Gruppe, von der wir noch nie gehört hatten – befürwortet diese Tat, ohne allerdings die Verantwortung zu übernehmen. Soweit die Version der Ereignisse, wie sie der Öffentlichkeit bekanntgegeben wurden, bevor man die Angelegenheit endgültig zu den Akten legte.

Ich beschloß jedoch, der Sache auf den Grund zu gehen. Nach einwöchigen Ermittlungen erfuhr ich, daß der Wagen des Botschafters, den man bisher nicht hatte finden können, in einem bestimmten Schuppen untergestellt war. Eine Gruppe von Fedajin stürmte ihn, und tatsächlich: Dort stand der Wagen, daneben ein sechzehnjähriger Junge, der ihn bewachen mußte. Er spielte nur eine Statistenrolle, konnte mir aber dennoch einige Hinweise geben, die es mir erlaubten, den Ablauf der Operation zu rekonstruieren. So erfahre ich, daß die Mörder sich einige Tage vor ihrem Unternehmen an Zoheir Moghrabi, den persönlichen Chauffeur des Botschafters, heranmachen, um ihn zur Zusammenarbeit zu überreden. Sie versichern ihm, daß sie seinen Chef nur entführen wollen, um ein Lösegeld zu erpressen, und ihn sowie die anderen Insassen des Wagens danach sofort wieder auf freien Fuß setzen würden. Moghrabi ist zwar ein langjähriger und treuer Diener der amerikanischen Botschaft, doch er fristet ein zu elendes Dasein, um sich nicht von dem versprochenen Anteil am Lösegeld in Versuchung führen zu lassen – eine beträchtliche Summe Geldes, die ihm und seiner Familie auf viele Jahre materielle Sicherheit garantieren würde. Er erklärt sich also bereit, den Entführern zu helfen. Er bringt das Auto an einer zuvor verabredeten Stelle zum Stehen; hier können bewaffnete Männer ihre Opfer ohne jeglichen Widerstand überwältigen. Nach dem Verhör, über das mein junger Informant mir jedoch nichts sagen kann, werden Melloy, Warring und auch Moghrabi kaltblütig erschossen. Wenige Stunden später haben die Mörder den Libanon bereits verlassen, ohne daß irgendeine Spur zurückbleibt.

Da die Entführer weder ein Lösegeld verlangt noch politische oder sonstige Forderungen gestellt haben, muß man sich fragen, welches Ziel sie eigentlich verfolgten. Der junge Mann, der die Unterhaltung zwischen den Mördern belauschen konnte, erzählte mir, sie hätten gehofft, damit die Landung amerikanischer Truppen im Libanon zu provozieren. Den syrisch-palästinensischen Bruderkrieg, den sie – wie wir alle – bedauerten, glaubten sie dadurch beenden zu können, daß sie den Libanon in ein zweites Vietnam und damit den Bruderkrieg in einen nationalen Befreiungskrieg verwandelten. Angesichts einer derart naiven Logik muß man sich zu Recht fragen, ob die Urheber dieser sinnlosen Aktion nicht schwachsinnig waren oder vom Irak gedungene Agenten. Wie ich später erfuhr, unterhielten sie zu diesem Land enge Beziehungen.

Sechs Tage nach dem dreifachen Mord begann die Schlacht um Tel Zaatar, die blutigste und längste Schlacht des Bürgerkriegs. Die christliche Rechte, die seit Januar über dieses Flüchtlingslager eine totale Blockade verhängt hatte, startete am 22. Juni eine großangelegte Offensive gegen Tel Zaatar und die beiden angrenzenden Stadtteile von Jisr El-Bacha und Nabaa. 52 Tage lang ging ununterbrochen, vom Morgengrauen bis zur Abenddämmerung, ein Granat- und Raketenhagel nieder. Allein auf Tel Zaatar, wo sich etwa 20 000 palästinensische Flüchtlinge und 15 000 moslemische Libanesen verschanzt hatten, gingen schätzungsweise 55 000 Geschosse nieder.

Einige hundert maronitische Milizsoldaten – es waren die Leute von Camille Chamoun, zu denen sich nach einigem Zögern fünf Tage später die Falangisten gesellten – umzingelten das Flüchtlingslager etwa zehn Tage nach dem Einmarsch der syrischen Armee. Offensichtlich hatten sie diesen Schritt der Syrer abgewartet, um den Massenmord zu begehen. Dies beweist die Reaktion der christlichen Rechten auf einen Kompromißvorschlag, den die palästinensische Widerstandsbewegung und Dschumblatt ihr am 25. Mai, das heißt eine Woche vor der syrischen Invasion, gemeinsam unterbreitet hatten. Dieser Kompromiß zielte eben darauf ab, ein militärisches Eingreifen der Syrer zu verhindern. Wir erklärten uns sogar bereit, uns aus allen Ortschaften, die wir in den Bergen erobert hatten, zurückzuziehen; diese sollten dann von den Milizsoldaten der progressiven Sozialistischen Partei Dschumblatts und den Falangisten gemeinsam kontrolliert werden. Dieser Vorschlag, den ich selbst handschriftlich abgefaßt hatte, wurde Pierre Gemajel von meinem Mitarbeiter Abu Hassan Salama übermittelt. Der Chef der Kataeb aber hat nie auf diese Botschaft geantwortet. Er erwartete sein Heil aus Damaskus und damit die Gelegenheit, militärisch den Sieg davonzutragen.

Die Schlacht um Tel Zaatar war in Wirklichkeit eine Vernichtungsschlacht in reinstem faschistischem Stil. Pierre Gemajel und Camille Chamoun wußten sehr genau, daß wir absolut nicht in der Lage waren, das von den Separatisten völlig abgeriegelte und umzingelte Flüchtlingslager sowie die beiden angrenzenden Stadtteile zu befreien. Wir verfügten zwar im Prinzip über ausreichend Kampfkräfte, um zu einem Gegenangriff übergehen und die Blockade durchbrechen zu können; doch durch die syrische Armee waren wir – trotz des wenige Tage zuvor geschlossenen Waffenstillstands – sowohl im Norden als auch im Süden des Libanon in unserer Aktivität völlig lahmgelegt. Würden wir unsere gegenüber den syrischen Streitkräften eingenommenen Stellungen räumen, so wäre dies für die palästinensische Widerstandsbewegung eine Katastrophe.

Trotzdem haben wir dazu beitragen können, das Flüchtlingslager zu verteidigen, indem wir die Belagerer unter Beschuß nahmen und versuchten, ihre Artillerie, die überall in der Stadt und in den umliegenden Bergen in Stellung gegangen war, zu zerstören; dank der aus dem Lager über Funk durchgegebenen Informationen konnten wir sie lokalisieren. Dieser »Feuergürtel«, den wir um die Belagerer errichtet hatten, hinderte sie daran, das Flüchtlingslager zu stürmen.

Im Grunde genommen war das Lager von Tel Zaatar mehr von innen als von außen bedroht. Die Blockade, die insgesamt mehr als fünf Monate andauerte, hatte die Bevölkerung an den Rand einer Hungersnot gebracht. Noch unerträglicher war der Wassermangel; weil die christlichen Milizen das Versorgungsnetz zerstört hatten, blieben den Lagerbewohnern nur noch die spärlichen Wasserreserven aus einem verseuchten Brunnen. Dieser Brunnen lag auch noch ständig unter Beschuß; so war es stets ein ausgesprochenes Wagnis, an das kostbare Wasser heranzukommen. Von den Freiwilligen, die diese gefährliche Mission übernahmen, mußten jedesmal zwei oder drei ihr Leben lassen. Daher pflegte man in Tel Zaatar zu sagen: Ein Glas Wasser ist soviel wert wie ein Glas Blut.

Besonders bedrohlich war die Lage für die kleinen Kinder. Milch für die Säuglinge gab es natürlich schon lange nicht mehr, und die Brot- und Wasserrationen, die an die Familien verteilt wurden, waren zu knapp, um den Hunger der Kleinen stillen zu können. Jedesmal, wenn wir über Radio mit den Führern des Lagers sprachen, hörten wir im Hintergrund Wimmern und Weinen: »Ich habe Durst, Mama. Ich habe Durst!« Während der Belagerung sind – ohne die Erwachsenen – allein 300 Säuglinge und Kinder verhungert oder verdurstet.

Zu Beginn der Schlacht hatten wir uns über die Situation noch kein klares Bild machen können – bis uns eines Tages zwei Ärzte aus dem

Lager anriefen und um Hilfe baten. Sie bestanden ausdrücklich darauf, die politischen und nicht die militärischen Führer der Widerstandsbewegung zu sprechen. Deutlich konnte ich die Verbitterung aus ihren Worten heraushören, als sie mir kurz und bündig erklärten: »Wenn es euch nicht gelingt, diesem Gemetzel ein Ende zu setzen, so findet wenigstens einen Weg, uns mit Lebensmitteln und Wasser zu versorgen!« Wir stellten sofort kleine Trupps aus einer Handvoll Männer zusammen. Sie sollten versuchen, durch die feindlichen Linien zu schlüpfen und nach Tel Zaatar vorzudringen. Um den Belagerern auszuweichen, mußten sie häufig nächtelang durch die benachbarten Hügel schleichen und sich in Wäldern und Feldern verkriechen. Unter diesen Umständen konnten sie aber unmöglich Wasser transportieren und wegen der notwendigen Ausrüstung an Waffen und Munition auch nur geringe Mengen an Lebensmitteln. Viele wurden auf ihrem Weg niedergemetzelt. Diejenigen, die durchkamen, brachten den Eingeschlossenen nur vorübergehende Linderung; weil sie das Lager nicht wieder verlassen konnten, gab es nun noch einige Personen mehr, die ernährt werden mußten.

Am fünften Tag der Schlacht erhielt ich den Besuch von Pater Mubarac, einem maronitischen Geistlichen. Er war ein Mann von humanitärer Denkweise und lehnte außerdem die militärische Intervention der Syrer ab. Er wollte mir einen Vorschlag unterbreiten, wie wir den Kämpfen ein Ende setzen könnten. Die Fedajin sollten ihre Waffen an Vertreter des Internationalen Roten Kreuzes übergeben, die sie an den Ausgängen des Lagers erwarten würden; danach würde die Zivilbevölkerung unter bestmöglichen Bedingungen evakuiert. Ich wies diesen Vorschlag sofort zurück, denn er erschien mir unannehmbar für Männer, die so tapfer und unerschrocken kämpften wie unsere Fedajin. Mein Gegenvorschlag – der seinerseits wiederum abgelehnt wurde – sah nur die Evakuierung der Verwundeten, der Frauen und der Kinder vor (notfalls sogar der Kinder ohne ihre Mütter), während die Männer im Lager bleiben und ihren Widerstand fortsetzen würden. Uns wurden noch weitere Vorschläge unterbreitet, doch einer war erniedrigender als der andere. Mit allen Mitteln wollte man uns zu einer schmachvollen Kapitulation bringen.

Zweifellos hätten wir uns nachgiebiger verhalten, wenn die militärischen und politischen Führer von Tel Zaatar sowie alle Eingeschlossenen es gewünscht hätten. Doch sie bewiesen eine weitaus größere Unversöhnlichkeit als wir, denn für sie war Tel Zaatar – wie sie sich uns gegenüber ausdrückten – nach Palästina ihre zweite Heimat geworden. Lebend würde man sie hier nie herausbringen. Als die Lage schließlich völlig hoffnungslos schien, ging der Vater von Mohsen, dem politischen Chef des Lagers, in Begleitung aller Familienangehörigen zu seinem Sohn und flehte ihn an, die weiße Fahne zu hissen. Mohsen aber geriet darüber dermaßen in Wut, daß er seinen Vater mit Verachtung davonjagte. Bis zum Ende der Schlacht sprach er kein einziges Wort mehr mit ihm.

Nachdem am 29. Juni das Flüchtlingslager von Jisr El-Bacha und schließlich am 6. August das moslemische Stadtviertel von Nabaa von den Christen besetzt worden waren, hatte auch für Tel Zaatar die letzte Stunde geschlagen. Durch Vermittlung des Vertreters der Arabischen Liga wurde am 11. August ein Abkommen geschlossen. Darin wurde festgelegt, unter welchen Bedingungen die Evakuierung am darauffolgenden Tag vonstatten zu gehen hatte. Diesmal waren die Bedingungen durchaus annehmbar, da die Fedajin, die das Lager zusammen mit den Zivilisten verlassen sollten, sich nicht den maronitischen Milizen ergeben mußten. Die arabische »Friedenstruppe« und das Rote Kreuz, das für den Transport sorgen wollte, würden sie in Empfang nehmen.

Doch unsere Gegner hielten noch eine letzte und grausame Niedertracht für uns bereit. In dem Augenblick, als die Bewohner von Tel Zaatar – dem Abkommen entsprechend – unbewaffnet ihre ärmlichen Behausungen verlassen, eröffnen die Milizen Camille Chamouns und Pierre Gemajels das Feuer auf die Menschenmenge; Hunderte werden niedergemäht. Andere Milizen fallen in das Lager ein und feuern blindlings auf alles, was sich bewegt. Wiederum andere, die an den Straßensperren Wache halten, stoppen die Busse, in denen die Überlebenden zusammengepfercht sind, und zerren einige der Männer – vor allem die jüngeren, die sie für Fedajin halten – heraus, um sie dann grausam niederzumetzeln oder an einen unbekannten Ort zu verschleppen. Allein an diesem einen Tag haben die Milizen der christlichen Rechten mehr Menschen umgebracht als an den 52 Tagen der Belagerung von Tel Zaatar.

Insgesamt hat ihr Unternehmen mehr als 3000 Menschenleben gefordert. Von den 1000 Fedajin aber, die sich im Lager befanden, haben nicht einmal zehn ihr Leben eingebüßt, fast allen gelang es, im Chaos des blutigen Gemetzels an diesem tragischen 12. August in die Wälder und umliegenden Berge zu entkommen.

Die Verteidigung von Tel Zaatar wird als Ruhmesblatt in die Geschichte des palästinensischen Volkes eingehen. Der Heldenmut unserer Widerstandskämpfer und der Lagerbewohner wird als Legende weiterleben, die nachfolgenden Generationen unseres Volkes werden stets daran denken.

Das Martyrium von Tel Zaatar hat uns wieder einmal gezeigt, daß wir uns nur auf uns selbst verlassen können. Die sogannnte zivilisierte Welt hat vor diesem Gemetzel schamhaft den Blick abgewandt. Es gab zwar in Europa Männer und Frauen, die sich empörten, die auf Versammlungen und Demonstrationen dagegen protestierten. Doch ihre Stimme war zu schwach, als daß sie den Lauf der Ereignisse hätte beeinflussen können.

Skandalös – im wahrsten Sinne des Wortes – aber war das Verhalten der arabischen Welt, wo kein Staat, ob Freund oder Feind, auch nur den kleinen Finger rührte, um die 35 000 »Brüder« in Tel Zaatar zu retten. Man wird mir nicht weismachen können, daß 100 Millionen Araber nicht in der Lage gewesen sein sollen, eine Blockade zu durchbrechen, die nur von einigen hundert Mann errichtet war; daß sie nicht einmal in der Lage gewesen sein sollen, ihre Stimme zu erheben, um – wenn schon nicht auf die Milizen, so doch zumindest auf Syrien, das diese beschützte – Druck auszuüben.

Wie ich schon zu Beginn dieses Kapitels ausgeführt habe, fürchteten die arabischen Staaten vor allem einen Sieg der palästinensisch-progressiven Kräfte. Unter dem Druck der öffentlichen Meinung unterstützten sie uns zwar verbal – manchmal sogar durch großzügige Subventionen; doch gleichzeitig finanzierten und förderten sie das Unternehmen der Syrer im Libanon, um der christlichen Rechten ein Übergewicht zu garantieren. Sie wollten zwar nicht die völlige Ausschaltung der Fatah, riefen aber dazu auf, den linken Flügel der Widerstandsbewegung zu zerschlagen. Anders als man eigentlich annehmen möchte, ging es ihnen gar nicht darum, die Gemäßigten unter den Fedajin zu schützen, denn sie unterstützten auch die faschistischen Gruppierungen der »Ablehnungsfront«.

Mehrere arabische Staaten – die, weil sie besser unterrichtet waren, nicht an die »rote Gefahr« im Libanon glaubten – verfolgten, jeder für sich, eine Politik ihrer eigenen Interessen, nicht aber der palästinensischen Widerstandsbewegung. Ägypten zum Beispiel unterstützte uns bedingungslos und riet uns sogar, noch unversöhnlicher zu sein, als wir es ohnehin schon waren, dies jedoch nur mit dem

Ziel, zwischen der Widerstandsbewegung und ihrem Widersacher Syrien eine unüberwindliche Kluft zu schaffen. Der Irak verfolgte dasselbe Ziel, während Libyen bemüht war, Ägypten zugunsten Syriens zu isolieren. Algerien half uns zwar, wagte aber keinen größeren Vorstoß, da es, wie man uns erklärte, sich nicht erlauben könnte, seine Kräfte anderswo einzusetzen zu einem Zeitpunkt, da diese dringend zur Befreiung der westlichen Sahara benötigt würden.

So seltsam es auch erscheinen mag, selbst das Verhalten der Israelis war nicht immer eindeutig. Sie lieferten zwar Kriegsmaterial an die christliche Rechte, doch wir hatten auch bemerkt, daß sie manche Schiffe, die sie abfangen konnten und die Waffen für die palästinensische Widerstandsbewegung oder die libanesische Linke an Bord hatten, ungehindert passieren ließen. Offensichtlich wollte der zionistische Staat verhindern, daß der Bürgerkrieg, der für seine Ziele so nützlich war, aus Mangel an Waffen frühzeitig beendet wurde.

Unter den Mächten, die zu unseren Freunden zählen, hat die Sowjetunion sich uns gegenüber verhältnismäßig positiv verhalten. Anfangs begriff sie nicht so recht, worum es in diesem Bürgerkrieg eigentlich ging, und glaubte, er sei durch »konfessionelle« Gegensätze hervorgerufen. Obgleich wir, wie auch die libanesischen Kommunisten, unablässig bemüht waren, ihnen die wahren Hintergründe zu erklären, rieten uns die sowjetischen Führer, uns nicht in eine Angelegenheit zu mischen, die uns nichts anging. Erst nach den Massakern von Dbaje und Quarantaine vom Januar 1976 wurde ihnen das Ausmaß des Konflikts langsam bewußt. Nach der militärischen Intervention Syriens schlugen sie sich dann eindeutig auf unsere Seite. In den offiziellen Verlautbarungen und in der Presse wurde die Regierung in Damaskus zwar nur versteckt kritisiert; Präsident Assad aber hat mir später anvertraut, daß im Juni 1976 die russischen Lieferungen von Ersatzteilen an die syrische Armee eingestellt wurden. Gleichzeitig wurde er von den sowjetischen Machthabern mehrfach aufgefordert, zur libanesischen Linken und zur palästinensischen Widerstandsbewegung eine neue Brücke zu schlagen.

Zu unserem großen Bedauern unernahm Moskau jedoch nichts, um die Blockade zu durchbrechen, die Israel, Syrien und die Separatisten zu Wasser und zu Land um uns errichtet hatten. In dem Augenblick, da uns alles fehlte, vom Benzin bis zur Milch, hat die Sowjetunion keinen Versuch unternommen, uns ein Schiff mit Verpflegung zu schicken; sie hätte es ja auch unter fremder Flagge fahren lassen können. Auf der Pressekonferenz, die ich während der Belagerung von Tel Zaatar einberufen hatte, habe ich kein Blatt vor den Mund genommen und die Sowjetunion wie auch andere sozialistische Länder in diesem Zusammenhang scharf kritisiert; doch es schien sie nicht zu berühren. Rückblickend glaube ich, daß der Kreml nicht in einen Konflikt verwickelt werden wollte, der die Gefahr einer Konfrontation mit den Vereinigten Staaten von Amerika barg. Das Gebot der Sicherheit und der Entspannung war stärker als der Wunsch, uns zu Hilfe zu kommen.

Die Sowjets haben lange gebraucht, um die Hintergründe des libanesischen Konflikts zu verstehen; unsere chinesischen Freunde aber haben überhaupt nichts davon begriffen. Noch bis zum Schluß waren sie fest davon überzeugt, daß es sich nur um einen Religionskrieg handelte. Vielleicht waren sie zu sehr in Anspruch genommen durch die eigene innenpolitische Krise? Fest steht, daß sie uns weder auf politischem noch auf militärischem Gebiet unterstützt haben.

Wir waren uns selbst überlassen, als die Syrer am 28. September im Metn zu einer großangelegten Offensive übergingen, um die palästinensisch-progressiven Kräfte aus den Stellungen, die sie hatten besetzen können, zu vertreiben. Als Vorwand für die Verletzung des geltenden Waffenstillstands nannten sie den Überfall auf das Semiramis-Hotel in Damaskus, bei dem zwei Tage zuvor vier Palästinenser zahlreiche Personen als Geiseln genommen hatten. Einer der Attentäter wurde während der Aktion getötet, die anderen drei wurden am darauffolgenden Tag öffentlich gehängt. Ich spreche ausdrücklich von einem Vorwand, denn die Urheber des Attentats, Mitglieder einer prosyrischen Organisation der »Ablehnungsfront«, standen in keiner Weise mit der Führung der Widerstandsbewegung in Verbindung. Im Gegenteil: Sie waren Gegner unserer politischen Linie. Hinzu kommt, daß der stellvertretende Verteidigungsminister, General Naji Jamil, während eines Treffens in Sofar am 11. September den bedingungslosen Rückzug aller unserer Kräfte auf die uns im Kairoer Abkommen zugestandenen Positionen verlangt, ich diese Forderung aber zurückgewiesen hatte, da unser Verbündeter Kamal Dschumblatt damit nicht einverstanden war.

Trotz einiger Meinungsverschiedenheiten, die ab und zu zwischen uns aufkamen, die aber nur rein taktischer Natur waren, hatten wir vor dem Führer der Nationalen Bewegung großen Respekt. Kamal

Dschumblatt – Gott habe ihn selig – war ein großer und aufrichtiger Patriot und ein genialer politischer Führer. Er kannte den Libanon und die Libanesen ganz genau, verstand sie instinktiv und liebte sie von ganzem Herzen. Leider begriff er nicht immer die Komplexität der politischen Konstellation im arabischen Lager und das Spiel, das auf der internationalen Bühne mit uns getrieben wurde. Was die Intentionen Syriens und der Vereinigten Staaten von Amerika betraf, so liefen unsere Ansichten völlig auseinander. Der Botschafter Dean Brown, der auf Anweisung Henry Kissingers handelte, hatte ihm versichert, daß seine Regierung die militärische Intervention von Damaskus verurteilte und daß im übrigen die syrische Armee es sowieso nicht wagen würde, über die Stadt Sofar hinaus auf libanesisches Gebiet vorzustoßen. Kamal Dschumblatt hatte ihm geglaubt. Daher hatte er sich so hartnäckig geweigert, seine Milizen aus dem Metn abzuziehen.

Wir aber waren anderer Ansicht. Wir rechneten mit einer syrischen Offensive, die von den Vereinigten Staaten von Amerika und einigen arabischen Ländern unterstützt würde. Außerdem waren wir der Meinung, daß sich durch die Intervention der Syrer das Kräfteverhältnis zu deren Gunsten und zugunsten der Separatisten geändert hatte. Unsere militärischen Führer hatten Kamal Dschumblatt gewarnt. Wenn wir es auch auf unbegrenzte Zeit mit den christlichen Milizen hätten aufnehmen können – gegen die syrische Armee war jeglicher Widerstand zwecklos; er wäre einem Selbstmord gleichgekommen, da sie über schwere Artillerie, Panzer und Bodenabwehrraketen verfügte.

Die gesamte Führung der palästinensischen Widerstandsbewegung stimmte für einen Rückzug der palästinensisch-progressiven Kräfte, um so mehr, als eine Konfrontation mit Syrien, auf lange Sicht gesehen, auch politisch verhängnisvolle Folgen haben könnte. Einige unter uns plädierten für einen sofortigen Abzug unserer Kämpfer, ohne auf Dschumblatts Widerspruch einzugehen. Andere aber, zu denen auch ich gehörte, vertraten die Ansicht, daß wir weiterhin versuchen müßten, mit dem Sozialistenführer zu reden und ihn davon zu überzeugen, daß unsere Sicht der Dinge richtig war. Auf keinen Fall aber, so betonte ich, dürften wir unsere Solidarität mit der Nationalen Bewegung aufkündigen – dies aus politischen wie aus moralischen Gründen. Denn das Gesetz der Loyalität gestattete nicht, daß wir uns von politischen Gruppen abkehrten, die uns seit

Anfang der sechziger Jahre stets unterstützt hatten, daß wir einen Teil des libanesischen Volkes im Stich ließen, das schwere Opfer auf sich genommen und während der achtzehn Monate des Bürgerkriegs an unserer Seite gekämpft hatte. Außerdem, so fügte ich hinzu, wenn wir Kamal Dschumblatt unser Vertrauen entziehen, dann isolieren wir uns von den Massen, ein folgenschwerer politischer Fehler.

Schließlich einigte sich die Führung der Widerstandsbewegung auf eine Kompromißformel. Wir wiesen die Forderungen der Syrer zurück, gaben aber den militärischen Führern im Metn den Befehl, unsere Kräfte zurückzuziehen, sobald die syrische Offensive beginnen würde. Dadurch haben wir unnötige Verluste vermieden, und nahezu alle Fedajin und ihre libanesischen Kameraden haben sich unverletzt auf neue Positionen zurückziehen können.

Nach ergebnislosen Verhandlungen zwischen Vertretern der Syrer und der palästinensischen Widerstandsbewegung kommt es am 12. Oktober zu einer neuen Offensive der syrischen Truppen, diesmal im Südlibanon. Schon am zweiten Tag rollen syrische Panzer gegen Bhamdun und Aley, wo die palästinensisch-progressiven Kräfte sich nach der Schlacht vom Metn verschanzt haben. Während unsere Männer mit wahrem Heldenmut in Bhamdun erbitterten Widerstand leisten, versucht Jasir Arafat, sich mit verschiedenen arabischen Staatschefs telefonisch in Verbindung zu setzen, um sie zu einem Eingreifen zu bewegen. Doch er kann keinen von ihnen erreichen, da sie alle »zu beschäftigt« sind, um seinen Anruf entgegenzunehmen. Am 14. Oktober spricht er schließlich mit Kronprinz Fahd von Saudi-Arabien, der ihm versichert: »Ich werde das Problem regeln. Geben Sie mir nur einige Stunden Zeit.« Am nächsten Tag wird in Riad in einem offiziellen Kommuniqué gemeldet, daß am 16. Oktober in der saudi-arabischen Hauptstadt ein »kleiner« Gipfel stattfinden wird. Noch am selben Tag bricht Präsident Assad seine Offensive ab und verkündet einen Waffenstillstand an allen Fronten. Da es unmöglich ist, den Libanon auf den sonst üblichen Verkehrswegen zu verlassen, nimmt Arafat das Angebot Assads an, ihn in einem Hubschrauber zu einem syrischen Flughafen bringen zu lassen; dort besteigt er eine saudi-arabische Verkehrsmaschine.

Innerhalb von 48 Stunden gelingt es sechs Männern, den libanesischen Bürgerkrieg zu beenden: Es sind König Khaled von Saudi-Arabien, Scheich Sabah von Kuwait, die Präsidenten Assad, Sadat und Sarkis und Jasir Arafat. Während der ersten Sitzung geht es um nichts anderes als um die erbitterten Vorwürfe, die sich Sadat und Assad gegenseitig an den Kopf werfen. Nachdem der König von Saudi-Arabien seinen ganzen finanziellen und politischen Einfluß geltend gemacht hat, erscheinen der ägyptische und der syrische Staatschef schließlich zur zweiten Sitzung völlig entspannt mit einem Lächeln auf den Lippen, glücklich über die wiedergewonnene »Freundschaft«. Eine der Besonderheiten der arabischen Welt besteht darin, daß man mit der Versöhnung genauso schnell bei der Hand ist wie mit dem Streit, und beides ist gleichermaßen unecht und oberflächlich.

Die auf dem Gipfel von Riad gefaßten Beschlüsse entsprechen ganz unseren Interessen: Waffenstillstand, Bestätigung des Kairoer Abkommens, das unsere Stellung gegenüber dem libanesischen Staat fixiert, neuerliche Bekräftigung der arabischen Unterstützung für die PLO und – was für uns höchste Genugtuung bedeutet – Ablösung der syrischen Armee durch die sogenannte »Arabische Abschreckungstruppe« (FAD), die sich aus Einheiten verschiedener arabischer Länder zusammensetzen sollte.

Doch wir hatten uns zu früh gefreut. Denn eine Woche später – anläßlich des »großen« Gipfels in Kairo – stellen wir mit Bestürzung fest, daß – außer Syrien! – kein arabisches Land bereit ist, ein Truppenkontingent in den Libanon zu entsenden. Der Irak begründet seine Weigerung mit der gespannten Atmosphäre zwischen Bagdad und Damaskus; Algerien gibt an, alle seine Kräfte für den Konflikt in der westlichen Sahara zu benötigen; Marokko erklärt, seine Armee dürfe nur dann außerhalb der eigenen Grenzen eingesetzt werden, wenn es darum gehe, »Jerusalem zu befreien« (was Hassan II. aber nicht daran gehindert hat, seine Truppen nach Zaire zu entsenden, um das Regime von Mobutu zu stützen); Libyen macht die Gefahr eines ägyptischen Angriffs geltend, und Ägypten schließlich rechtfertigt seine Weigerung mit der Möglichkeit eines Angriffs libyscher Truppen. Mit einem Wort: Die FAD sollte letztlich fast nur aus syrischen Einheiten bestehen, die von einem eher symbolisch zu nennenden Kontingent aus Saudi-Arabien, dem Sudan, Süd-Jemen und Abu-Dhabi unterstützt würde.

Wollte ich die Weigerung der arabischen Staaten deuten, so würde ich sagen, einige hatten einfach Angst, in das libanesische Wespennest zu greifen. Im übrigen wünschten die meisten sowieso, Syrien allein möge die Aufgabe übernehmen, die palästinensische Widerstandsbewegung und die libanesische Linke auf ein Minimum zu reduzieren.

Kamal Dschumblatt, der weiterhin untentwegt auf eine Arabisierung des libanesischen Konflikts hingearbeitet hatte, um sich dadurch die Syrer vom Hals zu schaffen, war von der in Kairo gefallenen Entscheidung zutiefst betroffen. Enttäuscht über die Ergebnisse des arabischen Gipfeltreffens und besorgt um die Zukunft der Nationalen Bewegung, berief er eine Pressekonferenz ein, zu der er auch mich einlud. Während ich mich weigerte, auch nur die geringste Erklärung abzugeben – was hätte ich auch sagen können, ohne mir selbst zu widersprechen? –, gab der Sozialistenführer resigniert seine Zustimmung zu den Beschlüssen von Riad bekannt, sprach aber im Zusammenhang mit der FAD die ganze Zeit über von einer »Sicherheitstruppe« und nicht von einer »Abschreckungstruppe«. Das war das letzte und vergebliche Aufbäumen eines gebrochenen Mannes, der dann genau auf den Tag vier Monate nach dem Einmarsch der »Abschreckungstruppe« in Beirut unter den Gewehrkugeln seiner Mörder zusammenbrach; mehrere Männer hatten ihm einen Hinterhalt gelegt.

Während einer Sitzung der palästinensischen Nationalversammlung (Parlament der Widerstandsbewegung) in Kairo erhielten wir die Nachricht von seiner Ermordung am 16. März 1977. Vor Bestürzung und Schmerz waren wir wie betäubt. Jasir Arafat war zu sehr ergriffen, um etwas sagen zu können; daher mußte ich vor der Versammlung die Totenrede halten. Das waren etwa meine Worte: »Diejenigen, die für den Mord an Kamal Dschumblatt verantwortlich sind, haben dem Libanon, Palästina und der ganzen arabischen Welt einen nicht wiedergutzumachenden Schaden zugefügt. Eines Tages werden sie es bereuen, denn Dschumblatt, ein libanesischer Patriot und arabischer Nationalist, war gewissermaßen Symbol und Garant für unseren Kampf um nationale Freiheit und Würde.«

Die Leere, die der Führer der Nationalen Bewegung hinterlassen hat, durfte uns aber nicht von der Realität ablenken. Von entscheidender Bedeutung war dabei, daß Syrien von nun an im Libanon eine Vormachtstellung besaß. Unter dem Banner der FAD hatten sich die syrischen Truppen ungestört im ganzen Land ausgebreitet. Jasir Arafat und Präsident Assad hatten sich während des »kleinen« Gipfels in Riad umarmt und zumindest theoretisch die Vergangenheit begraben. Alle meine Kameraden der Fatah-Spitze hatten zu Syrien neue Brücken geschlagen und reisten völlig ungehindert nach Damaskus, wo sie mit den politischen und militärischen Führern Syriens konferierten. Ich war praktisch als einziger ausgeschlossen von dieser wiedergefundenen Harmonie.

Ich besaß in gewisser Weise eine Ausnahmestellung. Damals, am 6. Juni 1976, war ich es gewesen, der in Abwesenheit der anderen Führungsmitglieder der Widerstandsbewegung die schmerzliche Entscheidung getroffen hatte, der militärischen Intervention der Syrer mit der Waffe in der Hand Widerstand zu leisten. Ich war es auch, der am häufigsten Pressekonferenzen abhielt und Erklärungen abgab, in denen die Haltung der Führungsspitze in Damaskus verurteilt wurde. Im Eifer des Gefechts und im Aufruhr der Gefühle waren Worte gefallen, die so unversöhnlich klangen, daß sie mir verständlicherweise den Zorn Präsident Assads einbringen mußten.

Da ich zudem während des Bürgerkriegs allen syrischen Nachrichtenorganen als Zielscheibe für ihre beißende Hetze diente, war ich sowieso nicht besonders geneigt, mich mit dem syrischen Staatschef zu versöhnen. Die prosyrische Saika hatte im Libanon – vor allem nach dem mißlungenen Staatsstreich von General Ahdab – Massen von Flugblättern in Umlauf gesetzt, auf denen ich als saudi-arabischer, ja sogar als amerikanischer Agent beschimpft wurde. Zeitungen in Damaskus hatten schließlich geglaubt, mich endgültig in Mißkredit bringen zu können, indem sie über die Herkunft meiner Mutter wilde Gerüchte in die Welt setzten oder mein Privatleben in Verruf brachten.

Nach den Verbrüderungsszenen von Riad waren meine Kameraden daher außerordentlich um mein Wohlergehen besorgt. Mein Büro in Beirut lag nur wenige Meter vom Stützpunkt einer syrischen Einheit entfernt; ich war ständig unterwegs und passierte häufig die von den Streitkräften der FAD kontrollierten Straßensperren. In meiner Eigenschaft als Führungsmitglied der Bewegung war ich praktisch zur Ohnmacht verurteilt, da zwischen mir und den Vertretern des Baas-Regimes kein Dialog möglich war. Meine Kameraden waren der Ansicht, daß diese gleichermaßen unsinnige wie gefährliche Situation nicht ewig andauern konnte. Sie stellten mich schließlich vor die Wahl zwischen zwei Möglichkeiten: Entweder reise ich aus freien Stücken nach Damaskus, um so öffentlich Abbitte zu leisten, oder aber ich verließ den Libanon und ließ mich auf unbestimmte Zeit »beurlauben«. Zum ersten Mal in meinem Leben verstieß ich gegen die in der Fatah gültige Regel der Disziplin und wies beide Vorschläge hartnäckig zurück. Meiner Ansicht nach war es weder mit meiner Würde noch mit dem Prinzip der Gerechtigkeit zu vereinbaren, diesen Gang nach Canossa anzutreten; ich wollte meinen Gegnern aber auch nicht die Genugtuung geben, vor meiner Verantwortung geflohen zu sein. Ich beschloß daher, Beirut nicht zu verlassen – auch nicht, um meine Frau und meine Kinder in Kairo zu besuchen, die ich seit mehr als einem Jahr nicht mehr gesehen hatte. Nur anläßlich der oben erwähnten Sitzung der palästinensischen Nationalversammlung bin ich – wenn auch widerstrebend – schließlich in die ägyptische Hauptstadt gereist.

Nach meiner Rückkehr ließ Sarkis mich zu sich kommen, um mir mitzuteilen, daß ich meine Beziehungen zu den syrischen Führern unbedingt normalisieren müßte. Er hatte bereits von sich aus mit Präsident Assad darüber gesprochen und ihm gesagt, wie sehr er mich schätzte. Die Freundschaft, die mich mit dem libanesischen Präsidenten verbindet, sowie die Bemühungen verschiedener Persönlichkeiten brachten mich schließlich doch dazu, nach Damaskus zu reisen, wo Präsident Assad mich empfangen wollte.

An einem schönen Apriltag mache ich mich also zusammen mit drei anderen Männern der Fatah-Spitze – Abu Jihad, Abu Saleh und Abu Amer – auf den Weg in die syrische Hauptstadt, wo uns dieselben Männer empfangen, mit denen wir den ganzen Bürgerkrieg hindurch ständig verhandelt haben – Abdel Halim Khaddam, der syrische Außenminister, sowie die Generäle Naji Jamil und Hikmet El-Chehabi, stellvertretender Verteidigungsminister bzw. Stabschef der Armee. Das Gespräch ist allenfalls höflich zu nennen und dreht sich um völlig belanglose Themen; doch immerhin wird dadurch die Atmosphäre entspannt. Dann werden wir in den Präsidentenpalast geleitet, wo Assad uns erwartet.

Kaum haben wir im Vorzimmer Platz genommen, als der Protokollchef uns zu unserer großen Überraschung auffordert, ihm unsere Waffe auszuhändigen, bevor wir in das Büro des Präsidenten geführt werden. Nach einem kurzen Moment der Verblüffung antwortet Abu Jihad gelassen, er sei nicht bewaffnet. Meine beiden anderen Kameraden werfen empört ihren Revolver auf einen Tisch. Ich weigere mich entschieden, meine Waffe herauszurücken, und erkläre in hitzigem Ton, der Präsident solle entscheiden, ob er mir vertrauen wolle oder nicht. Ich hatte keinesfalls meinen Kameraden imponieren wollen, hielt es aber in Hinblick auf die bevorstehende Auseinandersetzung für taktisch falsch, gleich der ersten Herausforderung nachzugeben. Der Protokollchef verschwindet für einen kurzen Augenblick, dann kehrt er zurück und sagt: »Wollen Sie mir bitte zum Präsidenten folgen...«

Gemäß der arabischen Sitte umarmt Assad einen nach dem andern. Kühl und gelassen beginnt er, sich mit meinen drei Kameraden zu unterhalten, wobei er vom Hundertsten ins Tausendste kommt und sie sogar höflich nach dem Wohlergehen ihrer Kinder fragt. Zwei Anzeichen – unverständlich für jeden, der ihn nicht so gut kennt wie ich – verraten seine wirklichen Gefühle mir gegenüber: Kein einziges Mal richtet er das Wort an mich, er tut so, als ob ich gar nicht existiere. Wie ich, kann auch Assad einen Menschen, für den er keine Sympathien hat, nicht ansehen. Schließlich versucht er die Atmosphäre zu entspannen und fragt Abu Saleh: »Wie ist es möglich, daß ein so junger Mann wie Sie schon weißes Haar hat?« Nachdem dieser ihm erklärt hat, daß dies bei ihm erblich sei, entgegnet ihm Assad halb im Spaß, halb im Ernst: »Nein, Sie sind wahrscheinlich vorzeitig alt geworden, weil sie oft mit Abu Ijad zusammen sind!«

Da ich diese Bemerkung für einen Scherz halte, ergreife ich das Wort, um Verse des Abassiden-Poeten Buhturi zu zitieren; dieser hatte ungefähr so gesagt, daß unter den Volksstämmen Arabiens die Verwandtschaftsbande immer stärker waren als die Verbitterung der Kriege. Plötzlich ist das Eis gebrochen. Ich erkläre Assad, daß jeder von uns nach seinem Gewissen gehandelt habe; er, als er seine Armee in den Libanon entsandte, und ich, indem ich ihr Widerstand leistete. Die Geschichte werde darüber urteilen, wer von uns beiden die richtige Entscheidung getroffen hätte. Doch zunächst lag mir sehr viel daran, ihm zu sagen, wie schäbig seine Presse mit mir verfahren war: »Sie haben geglaubt, mich beschimpfen zu können, indem sie behaupteten, meine Mutter sei Jüdin. Aber leider ist sie es nicht. Ich sage: leider, denn das hätte es mir erleichtert, unser strategisches Ziel zu verfolgen – die Gründung eines jüdisch-arabischen Staates in Palästina. Ich ziehe es vor, auf derartig niederträchtige Äußerungen gar nicht erst einzugehen. Auf jeden Fall bin ich dafür, daß wir die Vergangenheit begraben und nur noch darüber reden, wie sich die syrisch-palästinensischen Beziehungen in Zukunft gestalten sollen.«

Präsident Assad hält mir einen Vortrag, der drei Stunden dauert.

Er erklärt mir, daß seine Armee im Libanon eingegriffen habe, weil alle anderen Versuche, den Bürgerkrieg zu beenden, gescheitert waren und er einer Internationalisierung des Konflikts habe zuvorkommen wollen. Er habe der Hinhaltetaktik Dschumblatts mißtraut, weil ich ihn darauf hingewiesen hätte – so sagt er ausdrücklich –, daß der Sozialistenführer in Wirklichkeit ein amerikanischer Agent sei! »Aber das ist doch nicht wahr«, rufe ich empört aus, »das habe ich nie behauptet!« Ich erinnere ihn daran, daß ich nur gesagt hätte, Dschumblatt vertraue dem amerikanischen Botschafter Dean Brown, der ihn vergifte. Aber Assad ist in seiner Überzeugung nicht zu erschüttern. Die lange Diskussion über diesen Punkt führt zu keinem Ergebnis.

Noch ein zweites Mal muß ich empört protestieren, als er im Verlauf seiner Ausführungen behauptet, daß wir, entgegen allem Anschein, das von Sadat geschlossene Sinai-Abkommen gebilligt hätten, und daß die geheimen Kontakte, die einige Palästinenser mit israelischen Politikern aufgenommen hatten, in Wirklichkeit gegen ihn und die syrische Politik gerichtet seien. Außer mir vor Empörung springe ich auf und erkläre: »Das ist mehr, als ich ertragen kann! Derart ungerechtfertigte Behauptungen richten sich gegen die gesamte palästinensische Befreiungsbewegung! Wir waren in der arabischen Welt die ersten, die das in Kairo getroffene Sinai-Abkommen verurteilt und bekämpft haben; wir haben sogar darunter gelitten, denn dieser schändliche Kompromiß hat zum Bürgerkrieg im Libanon geführt. Doch erlauben Sie mir, Herr Präsident, daß ich Ihnen eine Frage stelle. Wie ist es möglich, daß die Amerikaner Sie im Libanon gewähren lassen, wo doch im September 1970 eine simple Warnung aus Washington genügt hat, um Sie dazu zu bewegen, Ihre Truppen drei Tage nach dem Einmarsch aus Jordanien abzuziehen?«

Assad ist sichtlich unangenehm berührt und erwidert, daß er die Entscheidung, im Libanon zu intervenieren, in völliger Unabhängigkeit getroffen habe – dies gegen die Warnungen und den Druck nicht nur seitens der Vereinigten Staaten von Amerika, sondern auch seitens der Sowjetunion. Und wenn ich dies bezweifle, fügt er hinzu, könne er mir zur Bekräftigung seiner Worte diesbezügliche Dokumente vorlegen. In diesem Zusammenhang hat er mir übrigens verraten, daß die Sowjets ihre Lieferungen von Ersatzteilen an die syrische Armee eingestellt hätten.

Die Auseinandersetzung ist an einem Punkt angelangt, wo es unweigerlich zu einem Bruch zwischen uns kommen muß. Präsident Assad schneidet dann ein anderes, allgemeineres Thema an: die Kooperation zwischen Syrien und der Widerstandsbewegung. »Wir haben beschlossen«, erklärt er mir, »weder auf die Sache der Palästinenser noch auf die Führer der PLO, die vorgeben, diese Sache zu vertreten, Rücksicht zu nehmen. Schon seit geraumer Zeit frage ich mich, ob Sie ernst zu nehmen und befähigt sind, die palästinensische Befreiungsbewegung zu leiten. Im September 1970 haben Sie in Jordanien Ihr Volk auf die Schlachtbank geführt. Dasselbe haben Sie im Libanon getan. Mit allen arabischen Regierungen haben Sie sich zerstritten. Ich mache mir Sorgen um die Zukunft der palästinensischen Sache, denn ganz offensichtlich sind Sie dieser Aufgabe nicht gewachsen.«

Das ging nun doch wirklich zu weit! Wieder springe ich auf und schleudere ihm wütend entgegen: »Sie haben recht, Herr Präsident, uns so zu beurteilen. Aber Sie hätten hinzufügen müssen, daß alle arabischen Führer, Sie eingeschlossen, genauso unfähig sind wie wir, wenn es um das Palästinaproblem geht. Und eben weil sie nicht fähig sind – und es auch niemals waren –, dieses Problem zu lösen, existiert die palästinensische Widerstandsbewegung, wird sie immer existieren und nie aufhören, ihren Einfluß zu vergrößern.«

Fünf Stunden waren seit Beginn unseres Gesprächs vergangen. Fünf Stunden nichts als Vorwürfe, Anschuldigungen und heftige Beschimpfungen. Und dennoch ist diese Begegnung alles andere als ergebnislos verlaufen, im Gegenteil. Sie hat einen schweren Streit aus der Welt geschafft, die Situation bereinigt und eine neue Phase in der syrisch-palästinensischen Zusammenarbeit eröffnet, die für die Verteidigung der arabischen Sache unabdingbar ist. Und schon bald sollten die amerikanisch-israelischen Intrigen, die die Rechte des palästinensischen Volkes abwürgen sollten, uns vor eine der größten Herausforderungen unserer Geschichte stellen.

X.
DIE »FRIEDENSINITIATIVE« SADATS: VON DER ILLUSION ZUM VERRAT

Weich landet die Präsidenten-Boeing auf der Rollbahn des Flughafens von Tel Aviv. Ich sitze vor einem Fernsehapparat in Beirut und beobachte die dichtgedrängte Menge mir bekannter und unbekannter israelischer Persönlichkeiten, die an diesem 19. November 1977 auf die Ankunft Präsident Sadats warten. Das Flugzeug rollt langsam aus. Unbekannte stürzen eilig aus der Maschine: Sicher sind es Fotografen, Sicherheitsbeamte in Zivil, Funktionäre. Eine Gruppe zionistischer Politiker, mit Menachim Begin an der Spitze, steht steif am Fuß der Gangway aufgereiht, den Blick starr auf die geöffnete Bordtür des Flugzeugs gerichtet. Ich halte den Atem an, und plötzlich erwacht in mir eine törichte Hoffnung: Sadat wird nicht erscheinen! In letzter Minute hat er sich entschlossen, doch nicht nach Israel zu fliegen!

Aber dann dreht sich mir der Magen, und meine Kehle ist wie zugeschnürt. In den aufflammenden Scheinwerferkegeln erscheint der ägyptische Präsident wie ein Licht aus der Finsternis. Er schüttelt die Hände. Einer nach dem andern defilieren die Henker unseres Volkes an mir vorüber: Begin, Dajan, Scharon, Generäle in Galauniform. Während die zionistische Nationalhymne erklingt, verharrt Sadat, der »Sieger des Oktoberkrieges«, regungslos vor der Fahne der Besatzungsmacht. Einigen meiner Kameraden rollen Tränen über das Gesicht. In den folgenden 40 Stunden werde ich meine Augen nicht mehr vom Fernsehapparat lassen, denn Minute für Minute verfolge ich diesen Besuch, Inbegriff der Ehrlosigkeit und der Schande.

Am nächsten Tag hört sich Sadat in der Knesset freundlich lächelnd Begins Rede an, zu der er ihn dann anschließend noch herzlich beglückwünscht. Ich schäme mich zutiefst. Ist es möglich, daß der ägyptische Präsident nichts von den Ohrfeigen spürt, die der israelische Ministerpräsident für uns austeilt und die mich so sehr schmerzen? Vom ersten bis zum letzten Wort ist die Rede Begins durchtränkt von provokantem Nationalismus, von erschreckendem Chauvinismus. Seine Bezugnahme auf die Balfour-Erklärung macht mich sprachlos vor Empörung. Der Mann, der vorgibt, die Engländer bekämpft zu haben, beruft sich auf eine Garantie des britischen Imperialismus, um einem Volk, das seit Jahrhunderten fest in diesem Boden verwurzelt ist, seine Rechte abzusprechen. Er bezeichnet sich als »palästinensischen« Juden – dies mit demselben Recht, mit dem ich mich als polnischen Juden ausgeben könnte! Er würdigt die zionistischen Kämpfer, »die ihre Heimat befreit haben« – diese Heimat ist meine Heimat, durchtränkt vom Blut der Palästinenser, die er und seinesgleichen gemordet haben! Ich denke unwillkürlich an das Gemetzel von Deir Jassin, das Begins Partisanen im April 1948 vorbereitet und ausgeführt haben, an die schwangeren Frauen mit den aufgeschlitzten Bäuchen, an die Kinder und Greise mit den munter durchschnittenen Kehlen. Während Begin von dem spricht, was er als zionistisches »Epos« zu benennen wagt, denke ich an unseren Exodus, die langen Reihen meiner Landsleute auf den Straßen, die vor der Soldateska der Kolonisten fliehen. Ich denke an die Abreise meiner eigenen Familie auf einem Schiff, von dem sie nicht einmal wußten, wo es sie hinbringen würde, ich denke an die Leiden im Exil. Sadat bewegt bei Begins Worten manchmal den Kopf hin und her. Ist es ein Zeichen der Zustimmung oder der Teilnahmslosigkeit?

Bis zum Ende der Ansprache versuche ich mir einzureden, daß die gegen die ganze arabische Nation gerichtete Schmährede für den ägyptischen Präsidenten schließlich unerträglich werden muß. Ich stelle mir vor, wie er zur Rednertribüne geht und erklärt: »Ich danke Ihnen für Ihre Einladung, aber ich werde sofort nach Kairo zurückfliegen. Ich bitte Sie, mich zu entschuldigen, aber ich habe mich geirrt, denn ich hatte die Israelis nicht richtig verstanden...«

Den ganzen Sonntag über – es war der 20. November –, noch vor der Sitzung in der Knesset, hatte Sadat sich seinen Gastgebern gegenüber durch vielerlei Gesten versöhnlich gezeigt. Diese Gesten waren politisch von großer Tragweite und würden sicher, wie ich allzu naiv annahm, durch gleichwertige Konzessionen belohnt werden. Sadats Besuch am Mahnmal von Jad Vaschem, das zum Gedenken an die Opfer des Nationalsozialismus errichtet wurde, konnte ich noch verstehen. Aber wie konnte er zur Erfüllung seiner religiösen Pflicht in die El-Aksa-Moschee gehen, die auf dem 1967 besetzten Territorium steht? Und dies unter dem bewaffneten Schutz der Besatzungsmacht? Warum ein Blumengebinde niederlegen am Mahnmal des Unbekannten Soldaten, das zum Gedenkten an diejenigen errichtet wurde, die in einem Krieg gefallen sind, der immer noch nicht beendet ist? Seine Rede in der Knesset hat mich zutiefst verbittert. Mit keinem Wort erwähnte er die PLO – dies auf ausdrücklichen Wunsch Begins, wie ich später erfahren habe. Diese Konzession war keine reine Formsache, konnte es auch nicht sein. Sie beinhaltete vielmehr die Preisgabe der Grundrechte des palästinensischen Volkes, das durch unsere Organisation vertreten wird. Was gewährte ihm Begin als Gegenleistung? Nichts, absolut nichts! Nicht einmal vage Höflichkeitsfloskeln! Auf den Knien war Sadat nach Israel gekommen, und kriechend hat er es wieder verlassen.

Ihm wurde nicht einmal die Genugtuung zuteil, von seiten der Opposition tröstliche Worte zu hören. Während der öffentlichen Debatte, die er einige Stunden vor seiner Abreise mit Parlamentariern führte, äußerten die Abgeordneten der Arbeiterpartei ähnliche Ansichten wie ihre Kollegen von der Likud-Partei, doch sie bedienten sich einer weniger dunklen, der heutigen Zeit eher angemessenen Ausdrucksweise.

Zum ersten Mal spürte ich, wie etwas in mir zerbrach – jene Freundschaft, die ich nun schon seit fünfzehn Jahren Sadat entgegenbrachte. Trotz der Meinungsverschiedenheiten, die es zwischen uns gab, hatte ich ihn stets respektiert. Trotz der meiner Ansicht nach von ihm begangenen Fehler war er mir stets als Patriot erschienen, und dieses Bild hatte nie seinen Glanz verloren. Doch sein Verhalten in Israel und auf dem Gipfel in Camp David im September 1978 ging zu weit. Er gab vor, im Namen der gesamten arabischen Nation und im Namen des palästinensischen Volkes zu sprechen, aber er hat unsere Rechte preisgegeben, ohne uns auch nur vorher konsultiert zu haben! Ein Gebiet, das ihm nicht gehört, hat er auf Kosten eines heimatlosen Volkes leichtfertig aufs Spiel gesetzt. Die Freundschaft, derer ich mich heute schäme, verwandelte sich in Haß. Jetzt war mir alles klar: Er hatte einen großangelegten Werbefeldzug geführt mit dem Ziel, sich vor der Weltöffentlichkeit als der große Staatsmann zu präsentieren, der uneigennützig für den Frieden arbeitet.

Wie ich später erfuhr, war ihm diese Idee im Verlauf einer Unterredung gekommen, die er Anfang April 1977 mit Präsident Carter in Washington geführt hatte. Carter plädierte für eine israelisch-ägyptische Zusammenkunft auf höchster Ebene; er versicherte Sadat, daß bei Zustandekommen direkter Verhandlungen die Israelis von ihrer unversöhnlichen Haltung abrücken würden. Sadat erklärte sich einverstanden mit der Idee einer solchen Zusammenkunft – damals war in Israel noch Rabin an der Macht. Die Außenminister Ägyptens und der Vereinigten Staaten von Amerika sollten dieses Treffen vorbereiten.

Erst Ende August, nach dem Wahlsieg der Likud-Partei, schlug der amerikanische Außenminister Cyrus Vance eine Formel vor, die eigentlich die Zustimmung beider Parteien hätte finden müssen: Sadat und Begin sollten zur Herbstsitzung der UN nach New York reisen und vor der Vollversammlung der Vereinten Nationen eine Rede halten. Präsident Carter würde sie anschließend nach Washington einladen, um sie an einen Tisch zu bringen. Doch dem ägyptischen Präsidenten war die geplante Inszenierung nicht spektakulär genug. »Warum sollte ich ganz bis nach Washington reisen, um Begin zu treffen?« äußerte er gegenüber seinem Außenminister Ismail Fahmi, der als einziges Regierungsmitglied über das mit Carter entwickelte Projekt unterrichtet war. »Genausogut könnte ich zusammen mit den Staatschefs der fünf Großmächte, die alle Mitglied des Sicherheitsrates sind (die USA, die UdSSR, China, Großbritannien und Frankreich), nach Israel reisen«, so fuhr er fort. »Dann würde die Sache weit größeres Aufsehen erregen, und wir würden Israel zwingen, Frieden zu schließen.« Auf Veranlassung Ismail Fahmis erklärte sich Sadat bereit, zuvor den Rat der amerikanischen Regierung einzuholen. Doch die Antwort war negativ. Washington vertrat die Ansicht, daß Sadats Vorschlag – wenn er überhaupt verwirklicht werden könnte – möglicherweise doch zu keinem Ergebnis führen würde.

Von September bis Anfang November kommt Sadat zu keinem Entschluß. Die Genfer Konferenz, um deren Einberufung Carter bemüht war, befindet sich in einer Sackgasse. Israel schafft immer neue Hindernisse, und Syrien mag sich hinsichtlich der Verfahrensweise nicht mit den Vorstellungen der Ägypter einverstanden erklären. In einem persönlichen Schreiben an den ägyptischen Präsidenten macht Carter kein Hehl aus seiner Machtlosigkeit. Offen gibt er zu, daß durch den von der »jüdischen Lobby« in den USA auf ihn ausgeübten Druck sein Handlungsspielraum praktisch gleich Null ist. »Ich brauche Ihre Hilfe«, schreibt er. Zur selben Zeit kommt es in Marokko zu einem Geheimtreffen zwischen einem Vertreter Sadats und General Dajan. Der Chef des israelischen Außenministeriums ergeht sich in verlockenden Versprechungen: »Wir werden weit, sehr weit gehen in unseren Konzessionen, wenn der ägyptische Präsident zu uns kommt«, erklärt er. Auch Hassan II. ermutigt Sadat, die Reise anzutreten. »Das wäre ein historisches Ereignis, eine entscheidende Initiative; und ich werde der erste sein, der Sie unterstützt«, versichert der marokkanische König. Er vertritt die Überzeugung – die übrigens bei den führenden Politikern in Nordafrika, in Tunesien, Algerien und sogar in Libyen weitverbreitet ist –, daß nur direkte Kontakte mit dem Gegner etwas einbringen. Hatte er nicht schon öfter Jasir Arafat vorgeschlagen, sich insgeheim mit Nahum Goldmann zu treffen, dem Präsidenten des jüdischen Weltkongresses?

So kommt es, daß Sadat den Entschluß faßt, nach Israel zu gehen. Aber diese Entscheidung teilt er niemandem mit, nicht einmal Ismail Fahmi, da er weiß, daß dieser grundsätzlich ablehnt. Er bemüht sich also von nun an, seine wahren Pläne zu verbergen.

Am 8. November wird Jasir Arafat dringend nach Kairo beordert. Er wird empfangen von Husni Mubarak, dem Vizepräsidenten der Republik, der ihm zwei Botschaften von Sadat überreicht. Zunächst lädt ihn dieser ein, am folgenden Tag einer Sitzung im Parlament beizuwohnen, in deren Verlauf Sadat eine Rede halten wird. Außerdem bittet er ihn, zuvor nach Tripoli zu fliegen, um von Oberst Kadhafi auf eine bestimmte Frage eine klare Antwort zu erbitten: Der ägyptische Präsident hatte von dem libyschen Staatschef als Preis – wie er sich ausdrückte – für eine mögliche Aussöhnung zwischen den beiden Ländern verlangt, daß dieser ihm die für eine Wiederaufnahme des Krieges mit Israel erforderlichen Mittel zur Verfügung stellt. In diesem Zusammenhang äußerte er den Wunsch, daß Libyen das während des Oktoberkriegs von 1973 zerstörte Kriegsmaterial der Ägypter auf seine Kosten ersetze.

Oberst Kadhafi bereitet Arafat einen freundlichen Empfang. Er erklärt sich auch bereit, an Kairo Waffen zu liefern, gibt aber zu verstehen, daß er allein nicht in der Lage sei, das gesamte von Sadat verlangte Rüstungsmaterial zu liefern, selbst wenn er alle finanziellen

Reserven seines Landes darauf verwenden würde. Des weiteren erklärt er sich bereit, mit Sadat zusammenzutreffen, dies jedoch nur auf »neutralem Boden« an der ägyptisch-libyschen Grenze und nicht in Kairo, wie Sadat vorgeschlagen hatte.

In Kairo fährt Arafat direkt zum Parlament, wo die Sitzung bereits begonnen hat. Er ist überrascht über die vielen lobenden Worte, die Sadat ohne jeden erkennbaren Grund während seiner Rede für ihn findet. Abgesehen von diesem Lob enthält die Rede jedoch nichts, was den feierlichen Charakter dieser Versammlung rechtfertigen könnte. Wie üblich, berichtet der Präsident von seinen – vergeblichen – Bemühungen, um zu einer gerechten Lösung des Nahost-Konflikts zu gelangen. An diesem Punkt seiner Rede, die er bis dahin abgelesen hat, weicht Sadat plötzlich von seinem Text ab und sorgt für eine wahre Sensation: Er sei bereit, so ruft er aus, überall hinzugehen – ganz gleich wohin, selbst nach Israel –, wenn er dadurch dem Frieden einen Schritt näher käme.

Unter den Versammelten bricht tosender Beifall aus; alle Fernsehkameras sind sofort auf Arafat gerichtet, der ostentativ die Arme verschränkt. Natürlich paßt ihm diese »so nebenbei« von Sadat fallengelassene Äußerung keineswegs, eine Äußerung, von der er zudem noch nicht einmal weiß – genauso wenig wie Husni Mubarak, der neben ihm sitzt –, ob sie Folgen nach sich ziehen wird oder nicht. Nach der Sitzung bemüht sich Sadat jedoch, ihn zu beruhigen. Umgeben von seinen Ministern und mehreren angesehenen Politikern der Regierung geht er in seiner Verschlagenheit sogar so weit, im Beisein Arafats seinem Außenminister zu erklären: »Ismail, sehen Sie zu, daß Sie einen Weg finden, um meinen bedauerlichen Lapsus wieder auszubügeln.«

Als Arafat nach Beirut zurückkehrt, ist er noch der Ansicht, daß sich Sadat in seinem Redefluß zu der besagten Äußerung nur hat hinreißen lassen. Ich aber war der festen Überzeugung, daß er mit Blick auf das Ausland eine geschickte Propaganda betrieb. Doch erst als Sadat eine Woche später seine Absicht verkündet, zu Besprechungen mit Präsident Assad nach Damaskus zu reisen, rate ich Arafat, dem ägyptischen Staatschef zu schreiben und ihn um nähere Erläuterung zu bitten.

Am 16. November ist kein Zweifel mehr möglich. Die Fatah-Spitze beschließt, eine relativ zurückhaltend abgefaßte Erklärung herauszugeben, in der wir Sadat auffordern, von seinem Plan Abstand zu nehmen. Doch sofort nach Sadats Besuch in Israel spaltet sich das Zentralkomitee unserer Organisation in zwei Lager. Die einen vertreten die Ansicht, wir könnten es uns nicht leisten, mit Ägypten zu brechen, da die Vormachtstellung Ägyptens in der arabischen Welt unbestritten sei. Wir müßten uns damit begnügen, das Vorgehen des ägyptischen Präsidenten zu kritisieren, das wäre aber auch alles. Ich aber vertrete die genau entgegengesetzte Meinung. Ägypten ist zwar, so erkläre ich, eine nicht unbedeutende Figur auf dem Schachbrett der internationalen Politik, die eigentliche Macht aber wird einem Land erst durch die Legitimität und die Popularität seines Regimes verliehen. Das bedeutet aber auf keinen Fall, daß wir deswegen um jeden Preis auf Ägypten Rücksicht nehmen müßten. Von Anfang an plädiere ich für einen frontalen und kompromißlosen Angriff gegen Sadat und die Staaten, die ihn unterstützen. Da ich überzeugt bin, daß in der Widerstandsbewegung 90% der Basis hinter mir stehen, gehe ich mit allen scharf ins Gericht: mit Hassan II., Sultan Kabus von Oman, vor allem aber mit dem sudanesischen Präsidenten, General Numeiri. Dieser war, wie ich erfahren hatte, von der am 9. November »so nebenbei« gefallenen Bemerkung Sadats dermaßen begeistert, daß er gleich am darauffolgenden Tag seinem Kabinett mitteilte, er habe beschlossen, Sadat in Israel zuvorzukommen. Es war seinen Ministern jedoch – wenn auch mit einiger Mühe – gelungen, ihn von seinem Vorhaben abzubringen.

Ich bin sicher, daß ich mit meiner Kampagne, zumindest anfänglich, gegen den Strom schwimmen werde, denn die gesamte Weltöffentlichkeit ist von der spektakulären Kühnheit Sadats zutiefst beeindruckt. Obwohl zahlreiche Regierungen, vor allem die der USA, davon überzeugt sind, daß die ägyptische Initiative zum Scheitern verurteilt ist, ist der Nachfolger Nassers in den Augen der Amerikaner, der Europäer und sogar der Bürger der sozialistischen Länder der große Vorkämpfer des Friedens. Sogar ein Teil der arabischen Welt ist fasziniert von der Haltung des Raïs, denn sie weckte die berechtigte Hoffnung, auch ohne Krieg zum gesteckten Ziel zu gelangen.

Die meisten arabischen Regierungen bewahren zunächst ratloses Schweigen. Während einer Rundreise durch die Scheichtümer am Golf versichern mir die führenden Politiker, daß sie Sadats Vorgehen keinesfalls billigen, dies um so weniger, als er sich in sein Abenteuer gestürzt hat, ohne sich vorher mit ihnen zu beraten. Aber sofort fügen sie hinzu, daß sie nicht das Risiko eingehen wollen, Sadats Zorn zu erregen. Denn dieser wäre durchaus fähig, Tausende von Ägyptern zurückzurufen, die – etwa als Lehrer, Ingenieure, Ärzte und Facharbeiter – zur Entwicklung und zum wirtschaftlichen Aufschwung dieser kleinen Scheichtümer am Golf beitragen. Aus Vorsicht hatten sie daher beschlossen, dem Beispiel Saudi-Arabiens zu folgen und nach außen hin eine neutrale Haltung einzunehmen. Trotz allem erklären die Regierungen von Kuweit, Katar und Abu-Dhabi sich aber bereit, im Anschluß an meinen Besuch ein Kommuniqué herauszugeben, in dem sie noch einmal ihren Willen bekräftigen, die PLO als allein rechtmäßige Vertreterin des palästinensischen Volkes zu unterstützen.

Anfänglich scheint Sadats Rechnung aufzugehen. Er hat die Weltöffentlichkeit für seinen Plan gewonnen, einen Teil der arabischen Öffentlichkeit neutralisiert und seine eigene Position in Ägypten gefestigt. Es war ihm tatsächlich gelungen, seine Landsleute davon zu überzeugen, daß alle wirtschaftlichen und sozialen Schwierigkeiten, mit denen sie zu kämpfen haben, wie durch Zauberei verschwinden würden, wenn erst einmal Frieden im Nahen Osten herrschte. Das Elend der Ägypter und ihre Kriegsmüdigkeit wußte sich Sadat zunutze zu machen. Auf diese Weise konnte er sie für sein Abenteuer gewinnen. Ebenso verfuhr er mit seiner Armee: Die Unzufriedenheit in ihren Reihen fing er auf, indem er seinen Soldaten und Offizieren einredete, daß sie ihre mangelhafte Ausrüstung nur der Böswilligkeit der Sowjetunion zu verdanken hätten und Ägypten daher keine andere Wahl habe, als den Konflikt mit Israel zu beenden.

Die Erfahrung aber hat gezeigt, daß Sadat seine Strategie auf schwankendem Boden errichtet hat. Die Sympathie, die ihm in der Weltöffentlichkeit und vor allem in Amerika entgegengebracht wurde, hat es nicht vermocht, die rassistische und expansionistische Politik des zionistischen Staates zu erschüttern.

Ebensowenig ist es ihm gelungen, das israelische Volk der unversöhnlichen Haltung seiner Führer zu entreißen. Im Gegenteil: Durch eine Reise nach Jerusalem hat er Ben Gurion recht gegeben, der zu sagen pflegte, daß die Zeit für Israel arbeite und die Araber daher letzten Endes doch nachgeben würden. Ist es Sadat gelungen, die »psychologischen Schranken« niederzureißen, die beide Völker trennen? Wenn dies der Fall wäre, so hätte er uns einen sehr schlechten Dienst erwiesen. Denn wenn die Israelis sich erst einmal in Sicherheit wiegen, hätten sie weniger denn je Veranlassung, eine schnelle Regelung des Konflikts herbeizuführen. Auf seiten der Araber aber würde das von ihm geschaffene Klima der Entspannung eine Demobilisierung nach sich ziehen.

Ich glaube nicht, daß Sadat die psychologischen Triebfedern der Israelis und der Palästinenser begriffen hat. Diese Völker, die sich so ähnlich sind, haben beide viel Leid erfahren; die einen durch den Nationalsozialismus, die anderen durch den Kolonialismus. Beide sind fest entschlossen, ihr Ziel zu erreichen, koste es, was es wolle. Sie sind entschlossener, ja sogar unversöhnlicher als ihre jeweiligen politischen Führer. Sadat hat zu Unrecht geglaubt, die Israelis würden versöhnlicher sein als Menachim Begin und seine Minister, und die Palästinenser würden sich mit weniger zufriedengeben als die Führer der PLO. Im Grunde genommen müßten sich diese beiden Völker gut verstehen. Zuvor aber müßten sie sich über die Realität im klaren sein, sich gegenseitig anerkennen und bereit sein, miteinander auf demselben Boden zu leben.

Sadat hat sich noch in einem anderen Punkt geirrt, als er glaubte, durch die Unterzeichnung der Abkommen von Camp David eine Regelung ohne die PLO und Syrien erzwingen zu können. Dadurch, daß er ohne seine natürlichen Verbündeten aufgetreten ist, hat er seine Position nur noch mehr geschwächt. Er konnte noch so sehr betonen, er spräche im Namen aller Araber – Begin hatte nicht die geringste Veranlassung, ihm Glauben zu schenken. Denn welche Garantie hätte der israelische Ministerpräsident, daß eine Friedensregelung von den anderen kriegführenden Parteien gebilligt und angewandt würde? Selbst König Hussein, der sonst kaum Hemmungen hat, sich zu kompromittieren, hat es nicht gewagt, ohne weiteres mitzumachen. Daher hat Begin wohlweislich Pläne vorgelegt, für deren Verwirklichung mehrere Jahre nötig wären. Dieser Zeitraum würde es Begin oder seinen Nachfolgern ermöglichen zu prüfen, ob Sadat wirklich in der Lage ist, der arabischen Welt seinen Willen aufzuzwingen. Für den Sinai schlug Israel eine stufenweise Evakuierung vor. Der Golan wurde zunächst noch ausgeklammert, bis sich Syrien zu Verhandlungen bereit erklärt. Was Zisjordanien betrifft, so sieht die von Begin angebotene sogenannte Selbstverwaltung für einen Zeitraum von fünf Jahren weder den Rückzug der israelischen Truppen noch die Unabhängigkeit des Territoriums vor, auch nicht die Angliederung an Transjordanien.

Und als Sadat während der Gespräche mit Begin in Ismailia im Dezember 1977 darauf besteht, daß den Palästinensern das Recht auf Selbstbestimmung zuerkannt wird, fragt ihn der israelische Ministerpräsident: »Und wenn ich dieses Recht anerkenne, was geben Sie mir dann dafür?« »Die rechtliche Anerkennung des Staates Israel«, entgegnet der ägyptische Präsident. Laut Aussage von Augenzeugen soll der Führer der Likud-Partei ihn jedoch nur ausgelacht und gesagt haben: »Ihre Anerkennung habe ich nicht nötig, denn die Juden leben von Rechts wegen auf dem Boden, der schon ihren Vorfahren gehörte.« Doch die schlimmste Demütigung stand noch aus: Begin zwang Sadat, in der Schlußerklärung der Konferenz zur Bezeichnung des arabischen Zisjordanien die biblischen Namen »Judäa« und »Samaria« zu verwenden.

Mit einem Wort: Sadat hat von Begin nichts bekommen – womit er allerdings auch gar nicht hätte rechnen können. Und das nicht nur aufgrund der expansionistischen Ideologie der Israelis, sondern auch aufgrund der Tasache, daß das Kräfteverhältnis – das dank der Amerikaner, der »Freunde« des ägyptischen Präsidenten, Israel bei weitem begünstigte – dies nicht zuließ. Dies war der grundlegende und entscheidende Punkt, in dem wir mit Sadat nicht übereinstimmten – und nicht so sehr die Idee einer Reise nach Israel. Entgegen der im Westen weitverbreiteten Meinung stehen wir direkten Verhandlungen nicht prinzipiell und unter allen Umständen ablehnend gegenüber. Unser vorrangiges Ziel, das darf man nicht vergessen, ist ja, in einem wiedervereinten und demokratischen Palästina mit den Juden in gutem Einvernehmen zu leben. Es versteht sich von selbst, daß wir dieses Ziel nicht dadurch verwirklichen können, daß wir mit Steinen verhandeln. So gesehen beinhaltet die von der palästinensischen Nationalversammlung im März 1977 angenommene Resolution eine ganz eindeutige Aussage: Wir sind bereit, mit allen progressiven und demokratischen Juden zusammenzuarbeiten, unabhängig davon, ob sie nun in den besetzten Gebieten leben oder nicht, d.h. mit den Juden, die unser Recht auf Selbstbestimmung anerkennen. Das ist das Äußerste, zu dem wir uns heute in Anbetracht der lokalen, regionalen und internationalen Kräfteverhältnisse bereit erklären können. Alles, was darüber hinausgeht, käme einer Kapitulation gleich; das haben die Ergebnisse der Verhandlungen von Camp David hinlänglich bewiesen.

Der ägyptische Präsident hätte in dem Moment, als er sich über die

Absichten seiner Gesprächspartner im klaren war, sofort die Verhandlungen abbrechen müssen. Er hätte seine Ehre und seine Würde zurückgewonnen, wenn er sein Scheitern zugegeben hätte, wenn er die Unversöhnlichkeit und Unglaubwürdigkeit der zionistischen Führer verurteilt und die Unfähigkeit Carters, diese zu größerer Nachgiebigkeit zu zwingen, getadelt hätte, um dann seinen Rücktritt zu verkünden. In diesem Falle wäre ich der erste gewesen, der nach Kairo geeilt wäre, um ihn zu seinem konsequenten Verhalten zu beglückwünschen und ihn zu bitten, im Amt zu bleiben. Irren ist menschlich, aber in diesem Fall ist seine Beharrlichkeit einfach kriminell. Sadat hat es hingegen vorgezogen, seine rein egoistischen Ziele zu verfolgen. Dadurch hat er den Frieden, den wahren Frieden, auf dem Altar seiner Überheblichkeit geopfert.

Wir sind in unseren Grundsätzen und unseren Analysen immer konsequent gewesen. Wir haben es abgelehnt, an dem »Expertentreffen« teilzunehmen, das im Dezember 1977 kurz vor dem Gipfel von Ismailia in Kairo stattfand. Heuchlerisch kritisierten die ägyptischen Führer unsere Weigerung und behaupteten, daß diese zum Scheitern der Verhandlungen beigetragen habe. Statt einer Antwort zitiere ich den ehemaligen libanesischen Ministerpräsidenten Rachid Karame, der zu Sadat gesagt hat: »Wenn es Ihnen nicht einmal gelungen war, über dem Mena House (das Hotel, in dem die Delegierten sich versammelten) die palästinensische Flagge zu hissen, wie konnten Sie dann hoffen, die Vertreter der PLO und Israels an einen Tisch zu bringen?«

Dagegen haben wir mit Begeisterung eingewilligt, an den Verhandlungen von Tripoli teilzunehmen, die auf Einladung von Oberst Kadhafi für den 2. Dezember anberaumt wurden; hier wollten die Länder, die gegen Sadats Initiative sind – das sind Libyen, Algerien, Syrien, der Irak und die Demokratische Republik des (Süd-) Jemen –, eine gemeinsame Front begründen. Doch noch bevor die Konferenz begann, wäre es beinahe zu einem Eklat gekommen.

Gleich bei meiner Ankunft auf dem Flughafen von Tripoli – es ist das erste Mal seit drei Jahren, daß ich wieder libyschen Boden betrete – kommt es zwischen Kadhafi und mir zu einem heftigen Wortwechsel. Im Beisein von Boumedienne, dessen Maschine ebenfalls gerade gelandet ist, wirft mir der libysche Präsident die folgenden Worte an den Kopf: »Ich weigere mich, Sie zu begrüßen, denn Sie haben mich öffentlich kritisiert und früher Sadats Position verteidigt!« Ich entgegne ihm: »Ich habe Sie kritisiert, weil Sie versucht haben, Druck auf uns auszuüben.« Boumedienne interveniert und fordert Kadhafi auf, sich zu entschuldigen. Doch ich weigere mich, die Entschuldigung anzunehmen, und verkünde, daß ich sofort wieder abreisen wolle. Dennoch werde ich in einen Wagen verfrachtet, der Jasir Arafat und mich in die uns zur Verfügung gestellte Residenz bringt.

Bei unserer Ankunft erwarten uns der libysche Ministerpräsident Abdel Salam Jallud sowie zwei andere Regierungsmitglieder, die gekommen sind, um mich von meinem Entschluß, das Land wieder zu verlassen, abzubringen. Zu meiner großen Überraschung erklärt Arafat, daß er auch abreisen wolle, da auch er von Kadhafi beleidigt worden sei. Dieser hatte am Flughafen zu ihm gesagt: »Sadat flog nach Israel in einem Flugzeug, das auf der einen Tragfläche das Siegel Assads trug, auf der anderen das Siegel Arafats.« Mit anderen Worten: Er beschuldigte den Präsidenten der PLO und den syrischen Staatschef, freiwillig oder unfreiwillig die Komplizen des ägyptischen Raïs gewesen zu sein.

Nachdem er Arafat angehört hat, begeht Jallud die wirklich große Ungeschicklichkeit, zu erklären: »Wenn Kadhafi Abu Ijad gegenüber auch im Unrecht ist, so hat er doch recht gehabt, so mit Ihnen zu reden. Denn es ist nicht zu leugnen, daß wir Ihre Politik mißbilligen.« Ich glaube nicht, Arafat jemals so wütend gesehen zu haben. Unter einer Flut von Schimpfworten stürzt er türenknallend aus dem Haus. Unsere Gastgeber folgen ihm, aber es gelingt ihnen nicht, ihn einzuholen. Er war mit unbekanntem Ziel in seinem Auto davongejagt. Wie sich später herausstellte, war er in Richtung tunesische Grenze gefahren, und erst drei Stunden später gelang es den libyschen Behörden, ihn abzufangen und nach Tripoli zurückzubringen. Kadhafi macht daraufhin dieser Geschichte ein Ende. Er sucht uns auf, um sich mit uns auszusprechen und das, wie er es nennt, bedauernswerte Mißverständnis aus der Welt zu schaffen. Besiegelt wurde unsere Versöhnung aber erst im Juli 1978, als wir – zuerst in Algier, dann in Tripoli – eine weitere lange Unterredung mit ihm hatten.

Für uns waren noch lange nicht alle Schwierigkeiten aus dem Weg geräumt. Am »runden Tisch«, wo bereits die Vertreter der teilnehmenden Länder Platz genommen haben, entdecken wir, daß für die PLO sieben Plätze reserviert sind. Neben Arafat sitzen noch die Führer von sechs anderen Fedajin-Organisationen, wodurch man uns zu verstehen gibt, daß er nicht als alleiniger Wortführer der palästinensischen Widerstandsbewegung anerkannt wird. Doch Arafat bleibt unerschütterlich und verliest die gemeinsam ausgearbeitete Eröffnungsrede. Als aber Kadhafi gleich darauf Georges Habasch das Wort erteilt, protestiert er lebhaft. »Haben Sie uns hierher eingeladen, um die Palästinenser zu spalten?« ruft er dem libyschen Präsidenten zu. Nach einer langen Diskussion stimmen wir einer Kompromißformel zu; sie sieht vor, daß der Präsident der Volksfront nach vorheriger Genehmigung durch Arafat seinen Standpunkt vertreten darf.

Georges Habasch bringt die üblichen Anschuldigungen vor. Seinen Worten zufolge ist die Führung der PLO, und allen voran Arafat, für Sadats Verrat verantwortlich, da ihre Politik stets darauf abgezielt habe, im Zusammenhang mit Sadat Entscheidungen hinauszuzögern und zu beschwichtigen. Doch das geht mir zu weit. Ich unterbreche ihn daher, um ihm folgendes zu sagen: »Es gibt zur Zeit im Nahen Osten drei verschiedene Wege. Der eine Weg ist der Weg der Kapitulation, und den hat der ägyptische Präsident gewählt. Der zweite Weg führt ins Abenteuer, und für den haben Sie sich entschieden. Der dritte Weg – und das ist unser Weg – führt an beiden Klippen vorüber, weil er die konkreten Gegebenheiten der gegenwärtigen politischen Lage berücksichtigt.«

Als sich auch noch Abdel Salam Jallud in die Diskussion einschaltet, um den Standpunkt von Habasch zu unterstützen, wende ich mich, in höchstem Grade verbittert, an die arabischen Staatschefs: »Da es nun einmal nicht anders zu gehen scheint, ersuche ich darum, daß die Sitzung vertagt wird, damit jeder von Ihnen die Möglichkeit erhält, die Vertreter der Opposition in seinem Land zu den Gesprächen hinzuzuziehen. Denn Sie werden mir sicher nicht erzählen wollen, daß Sie alle uneingeschränkt von Ihrem Volk unterstützt werden. Und es ist absolut nicht normal, daß die palästinensische Befreiungsbewegung – die einzige, die in ihren Reihen nach den Regeln des demokratischen Dialogs verfährt – gezwungen ist, ihre Uneinigkeit in dieser Konferenz zur Schau zu stellen.«

Mein Einwurf stürzt die Anwesenden in verlegenes Schweigen; Kadhafi vertagt die Sitzung ohne den geringsten Kommentar. Ich nutze diese Pause, um Habasch und die anderen Fedajin-Führer davon zu überzeugen, daß wir uns unbedingt auf eine einheitliche Linie einigen müssen. Schließlich kommen wir überein, uns so lange im

Hintergrund zu halten, bis die arabischen Staatschefs ihre eigenen Meinungsverschiedenheiten ausgetragen haben. Plötzlich ist die Verteilung der Rollen in diesem Schauspiel eine andere. Jetzt streiten sich Assad und Kadhafi, Boumedienne und Jassin Ramadan, der Vertreter des Irak, der sich wiederum mit dem syrischen Präsidenten anlegt. Arafat, der als einziger von uns an den geheimen Versammlungen teilnimmt, begnügt sich mit der Rolle des Zuschauers.

Assad, die hauptsächliche Zielscheibe der Libyer und Iraker, gelingt es schließlich, durch eine logische Darlegung des Problems seinen Standpunkt durchzusetzen. Denjenigen, die ihn drängen, die Resolution Nr. 242 zu verurteilen, erklärt er, daß diese nicht dem Besuch Sadats in Israel zugrunde liege; und so ganz nebenbei erinnert er Kadhafi daran, daß sein Idol Nasser sehr wohl denselben Text des Sicherheitsrats unterschrieben hatte, ohne deshalb jedoch gleich vor den Israelis auf die Knie zu gehen. Assad hat seinen Erfolg vor allem Präsident Boumedienne zu verdanken, der während der ganzen Konferenz dafür sorgt, daß die Vernunft zu Gehör kommt.

Dennoch droht die Konferenz letztlich zu scheitern, weil die Teilnehmer sich wegen der Bildung einer gegen den ägyptischen Verrat gerichteten Front nicht einigen können. Ich trommle daher alle anwesenden Fedajin-Führer zu einer Besprechung zusammen, um sie dazu zu bewegen, ein gemeinsames Programm zu erarbeiten, das wir dann den arabischen Staatschefs vorlegen mit der dringenden Bitte, sich nicht zu trennen, bevor sie nicht eine auf unserem gemeinsam erarbeiteten Papier basierende Front gebildet hätten. Habasch erklärt sich damit einverstanden, daß in dem Dokument die Gründung eines palästinensischen Staates »auf jedem befreiten Teil des Vaterlandes« gefordert wird; im Austausch für diese Konzession akzeptieren wir, daß die PLO weder mit Israel verhandeln noch den israelischen Staat rechtlich anerkennen darf. So entstand das »Programm von Tripoli«; auf ihm basierte die »Front der Standhaftigkeit«, die in der libyschen Hauptstadt proklamiert wurde, obgleich die irakische Delegation aus Protest abgereist war.

Durch Verschulden Sadats und seiner amerikanischen Verbündeten blieb uns keine andere Wahl, als unsere Standpunkte zu verhärten. Was blieb uns denn anderes übrig? Sollten wir dem Beispiel des ägyptischen Präsidenten folgen? Selbst wenn alle Führer der Widerstandsbewegung – allen voran Jasir Arafat und Georges Habasch – sich Begin zu Füßen werfen würden, um ihn anzuflehen, uns einen

Mini-Staat zu bewilligen, würde der Führer der Likud-Partei sie nur ins Gefängnis werfen lassen, wenn er sie nicht sogar hinrichten ließe. Was immer wir auch unternehmen oder sagen werden, für die Zionisten sind und bleiben wir gefährliche Gegner. Wollen sie denn überhaupt den Frieden? Nicht einmal den Minimalforderungen Sadats haben sie entsprochen, und dabei haben sie doch Vertrauen zu ihm! Wir wissen, daß sie keine gerechte Lösung wollen, solange sie die bedingungslose Unterstützung der Vereinigten Staaten genießen, die ihnen alles liefern, was sie brauchen, »vom Brot bis zu Kanonen« – wie Sadat selber einmal gesagt hat.

Wie kann man den Amerikanern daraufhin noch trauen? Sicher, Carter hat sich eindeutiger geäußert als seine Vorgänger, was den Anspruch des palästinensischen Volkes auf eine Heimat betrifft. Aber der Begriff »homeland«, den er gebrauchte, blieb zu nebulös – das Gebiet, das uns zugestanden werden sollte, hat er weder genau lokalisiert noch in seinem Umfang bestimmt –, und sehr bald hat er wieder die alte Politik vertreten: Es war keine Rede mehr von unseren Rechten, von einem Vaterland, von unserer Beteiligung an eventuellen Verhandlungen. Sehr schnell wurde uns klar, daß wir von ihm nichts zu erwarten hatten. Denn er war gebunden durch die von Ford und Kissinger Israel gegenüber eingegangenen Verpflichtungen, die – wie wir später erfahren hatten – in drei geheimen Vereinbarungen schriftlich fixiert waren; diese Dokumente waren an das am 1. September 1975 getroffene Sinai-Abkommen angefügt worden. Die wichtigsten in diesem Text festgehaltenen Vereinbarungen besagten, daß die Anzahl der Teilnehmer an den Genfer Friedensverhandlungen nicht ohne Zustimmung Israels erweitert werden durfte und die Vereinigten Staaten erst dann mit der PLO Kontakt aufnehmen dürften, wenn diese die Resolution Nr. 242 anerkannt hätte.

Während seiner Reise durch den Nahen Osten im August 1977 ersuchte uns der amerikanische Außenminister Cyrus Vance über die Regierungen anderer arabischer Länder, die Resolution, so wie sie ist, anzunehmen, selbst wenn wir im Anschluß an unsere Zustimmung eine Erklärung abgeben würden, in der wir unsere Vorbehalte zum Ausdruck brächten. Wir weisen dieses Ansinnen zurück, denn eine derartige einseitige Erklärung war, rechtlich gesehen, völlig wertlos. Einige meiner Kameraden unterbreiteten mehrere Gegenvorschläge, die auf eine Abänderung des UNO-Textes hinzielten, doch diesmal gab Washington eine negative Antwort. Was mich betrifft, so war ich schon im Prinzip gegen dieses Feilschen. Wenn schon der Preis für einen simplen Dialog mit den Vereinigten Staaten die Anerkennung der UN-Resolution durch die PLO war, welche zusätzlichen Konzessionen würde man denn dann von uns verlangen als Preis für unsere Beteiligung an den Genfer Verhandlungen und die Anerkennung unserer nationalen Rechte? Der Abhang war schlüpfrig, und wir liefen Gefahr, tief abzurutschen.

Meiner Meinung nach durften wir nicht von unserer einmal gefaßten Leitlinie abgehen und mußten uns an unsere Verbündeten halten, vor allem an die Sowjetunion sowie die befreundeten arabischen Staaten, allen voran Syrien. Wir haben nur wenig Trümpfe in der Hand – einer davon ist die »positive Weigerung« gegenüber der Resolution Nr. 242 –, und statt diese unsere Trümpfe den Gegnern zu überlassen, sollten wir sie lieber mit denen unserer Verbündeten zusammenlegen. Nur so wird es uns gelingen, das Kräfteverhältnis schrittweise zu unseren Gunsten zu verändern. Dann wäre immer noch Zeit für Konzessionen, die sich aufgrund der dann vorherrschenden politischen Konstellation für uns auszahlen könnten.

Die »Arbeitspapiere«, die im Oktober 1977 im Hinblick auf die Einberufung der Genfer Friedensverhandlungen von den Vereinigten Staaten und Israel erstellt worden waren, bestätigten mich in meiner Überzeugung. Die Amerikaner und die Israelis versuchten – in Einklang mit Wort und Geist der Resolution Nr. 242 – das Palästinaproblem auf ein Problem von Flüchtlingen und Entschädigungszahlungen zu reduzieren. Das Vorgehen nach »geographischen« Gesichtspunkten, das für die Konferenz geplant war, verfolgte nur ein Ziel: Der zionistische Staat wollte mit Ägypten, Syrien und Jordanien jeweils parallel laufende Verhandlungen führen, die dann in separate Friedensverträge münden sollten. Die Abkommen von Camp David bestätigten meine Einschätzung. »Teile, um zu herrschen« – die Devise des britischen Imperialismus – wurde jetzt zur Devise der israelischen Kolonisten und ihrer amerikanischen Verbündeten. Und damit ihre Projekt ohne Behinderung verwirklicht werden konnte, wurde die Sowjetunion, unser wichtigster Verbündeter auf internationaler Ebene, von dem »Friedensprozeß« ausgeschlossen.

Ich gehöre nicht zu denjenigen, die glauben, Israel sei ein Satellit der Vereinigten Staaten von Amerika, auch nicht zu denen, die das Gegenteil behaupten und meinen, die Politik der zionistischen Führer werde in Washington genauestens befolgt. Genausowenig bin ich davon überzeugt, daß die Interessen der beiden Länder immer übereinstimmen. Doch trotz der bestehenden Meinungsverschiedenheiten ist Carter gezwungen, sich dem Willen der Zionisten zu beugen. Einerseits ist er dem Druck der »jüdischen Lobby« ausgesetzt; andererseits aber genießt er auch wieder das Vertrauen der arabischen Staaten, die über große Erdölreserven verfügen. Saudi-Arabien hat sich 1977 verpflichtet, für den Zeitraum von fünf Jahren die Energieversorgung der Vereinigten Staaten zu gewährleisten und gleichzeitig innerhalb der OPEC für eine Stabilisierung der Erdölpreise einzutreten. Nichts scheint die Hoffnung zuzulassen, daß die arabischen Länder jemals wieder ihr Erdöl als Waffe einsetzen könnten, so wie es – allerdings nur unvollkommen – in den Jahren 1973-74 geschehen ist.

Die Strategen in Washington haben ein noch viel weiter gestecktes Ziel im Auge. Sie wollen einen Verteidigungsring errichten, der sich vom Iran über Ägypten – das sie unter ihren Einfluß gezwungen haben – bis nach Marokko erstreckt. Doch in diesem geographischen Bereich gibt es eine Anzahl von Regierungen, die ihnen nicht in das Konzept passen. Sie träumen davon, die Erdölscheichs durch modernere und stabilere Regime zu ersetzen, die zu einer besseren Verteilung des nationalen Reichtums führen würden. Ich wäre keineswegs erstaunt, wenn sie, um dieses Ziel zu erreichen, Oppositionelle zu einem Staatsstreich ermunterten oder, wenn dies nicht zündet, sich die Schlagkraft der iranischen oder omanischen Armee zunutze machten. So würden sie über lange Zeit die Interessen der Vereinigten Staaten in diesem Teil der Erde absichern und gleichzeitig damit auch die Interessen des israelischen Staates, der, was immer man auch sagen mag, das bevorzugte Instrument des amerikanischen Imperialismus bleiben wird.

Auch die größte Macht der Welt ist nicht allmächtig. Gewiß, sie verfügt über ausreichende Mittel, dem einen oder anderen Staat ihren Willen aufzuzwingen und beispielsweise die Politik eines Sadat, eines Assad oder eines Hussein zu beeinflussen, deren Hauptsorge darin besteht, das Überleben oder die Stabilität ihres jeweiligen Regimes sicherzustellen. Was aber können die USA gegen uns ausrichten, die Palästinenser, die weder eine Regierung, noch einen Staat, noch eine Heimat haben, die sie verteidigen können? Sie haben keine Macht über uns, da wir absolut nichts zu verlieren haben, wenn wir mit allen uns zur Verfügung stehenden Mitteln weiterkämpfen –

ganz im Gegenteil! Ist es mit uns nicht so wie mit dem Wind? Wie der Wind sind auch wir Palästinenser nicht greifbar, wir sind überall und nirgends und beeinflussen doch überall die herrschenden Temperaturen. Man fürchtet uns, eben weil wir im gesamten Nahen Osten in der Lage sind, in unserem Gefolge mal Kaltluft, mal Warmluft zu verbreiten.

Natürlich konnten wir nicht zulassen, daß Carter, Begin und Sadat einen vorgeblichen Frieden ausbrüteten, der dem palästinensischen Volk jede Zukunft nehmen würde. Wir mußten den Israelis unbedingt vor Augen führen, daß es sinnlos ist, uns von einer Regelung auszuschließen. Den Arabern mußten wir klarmachen, daß es gefährlich ist, uns auf dem Altar ihrer egoistischen Interessen zu opfern. Dieses zweifache politische Ziel verfolgte die sogenannte »Operation Autobus«, bei der am 11. März 1978 – ganz und gar gegen unseren Willen – Zivilisten und unsere eigenen Leute in einem furchtbaren Blutbad ein grauenhaftes Ende fanden.

Das Unternehmen hatte ursprünglich gemäß unseren Plänen einen rein militärischen Charakter. Etwa fünfzehn Fedajin sollten heimlich an einem Strand von Tel Aviv an Land gehen, wo sie von Mitgliedern der in Israel operierenden Widerstandsgruppen in Empfang genommen würden. Geplantes Ziel des Unternehmens war ein Ausbildungslager der israelischen Armee in einem nahegelegenen Vorort von Tel Aviv; hier sollte das Kommando versuchen, mehrere Soldaten in seine Gewalt zu bringen, die dann im Austausch gegen dieselbe Anzahl palästinensischer Gefangener wieder freigelassen werden sollten. Das Wetter aber warf alle unsere Pläne über den Haufen. Ein plötzlich aufkommender Sturm machte es beiden Booten mit unseren Guerillakämpfern unmöglich, den vereinbarten Treffpunkt zu erreichen. Ein Boot mußte wieder umkehren, das zweite wurde von der aufgewühlten See abgetrieben und landete etwa 40 km nördlich von Tel Aviv, nicht weit von Haifa entfernt. Erst mit drei- oder viertägiger Verspätung konnten die Fedajin sich auf israelischem Boden sammeln.

Das Kommando, das schließlich aus elf Personen bestand, wurde von einer jungen Widerstandskämpferin mit Namen Dalal El-Maghrabi geleitet, die der Hölle von Tel Zaatar entkommen war. Sie war etwa zwanzig Jahre alt und stets zu Scherzen aufgelegt; sie strahlte nur so vor Lebensfreude und Optimismus. Wenn sie von dem sprach, was sie erlitten hatte, tat sie dies nur, um zum Ausdruck zu bringen, welch Abscheu ihr der Krieg einflößte. Trotzdem war sie überzeugt, in den besetzten Gebieten Widerstand leisten zu müssen. In Anbetracht der unvorhergesehenen Ereignisse mußte für den Einsatz der von ihr befehligten Gruppe schnellstens ein neuer Plan improvisiert werden, die Verantwortung hierfür lag allein bei ihr. Es ist nicht meine Aufgabe, Entscheidungen zu beurteilen, die unter derart schwierigen Umständen getroffen wurden; anhand der präzisen Informationen, die wir erhalten haben, kann ich bezeugen, daß Dalal El-Maghrabi und ihre Kameraden jegliches Blutvergießen vermeiden wollten. Sie wußten sehr genau, daß die Israelis – wie üblich – auch diesmal den Tod von Zivilisten nutzen würden, um die palästinensische Widerstandsbewegung als »Mörderbande« hinzustellen. Da sie aber den naiven Glauben besaß, die Zionisten würden es nicht wagen, auf ihre eigenen Landsleute zu schießen, brachten sie einen Bus mit Fahrgästen in ihre Gewalt – in der Hoffnung, auf diese Weise wohlbehalten nach Tel Aviv zu gelangen.

Die Weltpresse hat den Ausgang dieses Kommandounternehmens in allen Einzelheiten kommentiert: Danach errichteten die israelischen Sicherheitskräfte auf der Straße von Haifa nach Tel Aviv Straßensperren, um dann kaltblütig das Feuer auf den Bus zu eröffnen. Einige Fahrgäste, auch Autofahrer, die in die entgegengesetzte Richtung fuhren, wurden getötet. Dadurch provozierten sie eine regelrechte Schlacht und ein Blutbad: Dalal El-Maghrabi und acht ihrer Kameraden kamen ums Leben; der Preis, den die Israelis dafür zahlten, war der Tod von etwa dreißig ihrer Landsleute.

Der tragische Ausgang dieses Abenteuers hat mich kaum überrascht. Bei allen vergleichbaren Aktionen, die dem Kommandounternehmen von Tel Aviv vorausgegangen waren – beispielsweise bei den Olympischen Spielen in München im Jahre 1972 –, hat der zionistische Staat es stets vorgezogen, seine eigenen Staatsbürger zu opfern, statt uns einen politischen Erfolg zuzugestehen. Zu der Zeit, als sie noch Regierungschefin war, erklärte Golda Meir dieses unmenschliche Verhalten. Sie sagte, wenn sie auch nur ein einziges Mal der Erpressung der Palästinenser nachgeben würde, dann würde diese nichts daran hindern, eines Tages gegen die Freilassung einer Gruppe von Geiseln die Auslieferung des israelischen Ministerpräsidenten zu verlangen.

Im Prinzip könnte man diesen skrupellosen Kalkül verstehen, ihm vielleicht sogar zustimmen. Aber der Zynismus der israelischen Führer erreicht schwindelnde Höhen, wenn sie den Tod unschuldiger Zivilisten mit aller Gewalt allein uns zur Last legen wollen. Oder aber wenn sie fordern – wie dies nach dem Überfall auf den Bus in Tel Aviv geschehen ist –, daß alle westlichen Regierungen, die die PLO anerkannt haben, sämtliche Beziehungen zu ihr abbrechen. Oder auch wenn die Knesset – wie im März 1978 – bis auf die Stimmen der Kommunisten einstimmig eine Resolution annimmt, die es den israelischen Sicherheitskräften fortan erlaubt, überall auf der Welt Palästinenser zu töten, getarnt als »Kampf gegen den Terrorismus«. Diese Legalisierung und Institutionalisierung des Mordes an politischen Gegnern bzw. an Mitgliedern einer gegnerischen nationalen Gemeinschaft hat es in der Geschichte noch nie gegeben, selbst nicht – soweit mir bekannt ist – unter faschistischen Regimen.

Nur drei Tage später wurde das Attentat vom 11. März als Vorwand benutzt für eine großangelegte Offensive der israelischen Streitkräfte gegen den Südlibanon. Ich spreche bewußt von einem Vorwand, denn schon zwei Monate zuvor hatten wir von unseren Freunden in den Vereinigten Staaten einen Bericht erhalten, in dem von Begins Plan die Rede war, durch einen Blitzkrieg, der 24 bis 48 Stunden dauern sollte, unsere militärische und politische Infrastruktur zu zerstören. Die Operation war geplant, um den Palästinensern ein gleiches Debakel zu bescheren, wie es Israel schon im Juni 1967 den arabischen Staaten beschert hatte. Seit Anfang November 1977 wußten wir außerdem, daß die zionistischen Behörden bei der Regierung in Beirut nachhaltig darum ersuchten, die libanesische Armee nicht in die Grenzgebiete zu entsenden; diese wurden von ihrem willigen Werkzeug, dem Kommandanten Saad Haddad, sowie den Milizen der extrem rechtsgerichteten Christen kontrolliert.

Durch die Invasion und die Besetzung des Südlibanon erreichten die Israelis längst nicht alle die Ziele, die sie sich gesteckt hatten. Es ist ihnen zwar gelungen, zumindest bis zum Herbst 1978 einen etwa 10 km breiten angeblichen »Sicherheitsgürtel« entlang der Grenze zu halten und die Entsendung von UNO-Truppen in den Südlibanon durchzusetzen, doch Begin ist in einem wesentlichen Punkt gescheitert. Der Blitzkrieg, der ihm vorschwebte, fand nicht statt, denn die Schlagkraft unserer Guerillakämpfer war bemerkenswert effizient, was sogar General Gur, der damalige israelische Stabschef, zugeben mußte. Trotz des ungeheuren Aufgebots an Kriegsmaterial, trotz der Luftwaffe, der schweren Artillerie, der Sprengbomben, der 30 000

Infanteristen hat die israelische Armee acht Tage gebraucht, um den heldenhaften Widerstand der Fedajin zu brechen. Diese haben einen geordneten Rückzug angetreten und nur unbedeutende Verluste an Menschen und Material erlitten.

Entscheidend ist, daß die Palästinenser nicht – wie von den Israelis geplant – ihren »Juni 1967« erleben mußten. Unsere Kampfverbände sind intakt geblieben, desgleichen ihre Einsatzbereitschaft, wie die fast täglich verübten, gegen die Besatzungsmacht gerichteten Attentate beweisen. Weder die Anwesenheit der »Blauhelme« im Südlibanon noch die Aufrechterhaltung christlicher Enklaven entlang der »guten Grenze« zu Israel können unsere Guerillakämpfer daran hindern, ihre Ziele zu erreichen.

Im Grunde hat Israel nur eines im Auge: die Fortdauer der chaotischen Situation und des bewaffneten Konflikts im Libanon. Nach Einschätzung der Israelis müßte eine derartige Situation ihre Gegner – Syrer, Palästinenser und libanesische Linke – durch regional begrenzte Kämpfe an den Rand des Zusammenbruchs bringen. Sie selbst aber könnten sich gleichzeitig als »Retter der Christenheit« profilieren, und zwar immer dann, wenn Begin vor einem heiklen politischen oder diplomatischen Problem steht – wie etwa der »Friedensinitiative« Sadats.

Als er zum Gipfel von Camp David reiste, hatte der ägyptische Staatspräsident bereits einen großen Teil der Sympathien verloren, die er sich durch eine mögliche Beendigung des israelisch-arabischen Konflikts erworben hatte. Die israelische Invasion im Südlibanon hat ihn der Lächerlichkeit preisgegeben. Hatte er nicht bei seiner Ankunft in Jerusalem im November 1977 erklärt, zwischen dem zionistischen Staat und seinen Nachbarn würde es nie wieder Krieg geben? Die Ägypter hatten inzwischen festgestellt, daß er keines seiner Versprechen gehalten hat, daß kein Friede in Sicht war und daß die wirtschaftlichen und sozialen Bedingungen im Niltal sich immer weiter verschlechterten.

Von nun an versuchten die Vereinigten Staaten und verschiedenen arabische Regierungen, ihn zu retten. So erbot sich Saudi-Arabien, zu einem Gipfel einzuladen, auf dem Ägypten in den Schoß der arabischen Welt zurückgeführt und die Versöhnung Sadats mit Syrien und der PLO gefördert werden sollte. Der ägyptische Präsident aber weigert sich, öffentlich Abbitte zu leisten und das Scheitern der israelisch-arabischen Gespräche in Kairo oder in Jerusalem zuzugeben; die israelische Militärkommission aber, die sich in der ägyptischen Hauptstadt häuslich niedergelassen hatte, verwies er des Landes. Dennoch unternahm er zweimal einen Anlauf, um einen endgültigen Bruch mit Begin zu verhindern: das erste Mal im Juli auf der Konferenz von Leeds, wo er sich durch seinen Außenminister vertreten ließ, das zweite Mal, als er sich bereit erklärte, an dem Gipfel von Camp David teilzunehmen. Auch Carter hatte sich über die Mentalität des israelischen Ministerpräsidenten Illusionen gemacht. Beide hielten weiter hartnäckig an dem Glauben fest, daß der Führer der Likud-Partei – ein unverbesserlicher Terrorist, für den nur Gewalt zählt – fähig sei, von seinem mystischen Fanatismus abzulassen. Die Abkommen von Camp David sind zwar für die Sache der Araber eine Katastrophe; zumindest aber haben sie die Amerikaner und ihre israelischen Verbündeten endgültig entlarvt.

Sadat wird sein Amt nicht so bald verlieren. Seine arabischen und amerikanischen Freunde, insbesondere die CIA, werden so lange über den Bestand seines Regimes wachen, bis sie einen annehmbaren Ersatz für ihn gefunden haben. Bis dahin aber wird er der Sache der arabischen Welt einen unübersehbaren Schaden zugefügt haben, weil er unter anderem die Alternative des Krieges unmöglich gemacht hat. General Chazli, der im Oktoberkrieg 1973 sein Stabschef gewesen war, vertrat im Juli 1978 – nachdem er seinen Posten als Botschafter in Lissabon aufgegeben hatte –, mir gegenüber die Ansicht, daß durch das Zerwürfnis mit der UdSSR für mindestens eine Generation die Einsatzfähigkeit der ägyptischen Armee in Frage gestellt sei.

EPILOG
BILANZ EINER EPOCHE

Der Augenblick ist gekommen, Bilanz zu ziehen. Dreißig Jahre sind vergangen seit dem Exodus des palästinensischen Volkes, zwanzig Jahre seit der Gründung der Fatah. Mit großer Verbitterung muß ich mir eingestehen, daß unsere Situation heute weitaus schlechter ist als 1958, als wir unsere Befreiungsbewegung ins Leben riefen. Ich fürchte, daß vielleicht sogar alles wieder neu begonnen werden muß.

Sicher, wir haben Erfolge erzielt, das will ich nicht bestreiten. Ich bin stolz auf mein Volk und die Opfer, die es auf sich nahmen, um auf dem Schlachtfeld Siege gegen einen Gegner zu erringen, dessen erdrückende Übermacht außer Frage steht. Ich bin auch stolz auf den Platz, den die PLO auf internationaler Ebene einnimmt. Sie wird heute von den meisten Staaten als allein rechtmäßige Vertreterin des palästinensischen Volkes anerkannt und hat sich zielstrebig den Platz eines Beobachters bei den Vereinten Nationen erobert.

Dennoch trägt mein Volk nach zwanzig Jahren erbitterter Kämpfe immer noch an einem tragischen Schicksal. Es hat immer noch keine Heimat, noch keine Identität. Wir sind, offen gestanden, sogar weit zurückgeschlagen. Israel hält heute nicht mehr nur die Hälfte, sondern die Gesamtheit des palästinensischen Territoriums besetzt. Die Vereinigten Staaten von Amerika, Garant des zionistischen Unternehmens, haben ihren Einfluß in der arabischen Welt weiter ausgebaut und konsolidiert. Ägypten, größtes und einflußreichstes Land in diesem Teil der Erde, hat in Camp David Schiffbruch erlitten. Damit ist die »Südfront« eingefroren. Dasselbe gilt für die »Nordfront«. Ursache ist der chronische Konflikt zwischen Syrien und dem Irak. Sollte das Zerwürfnis zwischen den Baasisten in Damaskus und in Bagdad andauern, so könnte König Hussein weiterhin ungestört gegen die PLO intrigieren. Das arabische Erdöl, das als wirksame politische Waffe hätte eingesetzt werden können, wird heute nur noch kommerziell genutzt. Die arabische Welt, die in den vergangenen Jahren nicht müde wurde, Israel Konzessionen anzubieten, ohne dafür auch nur die geringste Gegenleistung zu erhalten, läuft Gefahr, vollends ihr Gesicht zu verlieren. Zum gegenwärtigen Zeitpunkt ist sie weder imstande, einen gerechten und dauerhaften Frieden herbeizuführen, noch ist sie fähig zur Gewalt, ohne die ein solcher Friede nicht möglich ist.

Die palästinensische Befreiungsbewegung besitzt heute nicht mehr die Möglichkeiten, über die sie im Juni 1967 verfügte. Damals hat die arabische Niederlage uns nicht daran gehindert, den Guerillakrieg fortzusetzen, ihn sogar noch zu intensivieren und den Zionisten klarzumachen, daß der Kampf trotz ihres glänzenden Sieges nicht beendet sei. So vermochten wir die Moral der arabischen Massen zu heben, denn in der Finsternis der Niederlage und der Besetzung gab es für sie wieder einen Hoffnungsstrahl. Wir verfügten über Schlupfwinkel, aus denen wir unsere Angriffe gegen Israel führen konnten. Durch unser Ansehen konnten wir auf die in den verschiedenen Hauptstädten gemachte Politik teilweise sogar entscheidenden Einfluß ausüben. Die arabischen Regierungen liebten uns gestern nicht mehr als heute, doch früher haben sie uns immerhin gefürchtet und unsere Ansicht in ihr Kalkül gezogen. Ich glaube, in aller Bescheidenheit sagen zu können, daß wir wesentlich zur psychologischen Vorbereitung und Auslösung des Oktoberkriegs von 1973 beigetragen haben, und auch am Krieg vom Juni 1967 waren wir nicht ganz unbeteiligt.

Trotz der Rückschläge und der Hindernisse, die sie auf ihrem Weg zu überwinden hatte, ist es der Fatah gelungen, den Fehler zu vermeiden, den ihre Vorgänger an der Spitze der palästinensischen Befreiungsbewegung begangen hatten: Sie hat stets ihre ideologische Unabhängigkeit zu wahren gewußt. Dies war allerdings nicht immer leicht zu bewerkstelligen, da wir sowohl finanziell als auch in bezug auf die militärische Ausrüstung von den arabischen Ländern abhängig sind. Da wir aber stets darauf geachtet haben, in der Beschaffung unserer Geldmittel wie auch in unseren Kontakten mehrgleisig zu fahren, da wir es außerdem verstanden haben, uns die diesem Erdteil inhärenten politischen Gegensätze zunutze zu machen, ist es uns gelungen, uns unsere Entscheidungsfreiheit zu erhalten. Daher sind wir auch nacheinander mit mehreren Parteien in Konflikt geraten: zunächst mit Gamal Abdel Nasser (als er 1970 dem Rogers-Plan zustimmte), dann mit König Hussein (als er versuchte, uns zu neutralisieren), mit Oberst Kadhafi (weil er unsere Selbständigkeit nicht respektieren wollte), mit Präsident Assad (im Libanon), mit Präsident Sadat (nach seinem Besuch in Jerusalem), um nur die wichtigsten Namen zu nennen.

Trotzdem haben wir Fehler gemacht, obwohl wir zahlreiche von unseren Vorgängern begangene Fehler vermieden haben. Sicherlich sind sie weniger schwerwiegend gewesen, doch sie haben uns immerhin einen Schaden zugefügt, der sogar in manchen Fällen nicht wiedergutzumachen war. Wir haben Bündnisse mit arabischen Regierungen geschlossen, denen wir eine längerfristige strategische Bedeutung beimaßen; dann aber mußten wir feststellen, daß sie nur von kurzer Lebensdauer waren, und wieder hatten wir das Nachsehen. Das brachte uns so manche große Enttäuschung und so manch unerwarteten Rückschlag ein. So hatten wir geglaubt, daß Ägypten bis in alle Ewigkeit unser Verbündeter bleiben würde! Daß Syrien den rechtsgerichteten Christen im Libanon nie, nicht einmal für kurze Zeit, gegen uns zu Hilfe kommen würde! Nie hätten wir uns vorstellen können, daß der Irak – trotz der Meinungsverschiedenheiten, die auf politischer Ebene zwischen uns bestehen – unsere größten Widerstandskämpfer im Ausland ermorden lassen würde!

Zu dieser Fehleinschätzung der realen Gegebenheiten in der arabischen Welt kam hinzu, daß wir uns schlichtweg verrechneten. Kam es z.B. in irgendeinem arabischen Land zu innenpolitischen Konflikten, so haben wir uns in den meisten Fällen auf die Seite der bestehenden Regierung gestellt. Dadurch haben wir allerdings bei den Massen, die diese Regierung in Frage stellten, an Boden verloren. Damit aber setzten wir uns über das Prinzip hinweg, das uns eigentlich in allen unseren Entscheidungen hätte leiten müssen: daß unsere eigentliche Macht vor allem auf den Sympathien beruht, die uns die Volksmassen entgegenbringen, und weniger auf der Unterstützung, die uns die Regierungen nur widerstrebend gewähren. Manchmal allerdings haben wir gleichzeitig auch mit Oppositionsbewegungen geheime Kontakte unterhalten; da aber hierüber nichts an die Öffentlichkeit drang, mußte sie glauben, wir betrieben eine rein opportunistische Politik.

Noch einmal muß klar gesagt werden, daß die Fatah durch ihren Eintritt in die PLO 1968 ihren revolutionären Charakter aufs Spiel setzte. Das, was wir am meisten befürchteten und was unser damaliges Zögern erklärt, ist eingetreten: Unsere Befreiungsbewegung ist zu einer bürokratischen Einrichtung geworden. Das, was sie an kämpferischem Geist verlor, hat sie dann an »Achtbarkeit« gewonnen. Wir haben Gefallen daran gefunden, mit den Regierungen und den Machthabern zu verhandeln. Wir berücksichtigen ihre Meinungen und Wünsche. Wir haben uns mitreißen lassen auf die gewundenen Pfade der innerarabischen Beziehungen und machen heute Politik, ob wir wollen oder nicht – wobei »Politik machen« in einem wenig schmeichelhaften Sinn verstanden sein soll. Aus Furcht, von den mehr oder weniger wohlmeinenden Berufsdiplomaten des »Terrorismus«, des »Extremismus« und des »Abenteurertums« beschuldigt zu werden, hatten wir nichts Eiligeres zu tun, als unsere »Mäßigung«, »Nachgiebigkeit« und »Versöhnlichkeit« unter Beweis zu stellen, koste es, was es wolle. Dabei vergaßen wir völlig, daß unsere vorrangige Aufgabe im Prinzip eine ganz andere ist.

Heute sieht man in uns weniger die Revolutionäre als die Politiker. Dieser Wandel in unserem Markenzeichen hat uns natürlich bei den arabischen Massen, die etwas ganz anderes von uns erwarteten, geschadet, hat uns deshalb aber noch lange nicht bei den Europäern und Amerikanern größere Sympathien eingebracht. Natürlich verfügen wir – anders als unsere zionistischen Feinde – auf dem Gebiet der Eigenwerbung nicht über ausreichende Mittel und die erforderliche Erfahrung, aber der entscheidende Grund für unser Scheitern in dieser Hinsicht liegt in unserer Unkenntnis der westlichen Gesellschaft und der Komplexität der sie lenkenden demokratischen Mechanismen. Sehr häufig – vor allem betrifft dies die USA – konnten wir nur schlecht unterscheiden zwischen der imperialistischen Politik, die eine Regierung betreibt, und den im Prinzip durchaus akzeptablen psychologischen Faktoren der Bevölkerung uns gegenüber. Ein solcher Mangel an Differenzierungsfähigkeit treibt uns dazu, entweder Initiativen zu ergreifen, die uns noch weiter der westlichen Öffentlichkeit entfremden, oder aber uns in die Passivität der Verzweiflung zu flüchten.

Wir haben es des weiteren nicht verstanden, die palästinensische Befreiungsbewegung zu einigen oder zumindest die Fraktionsbildung auf ein Minimum zu beschränken. Natürlich gibt es objektive Faktoren, die uns daran gehindert haben, unser Ziel zu verwirklichen. Bei ihrer Gründung war die Fatah konzipiert als eine Front, in der alle Palästinenser zusammengefaßt sein sollten, einerlei welche Ideologie oder politische Richtung sie vertraten. Führerpersönlichkeiten wie etwa Georges Habasch oder Najef Hawatmeh konnten wir jedoch nicht zwingen, unseren Reihen beizutreten, oder sie daran hindern, eine eigene Organisation zu gründen – es sei denn mit Gewalt; doch dieses Mittel kam nicht in Frage. Wir hätten uns aber durchaus mit Nachdruck solchen Gruppierungen widersetzen können, die von arabischen Regierungen gegründet wurden, um ihnen als politisches oder militärisches Werkzeug zu dienen. Heute ist es in Anbetracht der politischen Konstellation nicht mehr möglich, ihren Ausschluß aus der PLO oder ihre Auflösung zu fordern. Wir hätten gleich bei ihrer Gründung mehr Standhaftigkeit beweisen sollen, denn damals, kurz nach dem Debakel vom Juni 1967, waren die arabischen Regierungen die Verlierer und somit geschwächt; sie hätten sich nur schwer unserem Willen widersetzen können.

Durch diese palästinensischen Gruppierungen, die nur reine Marionetten sind, wird die Widerstandsbewegung geschwächt, ihr Zusammenhalt und ihre Effizienz werden vermindert. Doch nicht nur das: Manchmal können sie sogar entscheidend sein in ihrer negativen Auswirkung. Sie suchen die Eskalation, die Provokation, und durch die vom Ausland gewährte Unterstützung ist es ihnen manches Mal gelungen, uns in ein Abenteuer hineinzuziehen, dem wir unter anderen Umständen ausgewichen wären. Dies ist nicht selten vorgekommen. Auf internationaler Ebene entspricht das dem Phänomen, daß – was ebenfalls nicht selten vorkommt – ein kleines, unbedeutendes Land es fertigbringt, einer befreundeten Großmacht eine Politik aufzuzwingen, die für letztere nur Nachteile bringt.

Immerhin konnten wir bei wiederholten Gelegenheiten dem Druck, dem man uns aussetzte, standhalten. Nach dem Einmarsch der »Arabischen Abschreckungstruppe« (FAD) in den Libanon im Herbst 1976 versuchte beispielsweise die prosyrische Saika, uns dazu zu überreden, die Gruppierungen der »Ablehnungsfront«, von denen einige dem Irak verpflichtet sind, zu liquidieren. Diese Aktion, so schlug man uns vor, könne von der Fatah oder Saika oder aber von beiden Organisationen gemeinsam durchgeführt werden. Alle drei Möglichkeiten schlugen wir aus. Zum einen wollten wir dem Prinzip des demokratischen Dialogs zwischen palästinensischen Organisationen treu bleiben, zum andern hatten wir keine Lust, in die Fehden rivalisierender arabischer Regierungen hineingezogen zu werden.

Jedesmal, wenn ein unbedeutender Kampf ausbricht, der uns nur von unserem eigentlichen Ziel ablenkt, dem Kampf gegen die Zionisten oder – allgemeiner gesagt – gegen den Kolonialismus, dann sind wir Araber im allgemeinen sehr schnell bereit, lautstark vor einem imperialistischen Komplott zu warnen. Das hindert uns aber unglücklicherweise nicht daran, uns in ebendiesen Konflikt einzumischen, und zwar mit demselben Eifer, mit dem wir zuvor seinen gefährlichen Charakter heraufbeschworen haben. So konnte es beispielsweise geschehen, daß Syrer und Palästinenser sich monatelang im Libanon bekämpften – zur größten Genugtuung der Amerikaner und der Israelis.

Doch die mißliche Lage, in der die palästinensische Widerstandsbewegung sich momentan befindet, kann nicht allein durch unsere Fehler und unsere Schwächen erklärt werden. Zu unserer Entlastung muß gesagt werden, daß wir eine Aufgabe übernommen haben, die aufgrund der implizierten Schwierigkeiten in der Geschichte ohnegleichen ist. Wir stehen an der Spitze einer Bewegung, die zwangsläufig über keine zusammenhängende Basis verfügen kann. Das Volk, das wir mobilisieren und führen wollen, lebt verstreut in mehreren Ländern; psychologisch wie politisch bildet es keine Einheit. Die Palästinenser leben unter wirtschaftlich-gesellschaftlichen Bedingungen, die unterschiedlich, sogar widersprüchlich sind und die so ihre Anschauung beeinflussen. Hinzu kommen die Konflikte, die sich zwischen dem Staat und der Widerstandsbewegung ergeben. In solchen Fällen haben meine Landsleute keine andere Wahl, als sich wohl oder übel der offiziellen Meinung anzuschließen oder sich nach außen neutral zu geben, um möglichen Repressalien zu entgehen.

Um ihnen derlei Gefahren zu ersparen, sind wir von uns aus verpflichtet, die jeweilige Regierung schonend zu behandeln und die Augen zu schließen bei einem unfreundlichen Akt, gegen den wir sonst scharf protestiert hätten. Dies beeinträchtigt in gewisser Weise unsere Handlungsfreiheit. Darum darf man sich auch nicht wundern, wenn unser Verhalten häufig widersprüchlich scheint. Es richtet sich stets danach, mit welchem arabischen Regime wir es gerade zu tun haben. Mit uns ist das so wie mit einem Reisenden, der von einer Hemisphäre in die andere reist und daher gezwungen ist, sich gleichzeitig mit Winter- und mit Sommerkleidung auszurüsten, um für die krassen Klimagegensätze gewappnet zu sein. Das ist kein Opportunismus, den uns einige zur Last legen wollen, sondern reiner Selbstschutz.

Bittere Erfahrungen zwingen uns zur Vorsicht. Hierfür möchte ich ein Beispiel nennen – ein Ereignis, das uns in der Erinnerung noch heute verfolgt: Als es 1957 zwischen Nasser und König Saud zu einem Konflikt kam, verlangte Nasser von der palästinensischen gesetzgebenden Versammlung in Gaza, die nichts weiter war als ein verlängerter Arm der ägyptischen Regierung, eine Resolution zu verabschieden, in der der saudi-arabische Herrscher kritisiert wurde. Als Antwort auf diese Kritik verwies dieser umgehend alle in seinem Königreich angestellten palästinensischen Lehrer des Landes. Dadurch verloren insgesamt 70 000 Menschen, Frauen und Kinder eingeschlossen, zum zweiten Mal ihr Heim und ihren Unterhalt. Und dabei wußte König Saud ganz genau, daß die gesetzgebende Versammlung in Gaza nur einen Befehl aus Kairo ausgeführt hatte. Seine Rache wäre noch unerbittlicher gewesen, wenn er von einer selbständigen Organisation wie beispielsweise der Fatah kritisiert worden wäre. Das erklärt vielleicht, warum wir uns so sehr bemühen, einer Konfrontation mit den einzelnen arabischen Regierungen aus dem Weg zu gehen – natürlich nur dann, wenn bei unseren Differenzen kein entscheidendes Thema zur Debatte steht.

Man wird uns besser verstehen, wenn man weiß, daß jeder Palästinenser sich nach einer Zuflucht sehnt, mag sie auch noch so klein sein; nach einem Konsulat, an das er sich wenden kann, wenn er sich benachteiligt oder bedroht fühlt. Sind wir denn weniger wert als die Bürger jedes x-beliebigen Emirats am Golf? Die meisten arabischen Staaten weigern sich, den Palästinensern ihre Staatsbürgerschaft zu verleihen. Nun gut! Wir beklagen uns nicht darüber. Damit leisten sie uns sogar, wenn auch vielleicht unabsichtlich, einen großen Dienst, denn damit tragen sie dazu bei, daß wir uns unsere Authentizität bewahren, und bestärken uns in unserer Entschlossenheit, eine Heimat zu finden. An dem Tag, an dem es uns gelungen sein wird, in den befreiten Gebieten von Zisjordanien und dem Gazastreifen einen Staat zu errichten, werden wir den ersten Personalausweis ausgeben. Es ist durchaus möglich, daß viele Palästinenser sich aus zweckdienlichen Überlegungen entschließen werden, nicht in dem neuen Staat ansässig zu werden. Aber was macht das schon? Es steht ihnen frei, in einem arabischen Land ihrer Wahl zu leben, und zwar ohne Komplexe und ohne Furcht! Und man wird sie endlich genauso behandeln wie diejenigen, die einen Paß vorzeigen können. Und wenn sie sich aus irgendeinem Grund bedroht fühlen, so haben sie immer die Möglichkeit, ihr Bündel zu schnüren und nach Palästina zu ziehen, wo sie nicht Gefahr laufen, wie Parias behandelt zu werden. Vom libanesischen Volk lebt mehr als die Hälfte außerhalb seiner Heimat. Und niemand hat ihm jemals das Recht auf einen eigenen Staat streitig gemacht.

Die Argumente derer, die uns dieses Recht verweigern, sind nur scheinbar stichhaltig. Ihrer Meinung nach wird ein palästinensischer Mini-Staat wirtschaftlich nicht lebensfähig sein. Sie tun so, als wüßten sie nicht, daß viele junge Nationen, die seit dem Ende des letzten Weltkriegs unabhängig wurden, weitaus weniger gut gerüstet sind als wir. Die Palästinenser haben Arbeitskräfte im Überfluß, viele Techniker und leitendes Personal mit akademischer Ausbildung, sie haben eine vermögende Bourgeoisie, und – was man nicht unterschätzen soll – sie können auf eine beträchtliche finanzielle Unterstützung von seiten der erdölproduzierenden Länder zählen. Wir sind jedenfalls weit »lebensfähiger« als selbst der Staat Israel.

Weiterhin behaupten unsere Gegner, ein eventueller Mini-Staat wäre so etwas wie ein kommunistisches Bollwerk, noch dazu in einer idealen Lage: ein perfektes Sprungbrett für die Terroristen, die Israel hochnehmen wollen. Diese Behauptungen sind einfach lächerlich, denn jeder weiß, daß wir keine Kommunisten sind. Die Marxisten unter uns sind nur eine winzige Minderheit. Welchen politischen Richtungen auch immer wir angehören – wir alle sind glühende Nationalisten, die gegen jedermann die nationale Unabhängigkeit und Souveränität verteidigen werden, wenn wir sie erst einmal erlangt haben.

Wären wir etwa für Israel eine Bedrohung? Es ist doch – gelinde gesagt – paradox, daß die größte Militärmacht in diesem Teil der Erde, die es mit zwanzig arabischen Ländern gleichzeitig aufnehmen kann, behauptet, ein so winziger Nachbar könnte ihre Sicherheit und ihre Existenz gefährden. Ich für meinen Teil kann versichern, daß es von dem Augenblick an, da wir unseren eigenen Staat zu lenken und zu schützen haben, keine subversiven Aktivitäten von seiten der Palästinenser mehr geben wird. Der Extremismus wird aus unseren Reihen verschwinden, dies gilt auch für die »Ablehnungsfront«. Ein Georges Habasch wird sich sicher nicht von seinen Ideen lossagen, und dennoch wird er bei allem Widerstand die Institutionen und die Gesetze der Palästinenser respektieren. Er wird nicht mehr Zuflucht zur Gewalt nehmen, um seine Meinung zu vertreten. Er wird nicht anders handeln als die Führer oder Gruppierungen in Israel, die gegen den Zionismus sind – wie etwa die Kommunistische Partei Rakah – oder jene, die sogar die Legalität eines jüdischen Staates in Frage stellen – wie die Mönche von Naturei Karta. Hierbei handelt es sich nicht nur um einen frommen Wunsch meinerseits. Ich weiß, wovon ich rede. Denn ich kenne den glühenden Patriotismus und das Verantwortungsbewußtsein nicht nur meiner Kameraden, sondern auch unserer politischen Gegner in den Reihen der palästinensischen Befreiungsbewegung.

Sollte jemals die Vernunft über den territorialen Expansionsdrang der israelischen Extremisten siegen und der Frieden eintreten – ein gerechter Friede und nicht der von Camp David –, so wäre es nur natürlich, daß die Grenzen zwischen Israel und seinen Nachbarn geöffnet würden. Denn es ist logisch und völlig normal, daß es zwischen Staatsgebilden, die sich in vielen Beziehungen ergänzen, zu einem Austausch kommt. Wie sollte es auch anders sein, wenn in Israel (in seinen Grenzen von 1948) mehr als 500000 Palästinenser leben, die danach streben, zu ihren Brüdern in Zisjordanien, im Gazastreifen, im haschemitischen Königreich und in den anderen arabischen Staaten eine Brücke zu schlagen?

Als Führer der palästinensischen Befreiungsbewegung sind wir nicht grundsätzlich gegen offene Grenzen. Im Gegenteil. Unserem Ideal – oder, um mit Arafat zu sprechen: unserem Traum – bleiben wir treu: der Wiedervereinigung Palästinas in einem nicht konfessionell gebundenen, demokratischen Staat, in dem Juden, Christen und Moslems, die in diesem Boden verwurzelt sind, friedlich zusammenleben. Offene Grenzen führen zwangsläufig zum Dialog und damit zur Verständigung über eine mögliche Wiedervereinigung. An die Stelle der nationalistischen Konfrontation tritt der Klassenkampf, in dem die jüdischen und die arabischen Massen gemeinsam kämpfen werden gegen ihre Ausbeuter und die Imperialisten – dieselben, die den Haß zwischen unsere beiden Völker gesät und sie dann in den Krieg getrieben haben.

Das Hindernis, das dem entgegensteht, ist aber nicht auf unserer Seite zu suchen, sondern bei der israelischen Regierung, die keinen umfassenden und endgültigen Frieden will und deren extremistische Führer offene Grenzen fürchten. Durch offene Grenzen sehen sie den Zusammenhalt des zionistischen Staates und seine Expansionspolitik bedroht. Darum vertiefen sie den Graben zwischen unseren beiden Völkern, schüren die Spannungen, züchten die Angst unter ihrem Volk, um es sich auf diese Weise gefügig zu machen; gleichzeitig treiben sie die Kolonisierung jenes Gebiets voran, das von Begin »Judäa« und »Samaria« genannt wird.

Ich bin mir durchaus darüber im klaren, daß meine Ausführungen absolut keinen Anlaß zum Optimismus geben. Als revolutionärer Führer ist es sicherlich meine Pflicht, Hoffnung einzuflößen und den Willen unseres Volkes zur Fortführung des Kampfes zu stärken. Aber es ist auch meine Pflicht, das palästinensische Volk vor einer Täuschung zu bewahren, keine Illusionen zu wecken, denn diese können bei weitem gefährlicher sein als schmerzliche Enttäuschung. Ich gestehe ganz offen: Ich glaube nicht, daß es meiner Generation vergönnt sein wird, die Geburt eines unabhängigen palästinensischen Staates noch zu erleben, und sei es nur auf einem winzigen Teil Palästinas. Sollte mir dies aber doch vergönnt sein, so betone ich ausdrücklich, daß ich – wie fast alle Palästinenser – mir einen wirklich selbständigen Staat nur vorstellen kann, wenn er von denen regiert wird, die schon seit zwanzig Jahren die nationale Befreiungsbewegung leiten. Auch ein dauerhafter Friede ist undenkbar ohne die authentischen Vertreter des palästinensischen Volkes.

Natürlich ist alles noch offen. Es gibt zu viele Unwägbarkeiten auf regionaler wie internationaler Ebene, als daß man die Zukunft voraussagen könnte. Ich hoffe nur, daß die Ereignisse – über kurz oder lang – meinen Pessimismus Lügen strafen werden. Ein Sieg in naher Zukunft ist denkbar – genauso wie eine Katastrophe: die Lähmung, vielleicht sogar die Zerschlagung unserer Bewegung. Und das wäre dann nicht das erste und sicherlich auch nicht das letzte Mal, daß es obskuren reaktionären Kräften gelänge, eine Revolution zum Scheitern zu bringen.

Dann aber wird unser Volk eine neue Revolution hervorbringen, eine Bewegung, die mächtiger ist als die unsere, mit Führern, die besser gewappnet sind als wir und die für die Zionisten eine größere Gefahr sein werden. Es besteht kein Zweifel, daß die Palästinenser ihren Kampf unerbittlich fortsetzen werden, was immer auch geschehen mag. Dies liegt in der Natur der Sache. Wir sind entschlossen, als Nation zu überleben. Eines Tages werden wir eine Heimat haben.

PERSONENREGISTER

Abdallah, König 57, 197
Abdallah, Saad 129
Adwan, Kamal 48, 63, 69, 83, 166ff., 170ff.
Aflak, Michel 59
Ahdab, General Aziz 258f., 261, 279
Ahmad, Fuad 45
Ahmed, Scheich El-Jaber 247
Ajad, Abu Ali 75, 80, 111, 141
Ajubi, Mahmud El 139f.
Ali, Scheich Jaber El 246
Amer, Abu 280
Ammar, Abu s. Arafat, Jasir
Ammasch, Mahdi 121
Arabijat, El Hadsch 89f.
Arafat, Jasir 9, 41–44, 46, 48, 52, 65, 68, 71, 75ff., 79–83, 86f., 91, 94, 96, 100ff., 112, 118–123, 127f., 130, 132ff., 167, 170, 176–179, 182, 191, 202, 208, 210f., 215, 236–242, 255, 259, 261, 264, 276, 288f., 295ff.
Aref, Abdel Rahman 86
Arz, Abu 242
Assad, Präsident Hafez Al 70, 75f., 177, 181f., 222, 259–262, 264f., 273, 276–283, 289, 295, 297, 308
Astal, Naji El 67
Atassi, Präsident Eddin El 86, 132
Auda, Ezzat 45
Audeh, Adnan Abu 140, 148f.
Avnery, Uri 16

Badran, Schams 78
Bakkusch, Abdel Hamid 84f.
Bakr, Hassan El 117, 128
Bakr, Ibrahim 118, 123f., 126, 128f., 132
Belkhodscha, Taher 215f.
Begin, Menachem 12, 16, 20, 284ff., 292f., 297, 301, 303, 305
Ben Bella 70
Ben Gurion 195, 291
Bessisso, Muein 40
Boumedienne 70, 151, 206, 225, 294, 297
Brahimi, Lakhdar 8
Brandt, Willy 162
Brown, Dean 261ff., 282

Buhturi 281
Burgiba, Präsident Habib 214, 218, 222
Bustani, Oberst Jules 231, 234
Buteflika, Abdel Aziz 190

Canaan, Oberst Mussa 231
Carter, Präsident 287, 298, 300f., 305
Castro, Fidel 107ff.
Chader, Josef 232f., 247
Chafei, Hussein El 132, 182
Chamoun, Camille 229, 233ff., 240, 243, 246, 248, 253–256, 261, 263, 268, 271
Chamoun, Dany 251, 255
Chazli, General 305
Chebeilat, Botschafter 162
Chechabi, General 257, 260, 280
Chibli, Amin El 121
Cohen, Barukh s. Yschai

Dabbagh, Raschad El 23, 26
Dajan, Mosche 59, 172, 284, 288
Daud, Abu 145–151, 183
Daud, General Mohamed 122
Dschumblatt, Kamal 236, 240, 247, 255ff., 260f., 268, 274–278, 282

Eban, Abba 164
Eddé, Raymond 229, 262f.
Eliav, Arie 16
Eskandarini, Mustafa El 125

Fahmi, Ismail 214, 287f.
Fanon, Frantz 60
Faruk, König 41, 57, 197
Feisal, König 84, 97, 132, 181, 208
Frangié, Präsident Soliman 230, 233, 235ff., 239ff., 252, 257–260

Gad, Hassan 40
Gamassan, Daffi 118
Gemajel, Bechir 251
Gemajel, Pierre 227, 229, 231ff., 243, 246, 248, 252f., 255, 261, 268, 271
Ghaffur, Ahmed Abdel 215
Ghanem, General Iskandar 230f.
Gharbia, Bahjat Abu 113, 123–126, 129, 132

Ghoneim, Mahmud El 66
Giap, General 104f.
Guiltzen, Simha 166
Gur, General 303

Habasch, Georges 41, 114, 120, 149, 168f., 178, 195f., 201ff., 205, 220, 296f., 311
Habbab, El 25f.
Haddad, Saad 304
Hadissa, General Machhur 91
Hafez, Amin El 231
Hafez, Mustafa 47
Hamad, Adnan 164
Hamchari, Mahmud 152, 164
Hamid, Hajel Abdel 118, 164
Hammud, Abdel Fattah 83, 112f.
Hammuda, Jehja 99, 113
Hassan, Emir 148
Hassan, Khaled El 65, 83, 86
Hassan II., König 112, 208, 212, 222ff., 288, 290
Hawari, Mohamed El 23, 28
Hawatmeh, Najef 168f., 193f., 202f., 260f., 311
Haydar, Zeid 121
Helou, Präsident Charles 229
Heykal, Mohammed Hassanein 86, 95ff., 107, 186
Hichmet, Mohamed 74
Howeida, Amin El 107
Huni, Abdel Moneim El 188
Hussein, Abdul Aziz 52
Hussein, Kamal Eddine 45, 51f.
Hussein, König 9, 74, 89f., 95, 99, 107, 110–120, 127, 129–137, 139, 150f., 174, 183, 200, 206–209, 212f., 223f., 235, 292, 306, 308
Husseini, Familie 54
Husseini, Hadsch Amin El 10, 28, 55, 58, 68, 197f.
Husseini, Jamal El 28

Ismail, Ahmed 179

Jaabari, Scheich 88
Jallud, Abdel Salam 101, 188, 264f., 295f.
Jamal, Ezzedine 228
Jamani, Abu Ahmel El 178
Jamani, Zaki El 84
Jamil, General Naji 258, 274, 280
Jedid, Salah 97
Jibril, Ahmed 194
Jihad, Abu (Khalil El-Wazir) 48, 65, 71, 75, 80, 84, 134, 147ff., 176, 280

Jussef, Abu s. Najjar, Jussef El
Jussef, Scheich 38

Kaddumi, Faruk (Abu Lotf) 48, 65, 71, 77f., 84ff., 88, 91, 95, 118, 123–129, 133, 164, 176f., 179, 181, 183, 186, 198
Kadhafi, Oberst 117, 140, 188f., 244, 264, 288, 296f., 308
Kanafani, Ghassan 73, 152
Karame, Rachid 229, 239, 256
Kassam, Ezzedin El 56
Kattan, Abdel Mohsen El 65
Khaddam, Abdel Halim 255, 257ff., 280
Khaled, König 276
Khammasch, General Amer 90f.
Khatib, Ahmed El 256f.
Khatib, Sami El 76
Kheir, Hussein Abdul 164
Kilani, Rassul El 127
Kissinger, Henry 186, 191, 205, 221f., 226, 248, 261f., 265, 275, 298

Labib, Mahmud 28
Lenin, W. I. 59f., 195, 201, 220

Madani. Ali 259
Madani, Wagih El 59
Maghrabi, Dalal El 301f.
Mahjub 98
Marei, Sajed 182
Marx, Karl 59
Mazen, Abu 48, 52, 63, 71, 83, 134
Mehdaoui, Abbas El 50
Meheichi, Omar El 188
Meir, Golda 160, 183, 302
Melloy, Francis 266f.
Mobutu 277
Moghrabi, Zoheir 266f.
Mohsen, Zoheir 259, 261, 265, 271
Mubarac, Pater 270
Mubarak, Hosni 288f.
Mussa, Ahmed 74
Mustafa 146–149

Naaman, Pater Paul 242f.
Nachachibi, Familie 54
Najjar, Jussef El 13, 48, 71, 83, 166ff., 170, 176, 236
Najjar, Mohamed El 69
Nakhla, Issa 168
Nasir, Salah 77f.
Nasser, Gamal Abdel 44ff., 63, 68f., 71, 76, 80ff., 86, 95ff., 99, 107, 117ff., 129, 131–135, 229, 290, 308, 312

Nasser, Kamal 166ff., 170f.
Nasser, Scherif 115
Numeiri, General Gaafer El 129, 131f., 150, 208, 290

Orabi, Jussef El 74

Pacha, Ahmed Hilmi 57, 197
Pakraduni, Karim 232f.
Peled, General 16
Peres, Schimon 252
Pharaon, Rachad 132

Rabin, Präsident 287
Rachid, El-Nazil 126f., 148
Raed, Abul 114
Ramadan, Jassin 297
Reynier, Jacques de 20
Riad, Mahmud 86
Rifaï, Abdel Moneim El 114, 120f.
Rifai, Faleh El 174

Saad, Maaruf 233
Sabri, Abu 75, 80, 95
Sabri, Ali 132
Sadat, Präsident Anwar El 14, 16, 133, 139f., 151, 176–189, 191, 193, 206, 208, 212f., 215, 221, 276f., 282, 284, 287–294, 301, 304, 308
Sadek, General 97, 129f., 132f.
Sajegh, Dr. Anis 152
Salam, Saeb 230, 239, 255
Salama, Abu Hassan 259

Saleh, Abu 98, 202, 280f.
Salem, Mahmud 214
Salem, Salah 44
Samarai, Abdel Khalek El 121
Sarkis, Elias 236, 263f., 266, 276, 280
Sartoui, Issam 16
Saud, König 312
Scharon, General 184, 187f., 284
Scherif, Bassam Abu 152
Schukeiri, Ahmed 41, 44, 68–71, 73, 98ff.
Sedki, Aziz 162
Senoussi, König 84, 189
Setta, Hamed Abu 40, 113
Sueidani, Ahmed El 70
Sufan, Omar 164

Tajeh, Abdel Hamid El 45
Takriti, Hardan El 127
Tall, Wasfi 135ff., 139, 143f.
Tewfick, Abdel Salam 177
Tse-tung, Mao 60, 102
Tueni, Minister 261f.
Tukan, Ahmed 130

Waked, Lutfi 45
Warring, Robert 266f.

Yschai, Moses Hanan (Barukh Cohen) 164f.

Zijad, Tarik Ben 250
Zuaiter, Wael 152, 164

ORTS- UND SACHREGISTER

Abdine, Gefängnis von 41, 44
Abu Dhabi 277, 291
Agadir 208
Ägypten 14, 61, 63, 65, 68, 77f., 81, 95, 97, 127, 133, 165, 178, 186, 188, 197, 226, 231, 236, 244, 248, 261, 273, 299f., 306, 308
Ain El-Remmaneh 226, 233–236, 240, 243, 248, 252
Ajlun, Schlacht von 111, 117, 135f., 139ff., 155f., 200
Al Assifa, »Der Sturm« 72–75, 79, 85, 94, 126
Alexandrien 120, 206
Algerien 83, 86, 89, 203, 273, 277, 288, 294
Algier 70, 164, 225
ALP, Befreiungsarmee Palästinas 177, 183f.
Amman 9, 67, 90, 94, 112f., 115f., 118, 120ff., 125, 128, 130, 132f., 135, 137f., 140, 143, 145ff., 150, 174, 183, 200, 221
Arabische Liga 39, 41, 43, 69, 121, 143

Baas-Partei, Baasisten 41, 43, 45f., 59, 74f., 121, 166, 249, 306f.
Bagdad 80, 121, 146, 277
Balfour-Deklaration 23, 55
Beirut 11, 13f., 66, 77, 94, 145, 152, 164, 170, 172, 176, 179, 189f., 193, 204ff., 226, 228, 231f., 243, 245, 253, 255, 265f., 279, 289
Bengasi 85

Camp David, Treffen von 16, 286, 292f., 299, 304f., 306, 314
CCR, Zentralrat der Widerstandsbewegung 116, 118
China 101ff., 274
CIA 73, 79, 136, 152, 246, 248, 254, 305

Damaskus 67, 71, 74, 79, 81f., 94, 121, 134, 146, 182, 221, 232, 255f., 259, 268, 275, 279, 289
Dar-El-Ulum 39, 48
Deir El-Balah 50

Deir Jassin, Massaker von 20f., 30
Deutschland 58f., 68
Dschebel Hussein 122
Dschebel El-Webda 123
Dschedda 64

Ein-Chams, Universität 48
El-Azhar-Universität 34, 38ff.
El Kamal, Café 34–38, 51

FAD, Arabische Abschreckungstruppe 277ff., 311
Falange-Partei 227, 229f., 232, 235, 237, 246, 251f., 268
Falestinuna, Zeitschrift 61
Fatah 7, 10, 13ff., 48, 52–63, 65, 68–71, 73–79, 83–86, 88–91, 94f., 97, 99f., 106, 111f., 115, 118, 120, 122, 131, 133, 141, 144, 151, 153, 155f., 167, 184, 191, 196, 198, 200, 202f., 215, 226f., 258, 265, 272, 289, 306, 310
FDLP, Demokratische Front zur Befreiung Palästinas 168f., 193, 203
FLA, Arabische Befreiungsfront 203, 249
FPLP, Volksfront zur Befreiung Palästinas 114, 149, 168, 178, 220

Gaza 19ff., 31–34, 37f., 40f., 44, 48, 50, 52f., 57, 59, 96, 312
Gazastreifen 15, 46ff., 71, 86, 119, 135, 164, 183, 194–197, 312, 314
Großbritannien 21, 29f., 41, 56, 58f., 63, 186

Haganah 20, 23, 30
Hanoi 103, 140
Homar 129

Irak 9, 83, 86, 120, 203, 217, 245, 249, 273, 277, 294, 297, 306
Irbid 121, 129f.
Israel 10f., 14, 30, 46ff., 57, 60f., 69–74, 78, 82, 86ff., 90–93, 99, 106, 108f., 119, 128, 141, 151–154, 161f., 169–180, 184–187, 189, 193, 198–201, 204, 220f., 246, 248, 251f.,

319

254, 256, 265, 273, 285, 287f., 291ff., 297ff., 301f., 304, 306, 313f.
Jad Vaschem, Mahnmal von 285
Jaffa 19-22, 24f., 27-30, 32, 40, 50
Jemen, Demokratische Republik (Süd-) 203, 217, 277, 294
Jerasch, Schlacht von 111, 117, 129, 135f., 139ff., 155f., 200
Jerusalem 14, 20, 68, 87, 100, 291
Jewish Agency 20, 23, 30, 69
Jordanien 9, 47, 57, 64, 73, 79ff., 89, 120f., 127f., 132, 135f., 141, 145, 151, 157, 178, 183, 186, 197, 206, 209, 213, 232, 235, 250, 299

Kairo 8, 10ff., 34, 38f., 44f., 48, 52f., 64, 66, 68, 78-81, 94, 107, 112, 120, 129-134, 148, 162, 173f., 179, 182, 188, 197, 212, 215f., 221f., 235, 278, 282, 288
Karame, Schlacht von 12, 89-93
Kataeb 231f., 233, 240, 243, 268
Katar 52, 63, 112, 247, 291
Khartum 12, 99
Korea, Nord- 120
Kuba 107-110
Kuweit 48, 52f., 63ff., 67, 71, 80, 129, 132, 137, 146, 151, 244ff., 276, 291

Libanon 14, 62, 64, 66f., 71ff., 83, 157, 165, 202, 222, 225f., 228, 231f., 234f., 238, 241, 245-256, 259, 261f., 265, 269, 272, 276, 278f., 281f., 303f., 308
Libyen 85, 101, 203, 207, 217, 244, 249, 273, 277, 288
Likud-Partei 286f., 293, 298, 305

Märtyrer Ahmed Abdel Ghaffur, Gruppe 215ff., 219
Marokko 139, 209, 211, 222, 224, 277, 300
Mokhabarat, ägypt. Geheimdienst 77, 96f.
Moslem-Brüder 28, 41-44, 46, 59f., 73, 96, 101
Mossad, Geheimdienst 152, 166

Najjade 23, 26-29, 40

Olympische Spiele, München 7, 12, 155-163
Oman 290
OPEC-Konferenz, Überfall der 155

Pakistan 63

PLA, Armee zur Befreiung Palästinas 70
PLO 7, 9f., 13ff., 40, 48, 69, 73, 98ff., 106ff., 120, 126, 128, 132, 135, 144, 152, 163ff., 167, 171, 178, 183, 186, 191, 203, 206-211, 214f., 218f., 221, 225, 230, 236, 238, 243ff., 248f., 255f., 259, 261, 264, 277, 283, 285, 292, 295-299, 303f., 306, 310

Rabat 206, 209ff., 213
Resolution 242 118, 187, 190, 298f.
Riad 64, 221, 279
Rogers-Plan 107, 117ff., 132, 135, 189, 308

Saida 170, 233, 253, 265
Saika, Widerstandsgruppe 118, 203, 249, 259, 279, 310
Saudi-Arabien 63f., 84, 97, 150f., 155, 181, 236, 244, 250, 276f., 291
Schwarzer September 7, 13, 141, 143-150, 155f., 158, 161f., 165f., 173
Sinai-Abkommen 221f., 229, 235f., 246, 255, 282, 298
Sowjetunion 46, 102, 119, 127, 178, 181, 187f., 273f., 282, 299
Sudan 98, 277
Sumeil 22f., 39
Syrien 47, 61f., 64, 70, 81, 83, 86, 89, 97, 111, 132, 157, 177f., 183, 186, 188, 221f., 231, 234, 244, 248, 250, 256, 260ff., 265, 268, 272f., 275, 277, 287, 294, 299, 304, 306, 308

Tel-Aviv 12, 19, 22, 24f., 29, 39, 72, 80, 87, 174, 221, 251, 284, 301ff.
Tel Zaatar 204, 268-272, 301
Tripoli 85, 164, 188f., 288, 294f.
-, Programm von 297
Tunesien 222, 288
Tunis 214ff.

UNO 29, 57, 154, 186, 196ff., 210f., 219f., 238, 287, 298f., 303
USA 9, 150, 185, 187, 225f., 243, 246, 248ff., 266, 275, 282, 290, 299f., 306, 309

Vietnam, Nord- 103f., 106

Zarka 121
Zis-Jordanien 15, 57, 71f., 99, 111, 119, 135, 164, 183, 194-197, 201f., 204, 206, 224, 265, 292f., 312, 314